O Processo
Civilizador

Volume 1

Uma História dos Costumes

Norbert Elias

O Processo Civilizador

Volume 1

Uma História dos Costumes

Tradução:
Ruy Jungmann

Revisão e apresentação:
Renato Janine Ribeiro

10ª reimpressão

ZAHAR

Copyright © 1939 by Norbert Elias

Publicado originalmente sob o título *Über den Prozess der Zivilisation,* vol.1, em 1939, por Haus zum Falken, de Basileia, Suíça

Tradução autorizada da versão inglesa, feita por Edmund Jephcott, publicada por Basil Blackwell, de Oxford, Inglaterra, em 1978

Grafia atualizada segundo o Acordo Ortográfico da Língua Portuguesa de 1990, que entrou em vigor no Brasil em 2009.

Capa
Gustavo Meyer

Ilustração de capa
O casal Robert Andrews, Thomas Gainsborough, 1748 (detalhe)

CIP-Brasil. Catalogação na fonte
Sindicato Nacional dos Editores de Livros, RJ

	Elias, Norbert, 1897-1990
E41p	O processo civilizador, volume 1: uma história dos costumes / Norbert Elias; tradução:
v.1	Ruy Jungmann; revisão e apresentação: Renato Janine Ribeiro. – 2ª ed. – Rio de Janeiro:
2.ed.	Zahar, 2011.
	Tradução de: Über den Prozess der Zivilisation.
	Apêndice
	Inclui índice
	ISBN 978-85-7110-106-7
	1. Civilização – Filosofia. 2. Civilização – História. I. Título.
	CDD: 909
10-4241	CDU: 94

Todos os direitos desta edição reservados à
EDITORA SCHWARCZ S.A.
Praça Floriano, 19, sala 3001 – Cinelândia
20031-050 – Rio de Janeiro – RJ
Telefone: (21) 3993-7510
www.companhiadasletras.com.br
www.blogdacompanhia.com.br
facebook.com/editorazahar
instagram.com/editorazahar
twitter.com/editorazahar

Sumário

Apresentação a Nobert Elias, *Renato Janine Ribeiro* 9

Prefácio *13*

Capítulo um
Da sociogênese dos conceitos de "civilização" e "cultura" *21*

Parte I
Sociogênese da diferença entre *Kultur* e *Zivilisation* no emprego alemão *23*
   I   Introdução *23*
   II Desenvolvimento da Antítese entre *Kultur* e *Zivilisation* *26*
   III Exemplos de Atitudes de Corte na Alemanha *29*
   IV A Classe Média e a Nobreza de Corte na Alemanha *33*
   V Exemplos Literários da Relação entre a *Intelligentsia* de Classe Média Alemã e a Corte *38*
   VI O Recuo do Elemento Social e o Progresso do Social na Antítese entre *Kultur* e *Zivilisation* *44*

Parte II
Sociogênese do conceito de *civilisation* na França *49*
   I   Introdução *49*
   II Sociogênese da Fisiocracia e do Movimento de Reforma Francês *53*

Capítulo dois
A civilização como transformação do comportamento humano *63*

   I   O Desenvolvimento do Conceito de *Civilité* *65*
   II Dos Costumes Medievais *70*

III   O Problema da Mudança de Comportamento Durante a Renascença   *79*
IV   Do Comportamento à Mesa   *91*
    Parte I: Exemplos   *91*
    Parte II: Comentários sobre os Exemplos   *105*
      Grupo 1   *105*
      Grupo 2   *119*
V   Mudanças de Atitude em Relação a Funções Corporais   *129*
    Exemplos   *129*
    Algumas Observações sobre os Exemplos e sobre Estas Mudanças em Geral   *134*
VI   Do Hábito de Assoar-se   *141*
    Exemplos   *141*
    Comentários sobre os Exemplos   *146*
VII   Do Hábito de Escarrar   *150*
    Exemplos   *150*
    Alguns Comentários sobre os Exemplos   *153*
VIII   Do Comportamento no Quarto   *157*
    Exemplos   *157*
    Alguns Comentários sobre os Exemplos   *159*
IX   Mudanças de Atitude nas Relações entre os Sexos   *164*
X   Mudanças na Agressividade   *182*
XI   Cenas da Vida de um Cavaleiro Medieval   *193*

Apêndice
Introdução à edição de 1968   *205*

Notas   *243*
Índice remissivo   *259*

*Dedicado à memória de meus pais,
Hermann Elias, falecido em Breslau em 1940,
e Sophia Elias, morta em Auschwitz, 1941 (?)*

Agradecimentos especiais ao professor
Paulo Vizioli pela revisão dos textos medievais
e pela tradução de alguns poemas do inglês medieval.

OS EDITORES

Apresentação a Norbert Elias

Este é um dos livros mais notáveis que foram escritos em nosso século apresentando o que poderíamos chamar de uma história dos sentimentos. Quase que na mesma época que *O outono da Idade Média,* de Huizinga, e que o mais aventuroso *O amor e o ocidente,* de Denis de Rougemont, este livro tem com eles em comum o caráter empolgante da leitura, o uso da forma literária como um documento privilegiado de conhecimento, o interesse nas formas de sentir e imaginar como tema de estudo. A diferença está em que o referencial de Elias é mais sociológico, ao passo que Rougemont é francamente um ensaísta, e Huizinga um historiador-filósofo. Norbert Elias ainda não é conhecido entre nós como merece, mesmo com o aumento da difusão da história das mentalidades — talvez porque seja esta uma disciplina que teve na França sua pátria, enquanto Elias pertence a uma tradição intelectual bastante diferente, alemã. Só isto pode explicar a demora com que foi lido, não só aqui, mas na própria França.

Neste livro, as questões que se colocam são, apesar das aparências, fundamentais. Apesar das aparências porque Elias lida mesmo é com as aparências: como os homens se tornaram educados e começaram a tratar-se com boas maneiras? Embora os historiadores tenham se debruçado desde alguns anos sobre temas cada vez menores, antes tidos por indignos da "grande história", o tema desta obra parece singularmente inatual hoje. O desenvolvimento da gentileza — da cortesia, da urbanidade, palavras que já dizem, uma e outra, de onde vieram — soa pouco oportuno quando tanto se celebra a verdade dos sentimentos, a sinceridade e a franqueza, enquanto o mundo do artifício, quer o da corte francesa do Rei-Sol, quer o da sociedade vitoriana do *self-control,* é contestado em função da enorme repressão que efetuou. E no entanto é com prazer que lemos estas páginas, em que, como num romance, vemos lentamente aparecerem as regras mais elementares (aparentemente) de comportamento — não escarrar, não comer com as mãos, não pôr a bota em cima da mesa...

Mais que contar anedotas, porém, Elias está mostrando algo que sempre lhe foi muito caro, enquanto teoria: o desenvolvimento dos modos de conduta, a "civilização dos costumes" (como se chamou a tradução francesa deste livro), prova que não existe atitude natural no homem. Acostumamo-nos a imaginar que tal ou qual forma de trato é melhor porque melhor expressa a natureza humana — nada disso, diz Elias, na verdade o que houve foi um condicionamento (por este lado, ele é levemente behaviorista) e um adestramento (por aqui, ele remete a Nietzsche e a Freud). Dos débitos para com os psicólogos ele próprio fala, bem como de seus referenciais sociológicos, na *Introdução* de 1968, que vai no fim deste volume. Seria bom recordarmos, um pouco, Nietzsche.

Num de seus mais importantes livros, *Da genealogia da moral,* Nietzsche insiste em como foi difícil e que custos teve, para o homem, a instauração da moral (ou mesmo, se quisermos, de várias morais). Em outras palavras, a moralidade não é um traço natural, nem legado da graça de Deus — ela foi adquirida por um processo de adestramento que terminou fazendo, do homem, um *animal interessante,* um ser previdente e previsível. Foi preciso que, pela dor, ele constituísse uma memória, mas não no sentido aparente de apenas não esquecer o passado: onde ela mais importa é quando se faz prospectiva, quando se torna como que um programa de atuação — marcando o sujeito para lembrar bem o que prometeu, o que disse, de modo a não o descumprir. A memória importa não tanto pelo conhecimento que traz, mas pela ação que ela governa. O seu custo é a dor. Foi preciso torturar para produzi-la — e Pierre Clastres, num artigo, retomou esta ideia, descrevendo os ritos de iniciação dos rapazes índios como sendo lições de memória futura, inscrição no corpo e na mente da lei da igualdade.*

É desta maneira que Norbert Elias pensa. Pode respeitar os costumes que se civilizaram (transparece até mesmo sua simpatia por eles), mas sempre tem em mente que o condicionamento foi e é caro. Uma responsabilidade enorme vai pesando sobre o homem à medida que ele se civiliza. E isso tanto se entende à luz das torturas, físicas ou psíquicas (destas ele fala, em belas páginas, sobre a educação das crianças), que Nietzsche havia identificado na origem da cultura, quanto à luz do que Freud diz, no fim da vida, sobre a própria civilização: quanto mais aumenta, mais cresce a infelicidade.

Sabemos que esta equação foi e tem sido bastante contestada — curioso acaso que a *Introdução* de Norbert Elias date do mesmo ano de 1968 que marcou a explosão do movimento estudantil e, paralelamente, a publicação do livro de Marcuse, *Eros e civilização,*** que é justamente a primeira grande crítica dirigida à ideia de que o custo da *Kultur* está na infelicidade, no crescente recalcamento das pulsões cuja satisfação pode nos fazer felizes. É este um ponto a discutir, e sobre o qual duvido que haja resposta convincente, pelo menos por ora.

O que podemos notar, porém, é que a evidência aparente parece não ter confirmado Elias no vetor que, supunha ele, continuaria orientando a *evolução* (uma palavra que ele usa, e hoje desperta bastante crítica) dos costumes humanos. Afinal, atualmente se privilegia mais a franqueza, mais o desnudamento que o recato extremo, não apenas no plano físico como também no psíquico. Richard Sennett, em seu *O declínio do homem público,****

---

* "Da tortura nas sociedades primitivas", in *A sociedade contra o Estado,* Rio, Francisco Alves, 1988.
** Rio de Janeiro, Zahar, 1968 (8ª ed., 1981).
*** S. Paulo, Companhia das Letras, 1988.

propõe justamente, ao contrário de Elias, entender como distintivo dos últimos duzentos anos um "triunfo da intimidade", uma ênfase cada vez maior na publicação do que outrora seria íntimo e recatado. A própria psicanálise representaria, com o papel dado à vida sexual no tratamento, um dos exemplos de como apostamos na revelação de nossos afetos mais secretos com a esperança de assim encontrarmos uma vida melhor, ou uma cura.

Daí uma certa estranheza que podemos sentir à leitura de Norbert Elias, o que por sinal em nada reduz o valor de sua obra, que só pode aumentar com o debate que suscite. Além disso, o autor tem consciência da dificuldade em relação à evolução por ele proposta, e soube se defender, já meio século atrás: referindo-se ao uso de roupas de banho que mostravam mais partes do corpo, comentou que elas exigiam, por parte dos homens e das mulheres, um *autocontrole* bem maior do que quando os corpos se escondiam. A libertação dos costumes, diríamos então, a segui-lo, implica um acréscimo de responsabilidade, e seria justamente este o custo maior trazido a nossas pulsões. Há mais, contudo.

O que pode também ser discutido, nesta obra de Elias, é a ideia de que existe um sentido na história. Com frequência, ele volta à sua ideia reguladora de que fenômenos à primeira vista carentes de sentido se examinados a olho nu ou na escala do tempo imediato revelam, porém, seu nexo quando postos contra uma medida de longo prazo. (Temos, aí, mais uma convergência de Elias com os historiadores franceses das mentalidades, adeptos da "longa duração" como a medida mais adequada para estudar a história.) Esta medida de longo prazo, ou "curva de civilização", como a chama, adquire especial importância quando passa a definir pelo menos os últimos setecentos anos da aventura humana. É verdade que Elias não chega a apresentar essa "evolução" como sendo a única possível, menos ainda como necessária, para o homem. Mas não é menos verdade que a seu ver ela é definitiva, e desde que tomou conta do Ocidente foi assumindo um caráter irreversível, a tal ponto (fica pelo menos sugerido) que terminará por *mundializar-se,* alterando também os costumes dos povos que, mais primitivos, vivem hoje de um modo que se compara à Europa medieval.

O problema aqui é um só, e casa bem com a questão de fato que antes suscitamos (será que o gradual refinamento dos costumes continua sendo o que marca nossa sociedade, ou hoje nos encaminhamos em sentido inverso ao que Elias descreve?) — só que agora a questão é de princípio, é mais propriamente teórica, e não de fato: tem cabimento apontar um *sentido* na história, como faz Elias? Pois, ainda que o sentido seja precário em seus começos, ele termina por apoderar-se do ritmo histórico, ou, melhor dizendo, da consciência e da fé do historiador, e este não mais se liberta do sentido que, antes, apontou.

Mas nada disso limita o alcance desta obra, que foi uma das primeiras a perscrutar, dentro da ciência social tal como a conhecemos, o pormenor, a minúcia, o irrelevante, para dele extrair não só o pensamento que porta embutido como, mais que tudo, uma lição notável sobre a cultura e seus custos, além de uma indagação sobre seu valor. Depois deste livro, que no microscópio enxerga a ação de forças que só se manifestam na vertente de séculos (que exigiriam então como instrumento um "macroscópio"), o estudo da história, da psicologia ou da sociologia não pode ser o mesmo, porque ele põe em xeque várias verdades aceitas. E nem pode ser a mesma a nossa valoração dos últimos séculos, do que chamamos de "civilização" ou "progresso", e é este o valor da obra de Elias para o filósofo ou para o leitor comum, que lê por prazer, para conhecer, talvez para se autoconhecer.

RENATO JANINE RIBEIRO
Sete Praias, junho de 1989

Prefácio*

Este livro tem como tema fundamental os tipos de comportamento considerados típicos do homem civilizado ocidental. É muito simples o problema que coloca. O homem ocidental nem sempre se comportou da maneira que estamos acostumados a considerar como típica ou como sinal característico do homem "civilizado". Se um homem da atual sociedade civilizada ocidental fosse, de repente, transportado para uma época remota de sua própria sociedade, tal como o período medievo-feudal, descobriria nele muito do que julga "incivilizado" em outras sociedades modernas. Sua reação em pouco diferiria da que nele é despertada no presente pelo comportamento de pessoas que vivem em sociedades feudais fora do Mundo Ocidental. Dependendo de sua situação e inclinações, sentir-se-ia atraído pela vida mais desregrada, mais descontraída e aventurosa das classes superiores desta sociedade ou repelido pelos costumes "bárbaros", pela pobreza e rudeza que nelas encontraria. E como quer que entendesse sua própria "civilização", ele concluiria, da maneira mais inequívoca, que a sociedade existente nesses tempos pretéritos da história ocidental não era "civilizada" no mesmo sentido e no mesmo grau que a sociedade ocidental moderna.

Este estado de coisas talvez pareça óbvio a muitas pessoas, e alguns julgarão desnecessário referi-lo aqui. Mas ele necessariamente acarreta perguntas que não podemos, com a mesma justiça, dizer que estejam claramente presentes na consciência das atuais gerações, embora estas questões não deixem de ter importância para uma compreensão de nós mesmos. Como ocorreu realmente essa mudança, esse processo "civilizador" do Ocidente? Em que consistiu? E quais foram suas causas ou forças motivadoras? É intenção deste estudo contribuir para a solução dessas principais questões.

A fim de facilitar a compreensão deste livro e, destarte, servir como introdução às próprias questões, afigura-se-nos necessário examinar os significados e entendimento atribuídos ao conceito de "civilização" na Alemanha e na França. Esta análise constitui o primeiro capítulo. Talvez ajude um pouco o leitor considerar os conceitos de *Kultur* e *civilisation* como um pouco menos rígidos e inequivocamente opostos. E isto poderá também dar uma pequena contribuição ao aprimoramento da maneira como, ao longo da história,

---

* A Introdução à edição alemã de 1968 pode ser lida à p.21.

os alemães vêm interpretando o comportamento de franceses e ingleses. e como franceses e ingleses veem o comportamento alemão. No fim, porém, servirá também para esclarecer certos aspectos típicos do processo civilizatório.

A fim de abordar as principais questões, torna-se necessário, em primeiro lugar, formar uma ideia mais clara de como o comportamento e a vida afetiva dos povos ocidentais mudaram lentamente após a Idade Média. O segundo capítulo propõe-se a mostrar como isto aconteceu. Tenta, com tanta simplicidade e clareza quanto possível, abrir caminho à compreensão do processo *psíquico* civilizador. É possível que a ideia de um processo psíquico que se estenda por gerações pareça arriscada e duvidosa ao pensamento histórico moderno. Mas não é possível concluir, de maneira puramente teórica e especulativa, se às mudanças psíquicas observáveis no curso da história ocidental ocorreram em uma dada ordem e direção. Só o estudo atento dos documentos da experiência histórica poderá demonstrar o que é correto ou não nessas teorias. Este é o motivo por que não se torna viável aqui, quando ainda não podemos pressupor o conhecimento desse material documentário, adiantar um curto esboço preliminar da estrutura e ideias básicas de todo o livro. Gradualmente, elas adquirirão forma mais sólida, na observação constante dos fatos históricos e verificação e revisão constantes do que foi estudado antes, através do que só mais tarde entrou no campo de observação. Por isto mesmo, as partes isoladas deste estudo, sua estrutura e método, provavelmente só se tornarão completamente inteligíveis quando percebidas em seu todo. Terá que ser suficiente aqui, a fim de facilitar a compreensão do leitor, destacar alguns problemas.

O segundo capítulo contém certo número de séries de exemplos. Servem eles para mostrar o desenvolvimento em forma acelerada. Em poucas páginas, vemos como, no curso de séculos, o padrão de comportamento humano, na mesma ocasião, muda muito gradualmente em uma direção específica. Vemos pessoas à mesa, seguimo-las quando vão para a cama ou se envolvem em choques hostis. Nestas e em outras atividades elementares, muda lentamente a maneira como o indivíduo comporta-se e sente. Esta mudança ocorre no rumo de uma "civilização" gradual, mas só a experiência histórica torna mais claro o que esta palavra realmente significa. Mostra, por exemplo, o papel fundamental desempenhado nesse processo civilizador por uma mudança muito específica nos sentimentos de vergonha e delicadeza. Muda o padrão do que a sociedade exige e proíbe. Em conjunto com isto, move-se o patamar do desagrado e do medo, socialmente instilados. E desponta a questão dos medos sociogênicos como um dos problemas fundamentais do processo civilizador.

Há outra faixa de questões estreitamente relacionada com isto. A distância em comportamento e estrutura psíquica total entre crianças e adultos aumenta no curso do processo civilizatório. Aqui, por exemplo, reside a explicação de por que algumas pessoas ou grupos de pessoas nos parecem "mais jovens" ou "mais infantis", e outras "mais velhas" ou "mais adultas". O que estamos tentando expressar dessa maneira são diferenças no tipo e estágio do processo civilizador que essas sociedades atingiram. Mas esta é uma questão autônoma, que não cabe no quadro deste estudo. As séries de exemplos e suas interpretações no segundo capítulo demonstram com muita clareza um fato: o processo específico de "crescimento" psicológico nas sociedades ocidentais, que com tanta frequência ocupa a mente de psicólogos e pedagogos modernos, nada mais é do que o processo civilizador individual a que todos os jovens, como resultado de um processo civilizador social operante durante muitos séculos, são automaticamente submetidos desde a mais tenra infância, em maior ou menor grau e com maior ou menor sucesso. A psicogênese do que constitui o adulto na sociedade civilizada não pode, por isso mesmo, ser compreendida se estudada independentemente da sociogênese de nossa "civilização". Por efeito de uma "lei sociogenética"* básica, o indivíduo, em sua curta história, passa mais uma vez por alguns dos processos que a sociedade experimentou em sua longa história.

Constitui objetivo do capítulo terceiro, que enfeixa a maior parte do segundo volume, tornar mais acessíveis à compreensão certos processos há muito tempo operantes nesta longa história da sociedade. Ele procura, no contexto de certo número de áreas precisamente definidas, esclarecer como e por que, no curso da sua história, a estrutura da sociedade ocidental muda continuamente, e simultaneamente sugere por que, nessas mesmas áreas, mudam o padrão de comportamento e a constituição psíquica dos povos do Ocidente.

Conhecemos, por exemplo, a paisagem social de princípios da Idade Média. É grande o número de castelos, maiores e menores, e tornaram-se feudalizadas até mesmo as áreas urbanizadas anteriormente. Seus centros, igualmente, são formados por castelos e terras de senhores originários da classe guerreira. Coloca-se a questão: quais os conjuntos de relacionamentos sociais que pressionam no sentido de desenvolver o que chamamos "sistema feudal"? Tentamos então demonstrar alguns desses "mecanismos de feudalização". Vemos também como, a partir da paisagem castelã, emerge, juntamente com um bom número de povoados livres, de artesãos e comerciantes, uma grande quantidade de Estados feudais mais extensos e mais ricos. Na própria classe guerreira feudal surgem formas de estratos

---

* Esta expressão não deve ser entendida como significando que todas as fases individuais da história de uma sociedade são reproduzidas na história do indivíduo civilizado. Nada seria mais absurdo do que procurar uma "era feudal agrária", uma "Renascença" ou um "período absolutista de corte" na vida do indivíduo. Todos os conceitos desse tipo referem-se à estrutura de grupos sociais inteiros.

O que cabe ser frisado aqui é o simples fato de que, mesmo na sociedade civilizada, nenhum ser humano chega civilizado ao mundo e que o processo civilizador individual que ele obrigatoriamente sofre é uma função do processo civilizador social. Por conseguinte, a estrutura dos sentimentos e consciência da criança guarda sem dúvida certa semelhança com a de pessoas "incivis". O mesmo se aplica ao estrato psicológico em adultos que, com o progresso da civilização, é submetido com maior ou menor rigor a uma censura e, em consequência, encontra nos sonhos uma válvula de escape. Mas desde que, em nossa sociedade, todo ser humano está exposto desde o primeiro momento da vida à influência e à intervenção modeladora de adultos civilizados, ele deve de fato passar por um processo civilizador para atingir o padrão alcançado por sua sociedade no curso da história, mas não através das fases históricas individuais do processo civilizador social.

superiores cada vez mais distintos. Suas residências são os centros autênticos dos cantos e poemas líricos dos trovadores, por um lado, e das formas corteses de comportamento, por outro. Se, no início do primeiro volume, o padrão cortês de conduta é citado como ponto de partida de certo número de sequências de exemplos que dão ideia da mudança subsequente da constituição psíquica, nesta parte temos acesso à sociogênese dessas próprias formas de comportamento *courtois*.

Ou vemos, por exemplo, como se desenvolve a forma primitiva do que chamamos "Estado". Na era do absolutismo, sob o lema da civilidade, o comportamento evolui de modo muito claro para o padrão que denotamos hoje por um derivado da palavra *civilité*, como comportamento "civilizado". Parece assim necessário, na elucidação desse processo civilizador, formar uma ideia mais clara do que deu origem aos regimes absolutistas e, por conseguinte, ao Estado absolutista. Mas não é só a observação ou o estudo do passado que aponta nessa direção: grande número de estudos contemporâneos sugere convincentemente que a estrutura do comportamento civilizado está estreitamente inter-relacionada com a organização das sociedades ocidentais sob a forma de Estados. A questão, em outras palavras, transforma-se na seguinte: de que forma a sociedade extremamente descentralizada de princípios da Idade Média, na qual numerosos guerreiros de maior ou menor importância eram os autênticos governantes do território ocidental, veio a transformar-se em uma das sociedades internamente mais ou menos pacificadas, mas externamente belicosas, que chamamos de Estados? Que dinâmica de interdependência humana pressiona para a integração de áreas cada vez mais extensas sob um aparelho governamental relativamente estável e centralizado?

Talvez pareça à primeira vista uma complicação dispensável estudar a gênese de cada formação histórica. Mas uma vez que todos os fenômenos históricos, tanto atitudes humanas como instituições sociais, realmente se "desenvolveram" em alguma época, de que modo podem os sistemas de pensamento se revelar simples ou adequados para explicar esses fenômenos se, por uma espécie de abstração artificial, eles isolam os fenômenos de seu fluxo natural, histórico, privam-nos de seu caráter de movimento e processo, e tentam compreendê-los como se fossem formações estáticas, sem considerar como surgiram e como mudam? Não é o preconceito teórico mas a própria experiência que instam conosco para procurarmos meios e maneiras intelectuais de traçar um curso entre o Cila deste "estatismo", que tende a descrever todos os movimentos históricos como algo estacionário e sem evolução, e o Caribde do "relativismo histórico", que vê a história apenas em transformação constante, sem chegar à ordem subjacente a esta transformação e às leis que governam a formação de estruturas históricas. Pois é isto o que tentamos fazer aqui. As pesquisas sociogenética e psicogenética propõem-se a revelar a *ordem* subjacente às *mudanças* históricas, sua mecânica e mecanismos concretos; e parece que, desta maneira, grande número de questões que julgamos hoje complicadas, ou muito além da compreensão, podem receber respostas bem simples e precisas.

Por esta razão, este estudo investiga também a sociogênese do Estado. Há, para citar um único aspecto da história da formação e estrutura do Estado, o problema do "monopólio da força". Observou Max Weber, principalmente por questão de definição, que uma das instituições constitutivas exigidas pela organização social que denominamos Estado é o monopólio do exercício da força física. Aqui, tenta-se revelar algo dos processos históricos concretos que, desde o tempo em que o exercício da força era privilégio de um pequeno número de guerreiros rivais, gradualmente impeliu a sociedade para essa centralização e monopolização do uso da violência física e de seus instrumentos. Pode-se demonstrar que a tendência para formar esses monopólios nessa época passada de nossa história nem é mais fácil nem mais difícil de compreender que, por exemplo, a forte tendência à monopolização em nossa própria época. Daí segue-se que não é difícil de compreender que, com esta monopolização da violência física como ponto de interseção de grande número de interconexões sociais, são radicalmente mudados todo o aparelho que modela o indivíduo, o modo de operação das exigências e proibições sociais que lhe moldam a constituição social e, acima de tudo, os tipos de medos que desempenham um papel em sua vida.

Finalmente, a conclusão ("Esboço de uma Teoria de Civilização") destaca, mais uma vez, as ligações entre mudanças na estrutura da sociedade e mudanças na estrutura do comportamento e da constituição psíquica. Grande parte do que só podia ser sugerido antes, na descrição de processos históricos concretos, é então formulada explicitamente. Encontramos aqui, por exemplo, um curto bosquejo da estrutura dos medos experimentados sob a forma de vergonha e delicadeza, como uma espécie de sumário teórico do que antes emergiu por si mesmo do estudo de documentos históricos; achamos uma explicação do motivo por que, exatamente, medos desse tipo desempenham papel de especial importância no progresso do mecanismo civilizador; e, simultaneamente, alguma luz é lançada sobre a formação do "superego" e sobre a relação entre impulsos conscientes e inconscientes na psique do homem civilizado. É dada aqui uma resposta à questão dos processos históricos: a questão de como todos esses processos, que consistem em nada mais do que ações de pessoas isoladas, apesar disso dão origem a instituições e formações que nem foram pretendidas nem planejadas por qualquer indivíduo singular na forma que concretamente assumem. E, por último, em um amplo sumário, estas introvisões do passado são combinadas, em um único quadro, com experiências do presente.

Este estudo, por conseguinte, coloca e desenvolve um problema de ramificações muito extensas. Mas não finge solucioná-lo.

Delimita um campo de observação que até agora só escassamente foi visitado e empreende os primeiros passos na busca de uma explicação. Outros terão que ser dados.

Deliberadamente deixei de abordar numerosas questões e aspectos que se equacionaram por si mesmos no curso deste estudo. Não foi minha intenção construir no ar uma teoria geral da civilização e, em seguida, descobrir se ela concordava com a experiência. Em vez disso, pareceu-me que a tarefa principal consistia em começar recuperando, dentro de uma área limitada, a percepção perdida do processo em questão, da transformação peculiar do comportamento humano, em seguida procurar obter certa compreensão de suas causas e, finalmente, reunir as introvisões teóricas porventura encontradas no caminho. Se consegui lançar um alicerce razoavelmente seguro para ulterior reflexão e pesquisa nesta direção, este estudo atingiu todas as metas a que se propôs. Serão necessárias a reflexão de muitas pessoas e a cooperação de diferentes ramos do conhecimento, hoje frequentemente divididos por barreiras artificiais, para que gradualmente sejam respondidas as questões levantadas no curso deste estudo. Dizem elas respeito à psicologia, filologia, etnologia e antropologia, não menos que à sociologia ou aos diferentes ramos da pesquisa histórica.

Não obstante, as questões colocadas por este livro têm origem não tanto na tradição erudita, no sentido mais estreito da palavra, como nas experiências a cuja sombra todos vivemos, experiências das crises e transformações da civilização ocidental até agora, e na simples necessidade de compreender o que realmente significa essa "civilização". Mas não fui orientado neste estudo pela ideia de que nosso modo civilizado de comportamento é o mais avançado de todos os humanamente possíveis, nem pela opinião de que a "civilização" é a pior forma de vida e que está condenada ao desaparecimento. Tudo o que se pode dizer hoje é que, com a civilização gradual, surge certo número de dificuldades específicas civilizacionais. Mas não podemos dizer que já compreendemos por que concretamente nos atormentamos desta maneira. Sentimos que nos metemos, através da civilização, em certos emaranhados desconhecidos de povos menos civilizados. Mas sabemos também que esses povos menos civilizados são, por seu lado, atormentados por dificuldades e medos dos quais não mais sofremos, ou pelo menos não no mesmo grau. Talvez tudo isso possa ser visto com um pouco mais de clareza se for compreendido como realmente operam esses processos civilizadores. De qualquer modo, foi este um dos desejos com que comecei a trabalhar neste livro. É possível que, com uma compreensão mais clara deles, possamos, algum dia, tornar acessíveis a um controle mais consciente esses processos que hoje ocorrem em nós e à nossa volta de uma forma não muito diferente dos fenômenos naturais, processos que enfrentamos da mesma maneira que o homem medieval enfrentava as forças da natureza.

Quanto a mim, fui obrigado no curso deste estudo a revisar meu pensamento sobre grande número de assuntos, e não posso poupar o leitor da necessidade de travar conhecimento com certo número de aspectos e expressões pouco comuns. Acima de tudo, a natureza dos processos históricos, do que se poderia chamar de "mecânica evolucionária da história", tornou-se mais clara para mim, como também suas relações com os processos psíquicos. Termos como sociogênese e psicogênese, vida afetiva e controle de instintos, compulsões externas e internas, patamar de embaraço, poder social, mecanismo de monopólio, e vários outros dão expressão a isto. Mas fiz a menor concessão possível à necessidade de expressar com novas palavras coisas novas que se tornaram visíveis.

Mas basta no tocante ao tema deste livro.

No presente estudo e em certo número de pesquisas preliminares indispensáveis, recebi conselhos e apoio de várias fontes. Desejo aqui agradecer expressamente a todas as pessoas e instituições que me auxiliaram.

A ampliação de minha *Habilitationschrift* e um extenso estudo da nobreza, realeza e sociedade de corte na França, que constitui a base deste livro, foram possíveis graças ao apoio da Steun-Fond, de Amsterdam. Meus agradecimentos à fundação e ao professor Frijda, de Amsterdam, e ao professor Bouglé, de Paris, pela grande bondade e interesse que demonstraram durante meus trabalhos em Paris.

No tocante ao trabalho realizado em Londres, recebi generoso apoio da Woburn House, Londres. A esta instituição e, acima de tudo, ao professor Ginsberg, de Londres, professor H. Loewe, de Cambridge, e A. Makower, M.A., de Londres, meus profundos agradecimentos. Sem a ajuda dessa instituição e dessas pessoas meu trabalho nunca teria sido concluído. Ao professor K. Mannheim, de Londres, minha gratidão pela ajuda e conselhos. E não sou menos grato a meus amigos Gisèle Freund, Dr. Phil., Paris; M. Braun, Dr. Phil., ph.D., Cambridge; A. Glücksmann, Dr. Med., Cambridge; H. Rosenhaupt, Dr. Phil. Chicago; e R. Bonwit, Londres, pelo auxílio e pelas discussões, nas quais muitas coisas foram tornadas claras para mim.

NORBERT ELIAS
Setembro de 1936

Capítulo um

DA SOCIOGÊNESE DOS CONCEITOS DE "CIVILIZAÇÃO" E "CULTURA"

Parte I

Sociogênese da diferença entre *Kultur* e *Zivilisation* no emprego alemão

I

Introdução

1. O conceito de "civilização" refere-se a uma grande variedade de fatos: ao nível da tecnologia, ao tipo de maneiras, ao desenvolvimento dos conhecimentos científicos, às ideias religiosas e aos costumes. Pode se referir ao tipo de habitações ou à maneira como homens e mulheres vivem juntos, à forma de punição determinada pelo sistema judiciário ou ao modo como são preparados os alimentos. Rigorosamente falando, nada há que não possa ser feito de forma "civilizada" ou "incivilizada". Daí ser sempre difícil sumariar em algumas palavras tudo o que se pode descrever como civilização.

Mas se examinamos o que realmente constitui a função geral do conceito de civilização, e que qualidade comum leva todas essas várias atitudes e atividades humanas a serem descritas como civilizadas, partimos de uma descoberta muito simples: este conceito expressa a consciência que o Ocidente tem de si mesmo. Poderíamos até dizer: a consciência nacional. Ele resume tudo em que a sociedade ocidental dos últimos dois ou três séculos se julga superior a sociedades mais antigas ou a sociedades contemporâneas "mais primitivas". Com essa palavra, a sociedade ocidental procura descrever o que lhe constitui o caráter especial e aquilo de que se orgulha: o nível de *sua* tecnologia, a natureza de *suas* maneiras, o desenvolvimento de *sua* cultura científica ou visão do mundo, e muito mais.

2. "Civilização", porém, não significa a mesma coisa para diferentes nações ocidentais. Acima de tudo, é grande a diferença entre a forma como ingleses e franceses empregam a palavra, por um lado, e os alemães, por outro. Para os primeiros, o conceito resume em uma única palavra seu orgulho pela importância de suas nações para o progresso do Ocidente e da humanidade. Já no emprego que lhe é dado pelos alemães *Zivilisation,* significa algo de fato útil, mas, apesar disso, apenas um valor de segunda classe, compreendendo apenas a aparência externa de seres humanos, a superfície da existência humana. A palavra pela qual os alemães se interpretam, que mais do que qualquer outra expressa-lhes o orgulho em suas próprias realizações e no próprio ser, é *Kultur*.

3. Um fenômeno peculiar: Palavras como "civilização" em francês ou inglês, ou o alemão *Kultur*, são inteiramente claras no emprego interno da sociedade a que pertencem. Mas a forma pela qual uma parte do mundo está ligada a elas, a maneira pela qual incluem certas áreas e excluem outras, como a coisa mais natural, as avaliações ocultas que implicitamente fazem com elas, tudo isto torna difícil defini-las para um estranho.

O conceito francês e inglês de civilização pode se referir a fatos políticos ou econômicos, religiosos ou técnicos, morais ou sociais. O conceito alemão de *Kultur* alude basicamente a fatos intelectuais, artísticos e religiosos e apresenta a tendência de traçar uma nítida linha divisória entre fatos deste tipo, por um lado, e fatos políticos, econômicos e sociais, por outro. O conceito francês e inglês de civilização pode se referir a realizações, mas também a atitudes ou "comportamento" de pessoas, pouco importando se realizaram ou não alguma coisa. No conceito alemão de *Kultur*, em contraste, a referência a "comportamento", o valor que a pessoa tem em virtude de sua mera existência e conduta, sem absolutamente qualquer realização, é muito secundário. O sentido especificamente alemão do conceito de *Kultur* encontra sua expressão mais clara em seu derivado, o adjetivo *kulturell*, que descreve o caráter e o valor de determinados produtos humanos, e não o valor intrínseco da pessoa. Esta palavra, o conceito inerente a *kulturell*, porém, não pode ser traduzido exatamente para o francês e o inglês.

A palavra *kultiviert* (cultivado) aproxima-se muito do conceito ocidental de civilização. Até certo ponto, representa a forma mais alta de ser civilizado: até mesmo pessoas e famílias que nada realizaram de *kulturell* podem ser *kultiviert*. Tal como a palavra "civilizado", *kultiviert* refere-se primariamente à forma da conduta ou comportamento da pessoa. Descreve a qualidade social das pessoas, suas habitações, suas maneiras, sua fala, suas roupas, ao contrário de *kulturell*, que não alude diretamente às próprias pessoas, mas exclusivamente a realizações humanas peculiares.

4. Há outra diferença entre os dois conceitos estreitamente vinculada a isto. "Civilização" descreve um processo ou, pelo menos, seu resultado. Diz respeito a algo que está em movimento constante, movendo-se incessantemente "para a frente". O conceito alemão de *Kultur*, no emprego corrente, implica uma relação diferente, com movimento. Reporta-se a produtos humanos que são semelhantes a "flores do campo",[1] a obras de arte, livros, sistemas religiosos ou filosóficos, nos quais se expressa a individualidade de um povo. O conceito de *Kultur* delimita.

Até certo ponto, o conceito de civilização minimiza as diferenças nacionais entre os povos: enfatiza o que é comum a todos os seres humanos ou — na opinião dos que o possuem — deveria sê-lo. Manifesta a autoconfiança de povos cujas fronteiras nacionais e identidade nacional foram tão plenamente estabelecidas, desde séculos, que deixaram de ser tema de qualquer discussão, povos que há muito se expandiram fora de suas fronteiras e colonizaram terras muito além delas.

Em contraste, o conceito alemão de *Kultur* dá ênfase especial a diferenças nacionais e à identidade particular de grupos. Principalmente em virtude disto, o conceito adquiriu em campos como a pesquisa etnológica e antropológica uma significação muito além da área linguística alemã e da situação em que se originou o conceito. Mas esta situação é aquela de um povo que, de acordo com os padrões ocidentais, conseguiu apenas muito tarde a unificação política e a consolidação e de cujas fronteiras, durante séculos ou mesmo até o presente, territórios repetidamente se desprenderam ou ameaçaram se separar. Enquanto o conceito de civilização inclui a função de dar expressão a uma tendência continuamente expansionista de grupos colonizadores, o conceito de *Kultur* reflete a consciência de si mesma de uma nação que teve de buscar e constituir incessante e novamente suas fronteiras, tanto no sentido político como no espiritual, e repetidas vezes perguntar a si mesma: "Qual é, realmente, nossa identidade?" A orientação do conceito alemão de cultura, com sua tendência à demarcação e ênfase em diferenças, e no seu detalhamento, entre grupos, corresponde a este processo histórico. As perguntas "O que é realmente francês? O que é realmente inglês?" há muito deixaram de ser assunto de discussão para franceses e ingleses. Durante séculos, porém, a questão "O que é realmente alemão?" reclamou sempre resposta. Uma resposta a esta pergunta — uma entre várias outras — reside em um aspecto peculiar do conceito de *Kultur.*

5. As autoimagens nacionais representadas por conceitos como *Kultur* e "civilização" assumem formas muito diferentes. Por mais diferente que seja a autoimagem dos alemães, que falam com orgulho de sua *Kultur,* e a de franceses e ingleses, que pensam com orgulho em sua "civilização", todos consideram axiomático que a sua é a maneira como o mundo dos homens, como um todo, quer ser visto e julgado. O alemão pode, quem sabe, tentar explicar a franceses e ingleses o que entende pelo conceito de *Kultur.* Mas dificilmente pode comunicar o mínimo que seja do meio formativo nacional específico e valores emocionais axiomáticos que para ele a palavra reveste.

Franceses ou ingleses poderão talvez dizer ao alemão que elementos tornam o conceito de civilização a suma da autoimagem nacional. Mas por mais razoável e racional que este conceito lhes pareça, ele também nasce de um conjunto específico de situações históricas, e está cercado ainda por uma atmosfera emocional e tradicional difícil de definir, mas que apesar disso constitui parte integral de seu significado. E a discussão descamba realmente para a inutilidade quando o alemão tenta demonstrar ao francês e ao inglês por que o conceito de *Zivilisation* de fato representa um valor para ele, embora apenas de segunda classe.

6. Conceitos como esses dois têm algo do caráter de palavras que ocasionalmente surgem em algum grupo mais estreito, tais como família, seita, classe escolar ou associação, e que dizem muito para o iniciado e pouquíssimo para o estranho. Assumem forma na base de experiências comuns. Crescem e mudam com o grupo do qual são expressão. Situação e história do grupo refletem-se nelas. E permanecem incolores, nunca se tornam plenamente vivas para aqueles que não compartilham tais experiências, que não falam a partir da mesma tradição e da mesma situação.

Os conceitos de *Kultur* e "civilização", para sermos exatos, portam o selo não de seitas ou famílias, mas de povos inteiros, ou talvez apenas de certas classes. Mas, em muitos aspectos, o que se aplica a palavras específicas de grupos menores estende-se também a eles: são usados basicamente por e para povos que compartilham uma tradição e situação particulares.

Conceitos matemáticos podem ser separados do grupo que os usa. Triângulos admitem explicações sem referência a situações históricas. Mas o mesmo não acontece com conceitos como "civilização" e *Kultur*. Talvez aconteça que determinados indivíduos os tenham formado com base em material linguístico já disponível de seu próprio grupo, ou pelo menos lhes tenham atribuído um novo significado. Mas eles lançaram raízes. Estabeleceram-se. Outros os captaram em seu novo significado e forma, desenvolvendo-os e polindo-os na fala e na escrita. Foram usados repetidamente até se tornarem instrumentos eficientes para expressar o que pessoas experimentaram em comum e querem comunicar. Tornaram-se palavras da moda, conceitos de emprego comum no linguajar diário de uma dada sociedade. Este fato demonstra que não representam apenas necessidades individuais, mas coletivas, de expressão. A história coletiva neles se cristalizou e ressoa. O indivíduo encontra essa cristalização já em suas possibilidades de uso. Não sabe bem por que este significado e esta delimitação estão implicadas nas palavras, por que, exatamente, esta nuance e aquela possibilidade delas podem ser derivadas. Usa-as porque lhe parece uma coisa natural, porque desde a infância aprende a ver o mundo através da lente desses conceitos. O processo social de sua gênese talvez tenha sido esquecido há muito. Uma geração os transmite a outra sem estar consciente do processo como um todo, e os conceitos sobrevivem enquanto esta cristalização de experiências passadas e situações retiver um valor existencial, uma função na existência concreta da sociedade — isto é, enquanto gerações sucessivas puderem identificar suas próprias experiências no significado das palavras. Os termos morrem aos poucos, quando as funções e experiências na vida concreta da sociedade deixam de se vincular a eles. Em outras ocasiões, eles apenas adormecem, ou o fazem em certos aspectos, e adquirem um novo valor existencial com uma nova situação. São relembrados então porque alguma coisa no estado presente da sociedade encontra expressão na cristalização do passado corporificada nas palavras.

II

Desenvolvimento da Antítese entre *Kultur* e *Zivilisation*[2]

7. É claro que a função do conceito germânico de *Kultur* ganhou vida nova em 1919, e nos anos precedentes, em parte porque uma guerra foi travada contra a Alemanha em nome da

"civilização", e por causa da autoimagem que os alemães tiveram que redefinir na situação criada pelo tratado de paz.*

Mas é igualmente claro, e isto pode ser provado, que até certo ponto a situação histórica da Alemanha após a guerra apenas deu novo impulso a uma antítese que há muito tempo encontrara expressão através desses dois conceitos, retroagindo isso até o século XVIII.

Parece que foi Kant quem primeiro expressou uma experiência e antíteses específicas de sua sociedade em conceitos correlacionados. Em 1784, escreveu ele, nas *Ideias sobre uma história universal, do ponto de vista de um cidadão do mundo:* "Cultivados a um alto grau pela arte e pela ciência, somos civilizados a tal ponto que estamos sobrecarregados por todos os tipos de decoro e decência social..."

"A ideia da moralidade", acrescentava, "é parte da cultura. A aplicação desta ideia, porém, que resulta apenas na analogia de moralidade no amor à honra e à decência visível, equivale apenas ao processo civilizador."

Por mais que essa formulação da antítese já pareça, no momento de sua gênese, próxima da nossa, seu ponto de partida concreto nas experiências e situação de fins do século XVIII, embora não careça de conexão histórica com as experiências nas quais assenta seu uso presente, ela é, apesar disso, muito diferente. O contraste aqui, caso em que os porta-vozes da burguesia alemã em desenvolvimento, a *intelligentsia*[3] alemã de classe média, falam ainda em grande parte "do ponto de vista de um cidadão do mundo", relaciona-se apenas vagamente, e na melhor das hipóteses secundariamente, com um contraste nacional. Seu aspecto principal é um contraste interno na sociedade, um contraste social que, apesar de tudo, porta dentro de si, de forma significativa, o germe do contraste nacional: o contraste entre a nobreza cortesã, que usava predominantemente a língua francesa e era "civilizada" segundo o modelo francês, e um estrato de *intelligentsia* de classe média que falava alemão, recrutado principalmente entre os "servidores dos príncipes", burgueses, ou funcionários públicos no sentido mais amplo, e ocasionalmente também em meio à nobreza proprietária de terras.

Esta *intelligentsia* constituía um estrato muito distante da atividade política, mal pensava em termos políticos, e apenas experimentalmente em termos nacionais; sua legitimação consistia principalmente em suas *realizações* intelectuais, científicas ou artísticas. Em contraposição a ela há uma classe superior que nada "realiza", no sentido em que as outras o fazem, mas para cuja autoimagem e autojustificação a modelagem de seu *comportamento* característico e diferente é fundamental. E é nessa classe em que

---

* Referência ao tratado de Versalhes, que pôs fim à Primeira Guerra Mundial — à qual Elias, escrevendo antes da Segunda, se refere sempre como "a guerra", exceto, obviamente, na introdução por ele redigida em 1968 e que vai em apêndice. Extremamente lesivo para as potências que haviam perdido a guerra, o tratado de Versalhes causou muita revolta e indignação, especialmente entre os alemães. (N.R.)

pensa Kant quando fala de ser "civilizados a tal ponto que estamos sobrecarregados" de mero "decoro e decência social", e de "analogia de moralidade no amor à honra". E é na polêmica entre o estrato da *intelligentsia* alemã de classe média e a etiqueta da classe cortesã, superior e governante, que se origina o contraste entre *Kultur* e *Zivilisation* na Alemanha. A polêmica, no entanto, era mais antiga e mais ampla do que sua cristalização nesses dois conceitos.

8. Suas origens podem ser buscadas em meados do século XVIII, ainda que apenas como um murmúrio do pensamento, muito mais abafado do que ficará na segunda metade do século. Uma boa ideia disto pode ser obtida em artigos sobre *Hof, Höflichkeit* e *Hofmann* (Corte, Cortesia, Cortesão). excessivamente longos para aqui serem reproduzidos na íntegra, publicados no *Zedler Universal Lexicon* de 1736.[4]

> A cortesia indubitavelmente deriva seu nome da corte e da vida cortesã. As cortes dos grandes senhores são teatros em que todos querem fazer sua fortuna. Isto pode ser adquirido conquistando-se o favor do príncipe e dos membros mais importantes de sua corte. O indivíduo, por conseguinte, não poupa esforços para se tornar agradável a eles. E nada realiza isto melhor do que fazer o outro acreditar que estamos prontos para servi-lo até o máximo de nossa capacidade e em todas as condições. Não obstante, nem sempre estamos em condições de assim proceder e talvez, por boas razões, não queiramos assim agir. A cortesia serve como substituto de tudo isto. Através dela damos ao outro tantas garantias, através de nossa conduta visível, que ele forma uma expectativa favorável de nossa disposição de servi-lo. Isto lhe desperta a confiança, da qual se desenvolve imperceptivelmente uma afeição por nós, com o resultado de que ele se torna ansioso para nos fazer o bem. Isto é tão comum no caso da cortesia que confere uma vantagem especial àqueles que a possuem. Sem dúvida, deveriam realmente ser a habilidade e a virtude os fatores que nos conquistassem a estima da pessoa. Mas como são poucos os juízes corretos das duas! E quantos menos as consideram dignas de honra! As pessoas, preocupadas demais com exterioridades, são muito mais influenciadas pelo que atinge externamente seus sentidos, especialmente quando as circunstâncias concomitantes são de ordem a afetar-lhes especialmente a vontade. Isto funciona com toda a precisão no caso do cortesão.

Em termos simples, sem interpretação filosófica e em relação clara com configurações sociais específicas, é expressa aqui a mesma antítese formulada por Kant, refinada e aprofundada no contraste entre cultura e civilização: "cortesia" externa enganadora *vs.* "virtude" autêntica. Mas o autor apenas menciona isto de passagem e com um suspiro de resignação. Após os meados do século o tom muda gradualmente. A autolegitimação da classe média pela virtude e as realizações tornam-se mais precisas e enfáticas e a polêmica contra as maneiras externas e superficiais encontradas nas cortes fica mais explícita.

III

Exemplos de Atitudes de Corte na Alemanha

9. Não é fácil falar sobre a Alemanha em termos gerais, uma vez que nessa época notam-se características especiais em cada um de seus muitos Estados. Mas apenas algumas serão, finalmente, decisivas para o desenvolvimento do todo. Delas o resto se segue naturalmente. Além disso, certos fenômenos gerais apresentam-se mais ou menos claramente em toda parte.

Para começar, há o despovoamento e a pavorosa devastação econômica do país após a Guerra dos Trinta Anos. No século XVII, e ainda mesmo no século XVIII, a Alemanha e, em particular, a burguesia alemã são pobres em comparação com os padrões francês e inglês. O comércio, em especial o comércio externo que fora altamente desenvolvido em partes do país no século XVI, está em ruínas. Desmoronou a imensa riqueza das grandes casas mercantis, parcialmente devido à mudança nas rotas de comércio devido à descoberta de novas terras no ultramar e, até certo ponto, em consequência do longo caos da guerra. O que sobra é uma burguesia de pequenas cidades, de horizontes estreitos, vivendo basicamente do atendimento de necessidades locais.

É pouco o dinheiro disponível para luxos tais como literatura e arte. Nas cortes, nos casos em que há recursos suficientes, as pessoas imitam insatisfatoriamente a conduta da corte de Luís XIV e falam francês. O alemão, a língua das classes baixa e média, é pesadão e incômodo. Leibniz, o único filósofo cortesão alemão, o único grande alemão dessa época cujo nome desperta aplausos em círculos cortesãos mais amplos, escreve e fala francês ou latim, raramente o idioma nativo. E o problema da língua, o problema do que pode ser feito com este desengonçado idioma, ocupa-o também, como ocupou tantos outros.

O francês espalha-se das cortes para a camada superior da burguesia. Todas as *honnêtes gens* (gente de bem), todas as pessoas de "consequência" o falam. Falar francês é o símbolo de *status* de toda a classe superior.

Em 1730, a noiva de Gottsched escreve a seu prometido: "Nada é mais plebeu do que escrever cartas em alemão."[5]

Se o indivíduo fala alemão, é considerado de bom-tom incluir tantas palavras francesas quanto possível. Em 1740, E. de Mauvillon escreveu em suas *Lettres Françoises et Germaniques:* "Há apenas alguns anos, não se diziam quatro palavras de alemão sem se acrescentar duas francesas." Isso era *le bel usage* (o bom emprego).[6] E ele tem mais a dizer sobre o aspecto bárbaro da língua alemã. Sua natureza, diz, é "d'être rude et barbare" (ser rude e bárbara).[7] Saxônios afirmam que "qu'on parle mieux l'Allemand en Saxe, qu'en aucun autre endroit de l'Empire" (O alemão é mais bem-falado na Saxônia do que em qualquer outra parte do Império). Os austríacos fazem a mesma alegação a respeito de si mesmos, no que são acompanhados por bávaros, brandenburgueses e suíços. Alguns estudiosos, continua Mauvillon, querem estabelecer regras de gramática, mas "il est difficile qu'une Nation, qui contient dans son sein tant de Peuples indépendans les uns des autres, se soumette aux décisions d'un petit nombre des Savans" (é difícil para uma nação que abrange tantos povos independentes entre si submeter-se às decisões de um pequeno número de sábios).

Neste como em numerosos outros campos, à classe média, pequena e impotente, couberam as tarefas que na França e Inglaterra eram desempenhadas principalmente pela corte e pela classe alta aristocrática. Foram os "servidores de príncipes" cultos que tentaram, em primeiro lugar, criar, em uma classe intelectual particular, os modelos do que o alemão é e, desta maneira, estabelecer, pelo menos nesta esfera intelectual, uma unidade alemã que ainda não parece realizável na esfera política. O conceito de *Kultur* tem a mesma função.

Mas, no início, a maior parte do que vê na Alemanha parece tosco e atrasado a Mauvillon, um observador bem versado na civilização francesa. Refere-se ele à literatura e à língua nos termos seguintes: "Milton, Boileau, Pope, Racine, Tasso, Molière e praticamente todos os poetas importantes foram traduzidos na maioria das línguas europeias. Os poetas alemães, na maior parte, são apenas tradutores."

E continua: "Deem-me um nome criativo em seu Parnaso, citem-me um poeta alemão que de dentro de si mesmo tirou uma obra de reputação. Desafio-os a fazê-lo."[8]

10. Poderíamos dizer que esta era a opinião leiga de um francês mal-orientado. Em 1780, porém, 40 anos após Mauvillon e nove anos antes da Revolução Francesa, quando França e Inglaterra já haviam ultrapassado as fases decisivas de seu desenvolvimento cultural e nacional, quando as línguas desses dois países ocidentais haviam muito tempo antes encontrado sua forma clássica e permanente, Frederico, o Grande, publica uma obra intitulada *De la littérature allemande*,[9] na qual lamenta o escasso e insuficiente desenvolvimento da literatura alemã, alinha mais ou menos as mesmas afirmações sobre a língua alemã que haviam saído da pena de Mauvillon e explica como, em sua opinião, pode ser remediada a lamentável situação.

Sobre a língua alemã, diz: "Considero-a uma língua semibárbara, que se fraciona em tantos dialetos diferentes como a Alemanha tem províncias. Cada grupo local está convencido de que seu *patois* é o melhor." Descreve o baixo nível da literatura, lamenta o pedantismo dos intelectuais alemães e o pouco desenvolvimento da ciência do país. Mas encontra também uma razão para isto: considera o empobrecimento alemão como resultado de guerras incessantes e do insuficiente desenvolvimento do comércio e da burguesia.

"Não é", diz ele, "ao espírito ou ao gênio da nação que devemos atribuir o pequeno progresso que fizemos, mas pôr a culpa em uma sucessão de fatos tristes, uma guerra após outra que nos deixou arruinados e pobres não só em dinheiro, mas em homens, também."

Fala do lento começo da recuperação da prosperidade: "O Terceiro Estado não mais enlanguesce em vergonhosa degradação. Pais educam seus filhos sem se endividarem. Eis que começa a feliz revolução que esperamos." E profetiza que, com crescente prosperidade, ocorrerá também um florescimento da arte e ciência alemãs, um processo civilizador que dará aos alemães um lugar igual entre as demais nações: e é esta a feliz revolução a que se refere. E compara-se a Moisés, que anteviu o renascimento de seu povo sem experimentá-lo.

11. Tinha razão Frederico? Um ano após a publicação de sua obra, em 1781, vêm à luz *Die Räuber* (Os Bandidos), de Schiller, e a *Crítica da razão pura*, de Kant, seguidos em 1787 por *Don Carlos*, do primeiro autor, e *Iphigenie*, de Goethe. Daí se seguiu todo o florescimento da literatura e filosofia alemã que conhecemos. E tudo isto parecia lhe confirmar a profecia.

Esta nova eflorescência, porém, estivera há muito tempo em gestação. A língua alemã não adquiriu esse novo poder expressivo em apenas dois ou três anos. Em 1780, ano de publicação de *De la littérature allemande,* esta língua há muito deixara de ser o *patois* semibárbaro a que se referia Frederico. Já surgira uma coleção completa de obras que hoje, em retrospecto, consideramos de grande importância. O *Götz von Berlichingen,* de Goethe, chegara às ruas sete anos antes, *Werther* já estava em circulação, Lessing já publicara a maior parte de suas obras dramáticas e teóricas, incluindo *Laokoon* (Laocoonte) em 1776 e *Die Hamburgische Dramaturgie* (Dramaturgia de Hamburgo) em 1767. Frederico falecera em 1781, após a publicação de seu trabalho. Os escritos de Klopstock haviam sido publicados muito antes, como o *Messias,* que veio a lume em 1748. Tudo isto sem contar o *Sturm und Drang,* peças de Herder, e uma série completa de romances muito lidos, tais como *Das Fräulein von Sternheim,* de Sophie de la Roche. Muito tempo antes despontara na Alemanha uma classe de compradores, um público burguês — mesmo que ainda relativamente diminuto — que se interessava por essas obras. Ondas de grande agitação intelectual varreram a Alemanha e encontraram expressão em artigos, livros, peças de teatro e outras obras. A língua alemã tornara-se rica e flexível.

Nada disto Frederico sequer sugere em seu trabalho. Ou não o vê ou não lhe atribui importância. Menciona uma única obra da jovem geração, a maior obra do período de *Sturm und Drang* e do entusiasmo por Shakespeare, *Götz von Berlichingen.* Característicamente, alude a essa obra em conexão com a educação e formas de divertimento das *basses classes,* os estratos mais baixos da população:

> A fim de se convencerem da falta de gosto que reina na Alemanha até nossos dias, basta comparecer aos espetáculos públicos. Neles verão encenadas as obras abomináveis de Shakespeare, traduzidas para nossa língua; a plateia inteira entra em êxtase quando escuta essas farsas, dignas dos selvagens do Canadá. Descrevo-as nestes termos porque elas pecam contra todas as regras do teatro, regras que não são em absoluto arbitrárias.
>
> Olhem para os carregadores e coveiros que aparecem no palco e fazem discursos bem dignos deles; depois deles entram reis e rainhas. De que modo pode esta mixórdia de humildade e grandiosidade, de bufonaria e tragédia, ser comovente e agradável?
>
> Podemos perdoar Shakespeare por esses erros bizarros; o começo das artes nunca é seu ponto de maturidade.

Mas vejam em seguida *Götz von Berlichingen,* que faz seu aparecimento no palco, uma imitação detestável dessas horríveis obras inglesas, enquanto o público aplaude e entusiasticamente exige a repetição dessas nojentas imbecilidades.

E continua: "Depois de me ter referido às classes baixas, é necessário que eu prossiga com a mesma franqueza no tocante às universidades."

12. O homem que assim fala é o que fez mais do que qualquer de seus contemporâneos pelo desenvolvimento político e econômico da Prússia e talvez, indiretamente, pelo desenvolvimento político da Alemanha. Mas a tradição intelectual em que se formou e que nele encontra expressão é a comum à "boa sociedade" da Europa, a tradição aristocrática da sociedade de corte, anterior à nação. E ele lhe fala a língua, o francês. Pelos padrões de seu gosto, mede a vida intelectual da Alemanha. Os modelos prescritos lhe determinam o julgamento. Outros desta sociedade, muito tempo antes, referiam-se a Shakespeare de forma bastante parecida. Em 1730, por exemplo, Voltaire deu expressão a pensamentos muito semelhantes no *Discours sur la tragédie,* no qual apresenta a tragédia *Brutus:* "De modo algum finjo aprovar as irregularidades bárbaras que a saturam (a tragédia *Júlio César,* de Shakespeare). Surpreende apenas que não haja ainda mais disto numa obra escrita em uma era de ignorância por um homem que nem mesmo conhecia latim e que não teve mestre, exceto seu próprio gênio."

O que Frederico, o Grande, diz sobre Shakespeare é, na verdade, a opinião geral da classe alta da Europa, que só se expressava em francês. Ele nem "copia" nem "plagia" Voltaire. O que escreve é sua sincera opinião pessoal. Não acha graça nos chistes rudes e incivilizados de coveiros e gente da mesma laia, ainda mais se aparecem misturados com os grandes sentimentos trágicos de príncipes e reis. Acha que nada disso tem forma clara e concisa e que são "prazeres das classes baixas". É desta maneira que seus comentários devem ser compreendidos: não são nem mais nem menos individuais que a língua francesa que usa. Como ela, atestam sua filiação a uma sociedade particular. E o paradoxo de que, enquanto sua política era prussiana, sua tradição estética era francesa (ou, mais exatamente, absolutista de corte), não é tão acentuado como os atuais conceitos de uniformidade nacional poderiam sugerir. Ele está inseparavelmente ligado à estrutura peculiar dessa sociedade de corte, cujas instituições e interesses eram multifariamente fragmentados, mas cuja estratificação social se fazia em estamentos cujo gosto, estilo e língua eram, de maneira geral, os mesmos por toda a Europa.

As peculiaridades dessa situação ocasionalmente geravam conflitos íntimos no jovem Frederico e, aos poucos, ele se deu conta de que os interesses do governante da Prússia nem sempre podiam ser conciliados com a reverência pela França e a observância de costumes cortesãos.[10] Durante toda sua vida, esses conflitos ocasionaram certa desarmonia entre o que ele fazia como governante e o que escrevia e publicava como ser humano e filósofo.

Os sentimentos da *intelligentsia* burguesa alemã em relação a ele mostravam às vezes um igual paradoxo. Seus sucessos militares e políticos deram à autoconsciência alemã um tônico de que há muito carecia, e para muitos ele se transformou em herói nacional. Mas sua atitude em questões de língua e gosto, que encontrou expressão na obra sobre a literatura alemã, embora não apenas nela, era exatamente o que a *intelligentsia* do país, melhor dizendo, enquanto *intelligentsia alemã,* tinha que combater.

A situação dessa classe tinha seu análogo em quase todos os maiores Estados alemães e em muitos dos menores. No topo, por quase toda a Alemanha, situavam-se indivíduos ou grupos que falavam francês e decidiam a política. No outro lado, havia uma *intelligentsia* de fala alemã que de modo geral nenhuma influência exercia sobre os fatos políticos. De suas fileiras saíram basicamente os homens por conta dos quais a Alemanha foi chamada de terra de poetas e pensadores. E deles, conceitos como *Bildung* e *Kultur* receberam seu cunho e substância especificamente alemães.

IV

A Classe Média e a Nobreza de Corte na Alemanha

13. Constituiria um projeto notável (e sobremaneira fascinante) demonstrar o quanto as condições espirituais e ideais específicas de uma sociedade absolutista de corte encontraram expressão na tragédia francesa, que Frederico, o Grande, contrapõe às tragédias de Shakespeare, e ao *Götz*. A importância da boa forma, a marca característica de toda "sociedade" autêntica; o controle dos sentimentos individuais pela razão, esta uma necessidade vital para todos os cortesãos; o comportamento reservado e a eliminação de todas as expressões plebeias, sinal específico de uma fase particular na rota para a "civilização" — tudo isto tem sua mais pura manifestação na tragédia clássica. O que tem que ser ocultado na vida cortesã, todos os sentimentos e atitudes vulgares, tudo o que "a pessoa" não diz, tampouco aparece na tragédia. Gente de baixa posição social, que para esta classe significa também caráter vil, nela não tem lugar. Sua forma é clara, transparente, precisamente regulada, tal como a etiqueta e a vida cortesã em geral.[11] Apresenta os membros da corte como eles gostariam de ser e, ao mesmo tempo, como os príncipes absolutos os querem ver. E todos os que viveram sob o molde desta situação social, fossem ingleses, prussianos ou franceses, tiveram seu gosto conformado ao mesmo padrão. O próprio Dryden, que depois de Pope é o mais conhecido poeta cortesão da Inglaterra, escreveu sobre o primeiro teatro inglês quase na mesma veia que Frederico, o Grande, e Voltaire; leiamos o epílogo de *Conquest of Granada:*

> Tendo a finura (*wit*) atingido um mais alto grau,
> E nossa língua nativa se tornado mais refinada e livre,
> Mulheres e homens ora falam com mais graça (*wit*)
> Em suas conversas do que os poetas as descrevem.

O vínculo com a estratificação social é muito claro no juízo estético. Frederico, igualmente, defende-se da falta de gosto de se justapor no palco a "grandeza trágica" de príncipes e rainhas com a "rudeza" de carregadores e coveiros. Como poderia ter ele compreendido e aprovado uma obra dramática e literária que focalizava, acima de tudo, a luta contra diferenças de classe, um trabalho que tinha a intenção de mostrar que não só os sofrimentos de príncipes e reis e da aristocracia cortesã, mas também os de pessoas situadas mais baixo na classe social, têm sua grandeza e sua tragédia?

Na Alemanha, igualmente, a burguesia torna-se mais próspera. O rei da Prússia percebe este fato e diz a si mesmo que ele levará ao despertar da arte e da ciência, a uma "feliz revolução". A burguesia, porém, fala uma língua diferente da usada pelo rei. Os ideais e gosto da juventude burguesa, seus modelos de conduta, são quase o oposto dos seus.

Em *Dichtung und Wahrheit* (Poesia e verdade), Livro 9, escreve Goethe: "Em Estrasburgo, na fronteira francesa, libertamo-nos imediatamente do espírito dos franceses. Descobrimos que seu estilo de vida era regulamentado e aristocrático demais, fria a sua poesia, destrutiva sua crítica literária, e abstrusa e insatisfatória sua filosofia."

Escreve *Götz* com este estado de espírito. Como poderia Frederico, o Grande, o homem do gosto esclarecido, do absolutismo racional e aristocrático-cortesão, tê-lo compreendido? De que modo poderia o rei ter aprovado as peças e teorias de Lessing, que elogia em Shakespeare exatamente o que Frederico condena: que as obras do dramaturgo inglês ajustam-se muito mais ao gosto do povo do que os clássicos franceses?

"Se alguém houvesse traduzido as obras-primas de Shakespeare... para os nossos alemães, sei com certeza que teria colhido melhores resultados do que fazendo-os conhecer Corneille ou Racine. Para começar, as pessoas sentiriam muito mais prazer nele do que neles."

Lessing escreve estas palavras em suas *Cartas sobre a literatura mais recente* (Parte 1, carta 17) e pede, e escreve, dramas burgueses apropriados à recém-despertada autoconsciência da classe burguesa, porque acredita que os membros da corte não possuem o direito exclusivo de serem grandes. "Esta odiosa distinção que os homens traçaram entre si," diz, "a natureza desconhece. Ela distribui as qualidades do coração sem qualquer preferência pelos nobres e pelos ricos."[12]

Todo o movimento literário da segunda metade do século XVIII é produto de uma classe social — e, consequentemente, de ideais estéticos — que se opõe às inclinações sociais e estéticas de Frederico. Por isso mesmo, nada tem a lhe dizer, e ele, por seu lado, ignora as forças vitais já ativas à sua volta e condena o que não pode ignorar, tal como o *Götz*. Este movimento literário alemão, cujos expoentes incluem Klopstock, Herder, Lessing, os poetas do *Sturm und Drang*, os poetas de "sensibilidade" e o círculo conhecido como *Göttinger Hain*, o jovem Goethe, o jovem Schiller e tantos outros, certamente não é um movimento político. Com raras exceções, não encontramos na Alemanha, antes de 1789, ideia alguma de ação política concreta, nada que lembre a formação de partido político ou programa partidário. Mas de fato encontramos, sobretudo no mundo oficial prussiano, propostas, e também o início prático, de reformas em termos de absolutismo esclarecido. Em filósofos como Kant nos deparamos com o desenvolvimento de princípios básicos gerais que, em parte, se opõem diretamente às condições vigentes. Nos trabalhos da jovem geração do *Göttinger Hain* surgem manifestações de violento ódio a príncipes, cortes, aristocratas, afrancesadores, à imoralidade das cortes e à frigidez intelectual. E por toda a parte, entre os jovens da classe média, identificamos sonhos vagos de uma nova Alemanha unida, de uma vida "natural" —, "natural" em contraste com a vida "antinatural" da sociedade de corte —, e frequentemente um irresistível deleite com sua própria exuberância de sentimentos.

Pensamentos, sentimentos — mas nada que pudesse, em qualquer sentido, culminar em ação política concreta. A estrutura desta sociedade absolutista de pequenos Estados não proporcionava uma abertura a ela. Elementos burgueses adquiriram autoconfiança, mas o arcabouço dos Estados absolutistas permaneceu inabalado. Os elementos burgueses foram excluídos de toda e qualquer atividade. Na melhor das hipóteses, podiam "pensar e escrever" independentemente, mas não agir da mesma forma.

Nessa situação, a literatura torna-se o escoadouro mais importante. Nela, a nova autoconfiança e o vago descontentamento com a ordem vigente expressam-se de forma mais ou menos encoberta. Nela, que o aparelho dos Estados absolutos havia liberado até certo ponto, a geração jovem da classe média contrapunha seus novos sonhos e ideias contrárias, e com eles a língua alemã, aos ideais cortesãos.

Conforme dito acima, o movimento literário da segunda metade do século XVIII não tem caráter político, embora, no sentido o mais amplo possível, constitua manifestação de um movimento social, uma transformação da sociedade. Para sermos exatos, a burguesia como um todo nele ainda não encontrava expressão. Ele começou sendo a efusão de uma espécie de vanguarda burguesa, o que descrevemos aqui como *intelligentsia* de classe média: numerosos indivíduos na mesma situação e de origens sociais semelhantes espalhados por todo o país, pessoas que se compreendiam porque estavam na mesma situação. Só raramente membros dessa vanguarda se reuniam em algum lugar como grupo durante um período maior ou menor de tempo. Quase sempre viviam isolados ou sós formando uma elite em relação ao povo, mas pessoas de segunda classe aos olhos da aristocracia cortesã.

Repetidamente, encontramos nessas obras a ligação entre tal posição social e os ideais nelas postulados: o amor à natureza e à liberdade, a exaltação solitária, a rendição às emoções do coração, sem o freio da "razão fria". No *Werther,* cujo sucesso demonstra como esses sentimentos eram típicos de uma dada geração, isto é dito de maneira bem clara e inequívoca.

Em data de 24 de dezembro de 1771, lemos: "O sofrimento resplendecente, o tédio reinante entre as pessoas detestáveis aqui reunidas, a competição entre elas por posição, a maneira como constantemente procuram meios de um passar na frente do outro..."

E em 8 de janeiro de 1772: "Que tipos de pessoas são estas cuja alma inteira se radica no cerimonial e cujos pensamentos e desejos o ano inteiro centralizam-se em como podem aproximar uma cadeira da mesa?"

E em 15 de março de 1772: "Rilho os dentes... Após o jantar na casa do conde, andamos de um lado para outro no grande parque. Aproxima-se a hora social. Penso, sabe Deus sobre nada." Ele permanece ali, os nobres chegam. As mulheres murmuram entre si, alguma coisa circula entre os homens. Finalmente, o conde, um tanto embaraçado, pede-lhe que se retire. A nobreza sente-se insultada ao ver um burguês entre seus membros.

"'Sabe'", diz o conde, "'acho que os convivas estão aborrecidos em vê-lo aqui.'... Afastei-me discretamente da ilustre companhia e me dirigi a M., a fim de observar o pôr do sol do alto da colina, enquanto lia no meu Homero o canto que celebra como Ulisses foi hospitaleiramente recebido pelos excelentes guardadores de porcos."

Por um lado, superficialidade, cerimônia, conversas formais; por outro, vida interior, profundidade de sentimento, absorção em livros, desenvolvimento da personalidade individual. Temos o mesmo contraste referido por Kant, na antítese entre *Kultur* e *civilização*, aplicado aqui a uma situação social muito específica.

No *Werther*, Goethe mostra também com particular clareza as duas frentes entre as quais vive a burguesia. "O que mais me irrita", lemos na anotação de 24 de dezembro de 1771, "é nossa odiosa situação burguesa. Para ser franco, sei tão bem como qualquer outra pessoa como são necessárias as diferenças de classe, quantas vantagens eu mesmo lhes devo. Apenas não deviam se levantar diretamente como obstáculos no meu caminho." Coisa alguma caracteriza melhor a consciência de classe média do que essa declaração. As portas debaixo devem permanecer fechadas. As que ficam acima têm que estar abertas. E como todas as classes médias, esta estava aprisionada de uma maneira que lhe era peculiar: não podia pensar em derrubar as paredes que bloqueavam a ascensão por medo de que as que a separavam dos estratos mais baixos pudessem ceder ao ataque.

Todo o movimento foi de ascensão para a nobreza: o bisavô de Goethe fora ferreiro,[13] seu avô alfaiate e, em seguida, estalajadeiro, com uma clientela cortesã, e maneiras cortesãs-burguesas. Já abastado, seu pai tornou-se conselheiro imperial, burguês rico, de meios independentes, possuidor de título. Sua mãe era filha de uma família patrícia de Frankfurt.

O pai de Schiller era cirurgião e, mais tarde, major, mal remunerado; mas seu avô, seu bisavô e seu tataravô haviam sido padeiros. De origens sociais semelhantes, ora mais próximas ora mais remotas, dos ofícios e da administração de nível médio vieram Schubart, Bürger, Winkelmann, Herder, Kant, Friedrich August Wolff, Fichte, e muitos outros membros do movimento.

14. Na França, ocorria um movimento análogo. Ali, também, em conexão com mudança social semelhante, grande número de homens notáveis emergiram de círculos da classe média, entre eles Voltaire e Diderot. Na França, porém, esses talentos eram recebidos e assimilados sem maiores dificuldades pela grande sociedade de corte de Paris. Já na Alemanha, aos filhos da nascente classe média que se distinguiam pelo talento e inteligência era negado acesso, na sua grande maioria, à vida cortesã-aristocrática. Uns poucos, como Goethe, conquistaram certa preeminência nesses círculos. Mas, à parte o fato de a corte de Weimar ser pequena e relativamente pobre, Goethe foi uma exceção. De modo

geral, permaneceram muito altas, segundo os padrões ocidentais, as paredes entre a *intelligentsia* de classe média e a classe superior aristocrática na Alemanha. Em 1740, o francês Mauvillon anota que "observamos nos gentis-homens alemães um ar altaneiro que chega ao ponto da arrogância. Emproados de uma linhagem cuja extensão estão sempre prontos a provar, desprezam todos aqueles que não são analogamente bem-dotados". "Raramente", continua, "contraem *mésalliances*. Mas não menos raramente são vistos comportando-se de forma simples e afável com membros da classe média. E se desdenham conúbio com eles, ainda menos lhes procuram a companhia, quaisquer que sejam seus méritos."[14]

Nesta divisão social muito nítida entre nobreza e classe média, confirmada por incontáveis documentos, um fator decisivo era sem dúvida a indigência relativa de ambas. Isto levava os nobres a se isolarem, utilizando a prova de ancestralidade como o instrumento mais importante para lhes preservar a existência social privilegiada. Por outro lado, bloqueava à classe média alemã a principal rota pela qual os elementos burgueses de países ocidentais ascendiam, casavam e eram recebidos pela aristocracia: através do dinheiro.

Mas quaisquer que tenham sido as causas — sem dúvida altamente complexas — dessa separação muito nítida, o resultante baixo grau de fusão entre os modelos aristocráticos de corte e os valores baseados no mérito intrínseco, por um lado, e os modelos e valores burgueses fundamentados nas realizações, por outro, influenciaram durante longo tempo o caráter nacional alemão, à medida que este foi emergindo desde então. Esta divisão explica por que uma corrente linguística principal, a linguagem dos alemães educados, e quase toda a tradição intelectual recente enfeixada na literatura, receberam seus impulsos decisivos e aprovação de um estrato intelectual de classe média que era muito mais pura e especificamente classe média que a correspondente *intelligentsia* francesa e mesmo mais que a inglesa, esta última parecendo ocupar uma posição intermediária entre as da França e Alemanha.

A postura de autoisolamento, o destaque ao específico e ao distintivo, que antes vimos na comparação entre o conceito alemão de *Kultur* e o ocidental de "civilização", aqui reaparecem como característicos do desenvolvimento histórico alemão.

Mas não foi só externamente que a França se expandiu e colonizou outras terras mais cedo em comparação com a Alemanha. Internamente, também, movimentos análogos são muitas vezes identificados em sua história mais recente. De particular importância neste sentido foi a difusão de maneiras aristocráticas de corte, a tendência da aristocracia de corte a assimilar e, por assim dizer, colonizar elementos de outras classes. O orgulho social da aristocracia francesa é sempre muito grande e a ênfase em diferenças de classes nunca perde importância para ela. As paredes que a cercam, porém, têm mais aberturas e o acesso à aristocracia (e assim a assimilação de outros grupos) desempenha aqui um papel muito maior do que na Alemanha.

A expansão mais vigorosa do império alemão ocorre, em contraste, na Idade Média. A partir dessa época, o Reich alemão diminuiu lenta mas ininterruptamente. Mesmo antes da Guerra dos Trinta Anos, e muito mais após, os territórios alemães são confinados de todos os lados e forte pressão é aplicada em quase todas as suas fronteiras externas. Por isso mesmo, as lutas dentro da Alemanha entre os vários grupos sociais que competiam por oportunidades limitadas e pela sobrevivência e, por conseguinte, as tendências para distinções e exclusões mútuas em geral foram mais intensas do que nos países ocidentais em expansão. Tanto quanto a fragmentação do território alemão em grande número de Estados soberanos, foi este isolamento extremo de grandes segmentos da nobreza face à classe média alemã que dificultou a formação de uma sociedade unificada, central, que estabelecesse um modelo, o que em outros países adquiriu importância decisiva, pelo menos como fase no caminho da nacionalidade, pondo sua marca, em certas fases, na língua, nas artes, nas maneiras, e na estrutura das emoções.

V

Exemplos Literários da Relação entre a *Intelligentsia* de Classe Média Alemã e a Corte

15. Os livros de classe média que obtiveram grande sucesso de público após meados do século XVIII — isto é, no período em que essa classe se expandia em prosperidade e autoconfiança — mostram com muita clareza a que profundidade eram sentidas essas diferenças. Demonstram também que as diferenças entre a estrutura e a vida da classe média, por um lado, e a classe superior cortesã, por outro, eram acompanhadas por diferenças na estrutura do comportamento, vida emocional, aspirações e moralidade. E indicam — por força, unilateralmente — como elas eram vistas no campo da classe média.

Temos um exemplo disto no conhecido romance de Sophie de la Roche, *Das Fräulein von Sternheim*,[15] que tornou a autora uma das mulheres mais famosas de seu tempo. "Todo o meu ideal de jovem mulher," escreveu Caroline Flachsland a Herder depois de ler *Sternheim*, "suave, delicada, caridosa, orgulhosa, virtuosa, e enganada. Passei preciosas e maravilhosas horas lendo o livro. Ai de mim como ainda estou longe de meu ideal, de mim mesma."[16]

O curioso paradoxo existente no fato de que Caroline Flachsland, como tantas outras mulheres de formação semelhante, ama seu próprio sofrimento — que incluía ser enganada, juntamente com caridade, orgulho e virtude, entre as qualidades da heroína ideal com que deseja se parecer — é altamente característico do estado emocional da *intelligentsia* de classe média e, em especial, das mulheres entre ela, nessa era de sensibilidade. A heroína de classe média é enganada por um cortesão aristocrático. A advertência, o medo de um "sedutor" socialmente superior, que não pode casar-se com a moça por causa da distância social, o desejo de receber sua atenção, o fascínio da ideia de penetrar no círculo fechado e perigoso e, finalmente, a empatia identificadora com a moça enganada, tudo isto constitui exemplo da ambivalência específica que obcecava a vida emocional dos membros da classe média — e não apenas de mulheres — no tocante à aristocracia. *Das Fräulein von Sternheim* é, neste aspecto, a contrapartida feminina de *Werther*. Ambas as obras tratam de emaranhamentos específicos de classes que se traduzem em sentimentalismo, sensibilidade, e nuanças correlatas de emoção.

O problema de que trata o romance: uma moça do campo, de altos princípios, originária de uma classe de proprietários de terra, chega à corte. O príncipe, aparentado com ela pelo lado da mãe, a deseja como amante. Não vendo outra escapatória, ela busca proteção junto ao "vilão" do romance, um lorde inglês que vive na corte e que fala exatamente como numerosos círculos de classe média teriam imaginado que fala um "sedutor aristocrático" e que produz um efeito cômico porque, em seus pensamentos, ele se censura usando expressões de classe média. Mas graças a ele, também, a heroína conserva sua virtude, sua superioridade moral, compensações por sua inferioridade de classe, e morre.

E é assim que fala a heroína, Fräulein von Sternheim, filha de um coronel agraciado com um título:[17]

> Ver como o tom, o estado de espírito que está na moda na corte, reprime os anseios mais nobres de um coração admirável por natureza, ver como evitar as zombarias de senhoras e cavalheiros elegantes significa rir e concordar com eles, enche-me de desprezo e piedade. A sede de distrações, de novos atavios, de admiração por um trajo, uma peça de mobiliário, um novo prato absurdo, oh, minha Emília, como se agita e adoece minha alma... Não vou falar da falsa ambição que trama tantas intrigas vis, rasteja diante do pecado ocultado pela prosperidade, considera com desprezo a virtude e o mérito e, indiferente, faz com que outros se sintam infelizes.

"Estou convencida, tia", diz ela após alguns dias no palácio, "de que a vida da corte não se coaduna com meu caráter. Meus gostos, minhas inclinações, divergem dela de todas as maneiras. E confesso a minha bondosa tia que iria embora mais feliz do que aqui cheguei."

"Querida Sophie", responde a tia, "você é realmente uma moça extraordinariamente encantadora, mas o velho vigário lhe encheu a cabeça de ideias pedantes. Esqueça-as um pouco."[18]

Em outro trecho, Sophie escreve: "Meu amor pela Alemanha acaba de me envolver em uma conversa na qual tentei defender os méritos da mãe-pátria. Falei com tanto entusiasmo que minha tia me disse depois que eu tinha feito uma bela demonstração de ser neta de um professor... Esta repreensão me deixou mortificada. Foram insultadas as cinzas de meu pai e avô."

O clérigo e o professor — estes são realmente os dois representantes mais importantes da *intelligentsia* administrativa de classe média, duas figuras sociais que desempenharam papel decisivo na formação e difusão de uma nova língua alemã culta. Este exemplo mostra com muita clareza como o vago sentimento nacional desses círculos, com suas inclinações espirituais, não políticas, parece burguês à aristocracia das pequenas cortes. Ao mesmo tempo, clérigo e professor chamam atenção para o centro social mais importante na modelação e disseminação da cultura de classe média alemã: a universidade. Dela, geração após geração de estudantes disseminaram pelo país, como mestres, clérigos e administradores de nível médio, um complexo de ideias e ideais marcados de uma maneira particular. A universidade alemã foi, nesse sentido, o contrapeso da classe média à corte.

Desta maneira, é nas palavras com que o pastor poderia fulminá-lo do púlpito que o vilão da corte se expressa na imaginação da classe média:[19]

> Você sabe que nunca concedi ao amor qualquer outro poder sobre meus sentidos, cujos mais delicados e vivos prazeres propicia... Todas as classes de beleza se entregaram a mim... Delas fiquei saciado... Os moralistas... podem dizer o que quiserem sobre as finas redes e armadilhas com as quais capturei a virtude e o orgulho, a sabedoria e a frigidez, o coquetismo e mesmo a religiosidade de todo o mundo feminino... O *amour* satisfez minha vaidade. Trouxe do mais atrasado lugar do campo uma filha de coronel cujo corpo, mente, e caráter são tão encantadores que...

Vinte e cinco anos depois, antíteses, ideias e problemas correlatos semelhantes ainda podem merecer um sucesso de livraria. Em 1796, o *Agnes von Lilien*,[20] de Caroline von Wolzogen, aparece nas *Horen*,* de Schiller. Neste romance, a mãe, da alta aristocracia, que por razões misteriosas tem que mandar educar a filha fora do círculo da corte, diz:

> Sinto-me quase grata pela prudência que me obriga a mantê-la longe do círculo no qual me tornei infeliz. Uma formação séria e sólida da mente é rara na alta sociedade. Você poderia ter-se transformado em uma pequena boneca que dança de um lado para o outro ao sabor da opinião.

E a heroína diz de si mesma:[21]

> Eu pouco sabia da vida convencional e da linguagem de pessoas mundanas. Meus princípios simples achavam paradoxais muitas coisas que uma mente tornada mais maleável pelo hábito aceita sem esforço. Para mim era tão natural como a noite seguindo-se ao dia lamentar a jovem enganada e odiar o enganador, preferir a virtude à honra e a honra à vantagem própria. Na opinião dessa sociedade eu via todas essas ideias de cabeça para baixo.

Ela descreve em seguida o príncipe, um produto da civilização francesa:[22]

---

* Revista literária: *Horas*. (N.R.)

O príncipe, que tinha entre 60 e 70 anos de idade, oprimia a si mesmo e aos demais com a rígida e antiga etiqueta que os filhos dos príncipes alemães haviam aprendido na corte do rei francês e transplantado para seu próprio solo, embora, reconhecidamente, em dimensões algo reduzidas. O príncipe aprendera pela idade e hábito a mover-se quase com naturalidade sob esta pesada armadura de cerimônia. Com relação às mulheres, observava a cortesia elegante, exagerada, da era pretérita da cavalaria andante, de modo que sua pessoa não lhes era desagradável, mas ele não podia deixar nem por um instante a esfera das boas maneiras sem se tornar insuportável. Seus filhos... viam no pai apenas o déspota.

As maneiras caricaturais, entre os membros da corte, ora me pareciam ridículas ora lamentáveis. A reverência com que podiam, ao aparecimento de seu senhor, convocar imediatamente do coração para as mãos e pés, o olhar gracioso ou raivoso que lhes trespassava o corpo como um choque elétrico... a concordância imediata de suas opiniões com as palavras mais recentes caídas dos lábios principescos, tudo isto achei incompreensível. Pareceu-me que estava assistindo a um teatro de marionetes.

Cortesia, submissão, boas maneiras, por um lado, e educação sólida e preferência pela virtude antes da honra, por outro: a literatura alemã na segunda metade do século XVIII abunda dessas antíteses. Em data recente como 23 de outubro de 1828, Eckermann diz a Goethe: "Uma educação tão completa como o grão-duque parece ter recebido é sem dúvida rara entre personagens principescos." "Muito rara", responde Goethe. "Há muitos, para ser exato, que podem conversar inteligentemente sobre qualquer assunto, mas não possuem conhecimentos profundos e apenas arranham a superfície. E isto não é de espantar, se pensamos nas espantosas distrações e truncamentos que a vida da corte acarreta."

Em uma ocasião, utiliza com grande clareza o conceito de *Kultur* neste contexto: "As pessoas com quem convivi", diz, "não tinham ideia do que seja erudição. Eram cortesãos alemães e esta classe não possui nenhuma *Kultur*."[23] E Knigge observa certa vez explicitamente: "Onde mais do que aqui (na Alemanha) os cortesãos formam uma espécie separada?"

16. Em todas essas citações há uma situação social bem-definida. É a mesma que se observa por trás do contraste que Kant estabelece entre *Kultur* e civilização. Mas mesmo independentemente desses conceitos, essa fase e as experiências dela derivadas gravaram-se com profundidade na tradição alemã. O que se manifesta nesse conceito de *Kultur*, na antítese entre profundeza e superficialidade, e em muitos conceitos correlatos é, acima de tudo, a autoimagem do estrato intelectual de classe média. Esta é uma camada relativamente tênue que se estende por toda a área e, por conseguinte, é individualizada em alto grau e em uma forma particular. Não constitui, como acontece com a corte, um círculo fechado, uma "sociedade". Compõe-se predominantemente de administradores, de servidores civis no sentido mais amplo da palavra — isto é, de pessoas que direta ou indiretamente obtêm sua renda da corte, mas que, com poucas exceções, não pertencem à "boa sociedade" cortesã, à classe alta aristocrática. É uma classe de intelectuais com ampla

formação de classe média. A burguesia comercial, que poderia ter servido como público para os escritores, é relativamente subdesenvolvida na maioria dos Estados alemães no século XVIII. A ascensão para a prosperidade apenas ensaia os primeiros passos nesse período. Até certo ponto, por conseguinte, os escritores e intelectuais alemães como que flutuam no ar. Mente e livros são seu refúgio e domínio, e as realizações na erudição e na arte seu motivo de orgulho. Dificilmente existe para esta classe oportunidade de ação política, de metas políticas. Para ela, o comércio e a ordem econômica, em conformidade com a estrutura da vida que levam e da sociedade onde se integram, são interesses marginais. O comércio, as comunicações e as indústrias são relativamente subdesenvolvidos e ainda necessitam, na maior parte, de proteção e promoção mediante uma política mercantilista, e não de libertação de suas restrições. O que legitima a seus próprios olhos a *intelligentsia* de classe média do século XVIII, o que fornece os alicerces à sua autoimagem e orgulho, situa-se além da economia e da política. Reside no que, exatamente por esta razão, é chamado de *das rein Geistige* (o puramente espiritual) em livros, trabalho de erudição, religião, arte, filosofia, no enriquecimento interno, na formação intelectual (*Bildung*) do indivíduo, principalmente através de livros, na personalidade. Em consequência, os lemas que expressam essa autoimagem da classe intelectual alemã, termos tais como *Bildung* e *Kultur,* tendem a traçar uma nítida distinção entre realizações nas áreas que acabamos de mencionar, esta esfera puramente espiritual (concebida como a única de valor autêntico), e a esfera política, econômica e social, em contraste frontal com os lemas da burguesia ascendente na França e Inglaterra. O destino peculiar da burguesia alemã, a sua longa impotência política, e a tardia unificação nacional, atuaram continuamente na mesma direção, reforçando conceitos e ideais desse tipo. Desta maneira, o desenvolvimento do conceito de *Kultur* e os ideais que o mesmo corporificava refletiram a posição da *intelligentsia* alemã, destituída de uma hinterlândia social importante e que, sendo a primeira formação burguesa no país, desenvolveu uma autoimagem manifestamente burguesa, ideias especificamente de classe média e um arsenal de conceitos incisivos dirigidos contra a classe alta cortesã.

Ainda de acordo com a situação em que vivia, delineava-se o que esta *intelligentsia* considerava como mais merecedor de oposição na classe superior, como sendo a antítese da *Bildung* e da *Kultur.* Mas o ataque só é dirigido rara, hesitante e em geral resignadamente contra os privilégios políticos ou sociais da aristocracia. Em vez disso, volta-se predominantemente contra seu comportamento humano.

Uma descrição muito esclarecedora da diferença entre esta classe intelectual alemã e sua contrapartida francesa é também encontrada nas conversas de Goethe com Eckermann: Ampère chega a Weimar. (Goethe não o conhecia pessoalmente, mas com frequência o elogiara para Eckermann) Para espanto de todo mundo, descobre-se que o festejado Monsieur Ampère é "um alegre jovem na casa dos 20 anos". Eckermann manifesta surpresa e Goethe responde (quinta-feira, 23 de maio de 1827):

Não tem sido fácil para você em sua terra nativa, e nós no centro da Alemanha tivemos que pagar muito caro pela pouca sabedoria que possuímos. Isto porque, no fundo, levamos uma vida isolada, paupérrima! Pouquíssima cultura nos chega do próprio povo e todos os nossos homens de talento estão dispersos pelo país. Um está em Viena, outro em Berlim, um terceiro em Königsberg, o quarto em Bonn ou Düsseldorf, todos separados entre si por 50 ou 100 milhas, de modo que é uma raridade o contato pessoal ou uma troca pessoal de ideias. Sinto o que isto significa quando homens como Alexander von Humboldt passam por aqui e fazem com que meus estudos progridam mais num único dia do que se eu tivesse viajado um ano inteiro em meu caminho solitário.

Mas agora imagine uma cidade como Paris, onde as mentes mais notáveis de todo o reino estão reunidas num único lugar, e em seu intercâmbio, competição e rivalidade diárias eles se ensinam e se estimulam a prosseguir, onde o melhor de todas as esferas da natureza e da arte de toda a superfície da terra pode ser visto em todas as ocasiões. Imagine essa metrópole onde cada ponta que se transpõe e cada praça que se cruza evocam um grande passado. E em tudo isto não pense na Paris de uma época monótona e embotada, mas na Paris do século XIX, onde durante três gerações, graças a homens como Molière, Voltaire e Diderot, essa riqueza de ideias foi posta em circulação como em nenhuma outra parte de todo o globo, e compreenderá que uma boa mente como a de Ampère, tendo se desenvolvido em meio a tal abundância, pode muito bem chegar a ser alguma coisa no seu 24º ano de vida.

Mais adiante, diz Goethe com referência a Mérimée: "Na Alemanha não podemos ter esperança de produzir obra tão madura em idade tão jovem. Isto não é culpa do indivíduo, mas do estado cultural da nação e da grande dificuldade que todos experimentamos em, sozinhos, abrir caminho."

À vista de tais palavras, que neste contexto introdutório têm que servir como documentação, torna-se muito claro como a fragmentação política da Alemanha se ligou a uma estrutura bem específica, tanto da classe intelectual quanto de seu comportamento social e maneira de pensar. Na França, os membros da *intelligentsia* estão reunidos em um único lugar, são mantidos juntos em uma "boa sociedade" mais ou menos unificada e central; na Alemanha, com suas numerosas e relativamente pequenas capitais, não há essa "boa sociedade" central e unificada. Neste caso, a *intelligentsia* está dispersa por todo o país. Na França, a conversa é um dos mais importantes meios de comunicação e, além disso, há séculos é uma arte; na Alemanha, o meio de comunicação mais importante é o livro, e é uma língua escrita unificada, e não uma falada, que essa classe intelectual desenvolve. Na França, até os jovens vivem em um ambiente de rica e estimulante intelectualidade; mas o jovem membro da classe média alemã tem que subir a muito custo em relativa solidão e isolamento. Os mecanismos de progresso social são diferentes nos dois países. E, finalmente, as palavras de Goethe mostram com grande clareza o que realmente significa uma *intelligentsia* de classe média sem uma hinterlândia social. Anteriormente, citamos um trecho em que ele atribui pouca cultura a cortesãos. Agora, ele diz o mesmo a respeito do povo comum. *Kultur* e *Bildung* são os lemas e características de um tênue estrato intermediário que nasceu do povo. Não só a pequena classe cortesã acima dela, mas até mesmo o estrato mais amplo embaixo ainda demonstram relativamente pouca compreensão pelas realizações de sua própria elite.

Não obstante, exatamente este subdesenvolvimento de uma classe burguesa mais ampla, profissional, é uma das razões por que a luta da vanguarda da classe média, a *intelligentsia* burguesa, contra a classe cortesã superior, é dirigida predominantemente contra a conduta da mesma, contra características humanas gerais como "superficialidade", "polidez de fachada", "insinceridade", e assim por diante. Até mesmo as poucas citações aqui transcritas mostram com extrema clareza essas conexões. Reconhecidamente, só em raros casos e sem grande ênfase o ataque se volta contra conceitos específicos, contrários àqueles que serviram para a autolegitimação da classe intelectual alemã, conceitos tais como *Bildung* e *Kultur*. Um dos poucos conceitos contrários específicos é "civilização", no sentido kantiano.

VI

O Recuo do Elemento Social e o Progresso do Social na Antítese entre *Kultur* e *Zivilisation*

17. Se a antítese é expressa por estes ou por outros conceitos, uma coisa fica sempre clara: o contraste de características humanas particulares, que mais tarde servem principalmente para patentear uma antítese nacional, surge aqui principalmente como manifestação de uma antítese social. Como experiência subjacente à formulação de pares de opostos tais como "profundeza" e "superficialidade", "honestidade" e "falsidade", "polidez de fachada" e "autêntica virtude", e dos quais, entre outras coisas, brota a antítese entre *Zivilisation* e *Kultur*, descobrimos, em uma fase particular do desenvolvimento alemão, a tensão entre a *intelligentsia* de classe média e a aristocracia cortesã. É verdade que nunca se esquece por completo a ligação entre o refinamento cortesão e a vida francesa. G. C. H. Lichtenberg trata disso com grande clareza em um de seus aforismos, ao falar da diferença entre a *promesse* francesa e a *Versprechung* alemã (Parte 3, 1775-1779).[24] "A última é cumprida", diz, "mas não a primeira. A utilidade das palavras francesas no alemão! O que me surpreende é que isto não tenha sido notado. A palavra francesa dá a ideia alemã com uma mistura de fraude, ou no seu significado cortesão... Uma invenção (*Erfindung*) é algo novo, e uma *découverte* algo velho com um novo nome. Colombo descobriu (*entdeckte*) a América e ela foi a *découverte* de Américo Vespúcio. Na verdade *goût* e gosto (*Geschmack*) são quase antitéticas e pessoas de *goût* raramente têm muito bom gosto."

Mas só depois da Revolução Francesa é que a ideia da aristocracia cortesã alemã indubitavelmente recua, e a ideia da França e das potências ocidentais em geral passa ao primeiro plano, no conceito de "civilização" e ideias semelhantes.

Vejamos um exemplo típico: em 1797 foi publicado um pequeno livro de autoria do *émigré* francês Menuret, intitulado *Essai sur la ville d'Hambourg*. Um cidadão de Hamburgo, o cônego Meyer, escreve o seguinte comentário sobre a obra:

> Hamburgo é ainda atrasada. Após uma época famosa (bem famosa e quando grandes números de imigrantes se estabeleceram aqui), ela fez progressos (realmente?); mas para aumentar, não digo completar sua felicidade (isto teria que se pedir a Deus), mas sua civilização, seu avanço na carreira da ciência e da arte (nas quais, como sabem, continuamos ainda no Norte), ela ainda precisa de certo número de anos ou de eventos que atraiam para si novas multidões de estrangeiros (contanto que não sejam mais multidões de seus civilizados compatriotas) e um aumento da opulência.

Aqui, por conseguinte, os conceitos de "civilizado" e "civilização" já estão inequivocamente ligados à imagem do francês.

Com a lenta ascensão da burguesia alemã, de classe de segunda categoria para depositária da consciência nacional e, finalmente — muito tarde e com reservas — para classe governante, de uma classe que, no início, foi obrigada a se ver ou legitimar principalmente se contrastando com a classe superior aristocrática de corte e, em seguida, definindo-se contra nações concorrentes, a antítese entre *Kultur* e *Zivilisation*, com todos os seus significados correlatos, muda em significação e função: *de antítese primariamente social torna-se primariamente nacional*.

E um desenvolvimento paralelo é experimentado por aquilo que é julgado especificamente alemão: aqui, igualmente, numerosas características sociais originariamente de classe média, estampadas nas pessoas por sua situação social, transformam-se em características nacionais. A honestidade e a sinceridade, por exemplo, são neste momento contrastadas, como características alemãs, à cortesia dissimuladora. A sinceridade, porém, da forma aqui usada, emergia inicialmente como traço característico de pessoa da classe média, em contraste com o mundano ou o cortesão. Isto, igualmente, é visto com clareza em uma conversa entre Eckermann e Goethe.

"Eu em geral levo para a sociedade", diz Eckermann no dia 2 de maio de 1824, "minhas simpatias e antipatias e uma certa necessidade de amar e ser amado. Procuro uma personalidade que se conforme à minha natureza. A essa pessoa eu gostaria de me entregar inteiramente e nada ter a ver com as demais."

"Essa sua tendência natural", responde Goethe, "na verdade não é do tipo sociável. Ainda assim, o que seria de toda nossa educação se não estivéssemos dispostos a superar nossas tendências naturais? É uma grande tolice exigir que outras pessoas se harmonizem conosco. Eu nunca fiz isso. Consegui por esta razão desenvolver a capacidade de conversar com todas as pessoas; só assim obtemos conhecimento do caráter humano, bem como a necessária habilidade na vida. Isto porque perante naturezas opostas temos que nos controlar, se queremos nos dar bem com elas. Você deveria agir da mesma maneira. Não há como evitar isso, você tem que viver em sociedade, não importa o que diga."

São ainda, em sua maior parte, desconhecidas a sociogênese e a psicogênese do comportamento humano. Até mesmo colocar questões a esse respeito pode parecer estranho. Ainda assim, é fato observável que pessoas de unidades sociais diferentes comportam-se de forma diferente e em maneiras muito específicas. Acostumamo-nos a considerar isto natural. Falamos do camponês ou do cortesão, do inglês ou do alemão, do homem medieval e do homem do século XX, e queremos dizer que as pessoas das unidades sociais indicadas por tais conceitos comportam-se uniformemente de uma maneira específica que transcende todas as diferenças individuais quando comparadas com as de indivíduos de grupos comparativos: por exemplo, o camponês em muitos aspectos comporta-se de modo diferente do cortesão, o inglês ou o francês do alemão, e o homem medieval do homem do século XX, pouco importando o quanto mais possam ter em comum como seres humanos.

Modos de comportamento que diferem dessa maneira são visíveis na conversa citada acima entre Eckermann e Goethe. Este último é um homem individualizado em grau particularmente elevado. Em decorrência de seu destino social, modos de comportamento com origens sociais diferentes fundem-se nele em uma unidade específica. Ele, suas opiniões e seu comportamento certamente não são nunca, de todo, típicos de quaisquer grupos sociais e situações pelas quais passou. Mas, nessa citação ele fala com grande conhecimento como homem do mundo, como cortesão, com base em experiências que necessariamente são estranhas a Eckermann. Ele entende a compulsão de abafar os próprios sentimentos, de suprimir simpatias e antipatias, compulsão inerente à vida cortesã e que frequentemente é interpretada por pessoas de situações sociais diferentes, e, por conseguinte, com uma diferente estrutura afetiva, como sendo desonestidade ou insinceridade. E com o grau de consciência que o distingue como um relativo estranho a todos os grupos sociais, ele enfatiza o aspecto benéfico, humano, de sua moderação em afetos individuais. Seu comentário é um dos poucos pronunciamentos alemães dessa época a reconhecer algo do valor social da "cortesia" e dizer alguma coisa positiva sobre a habilidade social. Na França e na Inglaterra, onde a "sociedade" desempenhou papel muito mais importante no desenvolvimento global da nação, as tendências de comportamento de que ele fala tiveram também — embora menos conscientemente do que no seu caso — uma importância muito maior. E ideias de tipo semelhante, incluindo a de que pessoas devem se harmonizar entre si e demonstrar consideração recíproca, que o indivíduo nem sempre deve dar vazão às suas emoções, reaparecem com grande frequência, com o mesmo significado especificamente social que em Goethe, na literatura cortesã da França, por exemplo. Como um reflexo, por assim dizer, esses pensamentos eram propriedade individual de Goethe. Mas situações sociais semelhantes, a vida no *monde,* geraram em toda a Europa preceitos e modos de comportamento semelhantes.

Analogamente, o comportamento descrito por Eckermann como seu — em comparação com a serenidade aparente e a afabilidade que ocultam sentimentos reprimidos, que se desenvolveu inicialmente nessa fase do mundo aristocrático de corte — claramente pode ser reconhecido como originando-se na esfera de classe média de pequenas cidades da época. E certamente não é encontrado apenas na Alemanha, nesta esfera. Nesse país, porém, devido à representação, com grande clareza, do ponto de vista de classe média pela *intelligentsia*, estas e atitudes semelhantes tornam-se visíveis em grau excepcional na literatura. E se repetem nesta forma relativamente pura, produzida na divisão mais nítida e mais rigorosa entre os círculos da corte e da classe média e, acima de tudo, no comportamento social dos alemães.

As unidades sociais que chamamos nações diferem muito na estrutura da personalidade de seus membros, nos esquemas através dos quais a vida emocional do indivíduo é moldada sob pressão da tradição institucionalizada e da situação vigente. O típico no comportamento descrito por Eckerman é uma forma específica de "economia de afetos", que consiste na clara admissão de inclinações individuais que Goethe considera insociáveis e contrárias à formação de afetos necessária para que haja "sociedade".

Na opinião de Nietzsche, muitas décadas mais tarde, esta atitude sempre foi típica e nacional dos alemães. Por certo sofreu modificações no curso da história e não tem mais a mesma finalidade social que no tempo de Eckermann. Nietzsche a ridiculariza. "O alemão", diz em *Para além do bem e do mal* (Aforismo 244), "adora a 'sinceridade' e a 'integridade'. Como é confortador ser sincero e íntegro. Este é talvez o mais perigoso e enganador de todos os disfarces no qual o alemão é perito, esta honestidade alemã confidencial, obsequiosa, que sempre mostra suas cartas. O alemão se entrega, olhando ao mesmo tempo com seus confiantes e azuis olhos alemães — e os estrangeiros imediatamente o confundem com seu camisão de dormir." Este — deixando de lado o juízo de valor unilateral — é um dos muitos exemplos de como, com a lenta ascensão da classe média, suas características sociais específicas se transformaram em características nacionais.

O mesmo é claro na opinião seguinte de Fontane sobre a Inglaterra, encontrada em *Ein Sommer in London* (Dessau, 1852):

> A Inglaterra e a Alemanha se relacionam da mesma maneira que forma e conteúdo, aparência e realidade. Ao contrário das coisas, que em nenhum outro país do mundo exibem a mesma solidez que na Inglaterra, as pessoas se distinguem pela forma, pela aparência mais visível. O indivíduo não precisa ser um cavalheiro, precisa apenas ter razão, precisa apenas colocar-se dentro das formas da razoabilidade, e terá razão… Por toda a parte, aparência. Em nenhum lugar inclina-se mais o homem a abandonar-se cegamente ao mero brilho de um nome. O alemão vive para viver, o inglês para representar. O alemão vive para si mesmo, o inglês vive para os outros.

Talvez seja necessário mostrar com que exatidão esta última ideia coincide com a antítese entre Eckermann e Goethe: "Dou plena expressão às minhas simpatias e antipatias", diz Eckermann. "Temos que procurar, mesmo a contragosto, harmonizar-nos com os demais", argumenta Goethe.

"O inglês", observa Fontane, "tem mil confortos, mas nenhum conforto. O lugar do conforto é tomado pela ambição. Ele está sempre pronto para ser recebido e conceder audiências... Muda de roupa três vezes ao dia; à mesa observa — e também na sala de estar e de visitas — certas leis prescritas de decoro. É um homem distinto, um fenômeno que nos impressiona, um mestre de quem recebemos lições. Mas com nosso assombro se mistura uma nostalgia infinita de nossa Alemanha pequeno-burguesa, onde as pessoas não têm mesmo uma vaga ideia de como representar mas são capazes de tão esplêndida, confortável e aconchegantemente viverem."

O conceito de "civilização" não é mencionado. E a ideia de *Kultur* alemã aparece nesse trecho apenas remotamente. Mas vemos nesse exemplo, como também em todas essas reflexões, que a antítese alemã entre *Zivilisation* e *Kultur* não se sustenta sozinha: é parte de um contexto mais amplo. É, em suma, a expressão da autoimagem alemã. E aponta para as diferenças em autolegitimação, em caráter e comportamento total que, no início, existiram preponderantemente, embora não exclusivamente, entre determinadas classes e, em seguida, entre a nação alemã e outras nações.

Parte II

Sociogênese do conceito de *civilisation* na França

I

Introdução

1. Seria incompreensível que, na antítese alemã entre *Bildung* e *Kultur*, por um lado, e a mera *Zivilisation* externa, por outro, a antítese social interna recuasse e a nacional se tornasse dominante, não tivesse o desenvolvimento da burguesia francesa seguido, em certos aspectos, exatamente o curso oposto ao tomado pela alemã.

Na França, a *intelligentsia* burguesa e grupos importantes da classe média foram atraídos relativamente cedo para a sociedade cortesã. O velho meio de distinção da nobreza alemã, a prova de ancestralidade* — que mais tarde, numa transformação burguesa, assumiu nova vida na legislação racial alemã —, certamente não esteve de todo ausente na tradição francesa, mas, sobretudo depois do estabelecimento e consolidação da "monarquia absoluta", não desempenhou mais um papel decisivo como barreira entre as classes. A infiltração de círculos burgueses por tradições especificamente aristocráticas (que na Alemanha, com a separação mais rigorosa entre as classes, produziu efeito profundo apenas em certas esferas, como a militar, sendo nas demais muito limitada) teve proporções muito diferentes na França. Nela, já no século XVIII, não havia mais qualquer grande diferença em costumes entre os principais grupos burgueses e a aristocracia de corte. E mesmo que, com a ascensão mais forte da classe média a partir de meados do século XVIII — ou, em outras palavras, com a ampliação da sociedade aristocrática através da maior assimilação de grupos importantes de classe média — comportamento e costumes mudassem devagar, isto aconteceu sem ruptura, como continuação direta da tradição aristocrática de corte do século XVII. Tanto a burguesia de corte como a aristocracia de corte falavam a mesma língua, liam os mesmos livros e observavam, com gradações particulares, as mesmas maneiras. E quando as disparidades sociais e econômicas explodiram o contexto institucional do *ancien régime,* quando a burguesia tornou-se uma nação, muito do que originariamente

---

* Referência à legislação antissemita imposta pelos nazistas, nos anos 30. (N.R.)

fora caráter social específico e distintivo da aristocracia de corte e depois também dos grupos burgueses, de corte, tornou-se, em um movimento cada vez mais amplo, e sem dúvida com alguma modificação, caráter nacional. As convenções de estilo, as formas de intercâmbio social, o controle das emoções, a estima pela cortesia, a importância da boa fala e da conversa, a eloquência da linguagem e muito mais — tudo isto é inicialmente formado na França dentro da sociedade de corte, e depois, gradualmente, passa de caráter social para nacional.

Aqui, também, Nietzsche percebeu claramente a diferença. "Em todos os lugares onde havia uma corte", diz ele em *Para além do bem e do mal* (Aforismo 101), "havia uma lei da fala certa e, por conseguinte, também uma lei de estilo para todos os que escreviam. A linguagem de corte, além disso, é a língua do cortesão que não tem um tema especial e que mesmo em conversas sobre assuntos eruditos proíbe todas as expressões técnicas porque elas têm um ressaibo de especialização; este o motivo por que, em países que possuem uma cultura de corte, o termo técnico e tudo o que trai o especialista é uma mácula estilística. Agora que todas as cortes se transformaram em caricaturas... ficamos surpreendidos ao descobrir que mesmo Voltaire era muito exigente neste particular. O fato é que todos estamos emancipados do gosto da corte, enquanto Voltaire era a sua consumação!"

Na Alemanha, a *intelligentsia* de classe média cheia de aspirações do século XVIII, formada em universidades que se especializavam em determinados assuntos, desenvolveu autoexpressão e cultura próprias nas artes e ciências. Na França, a burguesia já era desenvolvida e próspera em um grau inteiramente diferente. A emergente *intelligentsia* possuía, além da aristocracia, também um numeroso público burguês. A própria *intelligentsia,* como outras formações de classe média, foi assimilada pelo círculo de corte. E aconteceu que a classe média alemã, com sua ascensão muito lenta para o espírito nacional, cada vez mais identificou como caráter nacional da vizinha nação aqueles tipos de comportamento que havia observado primeira e predominantemente em suas próprias cortes. E tendo ou julgado esse comportamento como de segunda classe ou o rejeitado como incompatível com sua própria estrutura afetiva, desaprovou-o também em maior ou menor grau nos vizinhos.

2. Talvez pareça paradoxal que na Alemanha, onde as barreiras sociais entre a classe média e a aristocracia eram mais altas, menos numerosos os contatos sociais e mais consideráveis as diferenças em maneiras, durante muito tempo as discrepâncias e tensões entre as classes não tenham tido expressão política, ao passo que na França, onde eram mais baixas as barreiras de classe e incomparavelmente mais íntimos os contatos sociais entre elas, a atividade política da burguesia tenha se desenvolvido mais cedo e chegado a uma precoce solução política a tensão entre elas.

O paradoxo, no entanto, é apenas aparente. A longa recusa da política real a conceder o exercício de funções políticas à nobreza francesa, o envolvimento desde cedo de elementos burgueses no governo e na administração, o acesso deles até mesmo às mais altas funções governamentais, sua influência e promoções na corte — tudo isto teve duas consequências: por um lado, o contato social íntimo e contínuo entre elementos de origem social diferente e, por outro, a oportunidade de elementos burgueses se empenharem em atividade política logo que amadureceu a situação social e, antes disso, um forte treinamento político e uma tendência a pensar em termos políticos. Nos Estados alemães, de modo geral, aconteceu quase exatamente o oposto. Os mais altos cargos do governo eram, via de regra, reservados à nobreza. No mínimo, ao contrário de sua contrapartida francesa, a nobreza alemã desempenhou um papel decisivo na mais alta administração do Estado. Sua força como classe autônoma nunca foi tão radicalmente quebrada como na França. Em contraste, a força de classe da burguesia, em conformidade com seu poder econômico, permaneceu relativamente fraca na Alemanha até bem dentro do século XIX. A separação mais radical entre os elementos de classe média e a aristocracia de corte refletia-lhes a fraqueza econômica comparativa e a exclusão dos cargos mais importantes do Estado.

3. A estrutura social francesa tornou possível que a oposição moderada, que veio crescendo lentamente desde meados do século XVIII, se fizesse representar com certo sucesso nos círculos mais internos da corte. Seus representantes, porém, ainda não formavam um partido. Outras formas de luta política ajustavam-se melhor à estrutura institucional do *ancien régime*. Formavam eles na corte uma camarilha, embora sem organização definida, mas eram apoiados por pessoas e grupos que formavam a sociedade de corte mais ampla e no próprio país. A grande variedade de interesses sociais encontrava expressão, na corte, em conflitos entre essas *cliques,* reconhecidamente de forma um tanto vaga e com forte infusão de interesses pessoais os mais diversos, mas, ainda assim, esses conflitos vinham a lume e eram solucionados.

O conceito francês de *civilisation,* exatamente como o conceito alemão correspondente de *Kultur,* emergiu nesse movimento de oposição na segunda metade do século XVIII. Seu processo de formação, função e significado foi tão diferente dos implícitos no conceito alemão como as circunstâncias e costumes da classe média nos dois países.

Não deixa de ser interessante observar como o conceito francês de *civilisation,* tal como surge inicialmente na literatura, assemelha-se ao conceito ao qual muitos anos depois Kant opôs seu conceito de *Kultur.* A primeira evidência literária da evolução do verbo *civiliser* para o conceito de *civilisation* é encontrada, de acordo com descobertas modernas,[25] na obra de Mirabeau, o pai, na década de 1760.

"Maravilho-me de ver", diz ele, "como nossas opiniões cultas, falsas em todos os sentidos, se enganam no que consideramos ser civilização. Se perguntar o que é civilização, a maioria das pessoas responderia: suavização de maneiras, urbanidade, polidez, e a difusão do conhecimento de tal modo que inclua o decoro no lugar de leis detalhadas: e tudo isso me parece ser apenas a máscara da virtude, e não sua face, e civilização nada faz pela sociedade se não lhe dá por igual a forma e a substância da virtude."[26] Isto parece-se muito com o que então se dizia, na Alemanha, sobre os costumes de corte. Mirabeau, igualmente, compara o que a maioria das pessoas, segundo ele, considera ser civilização (isto é, polidez e boas maneiras) com o ideal em cujo nome a classe média em toda a Europa se alinhava contra a aristocracia de corte e através do qual se legitimou — o ideal da virtude. Ele, também, exatamente como Kant, vincula o conceito de civilização às características específicas da aristocracia de corte, e com razão: isto porque o *homme civilisé* nada mais era do que uma versão um tanto ampliada daquele tipo humano que representava o verdadeiro ideal da sociedade de corte, o *honnête homme*.

Civilisé era, como *cultivé, poli,* ou *policé*, um dos muitos termos, não raro usados quase como sinônimos, com os quais os membros da corte gostavam de designar, em sentido amplo ou restrito, a qualidade específica de seu próprio comportamento, e com os quais comparavam o refinamento de suas maneiras sociais, seu "padrão", com as maneiras de indivíduos mais simples e socialmente inferiores.

Conceitos como *politesse* ou *civilité* tinham, antes de formado e firmado o conceito *civilisation,* praticamente a mesma função que este último: expressar a autoimagem da classe alta europeia em comparação com outros, que seus membros consideravam mais simples ou mais primitivos, e ao mesmo tempo caracterizar o tipo específico de comportamento através do qual essa classe se sentia diferente de todos aqueles que julgava mais simples e mais primitivos. As palavras de Mirabeau deixam muito clara a extensão em que o conceito de civilização foi inicialmente uma continuação direta de outras encarnações da autoconsciência de corte: "Se perguntar o que é civilização, a maioria das pessoas responderia: suavização de maneiras, polidez, e coisas assim." E Mirabeau, da mesma forma que Rousseau, embora talvez com mais moderação, inverte as valorizações existentes. Você e sua civilização, diz ele, da qual se sente tão orgulhoso, acreditando que o eleva acima do homem simples, têm pouquíssimo valor: "Em todas as línguas... em todas as idades, a descrição do amor de pastores por seus rebanhos e seus cães toca nossa alma, por embotada que esta esteja pela busca do luxo e de uma falsa civilização." [27]

A atitude da pessoa em relação ao "homem simples" — e, acima de tudo, em relação ao "homem simples" na sua forma mais extrema, o "selvagem" — é em toda parte, na segunda metade do século XVIII, um símbolo de sua posição no debate interno, social. Rousseau lançou o ataque mais radical à ordem de valores dominante em seu tempo e exatamente por este motivo sua importância direta para o movimento de reforma de corte/classe média da *intelligentsia* francesa foi menor do que poderia ser sugerido por sua ressonância entre a apolítica, embora intelectualmente mais radical, *intelligentsia* de classe média da Alemanha. A despeito de todo o radicalismo de sua crítica social, porém, Rousseau não chegou a forjar um contraconceito inclusivo e unificado contra o qual lançar as críticas acumuladas. Mirabeau pai cria-o, ou pelo menos é o primeiro a usá-lo em seus escritos. Talvez ele houvesse circulado antes em conversas. Do *homme civilisé* ele deriva uma característica geral da sociedade: *civilisation*. Sua crítica social, como a de outros fisiocratas, porém, é moderada. Permanece inteiramente dentro do contexto do sistema social vigente. É, na verdade, a crítica de um reformador. Enquanto os membros da *intelligentsia* alemã de classe média, pelo menos na mente, nos devaneios de seus livros, forjam conceitos que divergem frontalmente dos modelos da classe alta, e desta maneira lutam em território politicamente neutro todas as batalhas que não podem travar no plano político e social porque as instituições e relações de poder existentes lhes negam instrumentos e mesmo alvos, enquanto eles, em seus livros, opõem às características humanas da classe alta seus próprios novos ideais e modelos de comportamento, a *intelligentsia* reformista de corte da França permanece durante muito tempo no contexto da tradição de corte. Esses franceses desejam melhorar, modificar, adaptar. À parte alguns estranhos, como Rousseau, não opõem ideais e modelos radicalmente diferentes à ordem dominante, mas ideais reformados e modelos dessa ordem. As palavras "falsa civilização" contêm tudo o que a diferencia do movimento alemão. Os escritores franceses sugerem que a falsa civilização deve ser substituída pela autêntica. Não opõem ao *homme civilisé* um modelo humano radicalmente diferente, como faz a *intelligentsia* burguesa alemã com o termo *gebildeter Mensch* (homem educado) e com a ideia de "personalidade". Em vez disso, escolhem modelos de corte a fim de desenvolvê-los e transformá-los. Dirigem-se a uma *intelligentsia* crítica que, direta ou indiretamente, escreve e luta dentro do amplo contexto de uma sociedade de corte.

II

Sociogênese da Fisiocracia e do Movimento de Reforma Francês

4. Recordemos a situação da França após meados do século XVIII. Os princípios mediante os quais era governada e sobre os quais, em particular, fundamentavam-se a tributação e os direitos alfandegários eram de modo geral os mesmos que nos tempos de Colbert. As relações internas de poder e interesses, a estrutura social da própria França, porém, haviam mudado radicalmente. O protecionismo rigoroso, a defesa da indústria nacional e da atividade comercial contra a concorrência estrangeira haviam, na verdade, contribuído decisivamente para o desenvolvimento da vida econômica, aumentando, assim, o que importava mais que tudo para o rei e seus representantes — a capacidade tributária do país. As barreiras ao comércio de cereais, os monopólios, o sistema de armazenamento, e os muros tarifários entre as províncias protegiam, em parte, os interesses locais, mas, acima de tudo, haviam, de tempos em tempos, preservado Paris, a parte mais importante para a paz do rei e talvez a de toda a França, das consequências extremas das más colheitas e dos preços em alta — da fome e da revolta.

Mas, entrementes, haviam-se expandido a capital e a população do país. Comparadas com o tempo de Colbert, as relações de comércio haviam se tornado mais densas e amplas, a atividade industrial mais vigorosa, as comunicações melhores, e mais íntimas a integração econômica e a interdependência do território francês. Segmentos da burguesia começaram a achar incômodos e absurdos a tributação tradicional e o sistema de direitos aduaneiros, sob cuja proteção tinham crescido. A pequena nobreza rural e latifundiários como Mirabeau viam nas restrições mercantilistas à economia agrícola um impedimento e não um incentivo à produção do campo. Nisto aproveitaram bastante as lições de um sistema comercial inglês mais livre. E, mais importante que tudo, uma parte da própria alta administração reconhecia os efeitos nocivos do sistema vigente: à frente desses administradores despontavam os seus tipos mais progressistas, os intendentes de província, representantes da única forma moderna de burocracia que o *ancien régime* produzira, a única função administrativa que não era, como as demais, negociável e, portanto, hereditária. Esses elementos progressistas da administração formaram uma das mais importantes pontes entre a exigência de reforma, que se fazia sentir no país, e a corte. Direta ou indiretamente, representaram, na luta entre os grupos de corte por posições políticas decisivas (principalmente os ministérios), um papel de grande importância.

Já notamos acima que essas lutas não eram ainda os conflitos mais impessoais, políticos, que se tornaram mais tarde, quando os vários interesses seriam representados por partidos em um sistema parlamentar. Os grupos da corte que, pelas mais diversas razões, competiam nela por influência e cargos, porém, eram, ao mesmo tempo, núcleos sociais através dos quais os interesses de grupos e classes maiores podiam encontrar expressão no centro controlador do país. Desta maneira, tendências reformistas eram também representadas na corte.

Pela segunda metade do século XVIII, os reis não mais governavam arbitrariamente. Muito mais visivelmente do que Luís XIV, por exemplo, eram prisioneiros de processos sociais e dependentes de *cliques* e facções da corte, algumas das quais se prolongavam extensa e profundamente pelo país e nos círculos de classe média.

A fisiocracia constitui uma das manifestações teóricas dessas lutas intestinas. Não se limita em absoluto à economia, sendo na verdade um sistema em grande escala de reforma política e social. Contém, de forma incisiva, abstrata, dogmática, endurecida, ideias que — expressas de maneira menos teórica, dogmática e precisa, isto é, como exigências práticas de reformas — caracterizam todo o movimento do qual Turgot, na ocasião encarregado das finanças, foi um dos expoentes. Se esta tendência (que nem tinha nome nem organização unificada) tivesse que recebê-lo, poderia ser chamada de burocracia reformista. Mas esses administradores tinham também indubitavelmente por trás de si segmentos da *intelligentsia* e da burguesia comercial.

Entre os que desejavam e exigiam reforma, de resto, lavravam consideráveis diferenças de opiniões sobre o tipo de reforma necessária. Alguns eram inteiramente a favor de uma reforma do sistema de tributação e da maquinaria estatal, mas, também, muito mais protecionistas do que os fisiocratas, por exemplo. Forbonnais foi um dos principais representantes dessa tendência, mas seria interpretá-lo mal, e a outros das mesmas ideias, incluí-los, por causa de sua atitude mais fortemente protecionista, sem mais ressalvas entre os "mercantilistas". A polêmica entre Forbonnais e os fisiocratas é a antevisão de uma divergência que, na moderna sociedade industrial, levaria a repetidos choques entre os defensores do livre-comércio e os do protecionismo. Mas ambos os lados fazem parte do movimento reformista de classe média.

Por outro lado, não era em absoluto verdade que *toda* a burguesia desejasse a reforma e que apenas a aristocracia a ela se opusesse. Houve certo número de grupos claramente identificáveis de classe média que resistiram até o fim a qualquer tentativa de reforma e cuja existência, na verdade, estava ligada à preservação do *ancien régime* na sua forma original. Esses grupos incluíam a maioria dos altos administradores, a *noblesse de robe*, cujos cargos eram propriedade de família no mesmo sentido em que uma fábrica ou empresa é hoje propriedade hereditária. Incluíam também as guildas de ofícios e, em bom número, os financistas. E se a reforma fracassou na França, se as disparidades da sociedade finalmente romperam de forma violenta o tecido da estrutura institucional do *ancien régime*, grande parte da responsabilidade coube à oposição desses grupos de classe média.

Esta descrição mostra com grande clareza um aspecto importante neste contexto: ao passo que na França dessa época a classe média já representava um papel político, o mesmo não acontecia na Alemanha. Nesta, o estrato intelectual limita-se à esfera da mente e das ideias; na França, juntamente com todas as demais questões humanas, os problemas sociais, econômicos, administrativos e políticos se situavam dentro da faixa de interesses da *intelligentsia* de corte/classe média. Os sistemas alemães de pensamento, em contraste, eram apenas acadêmicos. Tinham por base social as universidades. Já a base social de onde emergiu a fisiocracia eram a corte e a sociedade de corte, onde o esforço intelectual visava a objetivos concretos específicos, tais como influenciar o rei ou suas amantes.

5. São bem conhecidas as ideias básicas de Quesnay e dos fisiocratas. No seu *Tableau économique* (1758), Quesnay descreve a vida econômica da sociedade como um processo mais ou menos autônomo, um círculo fechado de produção, circulação, e reprodução de bens. Fala das leis naturais de uma vida social em harmonia com a razão. Baseando sua argumentação nessa ideia, Quesnay opõe-se à intervenção arbitrária dos governantes no ciclo econômico. Deseja que estejam conscientes das leis deste, a fim de guiar-lhes os processos, em vez de baixar decretos desinformados ao sabor do capricho. Exige a liberdade de comércio, em particular do comércio de cereais, porque a autorregulação, o livre jogo de forças, criam em sua opinião uma ordem mais benéfica para consumidores e produtores do que a regulamentação tradicional vinda de cima e as incontáveis barreiras ao comércio entre províncias e entre países.

Mas admite francamente que os processos autorreguladores devem ser compreendidos, e orientados, por uma burocracia sábia e esclarecida. Temos aqui, acima de tudo, a diferença na maneira como os reformadores franceses e os ingleses reagiram à descoberta da autorregulação na vida econômica. Quesnay e seus seguidores permanecem sem exceção no contexto do sistema monárquico vigente. Deixam intocados os elementos básicos do *ancien régime* e de sua estrutura institucional. E isto se aplica ainda mais aos segmentos da administração e *intelligentsia* cujas posições mais se aproximavam da sua e que, de forma menos abstrata, menos extremada e de cunho mais prático chegam a resultados semelhantes aos do grupo principal dos fisiocratas. No fundo, a posição comum a todos eles é por demais simples: em termos aproximados, não é verdade que os governantes sejam todo-poderosos e possam regular todos os assuntos humanos como julguem conveniente. A sociedade e a economia têm leis próprias que resistem à interferência irracional de governantes e da força. Por conseguinte, deve ser formada uma administração esclarecida, racional, que governe de acordo com as "leis naturais" dos processos sociais e, destarte, de acordo com a razão.

6. O termo *civilisation,* no momento em que foi cunhado, era um claro reflexo dessas ideias reformistas. Mesmo que neste termo a ideia de *homme civilisé* conduza a um conceito indicativo de costumes e condições da sociedade vigente como um todo, ele é, em primeiro lugar e acima de tudo, uma expressão de oposição, de crítica social. A isto se adiciona a compreensão de que o governo não pode baixar decretos a seu talante, mas enfrenta resistência automática de forças sociais anônimas se suas determinações não forem orientadas por um exato conhecimento dessas forças e leis, a compreensão de que até mesmo o governo mais absoluto é impotente diante do dinamismo do desenvolvimento social, e de que o desastre e o caos, o sofrimento e a aflição, são deflagrados pelo governo arbitrário, "antinatural", "irracional". Conforme já foi dito acima, esta compreensão se expressa na ideia fisiocrata de que os fatos sociais, tais como os fenômenos naturais, são partes de um processo ordenado. Esta mesma compreensão manifesta-se na evolução do anterior *civilisé* para o termo *civilisation,* contribuindo para lhe dar um significado que transcende o indivíduo.

As dores de parto da revolução industrial, que não podiam ser mais compreendidas como resultado de ação do governo, ensinaram ao homem, por um curto momento e pela primeira vez, a pensar em si mesmo e em sua existência social como um processo. Se estudamos inicialmente o termo *civilisation* na obra de Mirabeau, percebemos claramente que esta descoberta o leva a considerar, a uma nova luz, toda a moralidade de seu tempo. Vem a considerar esta moralidade, esta "civilização", também como uma manifestação cíclica e deseja que os governantes lhes percebam as leis a fim de usá-las. Este o sentido do termo *civilisation* nessa fase inicial de seu emprego.

No seu *Ami des hommes,* argumenta Mirabeau em certa altura que a superabundância de dinheiro reduz a população, de modo que aumenta o consumo por indivíduo. Acha que esse excesso de dinheiro, caso se torne grande demais, "expulsa a indústria e as artes, lançando, desta maneira, os Estados na pobreza e no despovoamento". E continua: "À vista disto, notamos como o ciclo de barbárie a decadência, passando pela civilização e a riqueza, poderia ser invertido por um ministro alerta e hábil, e nova corda seria dada à máquina antes que ela parasse."[28] Esta frase realmente sumaria tudo o que se tornaria característico, em termos muito gerais, do ponto de vista fundamental dos fisiocratas: a concepção de economia, população e, finalmente, costumes como um todo inter-relacionado, desenvolvendo-se ciclicamente; e a tendência política reformista que dirige finalmente este conhecimento aos governantes, a fim de capacitá-los, pela compreensão dessas leis, a orientar os processos sociais de uma maneira mais esclarecida e racional do que até então.

Na dedicatória que Mirabeau faz ao rei em 1760 de seu *Théorie de l'Impôt,* no qual recomenda ao monarca o plano fisiocrata de reforma tributária, continua presente a mesma ideia: "O exemplo de todos os impérios que precederam o de Vossa Majestade, e que completaram o ciclo de civilização, seria prova detalhada do que acabo de propor."

A crítica de Mirabeau, nobre proprietário de terras, à riqueza, ao luxo, e a todos os costumes vigentes dá uma coloração especial a suas ideias. A verdadeira civilização, pensa, situa-se em um ciclo entre a barbárie e a falsa civilização, "decadente", gerada pela superabundância de dinheiro. A missão do governo esclarecido é dirigir este automatismo, de modo que a sociedade possa florescer em um curso médio entre a barbárie e a decadência. Aqui, toda a faixa de problemas latentes em "civilização" já é discernível no momento da formação do conceito. Já nessa fase ela está ligada à ideia de decadência ou "declínio", que reemerge repetidamente, em forma visível ou velada segundo o ritmo das crises cíclicas. Mas podemos também ver claramente que este desejo de reforma permanece sem exceção dentro do contexto do sistema social vigente, manipulado de cima, e que não opõe, ao que critica nos costumes do tempo, uma imagem ou conceito absolutamente novos, mas, em vez disso, parte da ordem existente, desejando melhorá-la: através de medidas hábeis e esclarecidas tomadas pelo governo, a "falsa civilização" mais uma vez se tornará boa e autêntica.

7. Nesta concepção de civilização talvez haja inicialmente numerosas nuances isoladas de significado. Mas ela contém elementos que atendem às necessidades gerais e experiências dos círculos reformistas e progressistas da sociedade parisiense. E o conceito ganha um emprego cada vez maior nesses círculos, à medida que se acelera o movimento de reforma com a crescente comercialização e industrialização.

O último período do reinado de Luís XV constitui uma época de visível debilidade e desordem no velho sistema. Crescem as tensões internas e externas. Multiplicam-se os sinais de transformação social.

Em 1773, caixotes de chá são lançados ao mar no porto de Boston. Em 1776, as colônias americanas da Inglaterra declaram sua independência: o governo, proclamam elas, é nomeado para assegurar a felicidade do povo. Caso não obtenha sucesso neste particular, a maioria do povo tem o direito de destituí-lo.

Os círculos da classe média francesa simpáticos à reforma observam com a maior atenção o que acontece no outro lado do mar, e também com uma simpatia na qual suas tendências sociais reformistas se misturam com a crescente hostilidade nacional contra a Inglaterra, mesmo que suas mentes mais influentes pensem em tudo, menos na derrubada da monarquia.

Simultaneamente, a partir de 1774, há a crescente impressão de que é inevitável o confronto com a Inglaterra e de que preparativos devem ser feitos para a guerra. No mesmo ano, 1774, morre Luís XV. Sob o novo monarca, a luta pela reforma dos sistemas administrativo e tributário é imediatamente reiniciada com renovado vigor tanto nos círculos mais restritos quanto nos mais amplos da corte. Como resultado desses conflitos, Turgot é aclamado no mesmo ano, ao se tornar *contrôleur général des finances,* por todos os elementos reformistas e progressistas do país.

"Finalmente chegou a tão retardada hora da justiça", escreveu o fisiocrata Baudeau, sobre a nomeação de Turgot. Na mesma ocasião, afirmou D'Alembert: "Se o bem não prevalecer agora, é porque o bem é impossível." E Voltaire lamenta estar às portas da morte no momento em que pode observar que a "virtude e a razão foram postas em seus lugares".[29]

Nesses mesmos anos, a palavra *civilisation* surge pela primeira vez como um conceito amplamente usado e mais ou menos preciso. Na primeira edição da *Histoire philosophique et politique des établissements et du commerce des Européens dans les deux Indes* (1770), do padre Raynal, a palavra não ocorre nem uma única vez; na segunda (1774), ela é "usada frequentemente e sem a menor variação de significado como termo indispensável e geralmente entendido".[30]

No *Système de la nature,* de Holbach, publicado em 1770, não aparece a palavra *civilisation*. Mas no seu *Système sociale,* editado em 1774, ela é usada com frequência. Diz ele, por exemplo: "Nada há que oponha mais obstáculos no caminho da felicidade pública, do progresso da razão humana, de toda a civilização dos homens do que as guerras contínuas para as quais príncipes estouvados são atraídos a cada momento."[31] Ou, em outro trecho: "A razão humana não é ainda suficientemente exercitada; *a civilização dos povos não se completou ainda;* obstáculos inumeráveis se opuseram até agora ao progresso do conhecimento útil, cujo avanço só poderá contribuir para o aperfeiçoamento de nosso governo, nossas leis, nossa educação, nossas instituições e nossa moral."[32]

O conceito subjacente a esse movimento esclarecido de reforma, socialmente crítico, é sempre o mesmo: que o aprimoramento das instituições, da educação e da lei será realizado pelo aumento dos conhecimentos. Isto não significa "erudição" no sentido alemão do século XVIII, porquanto os que aqui se expressam não são professores universitários, mas escritores, funcionários, intelectuais, cidadãos refinados dos mais diversos tipos, unidos através do *medium* da "boa sociedade", os *salons*. O progresso será obtido, por conseguinte, em primeiro lugar pela ilustração dos reis e governantes em conformidade com a "razão" ou a "natureza", o que vem a ser a mesma coisa, e em seguida pela nomeação, para os principais cargos, de homens esclarecidos (isto é, reformistas). Certo aspecto desse processo progressista total passou a ser designado por um conceito fixo: *civilisation*. O que era visível na versão individual que Mirabeau tinha do conceito, o que não fora ainda polido pela sociedade, e que era característico de todos os movimentos de reforma, era encontrado também aqui: uma meia afirmação e uma meia negação da ordem vigente. A sociedade, deste ponto de vista, atingira uma fase particular na rota para a civilização. Mas era insuficiente. Não podia ficar parada nesse ponto. O processo continuava e devia ser levado adiante: "a civilização dos povos ainda não se completou."

Duas ideias se fundem no conceito de civilização. Por um lado, ela constitui um contraconceito geral a outro estágio da sociedade, a barbárie. Este sentimento há muito permeava a sociedade de corte. Encontrara sua expressão aristocrática de corte em termos como *politesse* e *civilité*.

Mas os povos não estão ainda suficientemente civilizados, dizem os homens do movimento de reforma de corte/classe média. A civilização não é apenas um estado, mas um processo que deve prosseguir. Este é o novo elemento manifesto no termo *civilisation*. Ele absorve muito do que sempre fez a corte acreditar ser — em comparação com os que vivem de maneira mais simples, mais incivilizada ou mais bárbara — um tipo mais elevado de sociedade: a ideia de um padrão de moral e costumes, isto é, tato social, consideração pelo próximo, e numerosos complexos semelhantes. Nas mãos da classe média em ascensão, na boca dos membros do movimento reformista, é ampliada a ideia sobre o que é necessário para tornar civilizada uma sociedade. O processo de civilização do Estado, a Constituição, a educação e, por conseguinte, os segmentos mais numerosos da população, a eliminação de tudo o que era ainda bárbaro ou irracional nas condições vigentes, fossem as penalidades legais, as restrições de classe à burguesia ou as barreiras que impediam o desenvolvimento do comércio — este processo civilizador devia seguir-se ao refinamento de maneiras e à pacificação interna do país pelos reis.

"O rei conseguiu", disse certa vez Voltaire a respeito da era de Luís XIV, "transformar uma nação até então turbulenta em um povo pacífico, perigoso apenas para seus inimigos... As maneiras foram suavizadas..."[33] Mais tarde veremos com mais detalhes como foi importante essa pacificação interna para o processo civilizador. Condorcet, contudo, que era em comparação a Voltaire um reformista de geração mais jovem e já muito mais inclinado à oposição, comenta da seguinte maneira a reflexão acima de Voltaire: "A despeito da barbárie de algumas das leis, a despeito das falhas dos princípios administrativos, do aumento dos impostos, de sua forma pesada, da dureza das leis fiscais, a despeito das máximas perniciosas que pautam a legislação governamental sobre comércio e indústria e, finalmente, a despeito da perseguição aos protestantes, podemos observar que o povo no reino vivia em paz sob a proteção da lei."

Essa enumeração, que não deixa de ser uma justificação integral da ordem vigente, dá ideia de muitas coisas que se pensa carecer de reforma. Fosse ou não o termo *civilisation* usado aqui explicitamente, ele se relaciona com tudo isso, com tudo o que ainda é "bárbaro".

Esta discussão mostra com muita clareza a divergência entre os fatos que ocorriam na Alemanha e os conceitos vigentes no país: demonstra que os membros da emergente *intelligentsia* de classe média situam-se na França parcialmente no círculo da corte e, assim, na tradição aristocrática de corte. Falam a língua desse círculo e a desenvolvem ainda mais. Seus comportamentos e emoções são, com algumas modificações, modelados segundo o padrão dessa tradição. Seus conceitos e ideias não são em absoluto meras antíteses aos da aristocracia. Em torno de conceitos aristocráticos de corte, como a ideia de "ser civilizado", cristalizam-se, de conformidade com sua posição social no círculo da corte, mais ideias que apontam reivindicações políticas e econômicas, ideias que, devido à situação social diferente e à diferente faixa de experiência da *intelligentsia* germânica, eram em grande parte estranhas a ela e, de qualquer modo, para ela menos relevantes.

A burguesia francesa — politicamente ativa, pelo menos parcialmente desejosa de reformas, e até, durante um curto período, revolucionária — estava estreitamente vinculada à tradição de corte em seu comportamento e no controle de suas emoções, mesmo depois de demolido o edifício do velho regime. Isto porque, graças a estreito contato entre círculos aristocráticos e de classe média, grande parte das maneiras cortesãs muito tempo antes da revolução haviam sido também aceitas pela classe média. Pode-se depreender, então, que a revolução burguesa na França, embora destruindo a velha estrutura política, não subverteu a unidade dos costumes tradicionais.

A *intelligentsia* alemã de classe média, de todo impotente na esfera política, embora intelectualmente radical, forjou uma tradição própria puramente burguesa, divergindo radicalmente da tradição da aristocracia de corte e de seus modelos. O caráter nacional alemão, que aos poucos despontou no século XIX, não era, para sermos exatos, inteiramente destituído de elementos aristocráticos assimilados pela burguesia. Não obstante, no tocante a grandes áreas da tradição cultural e do comportamento, as características especificamente de classe média predominaram, sobretudo na divisão social mais nítida entre os círculos burguês e aristocrático e, com ela, uma heterogeneidade relativa nos costumes alemães sobreviveu muito depois do século XVIII.

O conceito francês de *civilisation* reflete o fado social específico da burguesia da nação exatamente como o conceito de *Kultur* reflete o alemão. O conceito de *civilisation* é inicialmente, como acontece com o de *Kultur*, um instrumento dos círculos de classe média — acima de tudo, da *intelligentsia* de classe média — no conflito social interno. Com a ascensão da burguesia, ele veio, também, a sintetizar a nação, a expressar a autoimagem nacional. Na própria revolução, a *civilisation* (que, naturalmente, refere-se sobretudo a um processo gradual, a uma evolução, e não abandonou ainda seu significado original como programa de reforma) não desempenha qualquer papel de relevo entre os *slogans* revolucionários. Tornando-se a revolução mais moderada, pouco depois da virada do século, ela inicia sua jornada como um brado de união por todo o mundo. Já em uma época tão remota como essa, atingia um nível de significado que justificava as aspirações francesas de expansão nacional e colonização. Em 1798, partindo para o Egito, Napoleão grita para suas tropas: "Soldados, estais iniciando uma conquista de consequências incalculáveis para a civilização." Ao contrário da situação vigente ao ser formado o conceito, a partir de então as nações consideram o *processo* de civilização como terminado em suas sociedades; elas são as transmissoras a outrem de uma civilização existente ou acabada, as porta-estandartes da civilização em marcha. Do processo anterior de civilização nada resta na consciência da sociedade, exceto um vago resíduo. Seus resultados são aceitos simplesmente como expressão de seus próprios talentos mais altos; não interessa o fato e a questão de como, no decorrer dos séculos, o comportamento civilizado se cristalizou. E a consciência de sua própria superioridade, dessa "civilização", passa a servir pelo menos às nações que se tornaram conquistadoras de colônias e, por conseguinte, um tipo de classe superior para grandes segmentos do mundo não europeu, como justificativa de seu domínio, no mesmo grau em que antes os ancestrais do conceito de civilização, *politesse* e *civilité*, serviram de justificação à aristocracia de corte.

Na verdade, uma fase fundamental do processo civilizador foi concluída no exato momento em que a *consciência* de civilização, a consciência da superioridade de seu próprio comportamento e sua corporificação na ciência, tecnologia ou arte começaram a se espraiar por todas as nações do Ocidente.

Esta fase primitiva do processo civilizador, aquela em que a consciência do processo mal existia e o conceito de civilização sequer surgira ainda, será discutida no capítulo seguinte.

Capítulo dois

A CIVILIZAÇÃO COMO TRANSFORMAÇÃO DO COMPORTAMENTO HUMANO

I

O Desenvolvimento do Conceito de *Civilité*

1. A antítese fundamental que expressa a autoimagem do Ocidente na Idade Média opõe Cristianismo a paganismo ou, para ser mais exato, o Cristianismo correto, romano-latino, por um lado, e o paganismo e a heresia, incluindo o Cristianismo grego e oriental, por outro.[1]

Em nome da Cruz e mais tarde da civilização, a sociedade do Ocidente empenha-se, durante a Idade Média, em guerras de colonização e expansão. E a despeito de toda a sua secularização, o lema "civilização" conserva sempre um eco da Cristandade Latina e das Cruzadas de cavaleiros e senhores feudais. A lembrança de que a cavalaria e a fé romano-latina representam uma fase peculiar da sociedade ocidental, um estágio pelo qual passaram todos os grandes povos do Ocidente, certamente não desapareceu.

O conceito de *civilité* adquiriu significado para o mundo Ocidental numa época em que a sociedade cavaleirosa e a unidade da Igreja Católica se esboroavam. É a encarnação de uma sociedade que, como estágio específico da formação dos costumes ocidentais, ou "civilização", não foi menos importante do que a sociedade feudal que a precedeu. O conceito de *civilité*, também, constitui expressão e símbolo de uma formação social que enfeixava as mais variadas nacionalidades, na qual, como na Igreja, uma língua comum é falada, inicialmente o italiano e, em seguida, cada vez mais, o francês. Essas línguas assumem a função antes desempenhada pelo latim. Traduzem a unidade da Europa e, simultaneamente, a nova formação social que lhe fornece a espinha dorsal, a sociedade de corte. A situação, a autoimagem e as características dessa sociedade encontram expressão no conceito de *civilité*.

2. Este conceito recebeu seu cunho e função específicos aqui discutidos no segundo quartel do século XVI. Seu ponto de partida individual pode ser determinado com exatidão. Deve ele o significado específico adotado pela sociedade a um curto tratado de autoria de Erasmo de Rotterdam, *De civilitate morum puerilium* (*Da civilidade em crianças*), que veio à luz em 1530. Esta obra evidentemente tratava de um tema que estava maduro para discussão. Teve imediatamente uma imensa circulação, passando por sucessivas edições. Ainda

durante a vida de Erasmo — isto é, nos primeiros seis anos após a publicação — teve mais de 30 reedições.[2] No conjunto, houve mais de 130 edições, 13 das quais em data tão recente como o século XVIII. Praticamente não tem limites o número de traduções, imitações, e sequências. Dois anos após a publicação do tratado, apareceu sua primeira tradução inglesa. Em 1534, veio a lume sob a forma de catecismo e nesta ocasião já era adotado como livro-texto para educação de meninos. Seguiram-se traduções para o alemão e o tcheco. Em 1537, 1559, 1569 e 1613 apareceu em francês, com novas traduções todas as vezes.

Já no século XVI, um tipo particular de família de caracteres tipográficos francês recebeu o nome *civilité,* tirado da obra de Mathurin Cordier, um francês que combinava doutrinas colhidas no tratado de Erasmo com as de outro humanista, Johannes Sulpicius. E um grupo inteiro de livros, direta ou indiretamente influenciados pelo tratado de Erasmo, surgiu sob o título *Civilité* ou *Civilité puérile.* E foram impressos até fins do século XVIII nessa família de caracteres tipográficos *civilité.*[3]

3. Neste particular, como ocorre com tanta frequência na história das palavras, e aconteceria mais tarde na evolução do conceito de *civilité* para *civilisation,* um indivíduo serviu como instigador. Com seu tratado, Erasmo deu nova nitidez e força a uma palavra muito antiga e comum, *civilitas.* Intencionalmente ou não, ele obviamente expressou na palavra algo que atendia a uma necessidade social da época. O conceito *civilitas,* daí em diante, ficou gravado na consciência do povo com o sentido especial que recebeu no tratado de Erasmo. Palavras correspondentes surgiram em várias línguas: a francesa *civilité,* a inglesa *civility,* a italiana *civiltà,* e a alemã *Zivilität,* que reconhecidamente nunca alcançou a mesma extensão que as palavras correspondentes nas outras grandes culturas.

O aparecimento mais ou menos súbito de palavras em línguas quase sempre indica mudanças na vida do próprio povo, sobretudo quando os novos conceitos estão destinados a se tornarem fundamentais e de longa duração como esses.

O próprio Erasmo talvez não tenha atribuído, no conjunto total de sua *oeuvre,* qualquer importância especial ao seu curto tratado *De civilitate morum puerilium.* Diz ele na introdução que a arte de educar jovens envolve várias disciplinas, mas que a *civilitas morum* é apenas uma delas, e não nega que ela é *crassissima philosophiae pars* (a parte mais grosseira da filosofia). Este tratado reveste-se de uma importância especial menos como fenômeno ou obra isolada do que como sintoma de mudança, uma concretização de processos sociais. Acima de tudo, é a sua ressonância, a elevação da palavra-título à condição de expressão fundamental de autointerpretação da sociedade europeia, que nos chama a atenção para o tratado.

4. O que aborda o tratado? Seu tema deve nos explicar para que fim e em que sentido era necessário o novo conceito. Deve conter indicações das mudanças e processos sociais que puseram a palavra em moda.

O livro de Erasmo trata de um assunto muito simples: o comportamento de pessoas em sociedade — e acima de tudo, embora não exclusivamente, "do decoro corporal externo". É dedicado a um menino nobre, filho de príncipe, e escrito para a educação de crianças. Contém reflexões simples, enunciadas com grande seriedade, embora, ao mesmo tempo, com muita zombaria e ironia, tudo isso em linguagem clara e polida e com invejável precisão. Pode-se dizer que nenhum de seus sucessores jamais igualou esse tratado em força, clareza e caráter pessoal. Examinando-o mais detidamente, percebemos por trás dele um mundo e um estilo de vida que, em muitos aspectos, para sermos exatos, assemelha-se muito ao nosso, embora seja ainda bem remoto em outros. O tratado fala de atitudes que perdemos, que alguns de nós chamaríamos talvez de "bárbaras" ou "incivilizadas". Fala de muitas coisas que desde então se tornaram impublicáveis e de muitas outras que hoje são aceitas como naturais.[4]

Erasmo fala, por exemplo, da maneira como as pessoas olham. Embora seus comentários tenham por intenção instruir, confirmam também a observação direta e viva de que ele era capaz. "Sint oculi placidi, verecundi, compositi", diz ele, "non torvi, quod est truculentiae... non vagiac volubiles, quod est insaniae, non limi quot est suspiciosorum et insidias moletium..." É difícil traduzir isto sem uma grande alteração de tom: o olhar esbugalhado é sinal de estupidez, o olhar fixo sinal de inércia; o olhar dos que têm inclinação para a ira é cortante demais; é vivo e eloquente o dos impudicos; se seu olhar demonstra uma mente plácida e afabilidade respeitosa, isto é o melhor. Não é por acaso que os antigos dizem: os olhos são o espelho da alma. "Animi sedem esse in oculis."

A postura, os gestos, o vestuário, as expressões faciais — este comportamento "externo" de que cuida o tratado é a manifestação do homem interior, inteiro. Erasmo sabe disso e, vez por outra, o declara explicitamente: "Embora este decoro corporal externo proceda de uma mente bem-constituída não obstante descobrimos às vezes que, por falta de instrução, essa graça falta em homens excelentes e cultos."

Não deve haver meleca nas narinas, diz ele mais adiante. O camponês enxuga o nariz no boné ou no casaco e o fabricante de salsichas no braço ou no cotovelo. Ninguém demonstra decoro usando a mão e, em seguida, enxugando-a na roupa. É mais decente pegar o catarro em um pano, preferivelmente se afastando dos circunstantes. Se, quando o indivíduo se assoa com dois dedos, alguma coisa cai no chão, ele deve pisá-la imediatamente com o pé. O mesmo se aplica ao escarro.

Com o mesmo infinito cuidado e naturalidade com que essas coisas são ditas — a mera menção das quais choca o homem "civilizado" de um estágio posterior, mas de diferente formação afetiva — somos ensinados a como sentar ou cumprimentar alguém. São descritos gestos que se tornaram estranhos para nós, como, por exemplo, ficar de pé sobre uma perna só. E bem que caberia pensar que muitos dos movimentos estranhos de caminhantes e dançarinos que vemos em pinturas ou estátuas medievais não representam apenas o "jeito" do pintor ou escultor, mas preservam também gestos e movimentos reais que se tornaram estranhos para nós, materializações de uma estrutura mental e emocional diferente.

Quanto mais estudamos o pequeno tratado, mais claro se torna o quadro de uma sociedade com modos de comportamento em alguns aspectos semelhantes aos nossos e também, de muitas maneiras, distantes. Vemos, por exemplo, pessoas sentadas à mesa: "A dextris sit poculum, et cultellus escarius rite purgatus, ad laevam panis", diz Erasmo. O copo de pé e a faca bem limpa à direita, e, à esquerda, o pão. Assim é como deve ser posta a mesa. A maioria das pessoas porta uma face e daí o preceito de mantê-la limpa. Praticamente não existem garfos e quando os há são para tirar carne de uma travessa. Facas e colheres são com frequência usadas em comum. Nem sempre há talheres especiais para todos: se lhe oferecem alguma coisa líquida, diz Erasmo, prove-a e, em seguida, devolva a colher depois de tê-la secado.

Quando são trazidos pratos de carne, geralmente cada pessoa corta seu pedaço, pega-o com a mão e coloca-o nos pratos, se os houver, ou na falta deles sobre uma grossa fatia de pão. A palavra *quadra* usada por Erasmo pode significar claramente ou prato de metal ou fatia de pão.

"Quidam ubi vix bene considerint mox manus in epulas conjiciunt." Algumas pessoas metem as mãos nas travessas mal se sentam, diz Erasmo. Lobos e glutões fazem isso. Não seja o primeiro a servir-se da travessa que é trazida à mesa. Deixe para camponeses enfiar os dedos no caldo. Não cutuque em volta da travessa mas pegue o primeiro pedaço que se apresentar. E da mesma maneira que demonstra falta de educação cutucar todo o prato com a mão — "in omnes platinae plagas manum mittere" — tampouco é muito pouco polido girar o prato de servir para pegar a melhor porção. O que não pode pegar com as mãos pegue com a *quadra*. Se alguém lhe passa um pedaço de bolo ou torta com uma colher, pegue-o ou com sua *quadra* ou pegue a colher oferecida, ponha o alimento na *quadra* e devolva a colher.

Conforme já mencionado, os pratos são também raros. Quadros mostrando cenas de mesa dessa época ou anterior sempre retratam o mesmo espetáculo, estranho para nós, que é indicado no tratado de Erasmo. A mesa é às vezes forrada com ricos tecidos, às vezes não, mas sempre são poucas as coisas que nela há: recipientes para beber, saleiro, facas, colheres, e só. Às vezes, vemos fatias de pão, as *quadrae,* que em francês são chamadas de *tranchoir* ou *tailloir.* Todos, do rei e rainha ao camponês e sua mulher, comem com as mãos. Na classe alta há maneiras mais refinadas de fazer isso, Deve-se lavar as mãos antes de uma refeição, diz Erasmo. Mas não há ainda sabonete para esse fim. Geralmente, o conviva estende as mãos e o pajem derrama água sobre elas. A água é às vezes levemente perfumada com camomila ou rosmaninho.[5] Na boa sociedade, ninguém põe ambas as mãos na travessa. É mais refinado usar apenas três dedos de uma mão. Este é um dos sinais de distinção que separa a classe alta da baixa.

Os dedos ficam engordurados. "Digitos unctos vel ore praelingere vel ad tunicam extergere... incivile est", diz Erasmo. Não é polido lambê-los ou enxugá-los no casaco. Frequentemente se oferece aos outros o copo ou todos bebem na caneca comum. Mas Erasmo adverte: "Enxugue a boca antes." Você talvez queira oferecer a alguém de quem gosta a carne que está comendo. "Evite isso", diz Erasmo. "Não é muito decoroso oferecer a alguém alguma coisa semimastigada." E acrescenta: "Mergulhar no molho o pão que mordeu é comportar-se como um camponês e demonstra pouca elegância retirar da boca a comida mastigada e recolocá-la na *quadra*. Se não consegue engolir o alimento, vire-se discretamente e cuspa-o em algum lugar."

E repete: "É bom se a conversa interrompe ocasionalmente a refeição. Algumas pessoas comem e bebem sem parar, não porque estejam com fome ou sede, mas porque de outra maneira não podem controlar seus movimentos. Têm que coçar a cabeça, esgaravatar os dentes, gesticular com as mãos, brincar com a faca, ou não podem deixar de tossir, fungar e cuspir. Tudo isto realmente tem origem no embaraço do rústico e parece uma forma de loucura."

Mas é também necessário e possível a Erasmo dizer: não exponha sem necessidade "as partes a que a Natureza conferiu pudor". Alguns recomendam, diz ele, que os meninos devem "reter os ventos, comprimindo a barriga. Mas dessa maneira pode-se contrair uma doença". E em outro trecho: "Reprimere sonitum, quem natura fert, ineptorum est, qui plus tribuunt civilitati, quam saluti" (Os tolos que valorizam mais a civilidade do que a saúde reprimem sons naturais). Não tenha receio de vomitar, se a isto obrigado, "pois não é vomitar mas reter o vômito na garganta que é torpe".

5. Com grande cuidado, Erasmo delimita em seu tratado toda a faixa de conduta humana, as principais situações da vida social e de convívio. Com a mesma naturalidade fala das questões mais elementares e sutis das relações humanas. No primeiro capítulo, trata das "condições decorosa e indecorosa de todo o corpo", no segundo da "cultura corporal", no terceiro de "maneiras nos lugares sagrados", no quarto em banquetes, no quinto em reuniões, no sexto nos divertimentos e no sétimo no quarto de dormir. Na discussão dessa faixa de questões Erasmo deu um novo impulso ao conceito de *civilitas*.

Nem sempre pode nossa consciência, sem hesitação, recordar essa outra fase de nossa própria história. Perdeu-se para nós a franqueza despreocupada com que Erasmo e seu tempo podiam discutir todas as áreas da conduta humana. Grande parte do que ele diz ultrapassa nosso patamar de delicadeza.

Mas este é precisamente um dos problemas que nos propomos a estudar aqui. Rastreando a transformação de conceitos através dos quais diferentes sociedades procuraram se expressar, recuando do conceito de civilização para seu ancestral *civilité*, descobrimo-nos de repente na pista do próprio processo civilizador, da mudança concreta no comportamento que ocorreu no Ocidente. E um dos sintomas do processo civilizador é ser embaraçoso para nós falar ou mesmo ouvir muito do que Erasmo diz. O maior ou menor desconforto que sentimos com pessoas que discutem ou mencionam suas funções corporais mais abertamente, que ocultam ou restringem essas funções menos que nós, é um dos sentimentos dominantes no juízo de valor "bárbaro" ou "incivilizado". Tal, então, é a natureza do "mal-estar" que nos causa a "incivilização"* ou, em termos mais precisos e menos valorativos, o mal-estar ante

---

* No original, como na tradução, há um trocadilho com a obra de Freud que em português é conhecida como *Mal-estar na civilização*. (N.R.)

uma diferente estrutura de emoções, o diferente padrão de repugnância ainda hoje encontrado em numerosas sociedades que chamamos de "não civilizadas", o padrão de repugnância que precedeu o nosso e é sua precondição. Surge então a questão de saber como e por que a sociedade ocidental moveu-se realmente de um padrão para outro, como foi "civilizada". No estudo desse processo de civilização, não podemos deixar de sentir desconforto e embaraço. É bom estarmos conscientes dele. É necessário, pelo menos enquanto estudamos esse processo, tentar suspender todos os sentimentos de embaraço e superioridade, todos os juízos de valor e críticas associadas aos conceitos de "civilizado" ou "incivil". Nosso tipo de comportamento evoluiu daquilo que chamamos de incivil. Esses conceitos, porém, apreendem a mudança de forma excessivamente estática e grosseira. Na verdade, nossos termos "civilizado" e "incivil" não constituem uma antítese do tipo existente entre o "bem" e o "mal", mas representam, sim, fases em um desenvolvimento que, além do mais, ainda continua. É bem possível que nosso estágio de civilização, nosso comportamento, venham despertar em nossos descendentes um embaraço semelhante ao que, às vezes, sentimos ante o comportamento de nossos ancestrais. O comportamento social e a expressão de emoções passaram de uma forma e padrão que não eram um ponto de partida, que não podiam em sentido absoluto e indiferenciado ser designados de "incivil", para o nosso, que denotamos com a palavra "civilizado". E para compreender este último temos que recuar no tempo até aquilo de onde emergiu. A "civilização" que estamos acostumados a considerar como uma posse que aparentemente nos chega pronta e acabada, sem que perguntemos como viemos a possuí-la, é um processo ou parte de um processo em que nós mesmos estamos envolvidos. Todas as características distintivas que lhe atribuímos — a existência de maquinaria, descobertas científicas, formas de Estado, ou o que quer que seja — atestam a existência de uma estrutura particular de relações humanas, de uma estrutura social peculiar, e de correspondentes formas de comportamento. Resta saber se a mudança em comportamento, no processo social da "civilização" do homem, pode ser compreendida, pelo menos em fases isoladas e em seus aspectos elementares, com qualquer grau de precisão.

II

Dos Costumes Medievais

1. No *De civilitate morum puerilium,* de Erasmo de Rotterdam, é discernível um tipo especial de comportamento social. Mesmo aqui dificilmente se aplica a antítese simples de "civilizado" e "incivil".

O que houve antes de Erasmo? Foi ele o primeiro a interessar-se por esses assuntos?

De modo algum. Questões semelhantes ocuparam os homens da Idade Média, da Antiguidade greco-romana, e sem dúvida também de "civilizações" anteriores assemelhadas.

Este processo que não teve fim pode ser remontado indefinidamente ao passado. De onde quer que comecemos, observamos movimento, algo que aconteceu antes. Limites precisam ser traçados a uma indagação retrospectiva, preferivelmente correspondendo às fases do próprio processo. Aqui o padrão medieval deve ser suficiente como ponto de partida, sem ser em si mesmo minuciosamente examinado, de modo que o movimento, a curva de desenvolvimento que o liga à era moderna, possa ser seguida.

A Idade Média deixou-nos grande volume de informações sobre o que era considerado comportamento socialmente aceitável. Neste particular, também, preceitos sobre a conduta às refeições tinham importância muito especial. Comer e beber nessa época ocupavam uma posição muito mais central na vida social do que hoje, quando propiciavam — com frequência, embora nem sempre — o meio e a introdução às conversas e ao convívio.

Religiosos cultos redigiam às vezes, em latim, normas de comportamento que servem de testemunho do padrão vigente na sociedade. Hugo de São Vítor (falecido em 1141), em seu *De institutione novitiarum*, estuda estas entre outras questões. O judeu espanhol batizado Petrus Alphonsi tratou delas em sua obra *Disciplina clericalis*, em princípios do século XII; Johannes von Garland dedicou aos costumes e, em especial, às maneiras à mesa, parte dos 662 versos latinos que, em 1241, apareceram sob o título *Morale scolarium*.

Além dessas normas sobre comportamento discutidas pela sociedade religiosa de fala latina, houve, a partir do século XIII, documentos correspondentes nas várias línguas leigas — e acima de tudo, no início, procedentes das cortes da nobreza guerreira.

As primeiras notícias sobre as maneiras que prevaleciam na alta classe secular são sem dúvida as que vêm da Provença e da vizinha e culturalmente aparentada Itália. O primeiro trabalho alemão sobre a *courtoisie* é também de autoria de um italiano, Thomasin von Zirklaria, e intitulado *O convidado italiano* (*Der wälsche Gast,* traduzido por Ruckert para o alemão moderno). Outra obra de Thomasin, em italiano, transmite-nos em seu título alemão uma forma antiga do conceito de "cortesia" (*Höflichkeit*). Refere-se ele a esse livro, que se perdera, como um "buoch von der hüfscheit".

Originários dos mesmos círculos da tradição cavalaria-corte são os 50 *Courtesies* de autoria de Bonvicino da Riva e o *Hofzucht* (Maneiras Cortesãs), atribuído a Tannhäuser. Essas normas também ocasionalmente encontradas nos grandes poemas épicos da sociedade cavaleirosa, como, por exemplo, o *Roman de la Rose*,[6] do século XIV. O *Book of Nurture,* escrito em versos ingleses provavelmente no século XV, já é um compêndio exaustivo de comportamento para o jovem nobre a serviço de um grande senhor, como também, mais resumidamente, o *The Babees Book*.[7]

Além disso existe, principalmente em versões dos séculos XIV e XV, mas provavelmente, em parte pelo menos, mais antiga em tema, uma série inteira de poemas chamados de mnemônicos a fim de inculcar boas maneiras à mesa. *Tischzuchten* de variada extensão e nas mais diversas línguas. A aprendizagem de cor como meio para educar ou condicionar desempenhava um papel muito mais importante na sociedade medieval, onde os livros eram relativamente raros e caros, do que hoje, e esses preceitos rimados eram um dos meios usados para gravar na memória da pessoa o que ela devia e não devia fazer em sociedade, e acima de tudo à mesa.

2. Esses *Tischzuchten* ou disciplinas à mesa, como trabalhos medievais sobre maneiras de autores conhecidos, não são produtos individuais no sentido moderno, registro das ideias singulares de determinada pessoa em uma sociedade extensamente individualizada. O que nos chegou por escrito são fragmentos de uma grande tradição oral, reflexos do que era realmente costumeiro nessa sociedade. Esses fragmentos são importantes exatamente porque descrevem não o que era grande ou extraordinário, mas os aspectos típicos da sociedade. Até mesmo poemas que sobreviveram sob um nome específico, como o *Hofzucht,* de Tannhäuser, ou o *Book of Nurture,* de John Russel, nada mais são do que versões individuais de um dos muitos elementos da tradição correspondente à estrutura dessa sociedade. Os que os registraram não foram os legisladores ou criadores de tais preceitos, mas colecionadores, compiladores das injunções e tabus costumeiros na sociedade. Por essa razão, haja ou não uma conexão literária, preceitos semelhantes reaparecem em quase todos esses trabalhos. São reflexos dos mesmos costumes, testemunhos de um dado elenco de formas de comportamento e emoções na vida da própria sociedade.

Talvez seja possível, com um exame mais atento, descobrir certas diferenças de costumes entre as diversas tradições nacionais e as variações nos padrões sociais. Talvez o material revele também algumas mudanças na mesma tradição. Parece, por exemplo, que a substância e, talvez, também os costumes da sociedade passaram por certas mudanças nos séculos XIV e XV com a ascensão das guildas de ofícios e de elementos burgueses, da mesma forma que, em tempos modernos, modelos de comportamento originários da aristocracia de corte foram adotados por círculos burgueses.

Não foi feito ainda um estudo mais minucioso dessas modificações ocorridas no comportamento medieval. Basta mencioná-las aqui, não esquecendo que esse padrão medieval não era destituído de movimento interno e certamente não foi o princípio nem o "primeiro degrau" do processo de civilização, nem representa, como se afirmou algumas vezes, o estágio de "barbarismo" ou "primitividade".

Era um padrão diferente do nosso — se melhor ou pior não vem ao caso. E se em nossa *recherche du temps perdu* fomos levados de volta, passo a passo, do século XVIII para o XVI e do XVI para os séculos XIII e XII, isto não implica que estejamos, como já alertamos antes, na expectativa de encontrar o "começo" do processo civilizador. Será tarefa mais do que suficiente para nossos fins atuais tentar a curta jornada da fase medieval para a primeira moderna, em uma tentativa de compreender o que realmente aconteceu aos seres humanos nessa transição.

3. O padrão de "bom comportamento" na Idade Média, como todos os padrões depois estabelecidos, é representado por um conceito bem claro. Através dele, a classe alta secular da Idade Média, ou pelo menos alguns de seus principais grupos, deu expressão

à sua autoimagem, ao que, em sua própria estimativa, tornava-a excepcional. O conceito que resumia a autoconsciência aristocrática e o comportamento socialmente aceitável apareceu em francês como *courtoisie,* em inglês como *courtesy,* em italiano como *cortezia,* juntamente com outros termos correlatos, amiúde em forma divergente. Em alemão foi, de igual maneira em diferentes versões, *hövescheit* ou *hübscheit,* e também *zuht.* Todos esses conceitos se referem diretamente (e de modo muito mais claro que outros, posteriores, com a mesma função) a um determinado lugar na sociedade. Dizem: é assim como as pessoas se comportam na corte. Com esses termos, certos grupos importantes do estrato secular superior, o que não significa a classe de cavaleiros como um todo, mas principalmente os círculos cortesãos que gravitavam em torno dos grandes senhores feudais, designavam o que os distinguia, a seus próprios olhos, isto é, o código específico de comportamento que surgiu inicialmente nas grandes cortes feudais e, em seguida, se disseminou por estratos mais amplos. Este processo de diferenciação, contudo, pode ser ignorado aqui. Comparado com períodos posteriores, a grande uniformidade nas boas e más maneiras aqui referida — o que chamamos de um dado "padrão" — é impressionante.

Como é esse padrão? O que desponta como comportamento típico, como o caráter geral de seus preceitos?

Em primeiro lugar, algo que, em comparação com épocas posteriores, poderia ser chamado de sua simplicidade, ou ingenuidade. São menos numerosas, como aliás em todas as sociedades em que as emoções são manifestadas mais violenta ou diretamente, as nuances psicológicas e as complexidades no conjunto geral de ideias. Há amigos e inimigos, desejo a aversão, gente boa e má.

> Deveis seguir o exemplo de homens honrados e verter vossa ira sobre os maus.

Lemos isso em uma tradução alemã do *Disticha Catonis,*[8] o código de comportamento de curso geral em toda a Idade Média sob a égide de Catão. Ou em outro trecho:

> Quando teus companheiros te irritarem, filho meu, cuidado para não te enraiveceres tanto que lamentes teus atos depois.[9]

No ato de comer, também, tudo é mais simples e são menos restringidos os impulsos e inclinações:

> Um homem refinado não deve fazer barulho de sucção com a colher quando estiver em boa companhia. Esta é a maneira como se comportam na corte pessoas que se entregam a hábitos grosseiros.

O trecho acima foi extraído do *Hofzucht,*[10] de Tannhäuser. A *Hübsche Lente* (gente fina) é constituída de nobres, de pessoal da corte. As normas do *Hofzucht* se destinam expressamente à classe superior, aos cavaleiros que vivem na corte. O comportamento nobre, cortês, é constantemente comparado com as "maneiras rudes", a conduta dos camponeses.

> Algumas pessoas mordem o pão e, em seguida, grosseiramente, mergulham-no na travessa. Pessoas refinadas rejeitam essas maneiras rudes.[11]

Se deu uma mordida no pão, não o molhe novamente na travessa de uso comum. Camponeses podem fazer isso, mas não "gente fina".

> Muitas pessoas roem um osso e, depois, recolocam-no na travessa — e isto é uma falta grave.[12]

Não jogue ossos roídos na travessa de uso comum. Em outros relatos, descobrimos que era costumeiro jogá-los no chão. Outro preceito estabelece:

> O homem que limpa, pigarreando, a garganta quando come e o que se assoa na toalha da mesa são ambos mal-educados, isto te garanto.[13]

Vejamos outro:

> Se um homem à mesa limpa o nariz com a mão porque não sabe como proceder, então é um idiota, podes acreditar.[14]

Usar a mão para limpar o nariz era coisa comum. Não existiam ainda lenços. Mas, à mesa, certo cuidado devia ser tomado e de maneira alguma devia alguém assoar-se na toalha. Os comensais são ainda advertidos para não estalar os lábios nem bufar:

> Se um homem bufa como uma foca quando come, como acontece com algumas pessoas, e estala os beiços como um camponês bávaro, então ele renunciou a toda a boa educação.[15]

Se o indivíduo tem que se coçar, não deve fazê-lo com a mão, mas usar o casaco:

> Não coces a garganta com a mão limpa enquanto estiveres comendo; se tiveres que fazer isso, faze-o polidamente com o casaco.[16]

Todos usavam as mãos para tirar os alimentos da travessa comum. Por essa razão, não deviam tocar nas orelhas, nariz, ou olhos:

> Não é decente enfiar os dedos nos ouvidos ou olhos, como fazem algumas pessoas, nem esgaravatar o nariz enquanto se come. Esses três hábitos são indecorosos.[17]

As mãos devem ser lavadas antes das refeições:

Soubemos que alguns comem sem lavá-las (se verdade, isto é um mau sinal). Que os seus dedos fiquem paralisados![18]

No *Ein spruch der ze tische kêrt* (Uma palavra àqueles à mesa),[19] outro *Tischzuchten* do qual o *Hofzucht* de Tannhäuser apresenta muitos ecos, recomenda-se que a pessoa coma com uma só mão, e que se está comendo com outra pessoa no mesmo prato ou fatia de pão, como frequentemente acontecia, use a mão de fora:

Deves sempre comer com a mão de fora. Se teu companheiro senta-se à tua direita, come com a esquerda. Abstém-te de comer com ambas as mãos.[20]

Se não tem uma toalha, lemos na mesma obra, não enxugue as mãos no casaco, mas deixe-as secar no ar.[21] Ou:

Toma cuidado para que, qualquer que seja tua necessidade, não fiques ruborizado de embaraço.[22]

Tampouco constitui boas maneiras afrouxar o cinto à mesa.[23]

Tudo isso é recomendado a adultos, e não apenas a crianças. Em nossa opinião, essas normas parecem muito elementares para serem dadas a gente de classe superior, mais elementares em muitos aspectos do que, na atual fase de comportamento, é geralmente aceito como habitual no estrato rural-camponês. E o mesmo padrão surge com algumas variações na literatura cortês de outras áreas linguísticas.

4. No caso de uma dessas diferentes tradições, que partindo de certas formas latinas desemboca principalmente no código de maneiras francês, mas talvez também no italiano e no provençal, uma compilação foi feita das regras que mais se repetem na maioria ou em todas as variantes.[24] Elas são, de maneira geral, as mesmas encontradas no *Tischzuchten* alemão. Em primeiro lugar, há a instrução de dar graças, que é encontrada também em Tannhäuser. Uma vez após outra, encontramos advertências para que cada um ocupe o lugar que lhe foi designado e não toque, à mesa, no nariz e orelhas. Não ponha os cotovelos em cima da mesa, dizem frequentemente. Mostre um rosto alegre. Não fale demais. São frequentes os lembretes para não se coçar ou cair vorazmente sobre os alimentos. Nem deve o indivíduo pôr o que teve na boca de volta na travessa comum. Este conselho também é repetido com frequência. Não menos frequente é a instrução de lavar as mãos antes de comer ou tocar no saleiro com pedaços de comida. A recomendação seguinte também é repetida muitas vezes: não limpe os dentes com a faca. Não cuspa em cima ou por cima da mesa. Não peça repetição de um prato que já foi tirado da mesa. Uma instrução comum é não soltar gases à mesa. Enxugue a boca antes de beber. Não faça pouco da comida nem diga coisa alguma que

possa irritar os demais. Não limpe os dentes com a toalha da mesa. Se molhou o pão no vinho, beba-o ou derrame o resto. Não ofereça aos demais o resto de sua sopa ou do pão que já mordeu. Não se assoe com barulho excessivo. Não adormeça à mesa. E assim por diante.

Indicações do mesmo código de boas e más maneiras são encontradas também em outras coletâneas de versos mnemônicos semelhantes sobre etiqueta em tradições não diretamente ligadas à francesa, que acabamos de mencionar. Todos confirmam certo padrão de relações entre as pessoas, a estrutura da sociedade e a psique medieval. São sociogenéticas e psicogenéticas as similaridades entre essas coletâneas. Pode haver, embora não necessariamente, uma relação literária entre todos esses preceitos franceses, ingleses, italianos, alemães e latinos. As diferenças entre eles são menos importantes que seus aspectos comuns, que correspondem à unidade do comportamento concreto na classe superior medieval, quando comparada com o período moderno.

Para dar um exemplo, as *Cortesias*, de Bonvicino da Riva, um dos guias de mesa mais pessoais e — graças ao desenvolvimento da Itália — mais "avançados", contém, à parte os preceitos mencionados na coletânea francesa, instruções para se virar quando se tosse e espirra, e não lamber os dedos. A pessoa, diz ele, deve evitar pegar os melhores pedaços no prato, e cortar, sem excessos, os pedaços de pão. Não deve tocar a borda do copo comum com os dedos e segurá-lo com ambas as mãos. Nesse trabalho, também, a substância da *courtoisie*, do padrão, dos costumes é de modo geral a mesma. E não deixa de ser interessante notar que quando o *Cortesias* foi revisto três séculos depois entre todas as regras dadas por Da Riva apenas duas sem muita importância foram alteradas: o editor aconselha a não tocar a borda do copo comum nem segurá-lo com ambas as mãos e que, se várias pessoas estiverem bebendo nele não se deve nele molhar o pão (Da Riva recomendava apenas que o vinho assim usado fosse derramado ou bebido).[25]

Uma ideia semelhante pode ser formada à vista da tradição alemã. O *Tischzuhten* do qual temos exemplares datados do século XV, emprega um tom algo mais rude do que o *O convidado italiano*, de Thomasin von Zirklaria, ou o *Hofzucht*, de Tannhäuser. O padrão de boas e más maneiras, porém, praticamente não parece ter mudado muito. Já observamos que em um dos manuais mais modernos, que tem muito em comum com os mais antigos já mencionados, surge uma nova recomendação, a de não cuspir na mesa, mas apenas sob ela ou na parede. E isto é interpretado como sintoma de deterioração das maneiras. Mas é mais questionável se as coisas eram feitas de modo diferente no século precedente, especialmente porque regras semelhantes, oriundas de períodos anteriores, são transmitidas pela tradição francesa. E o que se pode derivar da literatura no sentido mais amplo é confirmado por quadros. Neste particular, igualmente, são necessários estudos mais detalhados. Mas em comparação com épocas posteriores, os quadros de pessoas à mesa mostram, até bem dentro do século XV, pouquíssimos utensílios, mesmo que, em alguns detalhes, algumas mudanças tenham indubitavelmente ocorrido. Nas casas dos mais ricos, os pratos são em geral tirados de um aparador, embora, frequentemente, sem nenhuma ordem especial. Todos tiram — ou mandam tirar — o que lhes agrada no momento. As pessoas se servem em travessas comuns. Os sólidos (principalmente a carne) são pegos com a mão e os líquidos com conchas ou colheres. Mas sopas e molhos ainda são frequentemente bebidos levando-se à boca os pratos ou travessas. Durante muito tempo, além disso, não houve utensílios especiais para diferentes alimentos. Eram usadas as mesmas facas e colheres. E também os mesmos copos. Frequentemente, dois comensais comiam na mesma *quadra*.

Esta era, se assim podemos dizer, a técnica-padrão de comer na Idade Média, que corresponde a um padrão muito especial de relações humanas e estrutura de sentimentos. Nesse padrão, conforme já dissemos, ocorreu grande número de modificações e introdução de nuances. Se pessoas de diferentes categorias comiam ao mesmo tempo, as de categoria mais alta tinham precedência quando lavavam as mãos, por exemplo, ou quando se serviam de um prato. As formas dos utensílios variaram muito ao longo dos séculos. Houve modas, mas também uma tendência muito clara para o conservantismo, a despeito das flutuações nelas. A alta classe secular, por exemplo, adotava um luxo extraordinário à mesa. Não era uma pobreza de utensílios que mantinha o padrão, mas, simplesmente, o fato de que nada mais fosse necessário. Comer dessa maneira era considerado natural. Era conveniente para essas pessoas. Mas elas gostavam também de ostentar riqueza e categoria pela opulência dos utensílios e da decoração da mesa. Nas mesas dos ricos do século XIII, as colheres eram de ouro, cristal, coral, ou ofita. Ocasionalmente, lemos que durante a Quaresma eram usadas facas com cabo de ébano e, na Páscoa, de marfim, e incrustadas no Pentecoste. As colheres de sopa são redondas e bem planas, de modo que a pessoa, quando as usava, era obrigada a abrir bem a boca. Do século XIV em diante, elas passaram a ser feitas em forma oval.

Ao fim da Idade Média, o garfo surgiu como utensílio para retirar alimentos da travessa comum. Nada menos que uma dúzia de garfos são encontrados entre os objetos de valor de Carlos V. Já o inventário de Carlos de Savoia, muito rico em utensílios opulentos de mesa, menciona um único garfo.[26]

5. Frequentemente se diz "O quanto nós progredimos além desse padrão!", embora, em geral, não fique bem claro quem é o "nós" com quem a pessoa se identifica nessas ocasiões, como se merecesse parte do crédito.

Mas o juízo oposto é também possível: "O que realmente mudou? Uns poucos costumes, nada mais." E alguns observadores parecem inclinados a julgar esses costumes mais ou menos da mesma maneira por que hoje julgaríamos crianças: "Se um homem de bom senso tivesse dito a essas pessoas que seus costumes eram desagradáveis e anti-higiênicos, se tivessem sido ensinadas a comer com facas e garfos, essas maneiras rudes teriam rapidamente desaparecido."

Mas não se pode isolar as maneiras à mesa. Elas são um segmento — e bem característico — da totalidade de formas socialmente instaladas de conduta. Seu padrão corresponde a uma estrutura social bem-definida. O que resta a ver é que estrutura é esta. O comportamento das pessoas na Idade Média não era menos rigidamente determinado pelo seu total de vida, por toda a estrutura da existência, como nosso próprio comportamento e código social são para nós determinantes.

Às vezes, uma pequena frase mostra como esses costumes estavam enraizados e deixa claro que devem ser compreendidos não apenas como algo "negativo", como "falta de civilização" ou de "conhecimento" (como é tão fácil supor de nosso ponto de vista), mas como algo que atendia às necessidades dessas pessoas e que lhes parecia importante e necessário exatamente dessa forma.

No século XI, um doge de Veneza casou-se com uma princesa grega. No círculo bizantino da princesa o garfo era evidentemente usado. De qualquer modo, sabemos que ela levava o alimento à boca "usando um pequeno garfo de ouro com dois dentes".[27]

Este fato, porém, provocou um horrível escândalo em Veneza: "Esta novidade foi considerada um sinal tão exagerado de refinamento que a dogaresa recebeu severas repreensões dos eclesiásticos que invocaram para ela a ira divina. Pouco depois, ela foi acometida de uma doença repulsiva e são Boaventura não hesitou em declarar que isto foi um castigo de Deus."

Mais cinco séculos se passariam antes que a estrutura das relações humanas mudasse o suficiente para que o uso desse utensílio atendesse a uma necessidade mais geral. Do século XVI em diante, pelo menos nas classes altas, o garfo passou a ser usado como utensílio para comer, chegando através da Itália primeiramente à França e, em seguida, à Inglaterra e Alemanha, depois de ter servido durante algum tempo apenas para retirar alimentos sólidos da travessa. Henrique III introduziu-o na França, trazendo-o provavelmente de Veneza. Seus cortesãos não foram pouco ridicularizados por essa maneira "afetada" de comer e, no princípio, não eram muito hábeis no uso do utensílio: pelo menos se dizia que metade da comida caía do garfo no caminho do prato à boca. Em data tão recente como o século XVII, o garfo era ainda basicamente artigo de luxo da classe alta, geralmente feito de prata ou ouro. O que achamos inteiramente natural, porque fomos adaptados e condicionados a esse padrão social desde a mais tenra infância, teve, no início, que ser lenta e laboriosamente adquirido e desenvolvido pela sociedade como um todo. Isto não se aplica menos a uma coisa pequena e aparentemente insignificante como um garfo do que as formas de comportamento que nos parecem mais importantes.[28]

Não obstante, a atitude que acabamos de descrever no tocante à "inovação" do garfo demonstra algo com especial clareza. As pessoas que comiam juntas na maneira costumeira na Idade Média, pegando a carne com os dedos na mesma travessa, bebendo vinho no mesmo cálice, tomando a sopa na mesma sopeira ou prato fundo, com todas as demais peculiaridades dos exemplos dados e dos que serão ainda apresentados — essas pessoas tinham entre si relações diferentes das que hoje vivemos. E isto envolve não só o nível de consciência, clara, racional, pois sua vida emocional revestia-se também de uma diferente estrutura e caráter. Suas emoções eram condicionadas a formas de relações e conduta que, em comparação com os atuais padrões de condicionamento, parecem-nos embaraçosas ou pelo menos sem atrativos. O que faltava nesse mundo *courtois,* ou no mínimo não havia sido desenvolvido no mesmo grau, era a parede invisível de emoções que parece hoje se erguer entre um corpo humano e outro, repelindo e separando, a parede que é frequentemente perceptível à mera aproximação de alguma coisa que esteve em contato com a boca ou as mãos de outra pessoa, e que se manifesta como embaraço à mera vista de muitas funções corporais de outrem, e não raro à sua mera menção, ou como um sentimento de vergonha quando nossas próprias funções são expostas à vista de outros, e em absoluto apenas nessas ocasiões.

III

O Problema da Mudança de Comportamento Durante a Renascença

1. Seriam por acaso elevados os patamares de embaraço e vergonha à época de Erasmo? Contém seu tratado indicações de que estavam se observando as fronteiras da sensibilidade e da reserva que as pessoas esperavam entre si? Não há boas razões para supor que tenha sido assim. Os trabalhos de humanistas sobre maneiras formam uma espécie de ponte entre as da Idade Média e os tempos modernos. O tratado de Erasmo, o ponto alto de uma série de trabalhos humanistas sobre o assunto, apresentava também essa dupla face. Em muitos aspectos, situa-se inteiramente na tradição medieval. Uma boa parte das regras e preceitos dos escritos corteses reaparece em seu tratado. Mas, simultaneamente, este anuncia com clareza alguma coisa nova. Nele desenvolve-se gradualmente um conceito que empurraria para o segundo plano o conceito de cortesia da cavalaria-feudalismo. No decorrer do século XVI, o uso do conceito de *courtoisie* diminui lentamente na classe enquanto o de *civilité* torna-se mais comum e, finalmente, assume a preponderância, pelo menos na França do século XVII.

Isto é sinal de uma mudança comportamental de grandes proporções. Não ocorreu, claro, pela substituição abrupta de um ideal de bom comportamento por outro radicalmente diferente. O *De civilitate morum puerilium,* de Erasmo — para limitar por ora a discussão a este trabalho — situa-se em muitos aspectos, conforme dito acima, inteiramente na tradição medieval. Nele praticamente reaparecem todas as regras da sociedade cortês. Ainda se come carne com a mão, mesmo que Erasmo enfatize que deve ser apanhada com três dedos, e não com a mão toda. É repetido ainda o preceito de não cair como um glutão sobre a comida, bem como a recomendação de lavar as mãos antes de jantar, e os anátemas contra escarrar, assoar-se, o uso indevido da faca e muitos outros. Erasmo, quem sabe, podia conhecer um ou outro dos *Tischzuchten* rimados ou os escritos de sacerdotes que tratavam desses assuntos. Muitos desses escritos circulavam amplamente e é improvável que tenham escapado à sua atenção. O que se pode demonstrar com mais clareza é sua relação com a herança da antiguidade. No caso desse tratado, isto é visto em parte nos comentários de seus contemporâneos, e resta a ser examinado com mais detalhes seu lugar na rica discussão humanista desses problemas de educação e decoro.[29] Mas quaisquer que possam ser as interconexões literárias, de maior interesse neste contexto são as sociogenéticas. Com toda certeza Erasmo não compilou simplesmente esse tratado à vista de outros livros. Tal como todos os que refletem sobre essas questões, ele tinha diante dos olhos um código social especial, um padrão especial de maneiras. Este tratado é, na verdade, uma coletânea de observações feitas na vida e na sociedade. É, como disse alguém mais tarde, "um pouco do trabalho de todo mundo". E, se nada mais, seu sucesso, sua rápida disseminação e seu emprego como manual educativo para meninos mostram até que ponto atendia a uma necessidade social e como registrava os modelos de comportamento para os quais estavam maduros os tempos e que a sociedade — ou mais exatamente a classe alta, em primeiro lugar — exigia.

2. A sociedade estava "em transição". O mesmo acontecia com as maneiras. Até mesmo no tom, na maneira de ver, sentimos que, a despeito de todo seu apego à Idade Média, alguma coisa nova estava a caminho. A "simplicidade" como a experimentamos, a oposição simples entre "bom" e "mau" e entre "compassivo" e "cruel" haviam se perdido. As pessoas encaravam as coisas com mais diferenciação, isto é, com um controle mais forte de suas emoções.

Não são tanto, ou pelo menos não exclusivamente, as próprias regras ou as maneiras a que se referem que distinguem uma parte dos escritos humanistas — acima de tudo, o tratado de Erasmo — dos códigos corteses. Mas, em primeiro lugar, seu tom, sua maneira de ver. As mesmas regras sociais que na Idade Média eram transmitidas impessoalmente de boca em boca são, nesse momento, referidas à maneira e com a ênfase de alguém que não está apenas passando adiante a tradição, não importando quantos escritos medievais e, acima de tudo, antigos possa ter absorvido, mas que observou tudo isso pessoalmente, que registra sua experiência.

Mesmo que isso não fosse visto no próprio *De civilitate morum puerilium,* isto saberíamos à vista de escritos anteriores de Erasmo, nos quais a fusão da tradição medieval e antiga com sua própria experiência se expressa talvez mais clara e diretamente. Nos seus *Colóquios,* obra que certamente se abeberou em parte em modelos antigos (acima de tudo, Luciano) e especialmente no diálogo *Diversoria* (Basileia, 1523) Erasmo descreve experiências que são retomadas e ampliadas em seu tratado posterior.

Diversoria trata das diferenças entre as maneiras observadas em estalagens alemãs e francesas. Descreve, por exemplo, o interior de uma estalagem alemã: cerca de 80 ou 90 pessoas estão sentadas, salientando o autor que não são apenas pessoas comuns, mas também homens ricos, nobres, homens, mulheres, e crianças, todos juntos. E cada um está fazendo o que julga necessário. Um lava as roupas e pendura as peças molhadas em cima do forno. Outro lava as mãos. Mas a tigela é tão limpa, diz o autor, que a pessoa precisa de outra para se limpar da água... É forte o cheiro de alho e outros odores desagradáveis. Pessoas escarram por toda parte. Alguém está limpando as botas em cima da mesa. Em seguida, a refeição é trazida. Todos molham o pão na travessa, mordem, e molham-no novamente. O lugar é sujo e ruim o vinho. Se alguém pede vinho melhor, o estalajadeiro responde: já hospedei muitos nobres e condes. Se o vinho não lhe serve, procure outras acomodações.

O estranho que chega ao país enfrenta tempos especialmente difíceis. Os outros olham-no fixamente, como se ele fosse um animal fabuloso vindo da África. Além do mais, essas pessoas reconhecem como seres humanos apenas os nobres de seu próprio país.

A sala está quente demais, todos suam, molham-se e se enxugam. Há sem dúvida entre eles alguns que têm alguma doença oculta. "Provavelmente", diz o autor, "a maioria sofre da doença espanhola e por isso não deve inspirar menos medo que os leprosos."

"Gente valente", diz o outro, "brincam e não se importam com coisa alguma."

"Mas essa valentia já custou muitas vidas."

"O que devem eles fazer? Estão acostumados a isso e um homem corajoso não se arruína com seus hábitos."

3. Vemos que Erasmo, como outros autores que antes e depois dele escreveram sobre conduta, é acima de tudo um compilador de boas ou más maneiras, que encontra na própria vida social. E é principalmente isto que explica o acordo e as divergências entre esses autores. Que seus trabalhos não contenham tanto quanto outros, a que habitualmente dedicamos mais atenção, as ideias extraordinárias de um indivíduo notável, que sejam forçados por seu próprio tema a se concentrar estreitamente na realidade social, é o que lhes confere a importância que têm como fontes de informações sobre processos sociais.

As observações de Erasmo sobre este assunto devem, apesar de tudo, ser incluídas, juntamente com algumas de outros autores da mesma época, entre as exceções à tradição dos trabalhos sobre maneiras. Isto porque nelas a apresentação de preceitos e regras parcialmente muito antigos está impregnada de um temperamento muito particular. E isto é precisamente, por outro lado, um "sinal dos tempos", uma expressão da transformação da sociedade, um sintoma do que já é, enganosamente, chamado de "individualização". E indica também outra coisa: o problema do comportamento na sociedade evidentemente assumiu tal importância nesse período que mesmo pessoas de extraordinário talento e renome não desdenham tratar do mesmo. Mais tarde, essa tarefa volta de modo geral a mentes de segundo e terceiro calibre que imitam, continuam, ampliam, dando mais uma vez origem a uma tradição mais impessoal, ainda que não tão fortemente como na Idade Média, de livros sobre maneiras.

As transições sociais vinculadas a mudanças na conduta, maneiras e sentimentos de embaraço serão estudadas em separado mais tarde. Não obstante, uma indicação das mesmas é necessária aqui para compreendermos a posição de Erasmo e, por conseguinte, seu estilo de comentar maneiras.

O tratado de Erasmo surge em uma época de reagrupamento social. É a expressão de um frutífero período de transição após o afrouxamento da hierarquia social medieval e antes da estabilização da moderna. Pertence a uma fase em que a velha nobreza de cavaleiros feudais estava ainda em declínio, enquanto se encontrava em formação a nova aristocracia das cortes absolutistas. Esta situação deu, entre outros, a representantes da pequena classe intelectual secular-burguesa, e, assim, a Erasmo, não apenas oportunidade de elevar-se socialmente, obter renome e autoridade, mas também a possibilidade de usar a franqueza e imparcialidade que não estiveram presentes no mesmo grau nem antes nem depois. Esta oportunidade de distanciar-se, que permitiu a representantes individuais da classe intelectual não se identificarem total e incondicionalmente com quaisquer grupos sociais do mundo em que viviam — embora, claro, sempre permanecessem mais próximos de um deles — encontrou também expressão em *De civilitate morum puerilium*. Erasmo, de modo algum, ignora ou oculta as disparidades sociais. Percebe com grande exatidão que os autênticos viveiros do que são consideradas boas maneiras em sua época são as cortes principescas. Diz, por exemplo, ao jovem príncipe a quem dedica o tratado: "Encaminharei vossa juventude para as maneiras apropriadas a um menino não porque precisais grandemente desses preceitos; desde a primeira infância fostes educado entre gente da corte e desde cedo tivestes um excelente instrutor... ou porque tudo o que se diz neste tratado a vós se aplique, pois sois de sangue principesco e nascido para governar."

Mas manifesta também, de forma bem pronunciada, a autoconfiança característica do intelectual que subiu graças à cultura e a seus escritos, que é legitimado por seus livros, a confiança em si mesmo de um membro da classe humanista que pode manter distância, até mesmo dos estratos governantes e de suas opiniões, por mais vinculado a eles que possa estar. "A modéstia, acima de tudo, assenta bem no menino", diz ele ao fim da dedicatória ao jovem príncipe, "e especialmente ao menino nobre." E acrescenta: "Que outros pintem leões, águias e outras criaturas em suas cotas d'armas. Nobreza mais autêntica é possuída por aqueles que podem gravar em seus escudos tudo o que conseguiram pelo cultivo das artes e das ciências."

Esta é a linguagem, a autoimagem típica do intelectual nessa fase do desenvolvimento social. A semelhança sociogenética e psicogenética dessas ideias com as da classe intelectual alemã do século XVIII, que foi resumida para ela em conceitos como *Kultur* e *Bildung*, torna-se imediatamente visível. No período que se seguiu imediatamente ao tempo de Erasmo, porém, poucas pessoas teriam tido a confiança ou mesmo a oportunidade social de expressar abertamente esses pensamentos em uma dedicatória a um nobre. Com a crescente estabilização da hierarquia social, um pronunciamento desses teria sido cada vez mais considerado como falta de tato e, talvez mesmo, como ofensa. A observância mais exata no comportamento das diferenças em posição torna-se daí em diante a essência da cortesia, o requisito básico da *civilité,* pelo menos na França. A aristocracia e a *intelligentsia* burguesa convivem, mas é um imperativo do tato observar as diferenças sociais e lhes dar expressão inequívoca na conduta social. Na Alemanha, em contraste, sempre houve, do tempo dos humanistas em diante, uma *intelligentsia* burguesa cujos membros, com poucas exceções, viveram mais ou menos longe da sociedade aristocrática de corte, uma elite intelectual de caráter especificamente classe média.

4. A evolução das obras alemãs sobre maneiras e a forma como essa literatura difere da francesa proporcionam inúmeras ilustrações deste fato. Nós nos alongaríamos demais se fôssemos estudar isto em detalhe, mas precisamos pensar apenas em um trabalho como o *Grobianus,*[30] de Dedekind, e sua amplamente circulada e influente tradução alemã, de autoria de Kaspar Scheidt, para notar a diferença. Em toda a literatura *grobianisch* alemã, na qual, temperada com zombaria e desdém, encontra expressão uma necessidade muito séria de "suavização de maneiras", mostra inequivocamente, e com maior pureza do que qualquer das tradições correspondentes de outras nacionalidades, o caráter especificamente classe média de seus escritores, que incluem religiosos e mestres-escolas protestantes. E o caso é parecido na maior parte do que se escreveu na Alemanha sobre maneiras e etiqueta. Não há dúvida de que as maneiras que aqui servem de modelo são principalmente as que se observam nas cortes. Mas, desde que as muralhas sociais entre a burguesia e a nobreza cortesã são relativamente altas, os autores burgueses de livros posteriores sobre maneiras geralmente as expõem como alguma coisa estranha que tem que ser aprendida, porque é assim que as coisas são feitas na corte. Por mais conhecedores do assunto que esses autores possam ser, falam dele como estranhos, não raro com uma visível falta de jeito. É um estrato social relativamente confinado, regional e pobre que escreve na Alemanha no período seguinte e, em especial, após a Guerra dos Trinta Anos. E só na segunda metade do século XVIII, quando a *intelligentsia* burguesa alemã, como uma espécie de vanguarda da burguesia comercial, consegue novas oportunidades de progresso social e mais liberdade de movimento, é que ouvimos novamente a língua e a manifestação de uma autoimagem semelhante à dos humanistas, em especial de Erasmo. Mesmo nesse instante, contudo, dificilmente, se é que alguma vez, se diz abertamente aos nobres que seus brasões valem menos que o cultivo das *artes liberales,* mesmo que isto seja com grande frequência o que se tem em mente.

O que foi mostrado no capítulo introdutório sobre o movimento de fins do século XVIII remete a uma tradição muito mais antiga, a uma característica estrutural geral da sociedade alemã decorrente do crescimento tão vigoroso das cidades e da classe burguesa perto do fim da Idade Média. Na França e, esporadicamente na Inglaterra e Itália, certa proporção de escritores burgueses acha que pertence aos círculos da aristocracia. Na Alemanha isto acontece muito menos. Nos outros países, os autores não só escrevem principalmente para os círculos das aristocracias das cortes, mas se identificam também em muito com suas maneiras, costumes e opiniões. Na Alemanha é muito mais fraca, considerada menos natural e muito mais rara essa identificação dos membros da *intelligentsia* com a alta classe de corte. A posição duvidosa que ocupam (juntamente com certa desconfiança daqueles que se legitimam principalmente em virtude de suas maneiras, cortesia, ou desenvoltura no comportamento) é parte de uma longa tradição, especialmente porque os valores da aristocracia alemã de corte — que se decompõe em numerosos círculos mais ou menos amplos, não é unificada em uma "sociedade" grande e central e, além disso, é burocratizada desde cedo — não podem ser desenvolvidos tão plenamente como nos países ocidentais. Em vez disso, surge aqui, mais nitidamente do que nesses países, um cisma entre a tradição cultural-burocrática, baseada na universidade da "*Kultur*" de classe média, por um lado, e a tradição burocrático-militar, não menos burocratizada, da nobreza, por outro.

5. O tratado de Erasmo sobre maneiras teve influência tanto na Alemanha e Inglaterra como na França e Itália. O que liga sua atitude à da *intelligentsia* alemã posterior é a falta de identificação com a classe alta de corte, e sua observação de que o estudo da "civilidade" é sem dúvida *crassissima philosophiae* indica uma escala de valores que não deixava de ter certo parentesco com a avaliação feita, na tradição alemã, da *Zivilisation* e *Kultur.*

Em consequência, Erasmo não vê seus preceitos como dirigidos a uma classe particular. Não atribui ênfase especial a distinções sociais, se ignoramos a crítica ocasional a camponeses e pequenos negociantes. É precisamente essa falta de orientação social específica nos preceitos, sua apresentação como regras humanas gerais, que lhe distingue o tratado dos que o sucederam na tradição italiana e, especialmente, francesa.

Erasmo diz simplesmente, por exemplo, "Incessus nec fractus sit, nec praeceps" (O passo nem deve ser demasiado lento nem demasiado rápido). Pouco depois, no *Galateo,* o italiano Giovanni Della Casa afirma a mesma coisa (Cap.VI, 5. Parte III). Mas para ele o mesmo preceito tem uma função direta e óbvia como meio de distinção social: "Non dee l'huomo nobile correre per via, ne troppo affretarsi, che cio conviene a palafreniere e non a gentilhuomo. Ne percio si dee andare si lento, ne si conregnoso come femmina o come sposa" (O nobre não deve correr como um lacaio, nem andar tão vagarosamente como mulheres ou noivas). É característico, e concorda com todas as nossas demais observações, que uma tradução alemã do *Galateo* — uma edição em cinco idiomas de 1609 (Genebra) procura invariavelmente, como a tradução latina e ao contrário de todas as outras, apagar as diferenciações sociais contidas no original. O trecho acima citado, por exemplo, é traduzido da seguinte maneira: "Por conseguinte, um nobre, ou qualquer outro *homem de honra,* não deve correr na rua ou apressar-se demais, uma vez que isto é próprio de lacaio e não de cavalheiro... Nem deve andar lentamente demais, como se fosse uma majestosa matrona ou uma jovem noiva." (p.562)

As palavras "homem de honra" são inseridas aqui possivelmente como referência aos conselheiros burgueses. Mudanças semelhantes são encontradas em muitos outros trechos. Ao passo que o italiano diz simplesmente *gentilhuomo* e o francês *gentilhomme,* o alemão fala de "homem virtuoso e honrado" e o latim em "homo honestus et bene moratus". Estes exemplos poderiam ser multiplicados.

Erasmo continua a escrever na mesma veia. Como resultado, os preceitos que fornece, sem quaisquer características sociais, reaparecem várias vezes nas tradições italiana e francesa com limitações mais nítidas à classe alta, ao passo que na Alemanha a tendência de obliterar as características sociais permanece, mesmo que durante longo período quase nenhum escritor atinja o grau de imparcialidade social demonstrado por Erasmo. Neste aspecto, ele ocupa uma posição sem igual entre todos os que escrevem sobre o assunto. E ela tem origem em seu caráter pessoal. Mas, ao mesmo tempo, transcende o caráter pessoal e aponta para essa fase relativamente curta de relaxamento entre duas grandes épocas, caracterizadas por hierarquias sociais mais inflexíveis.

A fecundidade dessa situação transitória de afrouxamento é perceptível uma vez após outra na maneira como Erasmo observa as pessoas. Ela lhe permite criticar os aspectos "rústicos", "vulgares", ou "grosseiros" sem aceitar incondicionalmente (como fez depois a maioria) o comportamento dos grandes senhores, cujo círculo era, em última análise, como ele mesmo diz, o viveiro da conduta refinada. Ele percebe com clareza a natureza exagerada, forçada, de muitos costumes da corte e não tem receio de dizer isso. Falando da maneira de cerrar os lábios, por exemplo, diz: "É ainda menos elegante contrair os lábios de tempos em tempos, como se assoviando para si mesmo. Isto pode ser deixado aos grandes senhores quando passeiam entre a multidão." Ou quando diz: "Deves deixar a uns poucos cortesãos o prazer de apertar o pão na mão e, em seguida, parti-lo com os dedos. Deves, sim, cortá-lo decentemente com uma faca."

6. Aqui, mais uma vez, vemos com grande clareza a diferença entre esta e a maneira medieval de dar instruções sobre comportamento. Anteriormente, dizia-se às pessoas apenas, para dar um exemplo: "Corta, e não rompas, o pão."[31] Essas regras são tiradas diretamente da experiência de Erasmo e da observação. Os preceitos tradicionais, espelho de costumes sempre repetidos, graças a suas observações, como que despertam de um antigo sono. Por exemplo, uma velha regra dizia: "Não caia vorazmente sobre a comida."

> Não coma pão antes de ser servida a comida, pois isto pareceria voracidade. Lembre-se de esvaziar e enxugar a boca antes de beber.[32]

Erasmo dá o mesmo conselho, mas, ao fazê-lo, vê pessoas bem à sua frente: algumas, diz, devoram em vez de comer, como se estivessem prestes a serem levadas para a prisão, ou fossem ladrões se fartando do produto da pilhagem. Outros põem tanta comida na boca que as bochechas se enchem como foles. Outros ainda arreganham os dentes quando comem e assim produzem ruídos como se fossem porcos. E segue-se a regra geral que foi, e obviamente tinha que ser, repetida muitas vezes: "Ore pleno vel bibere vel loqui, nec honestum, nec tutum" (Comer ou beber com a boca cheia nem é elegante nem seguro).

Em tudo isto, além da tradição medieval, há por certo muito que retroage à Antiguidade. Mas ler aguça a visão e ver enriquece a leitura e a escrita.

O vestuário, diz ele a certa altura, é em certo sentido o corpo do corpo. Dele podemos deduzir a atitude da alma. E dá exemplos de que maneira de vestir corresponde a esta ou aquela condição espiritual. Este é o primórdio de um tipo de observação que mais tarde será chamado de "psicológica". O novo estágio da cortesia e sua representação, sumariados no conceito de *civilité,* está estreitamente vinculado a essa maneira de ver e, aos poucos, isto se acentua ainda mais. A fim de ser realmente "cortês" segundo os padrões da *civilité,* o indivíduo é até certo ponto obrigado a observar, a olhar em volta e prestar atenção às pessoas e aos seus motivos. Nisto, também, anuncia-se uma nova relação entre um homem e outro, uma nova forma de integração.

Nem bem passados 150 anos, quando a *civilité* se tornara uma forma estável e firme de comportamento na alta classe francesa de corte no *monde,* um de seus membros começa sua exposição da *science du monde* com as seguintes palavras: "Parece-me que, para adquirir o que é denominado de ciência do mundo, o indivíduo tem, em primeiro lugar, de procurar conhecer os homens como eles são em geral e, em seguida, obter conhecimento particular daqueles com quem tem que conviver, isto é, conhecimento de suas inclinações e boas e más opiniões, de suas virtudes e de seus defeitos."[33]

O que é dito nesse trecho com grande precisão e lucidez foi antecipado por Erasmo. Mas esta tendência cada vez mais geral da sociedade e, por conseguinte, dos escritores, de ligar o particular ao geral, não só lendo, mas também vendo, é encontrada não apenas em Erasmo mas também em livros de outros renascentistas sobre maneiras, e certamente não apenas neles.

7. Se nos perguntam, por conseguinte, sobre as novas tendências[34] que fazem seu aparecimento no estilo erasmiano de observar o comportamento de pessoas — respondemos que esta é uma delas. No processo de transformação e inovação que designamos pelo termo "Renascença", o que era considerado como "apropriado" e "impróprio" nas relações humanas sem dúvida mudou em certa medida. Mas a ruptura não foi marcada por uma súbita exigência de novos estilos de comportamento, opostos aos antigos. A tradição de *courtoisie* é mantida em muitos aspectos pela sociedade que adota o conceito de *civilitas,* como no *Civilitas morum puerilium,* para indicar "bom comportamento" social.

A tendência cada vez maior das pessoas de se observarem e aos demais é um dos sinais de que toda a questão do comportamento estava, nessa ocasião, assumindo um novo caráter: as pessoas se moldavam às outras mais deliberadamente do que na Idade Média.

Dizia-se a elas: façam isto, não façam aquilo. Mas de modo geral muita coisa era tolerada. Durante séculos, aproximadamente as mesmas regras, elementares segundo nossos padrões, foram repetidas, obviamente sem criar hábitos firmes. Neste momento, a situação muda. Aumenta a coação exercida por uma pessoa sobre a outra e a exigência de "bom comportamento" é colocada mais enfaticamente. Todos os problemas ligados a comportamento assumem nova importância. O fato de que Erasmo tenha reunido em um trabalho em prosa regras de conduta que haviam sido transmitidas principalmente em versos mnemônicos ou espalhadas em tratados sobre outros assuntos, e que tenha pela primeira vez dedicado um livro inteiro à questão do comportamento em sociedade, e não apenas à mesa, é um claro sinal da crescente importância do tema, como também o foi o sucesso do livro.[35] E o aparecimento de trabalhos semelhantes, como o *Cortesão,* de Castiglione, ou o *Galateo,* de Della Casa, para citar apenas os mais conhecidos, aponta na mesma direção. Os processos sociais subjacentes já foram indicados e serão discutidos adiante em mais detalhes: os velhos laços sociais estão, se não quebrados, pelo menos muito frouxos e em processo de transformação. Indivíduos de diferentes origens sociais são reunidos de cambulhada. Acelera-se a circulação social de grupos e indivíduos que sobem e descem na sociedade.

Em seguida, lentamente, durante o século XVI, mais cedo aqui, mais tarde ali e em quase toda parte com numerosos reveses até bem dentro do século XVII, uma hierarquia social mais rígida começa a se firmar mais uma vez e, de elementos de origens sociais diversas, forma-se uma nova classe superior, uma nova aristocracia. Exatamente por esta razão, a questão de bom comportamento uniforme torna-se cada vez mais candente, especialmente porque a estrutura alterada da nova classe alta expõe cada indivíduo de seus membros, em uma extensão sem precedentes, às pressões dos demais e do controle social. E é neste contexto que surgem os trabalhos de Erasmo. Castiglione, Della Casa e outros autores sobre as boas maneiras. Forçadas a viver de uma nova maneira em sociedade, as pessoas tornam-se mais sensíveis às pressões das outras. Não bruscamente, mas bem devagar, o código do comportamento torna-se mais rigoroso e aumenta o grau de consideração esperado dos demais. O senso do que fazer e não fazer para não ofender ou chocar os outros torna-se mais sutil e, em conjunto com as novas relações de poder, o imperativo social de não ofender os semelhantes torna-se mais estrito, em comparação com a fase precedente.

As regras de *courtoisie* prescreviam também "Nada diga que possa provocar conflito ou irritar os outros":

Non dicas verbum
cuiquam quot ei sit acerbum.[36]

"Seja um bom companheiro de mesa":

Espera, meu filho, comporta-te com boas maneiras
Quando à mesa te sentares para a tua refeição;
Em cada agrupamento e em cada companhia,
Vai disposto a ser tão sociável
Que os homens falem de ti de modo elogioso;
Pois, podes bem crer, é por tua conduta
Que irão condenar-te ou louvar-te...

Isto é o que lemos no *Book of Curtesye*[37] inglês. Em termos puramente factuais, muito do que Erasmo diz apresenta a mesma tendência. Mas são inconfundíveis a mudança de tom, o aumento da sensibilidade, a observação humana mais apurada e a compreensão mais clara do que está acontecendo. E estes são sobremodo evidentes em sua observação que encontramos ao fim do tratado. Nesse ponto, Erasmo abandona o modelo fixo do "bom comportamento", juntamente com a arrogância que geralmente o acompanha, e volta a relacionar a conduta com uma humanidade mais abrangente: "Seja tolerante com as ofensas dos demais. Esta é a principal virtude da *civilitas,* da cortesia. Um companheiro não lhe deve ser menos querido porque tem piores maneiras. Há pessoas que compensam a rusticidade de seu comportamento com outros talentos." E mais adiante, acrescenta: "Se um de seus camaradas inadvertidamente o ofende... diga-lhe isso a sós e bondosamente. Isto é civilidade."

Mas esta atitude apenas manifesta, mais uma vez, o quão pouco Erasmo, a despeito de toda sua estreita ligação com a aristocracia de corte de sua época, identifica-se com ela, mantendo também distância do código que ela observa.

Galateo extrai seu nome de uma historieta na qual o preceito de Erasmo "Diga-lhe isso a sós e bondosamente" aplica-se na realidade. Uma ofensa é corrigida exatamente dessa maneira. Mas, neste caso, o caráter de corte desses costumes é enfatizado, e visto como evidente.

O bispo de Verona, relata o trabalho italiano,[38] recebe certo dia a visita do duque Ricardo. Ele parece ao bispo e à sua corte um "gentilissime cavaliere e di bellissime maniere". O anfitrião observa em seu visitante uma única falta. Mas nada diz. À partida do duque, o bispo ordena a um homem de sua corte, Galateo, que o acompanhe. Galateo tem maneiras extremamente finas, adquiridas nas cortes dos grandes: "molto havea de' suoi di usato alle corti de' gran Signori." Isto é explicitamente enfatizado.

Este Galateo, em consequência, acompanha o duque Ricardo durante parte do caminho e lhe diz antes de se despedir: seu senhor, o bispo, gostaria de dar ao duque um presente de despedida. O bispo nunca, em toda sua vida, vira um nobre com maneiras mais refinadas que o duque. Descobrira nele uma única falta — estala os lábios alto demais quando come, produzindo um ruído desagradável para os demais. Informá-lo desta restrição é o presente de despedida do bispo, que ele implora não seja mal recebido.

A regra de não estalar os lábios quando se come é também encontrada com frequência em instruções medievais. Sua ocorrência no início do livro, porém, mostra claramente o que mudou. Demonstra não só quanta importância é nesse momento atribuída ao "bom comportamento", mas, acima de tudo, como aumentou a pressão que as pessoas exercem reciprocamente umas sobre as outras. Torna-se imediatamente claro que esta maneira polida, extremamente gentil e relativamente atenciosa de corrigir alguém, sobretudo quando exercida por um superior, é um meio muito mais forte de controle social, muito mais eficaz para inculcar hábitos duradouros do que o insulto, a zombaria ou ameaça de violência física.

Nos diversos países formam-se sociedades pacificadas. O velho código de comportamento é transformado, mas apenas de maneira muito gradual. O controle social, no entanto, torna-se mais imperativo. E, acima de tudo, lentamente muda a natureza e o mecanismo do controle das emoções. Na Idade Média, o padrão de boas e más maneiras, a despeito de todas as disparidades regionais e sociais, evidentemente não mudou de qualquer forma decisiva. Repetidamente, ao longo dos séculos, as mesmas boas e más maneiras são mencionadas. O código social só conseguiu consolidar hábitos duradouros numa quantidade limitada de pessoas. Nesse momento, com a transformação estrutural da sociedade, com o novo modelo de relações humanas, ocorre, devagar, uma mudança: aumenta a compulsão de policiar o próprio comportamento. Em conjunto com isto é posto em movimento o modelo de comportamento.

O *Book of Curtesye,* de Caxton, provavelmente de fins do século XV, já dá inequívoca expressão a essa impressão de que hábitos, costumes e regras de conduta se acham em estado de fluidez.[39]

> Coisas outrora usadas são postas de lado agora,
> E novas artes diariamente se inventam;
> Em condição alguma os atos dos homens permanecem,
> São mutáveis e se alteram com frequência;
> Coisas já permitidas agora são reprovadas,
> E depois disto hão de exaltar-se coisas
> A que hoje se atribui apenas um baixo preço.

Isto parece, na verdade, um lema de todo o movimento que está ocorrendo: "Thingis somtyme alowed is now repreuid." O século XVI permanece ainda inteiramente dentro da transição. Erasmo e seus contemporâneos ainda podem falar sobre coisas, funções, modos de se comportar que um ou dois séculos depois são acompanhados de sentimentos de vergonha e embaraço e cuja menção ou exibição em público são proscritas pela sociedade. Com a mesma simplicidade e clareza com que ele e Della Casa discutem questões, tais como maior tato e decoro, Erasmo diz também: não se mova para a frente e para trás na cadeira. Quem faz isso "speciem habet subinde ventris flatum emittentis ant emittere conantis" (dá a impressão de constantemente soltar ou tentar soltar ventosidades intestinais). Isto mostra ainda a velha despreocupação na referência a funções corporais que era característica das gentes da Idade Média, embora enriquecida pela observação, pela consideração "ao que os outros *podem* pensar". Comentários desse tipo são feitos com grande frequência.

O exame do comportamento humano no século XVI e de seu código de conduta lança o observador de um lado para outro entre impressões do tipo "Isto ainda é inteiramente medieval" e "É exatamente assim que nós nos sentimos hoje". E é exatamente essa aparente contradição que corresponde, sem dúvida, à realidade. As pessoas dessa época possuem dupla face. Encontram-se em uma ponte. Conduta e código de conduta estão em movimento, mas o movimento é muito lento. E, acima de tudo, ao observar um único estágio, ficamos sem um critério seguro de aferição. O que é flutuação acidental? Quando e onde alguma coisa está progredindo? Quando alguma coisa está caindo em desuso? Corresponde realmente a uma mudança numa direção definida? Está a sociedade europeia, sob a égide da palavra *civilité,* movendo-se aos poucos para aquele tipo de comportamento refinado, aquele padrão de conduta, hábitos e controle de emoções que em nossa mente é característico de sociedade "civilizada", de "civilização" ocidental?

8. Não é tarefa das mais fáceis tornar esse movimento bem visível, sobretudo porque ele ocorre com grande lentidão — em passos bem pequenos, por assim dizer — e porque nele acontecem também múltiplas flutuações, seguindo curvas mais curtas ou mais longas. É evidente que não basta estudar isoladamente cada única fase a qual esta ou aquela declaração sobre costumes e maneiras se refere. Temos que tentar enfocar o próprio movimento, ou pelo menos um grande segmento dele, como um todo, como se acelerado. Imagens devem ser postas juntas em uma série, a fim de nos proporcionar uma visão geral, de um aspecto particular, do processo que se desenrola: a transformação gradual de comportamento e emoções, o patamar, que se alarga, da aversão.

Os livros sobre boas maneiras oferecem-nos uma oportunidade neste particular. No tocante a aspectos isolados do comportamento humano, em especial dos hábitos à mesa, eles nos fornecem informações detalhadas — sempre sobre o mesmo aspecto da vida social — que se estendem mais ou menos sem interrupção, mesmo que elas ocorram a intervalos fortuitos, de pelo menos o século XIII aos séculos XIX e XX. Neste caso, as imagens podem ser vistas em série, e tornados visíveis segmentos do processo total. E talvez seja uma vantagem, e não o contrário, que modos de comportamento de um tipo relativamente simples e elementar sejam observados, nos quais é relativamente pequeno o escopo para variação individual.

Esses *Tischzuchten* e livros sobre boas maneiras constituem um gênero literário em si. Se a herança escrita do passado é examinada principalmente do ponto de vista do que estamos acostumados a chamar de "importância literária", então a maior parte deles não tem valor. Mas se analisamos os modos de comportamento que, em todas as idades, cada sociedade esperou de seus membros, tentando condicioná-los a eles, se desejamos observar mudanças de hábitos, regras e tabus sociais, então essas instruções sobre comportamento correto, embora talvez sem valor como literatura, adquirem especial importância. Lançam alguma luz sobre elementos do processo social em relação aos quais só possuímos, pelo menos no que se refere ao passado, pouquíssimas informações diretas. Mostram-nos com exatidão o que estamos procurando — isto é, o padrão de hábitos e comportamento a que a sociedade, em uma dada época, procurou acostumar o indivíduo. Esses poemas e tratados são em si mesmo instrumentos diretos de "condicionamento" ou "modelação",[40] de adaptação do indivíduo a esses modos de comportamento que a estrutura e situação da sociedade onde vive tornam necessários. E mostram ao mesmo tempo, através do que censuram e elogiam, a divergência entre o que era considerado, em épocas diferentes, maneiras boas e más.

IV

Do Comportamento à Mesa

Parte I: Exemplos

a) Exemplos que representam o comportamento da classe alta em forma razoavelmente pura.

A

Século XIII

Vejamos o poema de Tannhäuser sobre as maneiras corteses.[41]

> 1. Considero homem bem-educado aquele que sempre pratica boas maneiras e nunca se mostra grosseiro.
>
> 2. Há muitas formas de boas maneiras e elas servem a muitos bons fins. O homem que as adota nunca erra.
>
> 25. Quando comes, não esqueças os pobres. Deus te recompensará se os tratares bondosamente.

No verso 25, cf. com a primeira regra de Bonvicino da Riva.

> A primeira é esta: quando à mesa, pensa primeiro nos pobres e nos necessitados.

De *Ein spruch der ze tische kêrt* (Uma palavra àqueles à mesa):[42]

> 313. Não deves beber no prato. Com uma colher é correto.
>
> 315. Os que se levantam e fungam repugnantemente sobre os pratos, como se fossem suínos, pertencem à classe dos animais do campo.
>
> 319. Bufar como um salmão, comer voraz e ruidosamente como um texugo e queixar-se enquanto come — eis três coisas inteiramente indecorosas.

33. Um homem refinado não deve arrotar na colher quando acompanhado. É assim que se comportam pessoas na corte que praticam má conduta.

37. Não é polido beber no prato, embora alguns que aprovam esse grosseiro hábito insolentemente levantem o prato e o sorvam como se fossem loucos.

41. Os que caem sobre os pratos como suínos quando comem, bufando repugnantemente e estalando os lábios...

45. Algumas pessoas mordem um pedaço de pão e, em seguida, mergulham-no grosseiramente no prato. Pessoas refinadas rejeitam essas más maneiras.

49. Algumas pessoas roem o osso e recolocam-no na travessa. Isto é uma grave falta de educação.

53. Os que gostam de mostarda e sal devem ter o cuidado de evitar o sujo hábito de neles pôr os dedos.

57. O homem que limpa a garganta pigarreando quando come e o que se assoa na toalha da mesa são ambos mal-educados, isto vos garanto.

---

ou

Em *Cortesias*, de Bonvicino da Riva:

Não arrotes quando estiveres comendo com uma colher. Isto é um hábito bestial.

ou

Em *The Book of Nurture and School of Good Manners:*[43]

201. E não sorvas ruidosamente a tua sopa.
Em momento algum em toda a tua vida.

No verso 45, cf: *Ein spruch der ze tische kêrt:*

346. Que as pessoas refinadas sejam poupadas daqueles que roem os ossos e os recolocam na travessa.

ou

De *Quisquis es in mensa* (Para àqueles à mesa):[44]

Uma porção que foi provada não deve ser devolvida ao prato de servir.

65. O homem que quer falar e comer ao mesmo tempo, e fala no sono, nunca descansará tranquilamente.

69. Não sejas barulhento à mesa, como algumas pessoas são. Lembrai-vos, meus amigos, que coisa alguma é tão grosseira.

81. Considero maneiras péssimas alguém com a boca cheia de comida e que bebe ao mesmo tempo, como se fosse um animal.

85. Não deves soprar sua bebida, como alguns gostam de fazer. Isto é um hábito grosseiro que deve ser evitado.

94. Antes de beber, enxuga a boca para não sujar a bebida. Este ato de cortesia deve ser observado em todas as ocasiões.

No verso 65, cf. *Stans puer in mensam* (O menino à mesa):[45]

22. Numquan ridebis nec faberis
ore repleto.
(Jamais rias ou converses
com a boca cheia.)

No verso 81, cf. *Quisquis es in mensa:*

15. Qui vult potare debet prius
os vacuare.
(Se queres beber, em primeiro
lugar esvazia a boca.)

ou

De *The Babees Book:*

149. E de modo algum bebas com a boca cheia.

No verso 85, cf. com *The Book of Curtesye.*[46]

111. Não sopres tua bebida ou tua comida,
Nem para esfriá-las nem para aquecê-las.

No verso 94, cf. *The Babees Book:*

155. Quando beberes,
enxuga a boca com um pano.

ou

De *Contenance de table* (Guia de comportamento à mesa).[47]

Não babes enquanto bebes, porque isto é um hábito vergonhoso.

105. É má educação inclinar-se sobre a mesa quando se come, como também conservar o capacete quando se serve senhoras.

109. Não coces o pescoço com a mão nua quando estiveres comendo. Se tiveres que fazer isso, usa educadamente o casaco.

113. E é mais decoroso coçar-se assim do que sujar a mão. Os presentes notam quem se comporta dessa maneira.

117. Não limpes os dentes com a ponta da faca, como fazem algumas pessoas. Isto é um mau hábito.

125. Se alguém está acostumado a afrouxar o cinto à mesa, acredita quando digo que ele não é um verdadeiro cortesão.

129. Se um homem à mesa limpa o nariz com a mão e não sabe que não deve fazer isso, então, acredita, ele é um idiota.

141. Ouvi dizer que alguns comem sem lavar as mãos (se isto é verdade, é um mau sinal). Que seus dedos fiquem paralíticos!

157. Não é educado enfiar os dedos nas orelhas ou nos olhos, como fazem algumas pessoas, ou introduzi-los no nariz, quando estiveres comendo. Esses três hábitos são feios.

No verso 105, cf. *The Babees Book:*

Nem sejas visto debruçado sobre a mesa.

No verso 117, cf. *Stans puer in mensam:*[48]

30. Mensa cultello, dentes mundare
caveto.
(Evita à mesa limpar os dentes com a faca.)

No verso 141, cf. *Sfans puer in mensam:*

11. Illotis manibus escas ne sumpseris unquam.
(Nunca pegues comida com mãos que não foram lavadas.)

No verso 157, cf. *Quisquis es in mensa:*

9. Non tangas aures nudis digitis
neque nares.
(Não toques as orelhas ou as narinas
com os dedos nus.)

Esta pequena seleção de trechos foi compilada após um curto exame de vários guias de comportamento à mesa e na corte. Está longe de ser exaustiva. A intenção é apenas a de dar ao leitor uma ideia de como eram semelhantes em tom e substância essas regras em diferentes tradições e diferentes países da Idade Média.

B

Século XV?
De S'ensuivent les contennances de la table (Estas são boas maneiras à mesa):[49]

I
Aprende estas regras.

II
Toma o cuidado de limpar e cortar as unhas. Sujeira sob as unhas torna-se perigoso quando a pessoa se coça.

III
Lava as mãos quando te levantas e antes de todas as refeições.

XII
Não sejas o primeiro a se servir de um prato.

XIII
Não reponhas em seu prato o que esteve em tua boca.

XIV
Não ofereças a ninguém um pedaço que já mordeste.

XV
Não mastigues nada que vais ter que cuspir novamente.

XVII
É má educação salgar comida no saleiro.

XXIV
À mesa, mantém-te tranquilo, calado e cortês.

XXVI
Se partiste pão dentro de seu copo de vinho, bebe o vinho ou joga-o fora.

XXXI
Não te empanzines ou serás obrigado a cometer uma quebra de boas maneiras

XXXIV
Não te coces à mesa com as mãos ou com a toalha.

C

1530

De *De civilitate morum puerilium* (Da civilidade em meninos), de Erasmo de Rotterdam, Cap.4:

> Se um guardanapo é fornecido, ponha-o sobre o ombro esquerdo ou no braço.
>
> Se está sentado com pessoas de categoria, tire o chapéu e cuide para que o cabelo esteja bem penteado.
>
> Seu cálice e faca, devidamente limpos, devem ficar à direita, o pão à esquerda.
>
> Algumas pessoas levam as mãos ao prato de servir logo que se sentam. Lobos fazem isso...
>
> Não seja o primeiro a tocar o prato que foi trazido, não só porque isto demonstra gula, mas também porque é perigoso. Isto porque alguém que põe, sem saber, alguma coisa quente na boca tem ou de cuspi-la ou, se a engolir, vai queimar a garganta. Em ambos os casos, ele se torna tão ridículo como digno de pena.
>
> É uma boa coisa esperar um pouco antes de comer, de modo a que o menino se acostume a controlar suas inclinações.
>
> É grosseiro enfiar os dedos no molho. Deve tirar o que quer com faca e garfo. Não deve procurar em todo o prato a melhor parte como fazem os epicuristas, mas pegue o que por acaso estiver à sua frente.
>
> Se lhe oferecem alguma coisa líquida, prove-a e devolva a colher, mas, antes, seque-a em seu guardanapo.
>
> É feio lamber dedos gordurosos ou secá-los no casaco. Melhor é usar a toalha da mesa ou o guardanapo.

D

1558

De *Galateo,* de Giovanni della Casa, arcebispo de Benevento, citação extraída da edição em cinco idiomas (Genebra, 1609), p.68:

> O que você pensa que este bispo e sua nobre corte (*il Vescove e la sua nobile brigata*) teriam dito daqueles que vemos, às vezes, caídos como porcos com seus focinhos na sopa, sem erguer a cabeça e virar os olhos, e ainda menos as mãos, da comida, resfolegando com as bochechas como se estivessem soprando uma trompa ou abanando um fogo, não comendo mas se empanzinando, sujando os braços até quase os cotovelos e depois reduzindo seus guardanapos a um estado que faria um trapo de cozinha parecer limpo?

Não obstante, esses porcos não têm vergonha de usar os guardanapos assim emporcalhados para enxugar o suor (o qual, devido à maneira voraz e excessiva como comem, frequentemente lhes escorre da testa e rosto para o pescoço), e mesmo assoar neles o nariz, como fazem muitas vezes.

E

1560

De uma *Civilité,* de C. Calviac[50] (copiado quase servilmente de Erasmo, mas com alguns comentários independentes):

Quando a criança se senta, se houver um guardanapo no prato à sua frente, pega-lo-á e o colocará no braço esquerdo ou no ombro. Em seguida, colocará o pão à esquerda e a faca à direita, juntamente com o copo, se desejar deixá-lo na mesa e se isto puder ser feito convenientemente sem incomodar ninguém. Porque pode acontecer que o copo não possa ser deixado à esquerda ou à direita na mesa sem atrapalhar alguém.

A criança precisa ter discernimento para compreender as necessidades da situação em que se encontra.

Ao comer... deve pegar a primeira porção ao alcance da mão na tábua de cortar.

Se houver molhos, deve mergulhar decorosamente neles o pedaço, sem virá-lo depois de molhá-lo, de um lado...

É de grande necessidade que a criança aprenda desde cedo a trinchar uma perna de carneiro, uma perdiz, um coelho, e coisas assim.

É grosseiro demais para uma criança oferecer a alguém algum osso que já roeu, ou algo que não queira comer, *a menos que o dê a seu serviçal.* (grifo do autor.)

Tampouco é decoroso que tire da boca alguma coisa que já mastigou e a coloque na tábua de cortar, a menos que seja um pequeno osso do qual já sugou o tutano para passar o tempo, enquanto esperava a sobremesa. Após sugá-lo, deve é colocá-lo no seu prato, onde deve pôr também os caroços de cereja, ameixas e frutas assim, uma vez que não fica bem engoli-los ou cuspi-los no chão.

A criança não deve roer indecorosamente ossos, como fazem os cães.

Quando quiser servir-se de sal, deve pegá-lo com a ponta da faca, e não com três dedos.

A criança deve cortar a carne em pedaços bem pequenos em sua tábua de cortar... e não deve levar a carne à boca ora com uma mão ora com outra, como pequenas crianças que estão aprendendo a comer, mas fazê-lo sempre com a mão direita, pegando o pão e a carne decentemente com apenas três dedos.

Quanto à maneira de mastigar, ela varia conforme o país. Os alemães mastigam com a boca fechada e acham feio proceder de outra forma. Os franceses, por outro lado, deixam a boca meio aberta e acham o jeito dos alemães muito sujo. Os italianos agem de maneira muito indolente e, os franceses, mais ruidosamente, achando a maneira italiana delicada e pretensiosa demais.

E assim cada nação apresenta alguma coisa própria, diferente das demais. A criança, em vista disso, deve proceder de acordo com os costumes do lugar onde está.

Além disso, os alemães usam colheres quando tomam sopa, ou tudo o que é líquido, e os italianos, garfos. Os franceses usam um ou outro, conforme lhes parece apropriado e mais conveniente. Os italianos preferem em geral que haja uma faca para cada pessoa. Os alemães, porém, atribuem uma importância especial a isto, a ponto de ficarem muito aborrecidos se alguém pede ou usa uma faca na frente deles. O sistema francês é inteiramente diferente: a mesa inteira, cheia de pessoas, usa apenas duas ou três facas, sem criar caso quando alguém pede ou usa uma faca própria, ou a cede a outrem, se a possui. De modo que se alguém pedir-lhe a faca, a criança deve passá-la, depois de limpá-la no seu guardanapo, segurando-a pela ponta e oferecendo o cabo à pessoa que a pede, porque de outra maneira não seria delicado.

F

Entre 1640 e 1680

De uma canção de autoria do marquês de Coulanges:[51]

> No passado, as pessoas comiam em um prato comum e enfiavam o pão e os dedos no molho.
>
> Hoje todos comem com colher e garfo em seu próprio prato e um criado lava de vez em quando os talheres no *buffet*.

G

1672

De *Nouveau traité de civilité,* de Antoine de Courtin, p.127, 273:

> Se todos estão se servindo do mesmo prato, evite pôr nele a mão *antes que o tenham feito as pessoas de mais alta categoria,* e trate de tirar o alimento apenas da parte do prato que está à sua frente. Ainda menos deve pegar as melhores porções, mesmo que aconteça você ser o último a se servir.
>
> Cabe observar ainda que você sempre deve limpar a colher quando, depois de usá-la, quiser tirar alguma coisa de outro prato, *havendo pessoas tão delicadas que não querem tomar a sopa na qual mergulhou a colher depois de a ter levado à boca.* [Grifo do autor.]
>
> E ainda mais, se estás à mesa de pessoas refinadas, não é suficiente enxugar a colher. Não deves usá-la mais, e sim pedir outra. Além disso, em muitos lugares, colheres são trazidas com os pratos, e estas servem apenas para *tirar a sopa e os molhos.* [Grifo do autor.]

Você não deve tomar a sopa na sopeira, mas colocá-la no seu prato fundo. Se ela estiver quente demais, é indelicado soprar cada colherada. Deve esperar até que esfrie.

Se tiver a infelicidade de queimar a boca, deve suportar isto pacientemente, se puder, sem demonstrar, mas se a queimadura for insuportável, como às vezes acontece, deve, antes que os outros notem, pegar seu prato imediatamente com uma mão e levá-lo à boca e, enquanto cobre a boca com a outra mão, devolver ao prato o que tem na boca e rapidamente passá-lo ao lacaio atrás de sua cadeira. A civilidade requer que você seja polido, mas não espera que cometa suicídio. É muito indelicado tocar qualquer coisa gordurosa, molho ou xarope etc., com os dedos, à parte o fato de que o obriga a cometer mais dois ou três atos indelicados. Um deles seria frequentemente limpar a mão no guardanapo e sujá-lo como se fosse um trapo de cozinha, de modo que as pessoas que o vissem enxugar a boca com ele se sentissem nauseadas. Outro seria limpar os dedos no pão, o que mais uma vez é sumamente grosseiro. O terceiro seria lambê-los, o que constitui o auge da indecência.

... Como há muitos [costumes] que já mudaram, não duvido que vários destes mudarão também no futuro.

Antigamente a pessoa podia... molhar o pão no molho, contanto apenas que não o tivesse mordido ainda. Hoje isto seria uma mostra de rusticidade.

Antigamente, a pessoa podia tirar da boca o que não podia comer e jogá-lo no chão, contanto que o fizesse habilmente. Hoje isto seria sumamente repugnante...

H

1717

De *De la science du monde et des connoissances utiles à la conduite de la vie*, p.97, 101:

Na Alemanha e nos Reinos do Norte, é cortês e decente o príncipe beber primeiro à saúde daqueles que recebe e, em seguida, oferecer-lhes o mesmo copo ou cálice, geralmente cheio do mesmo vinho. Nem é falta de polidez entre eles beber no mesmo copo, mas sinal de lhaneza e amizade. A mulher também bebe inicialmente e, em seguida, passa seu copo, ou manda que seja levado à pessoa a quem quer homenagear, com o mesmo vinho que bebeu à sua saúde, *sem que isto seja considerado como um favor especial, como é entre nós...* [Grifo do autor.]

"Não posso aprovar", responde uma senhora — sem ofensa para os cavalheiros do norte —, "esta maneira de beber no mesmo copo e ainda menos beber o que as senhoras deixaram. Isto reveste-se de um ar de impropriedade que me faz desejar que demonstrassem outros sinais de sua lhaneza."

b) Exemplos de livros que, como o *Les règles de la bienséance et de la civilité chrétienne,* de La Salle, representam a disseminação de maneiras e modelos cortesãos por estratos mais amplos da burguesia ou, como o Exemplo I, refletem, com grande fidelidade, apenas o padrão burguês e provavelmente provinciano dos seus tempos.

No Exemplo I, que data mais ou menos de 1714, pessoas ainda se servem de um prato comum. Nada se diz sobre pegar a carne que se tem no próprio prato com as mãos. E as "maneiras grosseiras" mencionadas desapareceram quase inteiramente da classe alta.

A *Civilité,* de 1780 (Exemplo L), é um pequeno livro de 48 páginas impresso em Caen em péssimos tipos *civilité,* mas sem data. O catálogo do Museu Britânico* menciona-o com um ponto de interrogação no lugar da data. De qualquer modo, é um exemplo do grande número de livros ou panfletos baratos sobre *civilité* que se espalharam por toda a França no século XVIII. Este, a julgar pelo tom geral, dirigia-se claramente a moradores de pequenas cidades das províncias. Em nenhuma outra obra do século XVIII sobre *civilité* citada aqui as funções corporais são discutidas com maior franqueza. O padrão que o livro propõe lembra em muitos aspectos o que o *De civilitate* de Erasmo atribuiu à classe alta. Constitui ainda coisa natural pegar a comida com as mãos. Este exemplo pareceu-nos útil aqui para complementar outras transcrições e, sobretudo, para lembrar ao leitor que o movimento deve ser estudado em toda a sua polifonia de muitas camadas, não como uma linha, mas como uma espécie de fuga, com uma sucessão de movimentos-*motifs* semelhantes, em níveis diferentes.

O Exemplo M, de 1786, mostra com grande clareza a disseminação dos costumes, de cima para baixo. É muito característico porque contém grande número de costumes que foram subsequentemente adotados "pela sociedade civilizada" como um todo, mas são aqui meridianamente visíveis como costumes específicos da classe alta de corte, que parecem ainda relativamente estranhos à burguesia. Muitos costumes permaneceram, como "civilizados", exatamente na forma que se apresentam nesse trabalho como maneiras cortesãs.

A citação de 1859 (Exemplo N) destina-se a lembrar ao leitor que no século XIX, como hoje, todo o movimento já fora inteiramente esquecido, que o padrão de "civilização", que na realidade fora adotado apenas em data bem recente, era aceito como natural, sendo o que o precedera considerado como "bárbaro".

---

* Hoje se trata da British Library, que deixou de ser a biblioteca do Museu Britânico para se tornar instituição autônoma. (N.R.)

I

1714

De uma anônima *Civilité française* (Liège, 1714?), p.48:

Não é... educado beber a sopa do prato, a menos que você esteja no seio de sua própria família e apenas, nesta ocasião, se tomou a maior parte com a colher.

Se a sopa vem numa sopeira comum, na sua vez pegue um pouco, sem precipitação.

Não conserve sempre a faca na mão, como fazem camponeses, mas pegue-a apenas quando dela precisar.

Quando estiver sendo servido de carne, não é elegante pegá-la com a mão. Deve pegar o prato com a mão esquerda, enquanto segura o garfo ou a faca com a direita.

É contra o decoro dar a carne a pessoas para que a cheirem e não deve, em hipótese alguma, devolver a carne ao prato comum se a cheirou. Se tira carne do prato comum, não escolha as melhores porções. Corte com a faca, mantendo imóvel a carne no prato com o garfo, que usará para pôr em seu prato o pedaço que cortou. Não toque, por conseguinte, na carne com a mão [nada é dito aqui a respeito de tocar com ela a carne que já está no próprio prato].

Não jogue no chão ossos, cascas de ovos ou casca de qualquer fruta.

O mesmo se aplica a caroços de frutas. É mais educado tirá-los da boca com dois dedos do que cuspi-los na mão.

J

1729

De *Les règles de la bienséance et de la civilité chrétienne*, de La Salle (Rouen, 1729), p.87:

De Coisas a Serem Usadas à Mesa

À mesa você deve usar guardanapo, prato, faca, colher e garfo. Seria inteiramente contrário ao bom-tom dispensar um desses utensílios à refeição.

Cabe à pessoa de mais alta posição no grupo desdobrar primeiro seu guardanapo e os demais devem esperar até que ele o faça, antes de abrirem os seus. Quando as pessoas são aproximadamente iguais, todas devem desdobrá-los juntas sem cerimônia. [N.B. Com a "democratização" da sociedade e da família isto se tornou a regra. A estrutura social, neste caso ainda do tipo hierárquico-aristocrático, reflete-se na mais elementar das relações humanas.]

É errado usar o guardanapo para enxugar o rosto, e mais ainda limpar os dentes com ele, e seria uma das mais graves infrações da civilidade usá-lo para se assoar... O emprego que pode e deve dar ao guardanapo é o de enxugar a boca, lábios, e dedos quando estiverem engordurados, limpar a faca antes de cortar o pão e fazer o mesmo com a colher e o garfo depois de usá-los. [N.B. Este é um dos muitos exemplos do extraordinário controle do comportamento concretizados em nossos hábitos à mesa. O emprego de cada utensílio é limitado e definido por grande número de regras bem precisas. Nenhuma delas é evidente por si mesma, como pareceram a gerações posteriores. Seu uso foi desenvolvido aos poucos em conjunto com a estrutura e mudanças nas relações humanas.]

Quando os dedos estão engordurados, limpe-os primeiro com um pedaço de pão, que deve ser deixado em seguida no prato, antes de limpá-los com o guardanapo, a fim de não sujá-lo muito.

Quando a colher, o garfo ou a faca estão sujos ou engordurados, é muito errado lambê-los e não é educado limpá-los, ou qualquer outra coisa, na toalha da mesa. Nestas e em ocasiões semelhantes, use o guardanapo, e, no tocante à toalha, deve ter o cuidado de mantê-la sempre limpa e nela não derramar água, vinho ou qualquer coisa que possa manchá-la.

Quando o prato está sujo, de maneira alguma raspe-o com a colher ou a faca para limpá-lo nem limpe-o, ou o fundo de qualquer outro prato, com os dedos; isto é muito grosseiro. Ou não deve tocá-los ou, se tiver oportunidade de trocá-los, deve pedir outro.

À mesa, não conserve o tempo todo a faca à mão. Basta pegá-la quando dela precisar.

É também muito grosseiro pôr um pedaço de pão na boca enquanto segura a faca com a mão e o corta. E ainda mais fazer isso com a ponta da faca. O mesmo procedimento deve ser observado quando se comem maçãs, peras e algumas outras frutas. [N.B. Exemplos de tabus relativos a facas.]

É contra o bom-tom segurar a faca ou a colher com toda mão, como se fosse um porrete: segure-as sempre com os dedos.

Não use o garfo para levar líquidos à boca... a colher é o utensílio indicado para esse fim.

É sempre educado usar o garfo para levar carne à boca, *pois o bom-tom não permite que se toque com os dedos qualquer coisa gordurosa* [grifo do autor] nem também molhos ou xaropes. Se alguém faz isso, não pode deixar de cometer depois várias incivilidades, tais como limpar frequentemente os dedos no guardanapo, o que o tornaria muito sujo, ou no pão, o que seria muito indelicado, ou ainda lamber os dedos, o que não é permitido a pessoas refinadas, bem-nascidas.

Toda esta passagem, como várias outras, foi extraída do *Nouveau traité de civilité,* de A. de Courtin, 1672, Cf. Exemplo G, acima. Ela reaparece também em outras obras do século XVIII sobre a civilidade. A razão dada para a proibição de comer com os dedos é muito instrutiva. Em Courtin, igualmente, ela se aplica inicialmente apenas a dedos engordurados, especialmente com molho, desde que isto provoca atos que são "desagradáveis" de observar. Em La Salle isto não é inteiramente compatível com o que ele diz em outro trecho: "Se seus dedos estão engordurados..." etc. A proibição não é nem de longe tão autoevidente como hoje. Vemos como, aos poucos, transforma-se em um hábito internalizado, em parte do "autocontrole".

No crítico período do fim do reinado de Luís XV — no qual, conforme mostramos antes, o anseio de reforma é intensificado como sinal externo das mudanças sociais, e o conceito de "civilização" galga o primeiro plano a *Civilité* de La Salle, que passara antes por várias edições, praticamente sem alteração, é revisada. As mudanças no padrão são muito instrutivas (Exemplo K, abaixo). Em alguns aspectos são muito extensas. A diferença já se constata no que não mais precisa ser dito. Muitos capítulos tornam-se menores. Muitas "más maneiras" antes discutidas em detalhe merecem apenas uma referência de passagem. O mesmo se aplica a numerosas funções corporais anteriormente comentadas em grande extensão e minúcia. O tom é em geral menos suave e, não raro, muito mais duro do que na primeira versão.

K

1774
De *Les règles de la bienséance et de la civilité chrétienne,* de La Salle (ed. de 1774), p.45 e segs.:

> O guardanapo que é posto sobre o prato, tendo a finalidade de preservar a roupa de manchas e outras sujeiras inseparáveis de refeições, deve ser colocado sobre a pessoa de modo que cubra a parte fronteira do corpo até os joelhos, passando sob a gola mas não por dentro dela. A colher, garfo e faca devem sempre ser colocados à direita.
>
> A colher destina-se à ingestão de líquidos e o garfo para pegar carnes sólidas.
>
> Quando um ou outro estiverem sujos, podem ser limpos com o guardanapo, se outro serviço não puder ser obtido. Deve-se evitar limpá-los com a toalha da mesa, o que constitui uma impropriedade imperdoável.
>
> Quando o prato estiver sujo, deve-se pedir outro. Seria revoltantemente grosseiro limpar a colher, o garfo ou a faca com os dedos.
>
> Em boas mesas, serviçais atentos mudam os pratos sem que seja preciso pedir isso.
>
> Nada é mais impróprio do que lamber os dedos, tocar na carne e levá-los à boca com a mão, mexer o molho com os dedos ou então enfiar nele o pão com o garfo e depois chupá-lo.
>
> Nunca se deve pegar sal com os dedos. É muito comum que crianças empilhem uma porção em cima de outra e mesmo que tirem da boca alguma coisa que mastigaram e joguem fora pedaços com os dedos. [Tudo isto antes foi mencionado como exemplos de mau comportamento, mas agora é apontado apenas como "más" maneiras de crianças. Adultos não fazem mais essas coisas.] Nada é mais grosseiro do que levar carne ao nariz para cheirá-la; pedir que outros a cheirem constitui mais uma grosseria com o dono da mesa; se encontrar sujeira na comida, deve livrar-se da comida sem dar demonstração.

L

1780?
De um trabalho anônimo, *La Civilité honete* [sic] *pour les enfants* (Caen, sem data), p.35:

> Em seguida, ele colocará o guardanapo sobre o corpo, o pão à esquerda e a faca à direita, a fim de cortar a carne sem despedaçá-la. [A sequência aqui descrita é encontrada em numerosos documentos. O procedimento mais elementar, antes habitual também na classe alta, consiste em partir o pão com as mãos. Aqui se descreve o estágio seguinte, em que a carne é partida com a faca. O emprego do garfo não é mencionado. Arrancar pedaços da carne é considerado hábito rústico e cortá-la, evidentemente, maneira urbana.] Ele também tomará cuidado para não pôr a faca na boca. Não deve deixar as mãos em cima do prato... nem pôr os cotovelos sobre ele, porque isto só é feito pelos velhos e pelos doentes.
>
> A criança bem-educada será a última a se servir, se estiver na companhia de seus superiores.
>
> ... em seguida, se for carne, cortá-la-á com elegância e a comerá com o pão.
>
> É um hábito rústico e grosseiro tirar carne mastigada da boca e colocá-la no prato. Nem deve repor na travessa alguma coisa que dela tirou.

M

1786
De uma conversa sobre o poeta Delille e o abade Cosson:[52]

> Há pouco tempo, o abade Cosson, professor de Belas-Letras do Collège Mazarin, falou-me a respeito de um jantar a que comparecera alguns dias antes com algumas pessoas da corte em Versalhes.
>
> "Aposto", disse eu a ele, "que você cometeu uma centena de gafes."
>
> "O que é que você quer dizer com isso?", respondeu imediatamente o abade Cosson, muito perturbado. "Acho que fiz tudo da mesma maneira que todo mundo."
>
> "Que presunção! Aposto que não fez nada da mesma maneira que todo mundo. Mas vou me limitar ao jantar. Em primeiro lugar, o que fez com o guardanapo quando se sentou?"
>
> "Com o guardanapo? Fiz o que todo mundo fez. Abri-o, desdobrei-o e prendi-o por um canto na casa de um botão."
>
> "Bem, meu querido amigo, você foi o único que fez isso. A gente não abre todo o guardanapo, coloca-o sobre os joelhos. E como foi que tomou a sopa?"
>
> "Como todo mundo, acho. Peguei a colher com uma mão e o garfo com a outra..."
>
> "O garfo? Deus do céu! Ninguém usa garfo para tomar sopa... Mas diga como foi que comeu o pão."

"Certamente, igual a todo mundo. Cortei-o bem certinho com a faca."

"Oh, Deus do céu, a gente parte o pão com a mão, não com a faca... Vamos continuar. O café... como foi que o tomou?"

"Como todo mundo, para dizer a verdade. Estava fervendo, de modo que derramei-o, um pouquinho de cada vez no pires."

"Bem, você de maneira alguma tomou-o como todo mundo. Todos bebem o café da xícara, nunca do pires..."

N

1859

De *The Habits of Good Society* (Londres, 1859, 2ª ed., *verbatim,* 1889), p.257:

Os garfos foram indubitavelmente uma invenção posterior aos dedos, mas uma vez que não somos *canibais,* sinto-me inclinado a pensar que os garfos foram uma boa invenção.

Parte II: Comentários sobre os Exemplos

Grupo 1:
Um Breve Estudo das Sociedades a que se Referem as Citações

1. As transcrições foram reunidas aqui a fim de exemplificar um processo real, uma mudança no comportamento de pessoas. De modo geral, os exemplos foram selecionados de modo a que pudessem ser típicos de pelo menos certos grupos ou estratos sociais. Nenhuma pessoa isolada, nem mesmo um indivíduo tão ilustre como Erasmo, inventou o *savoir-vivre* de seu tempo.

Ouvimos pessoas de diferentes épocas falando mais ou menos sobre o mesmo assunto. Desta maneira, as mudanças se tornaram mais claras do que se as tivéssemos descrito em nossas próprias palavras. Pelo menos do século XVI em diante, as injunções e proibições pelas quais é modelado o indivíduo (de conformidade com o padrão observado na sociedade) estão em movimento ininterrupto. Este movimento, por certo, não é perfeitamente retilíneo, mas, através de todas as suas flutuações e curvas individuais, uma tendência global clara é apesar de tudo perceptível, se estas vozes dos séculos passados são ouvidas em conjunto.

Os tratados do século XVI sobre as boas maneiras são obra da nova aristocracia de corte, que está se aglutinando aos poucos a partir de elementos de várias origens sociais. Com ela surge um diferente código de comportamento.

De Courtin, na segunda metade do século XVII, fala a partir de uma sociedade de corte que é a mais plenamente consolidada — a da corte de Luís XIV. E se dirige principalmente a pessoas de categoria, pessoas que não vivem diretamente na corte, mas que desejam conhecer bem as maneiras e costumes que nela têm curso.

Afirma ele no prefácio: "Este tratado não se destina à impressão, mas apenas a atender ao cavalheiro de província que solicitou ao autor, como amigo particular seu, que ministrasse alguns preceitos de civilidade ao seu filho, que ele tencionava enviar à corte quando completasse seus estudos... Ele (o autor) empreendeu este trabalho apenas para conhecimento de gentes bem-nascidas; *apenas a elas é dirigido;* e particularmente à juventude, que poderá encontrar alguma utilidade nestes pequenos conselhos, já que nem todos têm a oportunidade nem dispõem de meios para virem à corte, em Paris, aprender os refinamentos da polidez."

Pessoas que vivem ou fazem parte do círculo que dá exemplo não precisam de livros para saber como "alguém" deve se comportar. Isto é óbvio. Por isso é importante descobrir com que intenções e para que público esses preceitos são escritos e publicados — preceitos que originariamente são o segredo distintivo dos fechados círculos da aristocracia de corte.

O público visado é muito claro. Enfatiza-se que os conselhos são apenas para as *honnêtes gens,* isto é, de modo geral, gente da classe alta. Em primeiro lugar, o livro atende à necessidade da nobreza provinciana de se informar sobre o comportamento na corte e, além disso, à de estrangeiros ilustres. Mas pode-se supor que o sucesso apreciável deste livro resultou, entre outras coisas, do interesse despertado nos principais estratos burgueses. Há muito material que demonstra como, nesse período, os costumes, comportamento e modas da corte espraiavam-se ininterruptamente pelas classes médias altas, onde eram imitados e mais ou menos alterados de acordo com as diferentes situações sociais. Perdem assim, dessa maneira e até certo ponto, seu caráter como meio de identificação da classe alta. São, de certa forma, desvalorizados. Este fato obriga os que estão acima a se esmerarem em mais refinamentos e aprimoramento da conduta. E é desse mecanismo o desenvolvimento de costumes de corte, sua difusão para baixo, sua leve deformação social, sua desvalorização como sinais de distinção — que o movimento constante nos padrões de comportamento na classe alta recebe em parte sua motivação. O importante é que nessa mudança, nas invenções e modas do comportamento na corte, que à primeira vista talvez pareçam caóticas e acidentais, com o passar do tempo emergem certas direções ou linhas de desenvolvimento. Elas incluem, por exemplo, o que pode ser descrito como o avanço do patamar do embaraço e da vergonha sob a forma de "refinamento" ou como "civilização". Um dinamismo social específico desencadeia outro de natureza psicológica, que manifesta suas próprias lealdades.

2. No século XVIII, aumenta a riqueza e com ela progridem as classes médias. O círculo de corte inclui nesse momento, ao lado de elementos aristocráticos, um maior número de burgueses do que no século precedente, mas sem que jamais desapareçam as diferenças em categoria social. Pouco antes da Revolução Francesa, intensificou-se ainda mais a tendência da aristocracia socialmente em declínio a fechar-se.

Não obstante, essa sociedade de corte ampliada, na qual se misturavam elementos aristocráticos e burgueses, e onde não havia barreiras claras vedando a ascensão, deve ser considerada como um todo. Compreende ela a elite hierarquicamente estruturada do país. A compulsão para nela penetrar ou, pelo menos, imitá-la aumenta sem cessar com a crescente interdependência e prosperidade de estratos mais ponderáveis. Os círculos clericais, acima de todos, tornam-se os divulgadores dos costumes de corte. O controle das emoções e a formação disciplinada do comportamento como um todo, que sob o nome de cidade se desenvolveram na classe alta como fenômeno apenas secular e social, como consequência de certas formas de vida social, apresentam afinidades com tendências particulares no comportamento eclesiástico tradicional. A civilidade ganha um novo alicerce religioso e cristão. A Igreja revela-se como tantas vezes ocorreu, um dos mais importantes órgãos da difusão de estilos de comportamento pelos estratos mais baixos.

"É surpreendente", diz o venerável padre La Salle no início do prefácio a suas regras de civilidade cristã, "que a maioria dos cristãos considere o decoro e a civilidade como uma *qualidade puramente humana* e mundana e, não pensando em elevar mais ainda sua mente, não a considere uma virtude relacionada a Deus, ao próximo, a nós mesmos. Isto mostra bem quão pouco cristianismo existe no mundo."* E como boa parte da educação na França se encontrava nas mãos de organismos eclesiásticos, foi acima de tudo, ainda que não exclusivamente, através da mediação da Igreja que uma maré montante de civilidade inundou o país. Usados como manuais na educação elementar de crianças, esses livretos eram impressos e distribuídos juntamente com as primeiras lições de leitura e escrita.

Exatamente por esse motivo, o conceito de civilidade perde cada vez mais valor para a elite social. Ele começa a passar por um processo semelhante ao que atingiu antes o conceito de cortesia.

Dissertação sobre a Ascensão e Queda dos Conceitos de *Courtoisie* e *Civilité*

3. Cortesia referia-se inicialmente às formas de comportamento que se desenvolveram nas cortes dos grandes senhores feudais. Ainda durante a Idade Média, porém, o significado da palavra perdeu muito de sua limitação original social à "corte", entrando também em uso nos círculos burgueses. Com a lenta extinção da nobreza guerreira baseada no cavaleiro e no senhor feudal e a formação de uma nova aristocracia de monarcas absolutos no curso dos séculos XVI e XVII, o conceito de civilidade elevou-se lentamente à categoria de comportamento social aceitável. A cortesia e a civilidade conviveram lado a lado durante o período da sociedade de transição na França do século XVI, que era um misto de socie-

---
* *No mundo*, isto é, na alta sociedade. (N.R.)

dade cavaleirosa-feudal e de monarquia absoluta. No século XVII, porém, o conceito de cortesia saiu, gradualmente, de moda na França.

"As palavras *courtois* e *courtoisie*", diz um autor francês em 1675,[53] "começam a envelhecer e não constituem mais bom uso. Dizemos hoje *civil, honneste; civilité, honnesteté*."

De fato, a palavra *courtoisie* parece nesse momento ser um conceito burguês. "Meu vizinho, o burguês... diz, de acordo com a linguagem dos burgueses de Paris, 'afável' e 'cortês' (*courtois*)... Ele não se expressa elegantemente porque as palavras 'cortês' e 'afável' raramente são usadas entre pessoas do mundo, e as palavras 'civil' e 'decente' (*honnête*), substituíram-nas, da mesma maneira que 'civilidade' e 'decência' tomaram o lugar de 'cortesia' e 'afabilidade'." Isto é o que lemos em uma conversa sob o título *Du bon et du mauvais usage dans les manières de s'exprimer. Des façons de parler bourgeoise,* de autoria de F. de Callières (1694, p.110 e segs.).

De maneira muito parecida, no século XVIII, o conceito de civilidade perdeu aos poucos a primazia na alta sociedade de corte. Esta classe sofre um processo muito lento de transformação, de aburguesamento, que, pelo menos até 1750, é sempre combinado com o processo inverso de assimilação pela corte de elementos burgueses. Algo do problema resultante é percebido, por exemplo, quando, em 1745, o abade Gedoyn no ensaio intitulado *"De l'urbanité romaine"* (*Oeuvres diverses,* p.173), discute a questão do motivo por que, na sua própria sociedade, a palavra *urbanité,* embora se refira a algo muito fino, nunca teve o mesmo curso que *civilité, humanité, politesse,* ou *galanterie,* e responde: "*Urbanitas* significava aquela polidez de língua, mente e maneiras ligadas singularmente à cidade de Roma, que era chamada *par excellence* a *Urbs,* a cidade, ao passo que, entre nós, onde esta polidez não é privilégio de qualquer cidade em particular, nem mesmo da capital, mas apenas da corte, o termo *urbanidade* torna-se um termo... que podemos dispensar."

Se nos damos conta que "cidade" nessa época referia-se mais ou menos à "boa sociedade burguesa", em contraste com a sociedade mais limitada da corte, percebemos a importância para a época da questão aqui colocada.

Na maior parte dos textos desse período, o uso de *civilité* diminui, como aqui, em comparação com *politesse,* e a identificação de todo esse complexo de ideias com a *humanité* emerge com mais nitidez.

Já em 1733, Voltaire, na dedicatória de seu *Zaire* a um burguês, A. M. Faulkner, comerciante inglês, manifestou com grande clareza essas tendências: "Desde a regência de Ana d'Áustria, os franceses têm sido o povo mais sociável e mais polido do mundo... e *esta polidez não é em absoluto uma questão arbitrária, tal como essa que é chamada de civilidade, mas uma lei da natureza que eles felizmente cultivaram mais do que os outros povos.*"

Tal como o conceito de cortesia antes, o de civilidade começa lentamente a afundar. Pouco depois, o conteúdo deste e de termos correlatos é absorvido e ampliado em um novo conceito, na expressão de uma nova forma de autoconsciência, o conceito de *civilisation*. Cortesia, civilidade e civilização assinalam três estágios de desenvolvimento social. Indicam qual sociedade fala e é interpelada. Não obstante, a mudança concreta no comportamento das classes altas, a expansão de modelos de comportamento que, daí em diante, serão chamados de "civilizados" ocorrem — pelo menos na medida em que são visíveis nas áreas aqui discutidas — na fase intermediária. O conceito de civilização indica com clareza. em seu uso no século XIX, que o *processo* de civilização — ou, em termos mais rigorosos, uma fase desse processo — fora completado e esquecido. As pessoas querem apenas que esse processo se realize em outras nações, e também, durante um período, nas classes mais baixas de sua própria sociedade. Para as classes alta e média da sociedade, civilização parece firmemente enraizada. Querem, acima de tudo, difundi-la e, no máximo, ampliá-la dentro do padrão já conhecido.

Os exemplos citados mostram claramente o movimento rumo a esse padrão nas fases que precederam as cortes do absolutismo.

Panorama da Curva Evolutiva da "Civilização" dos Hábitos à Mesa

4. Ao fim do século XVIII, pouco antes da revolução, a classe alta francesa adotou mais ou menos o padrão à mesa, e certamente não só este, que aos poucos seria considerado como natural por toda a sociedade civilizada. O Exemplo M, datado de 1786, é muito instrutivo neste particular: mostra como costume ainda indisputavelmente de corte o mesmo modo de usar o guardanapo que, em breve, se tornaria costumeiro em toda a sociedade burguesa civilizada. Indica que o garfo não era mais usado para se tomar a sopa, a necessidade do qual, para sermos exatos, só é compreendida se lembrarmos que a sopa frequentemente continha, e ainda contém na França, mais conteúdo sólido do que agora, em outros países. E ainda o requisito de não cortar com faca mas romper com as mãos o pão à mesa, um costume que depois foi democratizado. O mesmo se aplica à maneira como se bebe o café.

Estes são apenas alguns exemplos de como se formou nosso ritual diário. Se esta série fosse continuada até o presente, outras mudanças de detalhe seriam notadas: novos imperativos são acrescentados, relaxam-se outros antigos, emerge uma riqueza de variações nacionais e sociais, e se constata a infiltração na classe média, na classe operária e no campesinato do ritual uniforme da civilização. A regulação dos impulsos que sua aquisição requer varia muito em força. Mas a base essencial do que é obrigatório e do que é proibido na sociedade civilizada — o padrão da técnica de comer, a maneira de usar faca, garfo, colher, prato individual, guardanapo e outros utensílios — estes permanecem imutáveis em seus aspectos essenciais. Até mesmo o surgimento da tecnologia em todas as áreas — inclusive na da cozinha —, com a introdução de novas formas de energia, deixou virtualmente inalteradas as técnicas à mesa e outras formas de comportamento. Só com uma verificação muito minuciosa é que observamos os traços de uma tendência que continua a desenvolver-se.

O que muda ainda, acima de tudo, é a tecnologia da produção. Já a tecnologia do consumo foi desenvolvida por formações sociais que eram, em um grau nunca igualado antes, classes de consumo. Com seu declínio social, o rápido e intenso refinamento das técnicas de consumo cessa, estas passam ao que se torna então a esfera privada da vida (em contraste com a ocupacional). Consequentemente, o ritmo de movimento e mudança nessas esferas, que havia sido relativamente rápido durante o estágio das cortes absolutas, reduz-se mais uma vez.

Até mesmo as formas dos utensílios da mesa — pratos, travessas, faca, garfos e colheres — daí em diante nada mais fazem do que variar temas do século XVIII e precedentes. Por certo há ainda muitas mudanças em detalhes. Um exemplo é a diferenciação dos utensílios. Em muitas ocasiões, não só os pratos são trocados depois de cada tipo de comida, mas também os utensílios. Já não basta comer apenas com a faca, garfo e colher, em vez de se usarem as mãos. Cada vez mais, na classe alta, um implemento especial é usado para cada tipo de comida. Colheres de sopa, facas de peixe e facas de carne são postas em um dos lados do prato. Garfos para *hors d'oeuvre*, peixe e carne, no outro. Do lado oposto ao conviva ficam o garfo, a colher ou a faca — segundo o costume do país — para os doces. E para as sobremesas e frutas outros implementos são trazidos. Todos esses utensílios têm forma e funções diferentes. São ora maiores, ora menores, quando não mais redondos ou mais pontudos. Mas, examinando-se bem, nota-se que na realidade não representam nada de novo. Eles, também, são variações do mesmo tema, diferenciações dentro do mesmo padrão. E só em alguns pontos — acima de tudo, no uso da faca — começam a aparecer inovações lentas que transcendem o padrão já adotado. Mais tarde teremos algo a dizer sobre isto.

5. Em certo sentido, algo análogo aplica-se ao período que terminou no século XV. Até essa data — por razões muito diferentes — a técnica-padrão à mesa, o conjunto básico do que era socialmente proibido e permitido, como o comportamento das pessoas entre si e consigo mesmas (das quais essas proibições e injunções eram expressão), permanece relativamente constante em seus aspectos básicos, mesmo que aqui, também, as modas, variações regionais e sociais, flutuações, e um lento movimento em uma direção dada não estivessem inteiramente ausentes.

Nem podem as transições de uma fase para outra serem determinadas com absoluta exatidão. O movimento mais rápido começa tardiamente aqui, mais cedo acolá e, em toda parte, deparamos com pequenas alterações preparatórias. Não obstante, a forma geral da curva é por toda a parte mais ou menos a mesma: em primeiro lugar, a fase medieval, com certo clímax no florescimento da sociedade feudal e cortês, assinalada pelo hábito de comer com as mãos. Em seguida, uma fase de movimento e mudança relativamente rápidos, abrangendo aproximadamente os séculos XVI, XVII e XVIII, na qual a compulsão para uma conduta refinada à mesa pressiona constantemente na mesma direção, na de um novo padrão de maneiras à mesa.

Daí em diante, observamos uma fase que permanece dentro do padrão já atingido, embora com um movimento muito lento sempre numa certa direção. O refinamento da conduta diária nunca perde de todo, nem mesmo neste período, sua importância como instrumento de diferenciação social. Mas, desde essa fase, não desempenha o mesmo papel que na fase precedente. Mais do que antes, o dinheiro torna-se a base das disparidades sociais. E o que as pessoas concretamente realizam e produzem torna-se mais importante que suas maneiras.

6. Tomados em conjunto, os exemplos mostram com grande clareza como se desenvolveu esse movimento. As proibições da sociedade medieval, mesmo nas cortes feudais, ainda não impõem quaisquer grandes restrições ao jogo de emoções. Comparado com eras posteriores, o controle social é suave. As maneiras, em relação às antigas, são relaxadas em todos os sentidos da palavra. A pessoa não deve fungar nem estalar os lábios enquanto come. Nem cuspir de um lado a outro da mesa nem assoar-se na toalha (pois esta é usada para limpar os dedos de gordura) ou nos dedos (os dedos que tocam a travessa de servir comum). Comer com outras pessoas no mesmo prato ou travessa é aceito como natural. O indivíduo deve apenas evitar cair sobre o prato de servir como se fosse um porco e devolver a comida mastigada à travessa comum.

Muitos desses costumes são ainda mencionados no tratado de Erasmo e em sua adaptação por Calviac. Com mais clareza do que examinando apenas uma que outra maneira da época, ao estudarmos o movimento como um todo, vemos que tendência ele segue. Os talheres ainda são em número limitado. O pão fica à esquerda, a faca e o copo à direita. Só isto. O garfo já é mencionado, embora com função limitada, como instrumento para tirar o alimento de um prato de servir comum. E, tal como o lenço, o guardanapo já aparece, ambos ainda — sinal de transição — como guarnições opcionais, e não necessárias: se tem lenço, dizem os preceitos, use-o, em vez dos dedos. Se um guardanapo é fornecido, passe-o pelo ombro esquerdo. Cento e cinquenta anos depois, o guardanapo e o lenço são mais ou menos indispensáveis à vida de corte.

É semelhante a curva seguida por outros hábitos e costumes. Inicialmente, a sopa costuma ser bebida, seja na sopeira comum seja com a concha usada por várias pessoas. Nos escritos corteses, é prescrito o uso da colher. Ela, também, será então usada por várias pessoas. Outro passo é mostrado na citação extraída de Calviac, por volta de 1560. Diz ele que era costume alemão permitir que cada conviva usasse sua própria colher. O passo seguinte é indicado pelo texto de Courtin, relativo ao ano de 1672. Nessa ocasião, não se toma mais a sopa na sopeira comum, mas derrama-se um pouco no próprio prato, usando-se a própria colher. Mas havia pessoas, somos informados no texto, que eram tão *delicadas* que não queriam tomar a sopa de uma sopeira em que outros haviam mergulhado uma colher já usada. Era, por conseguinte, necessário limpar a colher com o guardanapo antes de colocá-la na sopeira. E algumas pessoas queriam ainda mais. Para elas, a pessoa não devia absolutamente pôr novamente na sopeira uma colher usada. Devia, sim, pedir uma colher limpa para esse fim.

Descrições como essas demonstram não só que todo o ritual de viver juntos estava em movimento, mas também que as pessoas se conscientizavam dessa mudança.

Nesse tempo, gradualmente, o costume, ora aceito como natural, de tomar sopa está sendo estabelecido: todos têm seu próprio prato e colher e a sopa é servida com um implemento especializado. O ato de comer adquirira um novo estilo, correspondendo às novas necessidades da vida social.

Coisa alguma nas maneiras à mesa é evidente por si mesma ou produto, por assim dizer, de um sentimento "natural" de delicadeza. A colher, garfo e guardanapo não foram inventados como utensílios técnicos com finalidades óbvias e instruções claras de uso. No decorrer de séculos, na relação social e no emprego direto, suas funções foram gradualmente sendo definidas, suas formas investigadas e consolidadas. Todos os costumes no ritual em mutação, por mais insignificantes, estabeleceram-se com infinita lentidão, até mesmo formas de comportamento que nos parecem elementares ou simplesmente "razoáveis", tal como o costume de ingerir líquidos apenas com a colher. Todos os movimentos da mão — como, por exemplo, a maneira como se segura e movimenta a faca, colher e garfo — são padronizados apenas gradualmente, e só vemos o mecanismo de padronização em sua sequência, se examinamos como um todo a série de imagens. Há um círculo na corte mais ou menos limitado que inicialmente cria os modelos apenas para atender às necessidades de sua própria situação social e em conformidade com a condição psicológica correspondente à mesma. Mas é evidente que a estrutura e o desenvolvimento da sociedade francesa como um todo fazem com que estratos cada vez mais amplos se mostrem desejosos, e mesmo sequiosos, de adotar os modelos desenvolvidos em uma classe mais alta: eles se difundem, também com grande lentidão, por toda a sociedade, e certamente não sem passarem nesse processo por algumas modificações.

A transmissão dos modelos de uma unidade social a outra, ora do centro de uma sociedade para seus postos fronteiriços (como, por exemplo, da corte parisiense para outras cortes), ora na mesma unidade político-social como, por exemplo, na França ou Saxônia, de cima para baixo ou de baixo para cima, deve ser considerada, em todo o processo civilizador, como um dos mais importantes dos movimentos individuais. O que os exemplos mostram é apenas um segmento limitado desses movimentos. Não apenas as maneiras à mesa, mas também formas de pensar ou falar, em suma, do comportamento em geral, são moldadas de maneira semelhante em toda a França, mesmo que se observem diferenças importantes no tempo e estrutura de seus padrões de desenvolvimento. A elaboração de um dado ritual de relações humanas no curso do desenvolvimento social e psicológico não pode ser isolada, mesmo que aqui, como primeira tentativa, tenha sido possível seguir um único segmento. Um curto exemplo do processo de "civilização" da fala poderá servir como aviso de que a observação das maneiras e suas transformações expõe apenas um segmento muito simples e de fácil acesso do que é um processo de mudança social muito mais abrangente.

Dissertação sobre a Modelação da Fala na Corte

7. No caso da fala, também, um círculo limitado criou inicialmente certos padrões.

Como na Alemanha, embora em muito menor grau, a língua falada na sociedade da corte era diferente da falada pela burguesia.

"Vocês sabem", lemos em uma pequena obra que em seu tempo foi muito popular, *Mots à la mode,* de Callières, na edição de 1693 (p.46), "que o burguês fala de modo muito diferente de nós."

Se examinarmos mais de perto o que é denominado de fala "burguesa" e o que é chamado de expressão da alta sociedade de corte, descobrimos o mesmo fenômeno que pode ser observado nos costumes à mesa e nas maneiras em geral: muito do que no século XVII, e até certo ponto no século XVIII, era a forma de expressão e linguagem características da sociedade de corte tornou-se gradualmente a língua nacional francesa.

O jovem M. Thibault, filho de pais burgueses, é-nos apresentado em visita a uma pequena sociedade aristocrática. A dona da casa pergunta pela saúde de seu pai. "Ele é seu humilde servidor, Madame", responde Thibault, "e continua acamado, como a senhora bem sabe, já que teve um bocado de vezes a gentileza de perguntar pelo seu estado de saúde."

A situação é clara. Existe certo contato social entre o círculo aristocrático e a família burguesa. A dona da casa mencionou antes esse fato. Diz também que o velho Thibault é um homem muito bom, não sem acrescentar que essas relações às vezes são muito úteis à aristocracia porque tais pessoas, afinal de contas, têm dinheiro.[54] Neste ponto lembramo-nos da estrutura muito diferente da sociedade alemã.

Os contatos sociais nessa época, porém, evidentemente não são íntimos o suficiente, se deixarmos de lado a *intelligentsia* burguesa, para apagar as diferenças linguísticas entre as classes. Quase todas as palavras que o jovem Thibault diz são, pelos padrões da sociedade de corte, desajeitadas e canhestras, com "hálito" de burguesia, como dizem os cortesãos. Na sociedade de corte ninguém diz "como bem sabe", "um bocado de vezes" ou "acamado" (*comme bien sçavez, souventes fois, maladif*).

Ninguém diz, como o fez M. Thibault na conversa que se seguiu "Je vous demande excuse" (Peço que me escuse). Na sociedade de corte diz-se, como hoje na sociedade burguesa, "Je vous demande pardon" (Com seu perdão).

M. Thibault continua: "Un mien ami, un mien parent, un mien cousin" (Um amigo meu etc.), em vez do refinado "un de mes amis, un de mes parents" (p.20). E diz "deffunct mon père, le pauvre deffunct" (defunto). E lhe explicam que essa não é uma das expressões "que a civilidade introduziu entre os bem-falantes. Não se diz que um homem virou defunto quando faleceu" (p.22). A palavra pode ser usada, no máximo, quando se diz "temos que orar a Deus pela alma dos defuntos... mas aqueles que falam bem dizem antes: meu falecido pai, o falecido duque etc." (*feu mon père* etc.). E observam que "pelo pobre defunto" é "uma maneira muito burguesa de falar".

8. Neste particular, também, como aconteceu com as maneiras, ocorre uma espécie de movimento em duplo sentido: a burguesia é, por assim dizer, "acortesada" e, a aristocracia, "aburguesada". Ou, para ser mais preciso, a burguesia é influenciada pelo comportamento da corte e vice-versa. A influência de baixo para cima é certamente muito mais fraca no século XVII na França do que no século XVIII. Mas não está de todo ausente. O castelo de Vaux-le Vicomte, de propriedade do intendente burguês das finanças, Nicolas Fougeut, é anterior à régia Versalhes e de muitas maneiras lhe serviu de modelo. Este é um claro exemplo. A riqueza dos principais estratos burgueses compele os que estão acima a competir com eles. E a chegada incessante de burgueses aos círculos da corte gera também um movimento específico na fala: a nova substância humana traz também consigo uma nova substância linguística, o "jargão" da burguesia, para os círculos aristocráticos. Elementos seus estão sendo constantemente assimilados pela linguagem da corte, refinados, polidos, transformados. São, em uma palavra, "acortejados", isto é, adaptados ao padrão de sensibilidade dos círculos de corte. Transformam-se, assim, em meios para distinguir as *gens de la cour* da burguesia e depois, talvez muito depois, penetram de novo na burguesia, assim refinados e modificados, a fim de se tornarem "especificamente burgueses".

Há, diz o duque em uma das conversas transcritas por Callières (*Du bon et du mauvais usage*, p.98), uma maneira de falar "muito comum entre os burgueses de Paris e mesmo entre alguns cortesãos educados na burguesia. Consiste em dizer *voyons voir*, em vez de dizer *voyons* (vejamos), evitando o verbo *voir* que é inteiramente inútil e desagradável neste contexto".*

Mas recentemente entrou em uso, prossegue o duque, "outro feio torneio de frase, que começou entre as pessoas mais baixas e fez sua fortuna na corte, como aqueles favoritos sem mérito que nela subiam nos velhos dias. Trata-se de *il en sçait bieng,* significando que alguém é sutil e inteligente. Até as damas da corte estão começando a usá-lo".

E por aí vai. Os burgueses e mesmo alguns elementos da corte dizem "il faut que nous faisions cela", em vez de "il faut que nous fassions cela". Alguns dizem "l'on za" e "l'on zest", e não o refinado "l'on a" e "l'on est". Dizem "Je le l'ai", em vez de "Je l'ai".**

Em quase todos esses casos, a forma linguística que aqui aparece como de corte tornou-se de fato o costume nacional. Mas há também exemplos de formas linguísticas de corte que são gradualmente abandonadas como "refinadas demais", "afetadas demais".

9. Tudo isto esclarece simultaneamente o que antes dissemos sobre as diferenças sociogenéticas entre os caracteres nacionais francês e alemão. A língua é uma das manifesta-

---

* Literalmente, *voyons voir* seria "vejamos ver". (N.R.)
** Em "il faut que nous *faisions* cela", está sendo usado um indicativo no lugar do subjuntivo: é preciso que *fazemos* isso, em vez de *façamos*. *Za* e *zest* são um erro que ainda hoje acontece, e é considerado bastante vulgar, o de fazer uma ligação da vogal inicial com uma consoante *s* anterior (daí o som *z*), só que neste caso inexistente. O último exemplo é uma repetição do pronome *o,* dito duas vezes. (N.R.)

ções mais acessíveis do que consideramos como caráter nacional. Aqui podemos ver, com um único exemplo concreto, como esse caráter peculiar e típico é refinado em contato com certas formações sociais. A língua francesa foi decisivamente marcada pela corte e pela sociedade de corte. No tocante à língua alemã, a Câmara e Chancelaria Imperiais desempenharam durante algum tempo o mesmo papel, ainda que não exercessem nem de longe a mesma influência da corte francesa. Em data tão recente como 1643, alguém alega que sua linguagem é exemplar "porque modelada nos escritos da Câmara de Speyer".[55] Nessa ocasião, eram as universidades que haviam conquistado quase a mesma importância para a cultura e a língua alemã que a corte na França. Essas duas entidades estreita e socialmente relacionadas, a Chancelaria e a universidade, porém, influenciaram menos a fala do que a literatura. Formaram a língua escrita não através das conversas, mas do documento, das cartas, e dos livros. E quando Nietzsche observa que até mesmo as canções alemãs de beber são eruditas, ou se compara a eliminação de termos especializados pelo cortês Voltaire com o modo como os alemães os usavam, percebe com grande clareza os resultados desses diferentes fenômenos históricos.

10. Se na França as *gens de la cour dizem* "Esta frase está correta e esta incorreta", uma pergunta importante surge que merece pelo menos ser abordada de passagem: "Por que padrões ela está realmente julgando o que é correto e incorreto na linguagem? Que critérios usa para selecionar, polir e modificar expressões?"

Às vezes, essa própria gente reflete sobre o assunto. O que diz sobre ele é, à primeira vista, surpreendente e, de qualquer modo, sua importância ultrapassa a esfera da linguagem. Frases, palavras e nuances são corretas *porque* eles, os membros da elite social, as usam. E são incorretas *porque* inferiores sociais as usam.

M. Thibault defende-se algumas vezes quando lhe dizem que é incorreta esta ou aquela construção de frase: "Estou muito agradecido à senhora, Madame", diz (*Du bon et du mauvais usage,* p.23), "pelo trabalho que está tendo em me ensinar, mas me parece que a palavra 'defunto' é muito conhecida e usada por muita gente de boa educação (*honêtes gens*)."

"É bem possível," responde a senhora, "que haja muitas pessoas bem-educadas que não conheçam suficientemente bem a delicadeza de nossa língua... uma delicadeza que é sentida por apenas um pequeno número de pessoas bem-falantes e que as leva a não dizer que um homem virou defunto a fim de dizer que ele faleceu."

Um pequeno círculo de pessoas é bem versado nessa delicadeza de linguagem. Falar como elas é igual a falar corretamente. O que os outros dizem não conta. Os juízos de valor são apodícticos. Qualquer razão além de "Nós, a elite, falamos assim e só nós temos sensibilidade para a língua" não é necessária nem conhecida. "Quanto a erros cometidos contra o bom uso", diz-se em outro trecho, "desde que não há regras claras, eles dependem apenas do consentimento de certo número de pessoas educadas, cujos ouvidos estão acostumados a certas maneiras de falar e as preferem a outras" (p.98). E em seguida são listadas as palavras a evitar.

Palavras antiquadas são impróprias para a fala comum, séria. Palavras muito novas despertam suspeita de afetação — poderíamos talvez dizer, de esnobismo. Palavras eruditas que recendem a latim ou grego são suspeitas a todas as *gens du monde*. Cercam os que as usam de uma atmosfera de pedantismo, se são conhecidas outras palavras que dizem a mesma coisa com simplicidade.

Palavras em calão usadas por gente comum devem ser evitadas com todo o cuidado, porquanto demonstram que elas têm "baixa educação". "E é a respeito dessas palavras, isto é, palavras em calão", diz o bem-falante cortesão, "que falamos neste contexto" — querendo falar da oposição entre linguagem de corte e burguesa.

A razão dada para o expurgo de palavras "inferiores" da língua é o refinamento dos sentimentos, que desempenha um papel nada pequeno em todo o processo civilizador. Mas este refinamento é distintivo de um grupo relativamente pequeno. Ou o indivíduo tem essa sensibilidade ou não — esta é, aproximadamente, a atitude do instrutor. As pessoas que possuem esta delicadeza, um pequeno círculo, determinam por consenso o que deve ser considerado bom ou mau.

Em outras palavras, dentre todos os argumentos racionais que poderiam ser apresentados para a escolha de expressões, o argumento social, de que algo é melhor porque é o usado pela classe alta, ou mesmo por apenas uma elite dela, é sem dúvida o mais importante.

"Palavras antiquadas", palavras que saíram de moda, são usadas pela geração mais antiga ou por aqueles que não estão em contato permanente e direto com a vida da corte, os *déclassés*. "Um número excessivo" de novas palavras são usadas por um grupo de jovens que ainda não foram aceitos, que falam uma "gíria" especial, parte da qual talvez amanhã esteja em moda. "Palavras eruditas" são usadas, como na Alemanha, por pessoas educadas nas universidades, especialmente por advogados e altos administradores, isto é, na França pela *noblesse de robe*. "Expressões inferiores" são todas as palavras usadas da burguesia para baixo. A polêmica linguística corresponde a uma estratificação social bem-definida, bem característica. Indica e delimita o grupo que, em dado momento, exerce controle sobre a língua: em sentido mais amplo as *gens de la cour*, mas, em sentido mais restrito, um círculo menor, sumamente aristocrático, que temporariamente exerce influência na corte e que, com todo cuidado, se distingue dos arrivistas sociais, os cortesãos egressos dos viveiros burgueses, dos "antiquados", dos "jovens", dos concorrentes "esnobes" da geração em ascensão, e por último mas não menos importante, dos funcionários especializados oriundos das universidades. Esse círculo constitui a influência predominante na formação da linguagem nessa época. A maneira como falam os membros desses círculos mais amplos ou mais restritos da corte é "como se deve falar", falar *comme il faut*. Nesta esfera são formados os modelos de fala que subsequentemente se espalham em ondas mais longas ou mais curtas. A maneira como uma língua se desenvolve e é definida corresponde a uma certa estrutura social. Consequentemente, do século XVIII em diante, a influência burguesa sobre a língua francesa lentamente ganha forças. Esta longa passagem através de um estágio dominado pela aristocracia da corte ainda hoje se percebe na língua francesa, como na alemã ainda se nota que passou pela dominação de uma *intelligentsia* educada de classe média. E em todos os casos em que elites ou pseudoelites se formam na sociedade burguesa francesa, elas assimilam na linguagem essas tendências mais antigas e mais distintas.

Critérios Apresentados para Distinguir o "Bom" Comportamento e o "Mau"

11. A linguagem é uma das formas assumidas pela vida social ou mental. Grande parte do que se pode observar na maneira como a linguagem é plasmada torna-se também evidente em outras formas que a sociedade assume. O modo como pessoas argumentam que este ou aquele comportamento ou costume à mesa é melhor que outro, por exemplo, mal se pode distinguir da maneira como alegam que uma expressão linguística é preferível a outra.

Isto não corresponde à expectativa que talvez tenha um observador do século XX. Ele, por exemplo, acha, talvez, que a eliminação do hábito de "comer com as mãos", a adoção do garfo, as louças e talheres individuais, e todos os demais rituais de seu próprio padrão podem ser explicados por "razões higiênicas". Isto porque é esta a maneira como ele mesmo explica, de modo geral, esses costumes. Mas o fato é que, em data tão recente como a segunda metade do século XVIII, praticamente nada desse tipo condicionava o maior controle que as pessoas impunham a si mesmas. De qualquer modo, as chamadas "explicações racionais" têm bem pouca importância em comparação com outras.

Nas primeiras fases a necessidade de controle em geral era explicada assim: faça isto ou não faça aquilo, porque não é cortês, não é "fino". Um "nobre" não faz essas coisas. No máximo, a razão dada era a consideração pelo embaraço acaso criado para outrem, como no *Hofzucht,* de Tannhäuser, que diz: "Não te coces com a mão com que pegas também o prato comum de servir. Teus companheiros à mesa podem notar isto. Portanto, usa o casaco para te coçares" (Exemplo A, v.109 e segs.). E é claro que o patamar do embaraço difere aqui do que foi observado no período seguinte.

Mais tarde, argumentos semelhantes eram usados para tudo: não faça isso porque não é educado ou *bienséant*. Ou um argumento como esse era usado para explicar o respeito devido a pessoas de categoria social superior.

Assim como aconteceu com a maneira por que foi moldada a fala, também na formação de outros aspectos do comportamento em sociedade as motivações sociais e a adaptação do comportamento aos modelos vigentes em círculos influentes foram, de longe, os motivos mais importantes. Até mesmo as expressões usadas na motivação do "bom comportamento" à mesa eram, com frequência, as mesmas usadas para motivar a "fala correta".

Em *Du bon et du mauvais usage dans les manières de s'exprimer,* Callières se refere, por exemplo, a esta ou aquela expressão "que a civilidade introduziu entre pessoas que falam corretamente" (p.22).

Exatamente o mesmo conceito de *civilité* também é reiterado por Courtin e La Salle para declarar o que é correto e incorreto nas maneiras. E da mesma forma que Callières fala simplesmente de pessoas *qui parlent bien,* (que falam bem) Courtin (ao fim do Exemplo G), diz: "Antigamente tínhamos licença para fazer isto, mas hoje não é mais permitido." Em 1694, afirma Callières que há muitas pessoas que não são suficientemente versadas na *délicatesse* da linguagem: "C'est cette délicatesse qui n'est connue que d'un petit nombre de gens" (É esta delicadeza que só é conhecida de pequeno número de pessoas). Courtin usa a mesma expressão em 1672 quando declara que é sempre necessário limpar a colher antes de colocá-la no prato comum, se a pessoa já a usou, "havendo pessoas tão *delicadas* que não gostariam de tomar uma sopa na qual você mergulhou a colher depois de tê-la levado à boca" (Exemplo G).

Esta *délicatesse,* esta sensibilidade, e um sentimento altamente desenvolvido de embaraço, são no início aspectos característicos de pequenos círculos da corte e, depois, da sociedade da corte como um todo. Isto se aplica à linguagem exatamente da mesma maneira que aos hábitos à mesa. Não se diz nem se pergunta em que se baseia essa delicadeza e por que ela exige que se faça isto e não aquilo. O que se observa é apenas que a "delicadeza" — ou melhor, o patamar do embaraço — está avançando. Juntamente com uma situação social muito específica, os sentimentos e emoções começam a ser transformados na classe alta, e a estrutura da sociedade como um todo permite que as emoções assim modificadas se difundam lentamente pela sociedade. Nada indica que a condição afetiva, o grau de sensibilidade, sejam mudados pelo que descrevemos como "evidentemente racional", isto é, pela compreensão demonstrável de dadas conexões causais. Courtin não diz, como se diria mais tarde, que algumas pessoas acham "anti-higiênico" ou "prejudicial à saúde" tomar sopa na mesma sopeira com outras pessoas. Não há dúvida de que a delicadeza de sentimentos é aguçada sob pressão da situação da corte, isto de uma maneira que mais tarde será parcialmente justificada por estudos científicos, mesmo que grande parte dos tabus que as pessoas gradualmente se impõem em seus contatos recíprocos, parte esta muito maior do que em geral se pensa, não tenha a menor ligação com a "higiene", sendo motivada — ainda hoje — apenas por uma "delicadeza de sentimentos". De qualquer modo, o processo se desenvolve em alguns aspectos de uma maneira que é o exato oposto do que em geral hoje se supõe. Em primeiro lugar, ao longo de um período extenso e em conjunto com uma mudança específica nas relações humanas, isto é, na sociedade, é elevado o patamar de embaraço. A estrutura das emoções, a sensibilidade, e o comportamento das pessoas mudam, a despeito de variações, em uma direção bem clara. Então, num dado momento, esta conduta é reconhecida como "higienicamente correta", isto é, é justificada por uma clara percepção de conexões causais, o que lhe dá mais consistência e eficácia. A expansão do patamar do embaraço talvez se ligue ocasionalmente a experiências mais ou menos indefinidas e, de início, racionalmente inexplicáveis, de como certas doenças são transmitidas ou, mais exatamente, talvez se ligue a medos e preocupações vagos e, por conseguinte, não esclarecidos, que apontam ambiguamente na direção que mais tarde será confirmada pela racionalização. A "compreensão racional", porém, não é o que condiciona a "civilização" dos hábitos à mesa ou outras formas de comportamento.

Neste contexto, é altamente instrutivo o estreito paralelo entre a "civilização" dos hábitos à mesa e da fala. Fica claro que a mudança do comportamento à mesa é parte de uma transformação muito extensa por que passam sentimentos e atitudes humanas. Também se vê em que grau as forças motivadoras desse fenômeno se originam na estrutura social, na maneira como as pessoas estão ligadas entre si. Vemos com mais clareza como círculos relativamente pequenos iniciam o movimento e como o processo, aos poucos, se transmite a segmentos maiores. Esta difusão, porém, pressupõe contatos muito específicos e, por conseguinte, uma estrutura bem-definida da sociedade. Além do mais, ela certamente não poderia ter ocorrido se não houvessem sido estabelecidas para classes mais amplas, e não apenas para os círculos que criaram o modelo, condições de vida — ou, em outras palavras, uma situação social — que tornassem possível e necessária uma transformação gradual das emoções e do comportamento, um avanço no patamar do embaraço.

O processo que assim emerge lembra, na sua forma — embora não em substância —, processos químicos nos quais um líquido, cujo todo é sujeito a condições de mudança química (como, por exemplo, a cristalização), começa adquirindo forma cristalina em um pequeno núcleo enquanto o resto só gradualmente se cristaliza em torno dele. Nada seria mais errôneo do que considerar o núcleo da cristalização como causa da transformação.

O fato de uma dada classe em uma fase ou outra do desenvolvimento social formar o centro de um processo e, desta forma, fornecer modelos para outras classes, e de que estes modelos sejam difundidos e aceitos por elas já pressupõe uma situação social e uma estrutura especial de sociedade como um todo, em virtude da qual a um círculo é destinada a função de criar modelos e a outro as de difundi-los e assimilá-los. Adiante discutiremos em detalhes os tipos de mudança na integração social que detonaram essas mudanças no comportamento.

Grupo 2:
Do Costume de Comer Carne

1. Embora os fenômenos humanos — sejam atitudes, desejos ou produtos da ação do homem — possam ser examinados em si, independentemente de suas ligações com a vida social, eles, por natureza, nada mais são que concretizações de relações e comportamento, materializações da vida social e mental. Isto se aplica à fala, que nada mais é que relações humanas transformadas em som, e também à arte, ciência, economia e política, e não menos a fenômenos que se classificam como importantes em nossa escala de valores e a

outros que nos parecem triviais e insignificantes. Não raro são exatamente estes últimos, os fenômenos triviais, que nos dão introvisões claras e simples da estrutura e desenvolvimento da psique e suas relações, que nos eram negadas pelos primeiros. As atitudes do homem em relação ao consumo de carne, por exemplo, são muito esclarecedoras no tocante à dinâmica das relações humanas e às estruturas da personalidade.

Na Idade Média, as pessoas oscilam entre pelo menos três conjuntos de comportamento no tocante à carne. Aqui como em centenas de outros fenômenos, notamos a extrema diversidade de comportamento característica da sociedade medieval, em comparação com sua equivalente moderna. A estrutura social do medievo admite bem pouco a difusão de modelos desenvolvidos em um centro social específico, pela sociedade como um todo. Certos tipos de comportamento predominam por vezes no seio de uma dada classe social por todo o Mundo Ocidental, enquanto em uma diferente classe ou estamento o comportamento difere muito. Por esta razão, as diferenças comportamentais entre classes distintas na mesma região são muitas vezes mais acentuadas do que as existentes entre representantes regionalmente separados da mesma classe social. E, se os tipos de comportamento passam de uma classe a outra, o que decerto ocorre, o que mais os altera, radicalmente mesmo, é o isolamento maior ou menor entre elas.

A relação com o consumo de carne oscila no mundo medieval entre os dois polos seguintes: por um lado, na classe alta secular o consumo de carne é muito alto, se comparado com o padrão de nossos tempos. Prevalece a tendência de devorar quantidades de carne que nos parecem fantásticas. Por outro, nos mosteiros predomina a abstenção ascética de toda carne, abstenção esta que resulta de autorrenúncia e não de carência e é amiúde acompanhada de radical depreciação ou restrição à ingestão de alimentos. Desses círculos partem manifestações de forte aversão à "glutonaria" de leigos da classe alta.

O consumo de carne pela classe mais baixa, os camponeses, é também com frequência muito limitado — não por necessidade espiritual ou por renúncia voluntária por causa de Deus ou do além, mas por mera escassez. O gado é caro e, por isso mesmo, destinado durante longo período apenas às mesas dos dominantes. "Se o camponês criava gado", dizia-se,[56] "era principalmente para os privilegiados, a nobreza, e os burgueses", não esquecendo os religiosos, que variavam do ascetismo a, aproximadamente, o mesmo comportamento da classe alta secular. São limitados os dados exatos sobre o consumo de carne pelas classes altas na Idade Média e no início da era moderna. Havia sem dúvida grandes diferenças entre os cavaleiros e os grandes senhores feudais. Com frequência, o padrão de vida dos cavaleiros mal se diferenciava daquele em que viviam os camponeses.

Um cálculo do uso da carne de vaca em uma corte do norte da Alemanha em data relativamente recente, o século XVII, indica um consumo de cerca de um quilo *per capita* ao dia, além de grandes quantidades de carne de caça, aves, e peixes.[57] As especiarias desempenham papel importante, e as verduras, muito secundário. Outras informações apontam mais ou menos na mesma direção. Mas o assunto precisa ainda ser investigado em detalhes.

2. Já outra mudança pode ser documentada com mais exatidão. A maneira como a carne era servida mudou consideravelmente da Idade Média até a época atual. É das mais instrutivas a curva dessa mudança. Na classe alta medieval, o animal morto ou grandes partes do mesmo eram trazidas inteiras para a mesa. Não só peixes e aves inteiras (às vezes, com as penas) mas também coelhos, cordeiros e quartos de veado aparecem na mesa, para não mencionar pedaços maiores de carne de caça, porcos e bois assados no espeto.[58]

O animal é trinchado à mesa. Este o motivo por que livros sobre boas maneiras repetem, até o século XVII e, às vezes, até no século XVIII, que é importante que o homem educado saiba trinchar bem. "Discenda a primis statim annis secandi ratio..." (A maneira correta de trinchar deve ser ensinada desde os primeiros anos), diz Erasmo em 1530.

"Quando servindo", instrui Courtin em 1672,

> a pessoa deve sempre dar a outrem a melhor porção e conservar para si a menor, e em nada tocar, exceto com o garfo. Este é o motivo por que, se uma pessoa de alta categoria lhe pede algo que está à sua frente, é importante que você saiba como cortar a carne com elegância e método, e identificar os melhores pedaços, a fim de poder servi-la com civilidade. A maneira de cortar não é ensinada aqui, uma vez que se trata de assunto sobre o qual foram escritos livros especializados, nos quais todas as peças são representadas a fim de mostrar onde a carne deve ser inicialmente segurada com um garfo para cortá-la, pois, como dissemos acima, *a carne nunca deve ser tocada... pela mão, nem mesmo quando se a come;* em seguida, onde a faca deve ser colocada para cortá-la; que pedaço deve ser separado inicialmente... qual o melhor pedaço e o pedaço de honra que deve ser servido à pessoa de mais alta categoria presente. É fácil aprender a trinchar depois de a pessoa ter frequentado três ou quatro vezes uma boa mesa, e por esta razão não é vergonha pedir desculpa e deixar a outrem a tarefa que não podemos realizar.

O equivalente alemão, o *New vermehrtes Trincier-Büchlein* (Novo e ampliado manual de trinchamento), impresso em Rintelen em 1650, diz:

> Uma vez que o cargo de trinchador em uma corte principesca não é considerado o mais baixo, mas figura entre os mais respeitados, a pessoa que o exerce deve, por conseguinte, ser ou da nobreza ou de outra boa origem, de corpo espigado e bem-proporcionado, bons e fortes braços e mãos ágeis. Em todos os trinchos públicos, ela deve abster-se... de grandes movimentos e de cerimônias inúteis e tolas... e tomar todo cuidado para não ficar nervosa, *de modo a não trazer desonra a si mesma por tremor do corpo e das mãos* e porque, de qualquer maneira, isto não cabe em mesas principescas.

O trincho e a distribuição da carne são honras especiais. A tarefa cabe em especial ao dono da casa ou a hóspedes ilustres, a quem ele solicita que realize o trabalho. "Os jovens e os de classe inferior não devem interferir no ato de servir, mas apenas aceitar o que lhes for entregue na sua vez", diz a *Civilité française* anônima, de 1714.

No século XVII o trincho da carne à mesa deixa gradualmente de ser, na aristocracia francesa, uma perícia indispensável ao homem do mundo, tal como a caça, a esgrima, e a dança. O trecho citado de Courtin indica esse fato.

3. O fato de desaparecer gradualmente, o costume de colocar na mesa grandes pedaços de animal para serem trinchados liga-se a muitos fatores. Um dos mais importantes talvez seja a redução gradual do tamanho da unidade familiar,[59] como parte do movimento de famílias mais numerosas para famílias menores; em seguida, ocorre a transferência de atividades de produção e processamento, como fiação, tecelagem e abate de animais, da casa para especialistas, artesãos, mercadores e fabricantes, que as desempenham profissionalmente enquanto a família torna-se basicamente uma unidade de consumo.

Neste caso, também, a tendência psicológica acompanha um processo social mais amplo: hoje causaria repugnância a muitas pessoas se elas ou outras tivessem que trinchar meio novilho ou um porco à mesa ou cortar a carne de um faisão ainda adornado com suas penas.

Há mesmo *des gens si délicats* (pessoa tão delicadas) — para repetir a frase de Courtin com referência a um processo correlato —, para quem a vista de açougues, com o corpo de animais mortos expostos, é sumamente desagradável, e outras que, por sentimentos mais ou menos racionalmente disfarçados de nojo, se recusam terminantemente a comer carne. Mas estas são novidades no patamar de repugnância que ultrapassam o padrão de sociedade civilizada no século XX e, por isso mesmo, são consideradas "anormais". Não obstante, não podemos ignorar que foram progressos desse tipo (se coincidiram com a direção do desenvolvimento social mais amplo) que deram origem, no passado, a mudanças de padrão, e que este avanço específico do patamar da repugnância encaminha-se na mesma direção seguida até então.

Esta direção é bem clara. A partir de um padrão de sentimentos segundo o qual a vista e trincho de um animal morto à mesa eram coisas realmente agradáveis, ou pelo menos não desagradáveis, o desenvolvimento levou a outro padrão pelo qual a lembrança de que o prato de carne tem algo a ver com o sacrifício do animal é evitada a todo custo. Em muitos de nossos pratos de carne, a forma do animal é tão disfarçada e alterada pela arte de sua preparação e trincho que quando a comemos quase não nos lembramos de sua origem.

Será mostrado que as pessoas, no curso do processo civilizatório, procuram suprimir em si mesmas todas as características que julgam "animais". De igual maneira, suprimem essas características em seus alimentos.

Nesta área, igualmente, o desenvolvimento tampouco é uniforme em toda a parte. Na Inglaterra, por exemplo, onde em muitos aspectos da vida as formas mais antigas são mais preservadas do que no continente europeu, o ato de servir grandes pedaços de carne (e com eles a tarefa, que cabe ao dono da casa, de trinchá-la e servi-la) sobrevive sob a forma do "quarto", com osso e tudo em maior extensão do que na sociedade urbana da Alemanha e França. Não obstante, inteiramente à parte o fato de que o quarto atual é em si uma forma muito reduzida da colocação na mesa de grandes pedaços de carne, não deixou de haver reações a ele que assinalam o avanço do patamar da repugnância. A adoção do "sistema russo" de maneiras à mesa na sociedade, em meados do último século, foi um movimento nessa direção. "Nossos maiores agradecimentos ao novo sistema", diz um livro inglês sobre boas maneiras, *The Habits of Good Society* (1859), "são merecidos por ter ele banido aquele barbarismo insuportável — o quarto de boi. Coisa alguma pode fazer com que um quarto de boi pareça elegante, ao mesmo tempo que oculta o dono da casa e o condena ao sofrimento do trincho... A verdade é que, *a menos que nosso apetite seja muito voraz, a vista de tanta carne cheirando mal em seu molho é suficiente para destruí-lo inteiramente*, e um enorme quarto de animal parece escolhido sob medida para repugnar o epicurista. Se absolutamente consumidos, os quartos devem ser postos em uma mesa lateral, onde ficarão longe da vista" (p.314).

A tendência cada vez mais forte de remover o desagradável da vista aplica-se, com raras exceções, ao trincho do animal inteiro.

O ato de trinchar, conforme demonstram os exemplos, outrora constituiu parte importante da vida social da classe alta. Depois, o espetáculo passou a ser julgado crescentemente repugnante. O trincho em si não desaparece, uma vez que o animal, claro, tem que ser cortado antes de ser comido. O repugnante, porém, *é removido para o fundo da vida social*. Especialistas cuidam disso no açougue ou na cozinha. Repetidamente iremos ver como é característico de todo o processo que chamamos de civilização esse movimento de segregação, este ocultamento "para longe da vista" daquilo que se tornou repugnante. A curva que ocorre do trincho de grande parte do animal ou do animal inteiro, passando pelo avanço do patamar da repugnância à vista dos animais mortos, para a transferência do trincho a enclaves especializados por trás das cenas, constitui uma típica curva civilizadora.

Resta a ser investigado até que ponto processos parecidos são subjacentes a fenômenos semelhantes em outras sociedades. Na antiga civilização chinesa, mais que em qualquer outra, o ocultamento do ato de trinchar por trás das cenas foi efetuado mais cedo e mais radicalmente do que no Ocidente. Na China, o processo é levado tão longe que se trincha e corta toda carne em um lugar inteiramente reservado e a faca é inteiramente banida do uso à mesa.

O Uso da Faca à Mesa

4. A faca, igualmente, pela própria natureza de seu uso social, reflete mudanças na personalidade humana, com suas mutáveis compulsões e desejos. Ela é materialização de situações históricas e de fidelidades estruturais da sociedade.

Uma coisa acima de todas é característica de seu uso como utensílio da mesa em nossa atual sociedade ocidental: as inumeráveis proibições e tabus que a cercam.

A faca é com certeza um instrumento perigoso já no que poderíamos chamar de sentido racional. É uma arma de ataque. Provoca ferimentos e descarna animais que foram abatidos.

Mas esse aspecto obviamente perigoso está inçado de emoções. A faca torna-se símbolo dos sentimentos os mais diversos, ligados à sua função e forma, mas não deduzidos "logicamente" de sua finalidade. O medo que desperta ultrapassa o racional e é maior do que o perigo "calculável", provável. E o mesmo vale quanto ao prazer que seu uso e aparência despertam, mesmo que este aspecto seja hoje menos evidente. De acordo com a estrutura de nossa sociedade, o ritual diário de seu uso é hoje determinado mais pelo desagrado e medo do que pelo prazer que a cerca. Por isso, seu uso mesmo à refeição é restringido por grande número de proibições. Estas, conforme já dissemos, estendem-se muito além do "puramente funcional". Mas para todas elas nos ocorre facilmente uma explicação racional, em geral vaga e nem sempre fácil de se provar. Só quando esse tabus são examinados em conjunto surge a suposição de que a atitude social em relação à faca e às regras que lhe pautam o uso à mesa — e acima de tudo os tabus que a cercam — são primariamente de natureza emocional. Medo, repugnância, culpa, associações e emoções dos tipos os mais díspares lhe exageram o perigo real. E é exatamente isto o que ancora tão firme e profundamente essas proibições na personalidade e lhes dá o caráter de tabus.

5. Na Idade Média, com sua classe dominante de guerreiros e a constante disposição para a luta, e em conformidade com o estágio de controle de emoções e face aos regulamentos relativamente tolerantes impostos às compulsões, são muito poucas as proibições relativas às facas. "Não limpe os dentes com a faca" é uma exigência constante, mas é a principal proibição e não aponta para futuras restrições ao utensílio. Além do mais, a faca é, de longe, o utensílio mais importante à mesa. Que seja levada à boca é algo que se aceita como natural.

Mas há indicações em fins da Idade Média, mais diretas ainda que em qualquer período posterior, de que a cautela necessária no uso da faca tem origem não só na consideração racional de que o indivíduo pode cortar-se, ou machucar-se de alguma maneira, mas, acima de tudo, na emoção provocada pela vista ou ideia de uma faca apontada para o próprio rosto.

> Não voltes tua faca para o rosto,
> Pois há nisso perigo e grande risco.

Lemos no *Book of Curtesye* de Caxton (v.28). Aqui como em toda parte mais tarde, está de fato presente o elemento de perigo racionalmente calculável, e a advertência se refere a isso. Mas são a memória e associação da faca com a morte e o perigo, o significado simbólico do instrumento, somados à cada vez maior pacificação interna da sociedade e à gradual preponderância de sentimentos de desagrado com sua presença, que levam à limitação e suspensão final de seu uso em sociedade. A simples vista de uma faca apontada para o rosto provoca medo: "Não voltes a faca contra o rosto, porque nisto há razão para muito medo." Esta é a base emocional de um poderoso tabu de uma época posterior, que proíbe que se leve a faca à boca.

O caso é semelhante à proibição que, em nossa série de exemplos, foi mencionada pela primeira vez por Calviac em 1560 (ao fim do Exemplo E): se passa uma faca a alguém, pegue-a pela ponta e lhe ofereça o cabo, "porque não seria polido agir de outra maneira".

Neste exemplo como era tão comum até que, em fase posterior, a criança recebesse uma explicação "racional" de todas as proibições, nenhuma explicação é dada para o ritual social exceto que "não seria polido proceder de outra maneira". Mas não é difícil perceber o significado emocional dessa instrução: ninguém deve virar a ponta da faca na direção de alguém, como se num ataque. O mero significado simbólico desse ato, a recordação de uma ameaça belicosa, é desagradável. Aqui, também o ritual da faca contém um elemento racional. O indivíduo poderia usar o ato de passar a faca a fim de cravá-la inesperadamente em alguém. Um ritual social é formado em torno desse perigo porque o gesto ameaçador em si se enraíza em um nível emocional, como fonte geral de desagrado, símbolo de morte e perigo. A sociedade, que nessa época começa a limitar cada vez mais os perigos reais que ameaçam o homem e, em consequência, a remodelar sua vida afetiva, coloca também cada vez mais barreiras em torno dos símbolos, dos gestos, e dos instrumentos de perigo. Aumentam, assim, as restrições e proibições ao uso da faca, juntamente com as limitações impostas ao indivíduo.

6. Se deixamos de lado os detalhes desse fenômeno e estudamos apenas o resultado, a forma atual do ritual da faca, descobrimos uma espantosa abundância de tabus de variada severidade. O imperativo de nunca levar a faca à boca é um dos mais sérios e mais conhecidos. Quase dispensa dizer que ele exagera em excesso o perigo real e provável, isto porque os grupos sociais, acostumados a usá-las e comer com elas, raramente se machucam ao fazê-lo. A proibição transformou-se em um modo de distinção social. Na sensação desagradável que nos assalta à mera vista de alguém pondo uma faca na boca, tudo isto se apresenta simultaneamente: o modo geral que o símbolo desperta e o medo mais específico de degradação social que pais e educadores, desde cedo, ligaram a essa prática com suas advertências de que "isto não se faz".

Mas há outras proibições a respeito das facas que pouco ou nada têm a ver com perigo direto ao corpo e que parecem apontar para outros significados simbólicos que não a associação com a guerra. A proibição muito rigorosa de se comer peixe com faca — ladeada e alterada hoje pela adoção de uma faca especial — parece à primeira vista muito obscura em seu significado emocional, embora a teoria psicanalítica aponte pelo menos para uma explicação. Há uma proibição muito conhecida de pegar talheres, especialmente facas, com a mão inteira, "como se fosse um porrete", como diz La Salle, embora no caso, ele se referisse apenas ao garfo e à colher (Exemplo J). Há ainda, obviamente, a tendência geral a eliminar ou, pelo menos, restringir o contato da faca com objetos redondos ou ovoides. A mais conhecida e uma das mais graves dessas proibições é a relativa a cortar batatas com faca. Mas a proibição, menos rigorosa, de cortar bolinhos de massa ou abrir ovos quentes com faca aponta também na mesma direção e, às vezes, em círculos muito sensíveis, encontramos a tendência de evitar cortar maçãs ou mesmo laranjas dessa maneira. "Eu poderia sugerir que nenhum epicurista jamais cortou maçã com faca e que a laranja deve ser descascada com uma colher", diz *The Habits of Good Society*, de 1859 e 1889.

7. Mas estas proibições particulares mais ou menos rigorosas, cuja lista poderia ser certamente ampliada, são, em certo sentido, apenas exemplos de uma linha geral de desenvolvimento muito característica no uso da faca. Há uma tendência, que lentamente se infiltra em toda a sociedade civilizada, de alto a baixo, no sentido de restringir o uso da faca (no contexto das técnicas em uso à mesa) e, em todos os casos possíveis, não usá-la em absoluto.

A tendência surge pela primeira vez em um preceito aparentemente tão trivial e óbvio como o citado no Exemplo I: "Não conserve sempre a faca na mão, como fazem os camponeses, mas pegue-a apenas quando dela necessitar." O preceito é evidentemente muito forte em meados do último século, quando o livro inglês de boas maneiras que acabamos de citar, *The Habits of Good Society,* diz: "Permita-me dar-lhe uma regra: tudo o que puder ser cortado sem faca deve ser cortado apenas com o garfo." E precisamos apenas observar o uso nos dias de hoje para encontrar confirmada essa tendência. Este é um dos poucos casos claros de um fenômeno que está começando a transcender o padrão de técnica e ritual à mesa atingido pela sociedade cortesã. Mas, claro, isto não quer dizer que a "civilização" do Ocidente continuará realmente nesta direção. É um começo, uma possibilidade como tantas outras que surgem em todas as sociedades. Ainda assim, não é inconcebível que a preparação dos alimentos na cozinha evolua em uma direção que restrinja ainda mais o uso da faca à mesa, deslocando-a, ainda mais do que até agora, para enclaves especializados que se situam em segundo plano.

Fortes movimentos retroativos não são certamente impensáveis. É bem sabido que as condições de vida na Primeira Guerra Mundial automaticamente provocaram a suspensão de alguns dos tabus da civilização de tempos de paz. Nas trincheiras, oficiais e soldados, quando necessário, comiam usando facas e mãos. O patamar de delicadeza encolheu-se com grande rapidez sob a pressão de uma situação inescapável.

À parte essas interrupções, sempre possíveis e que podem também levar a novas configurações de costumes, é bastante clara a linha do desenvolvimento no emprego da faca.[60] A regulação e o controle das emoções intensificam-se. As instruções e proibições a respeito de um instrumento ameaçador tornam-se cada vez mais numerosas e diferenciadas. Finalmente, o emprego do símbolo ameaçador é tão limitado quanto possível.

Não podemos evitar comparar a direção dessa curva de civilização com o costume há muito praticado na China. Neste país, como se sabe, a faca desapareceu há muitos séculos como utensílio de mesa. Para muitos chineses, é inteiramente incivil a maneira como os europeus comem. "Os europeus são bárbaros", dizem eles, "eles comem com espadas." Podemos supor que este costume está ligado ao fato de que desde há muito tempo a classe alta, que criava os modelos na China, não foi guerreira, mas uma classe pacífica em altíssimo grau, uma sociedade de funcionários públicos eruditos.

Do Uso do Garfo à Mesa

8. Qual a real utilidade do garfo? Serve para levar à boca a comida que já foi cortada. Por que precisamos de um garfo para fazer isso? Por que não usamos os dedos? Porque isso é coisa de "canibal", como disse em 1859 o "Homem à Janela do Clube", o anônimo autor de *The Habits of Good Society*. Por que é coisa de "canibal" comer com os dedos? Isso não é pergunta. É *evidentemente* canibalesco, bárbaro, incivil ou o que quer mais que se queira chamá-lo.

Mas essa é exatamente a pergunta: por que é mais civilizado comer com garfo?

"Porque é anti-higiênico comer com os dedos." Isto parece convincente. Para nossa sensibilidade, é anti-higiênico se diferentes pessoas põem os dedos no mesmo prato, porque há o perigo de contágio de doenças através de contatos com elas. Parece que todos tememos que os outros estejam doentes.

A explicação, porém, não satisfaz inteiramente. Hoje não comemos em pratos comuns. Todos levam à boca a comida que tiraram do próprio prato. Pegá-la no próprio prato com os dedos não pode ser mais anti-higiênico do que levar à boca com os dedos um pedaço de bolo, de pão, de chocolate, ou qualquer outra coisa.

Neste caso, por que precisamos realmente de garfo? Por que é "bárbaro" e "incivil" levar à boca com a mão a comida tirada do próprio prato? Porque é repugnante sujar os dedos ou, pelo menos, ser visto em sociedade com os dedos sujos. A eliminação do ato de comer com a mão do próprio prato pouco tem a ver com o perigo de contrair doença, a chamada explicação "racional". Estudando nossos sentimentos em relação ao ritual do garfo, podemos ver com especial clareza que a primeira autoridade em nossa escolha entre comportamento "civilizado" e "incivil" à mesa é o nosso sentimento de repugnância. O garfo nada mais é que a corporificação de um padrão específico de emoções e um nível específico de nojo. Por trás da mudança nas técnicas à mesa ocorrida entre a Idade Média e os tempos modernos reaparece o mesmo processo que emergiu na análise de outras explicitações desse mesmo processo: uma mudança na estrutura de impulsos e emoções.

Tipos de comportamento que na Idade Média não eram julgados, no mínimo, repugnantes são crescentemente acompanhados de sentimentos desagradáveis. O padrão de delicadeza encontra expressão em proibições sociais correspondentes. Esses tabus, tanto quanto podem ser apurados, nada mais são do que sentimentos ritualizados ou institucionalizados de desagrado, antipatia, repugnância, medo ou vergonha, sentimentos estes que foram socialmente alimentados em condições muito específicas e que são constantemente reproduzidos, não só, mas principalmente, porque se tornaram institucionalmente enraizados em um dado ritual, em dadas formas de conduta.

Os exemplos demonstram — uma amostragem certamente limitada e numa seleção algo aleatória de afirmações — como, na fase de desenvolvimento na qual o uso do garfo ainda não era considerado natural, é lentamente ampliada a sensação de desagrado que primeiro se formou em um círculo fechado. "É muito grosseiro", diz Courtin em 1672 (Exemplo G), "tocar qualquer coisa gordurosa, molho, xarope etc., com os dedos, à parte o fato de que isto o obriga a cometer mais dois ou três atos indelicados. Um deles seria enxugar frequentemente a mão no guardanapo e sujá-lo como se fosse um trapo de cozinha, de modo que as pessoas que o vissem limpar a boca com ele se sentissem nauseadas. Outro seria limpar os dedos no pão, o que, mais uma vez, é sumamente grosseiro, [N.B. Os termos franceses *prope* e *malpropre* usados por Courtin e explicados em um de seus capítulos coincidem menos com os termos alemães relativo a limpo e sujo — *sauber* e *unsauber* — do que a palavra mais frequente no passado, *proper*.] O terceiro seria lambê-los, o que constitui o auge da falta de educação."

A *Civilité,* de La Salle (Exemplo J, 1729), que ensina a conduta da classe alta a círculos mais amplos, relata em uma de suas páginas: "Quando os dedos estão engordurados, limpe-os primeiro com um pedaço de pão." Isto mostra como estava longe de ter aceitação geral, mesmo nessa época, o padrão de delicadeza que Courtin já propusera décadas antes. Por outro lado, La Salle repete literalmente o preceito de Courtin de que "a *Bienséance* não permite que se toque com os dedos qualquer coisa gordurosa, tampouco molhos ou xaropes." E exatamente como Courtin, menciona entre as *incivilités* que se seguem limpar os dedos no pão e lamber os dedos, além de sujar o guardanapo.

Pode-se ver que as maneiras, nestes casos, continuam em processo de formação. O novo padrão não surge da noite para o dia. Algumas formas de comportamento são proibidas não porque sejam anti-higiênicas, mas por que são feias à vista e geram associações desagradáveis. A vergonha de dar esse espetáculo, antes ausente, e o medo de provocar tais associações, difundem-se gradualmente dos círculos que estabelecem o padrão para outros mais amplos, através de numerosas autoridades e instituições. Não obstante, uma vez sejam despertados e firmemente estabelecidos na sociedade, esses sentimentos através de certos rituais, como o que envolve o garfo, são constantemente reproduzidos enquanto a estrutura das relações humanas não for fundamentalmente alterada. A geração mais antiga, para quem esse padrão de conduta é aceito como natural, insiste com as crianças, que não vêm ao mundo já munidas desses sentimentos e deste padrão, para que se controlem mais ou menos rigorosamente de acordo com os mesmos e contenham seus impulsos e inclinações. Se tenta tocar alguma coisa pegajosa, úmida ou gordurosa com os dedos, a criança é repreendida: "Você não deve fazer isso. Gente fina não faz isso." E o desagrado com tal conduta, que é assim despertado pelo adulto, finalmente cresce com o hábito, sem ser induzido por outra pessoa.

Em grande parte, contudo, a conduta e vida instintiva da criança são postas à força, mesmo sem palavras, no mesmo molde e na mesma direção pelo fato de que um dado uso da faca e do garfo, por exemplo, está inteiramente firmado no mundo adulto — isto é, pelo exemplo do meio. Uma vez que a pressão e coação exercidas por adultos individuais é aliada da pressão e exemplo de todo o mundo em volta, a maioria das crianças, quando crescem, esquece ou reprime relativamente cedo o fato de que seus sentimentos de vergonha e embaraço, de prazer e desagrado, são moldados e obrigados a se conformar a certo padrão de pressão e compulsão externas. Tudo isso lhes parece altamente pessoal, algo "interno", implantado neles pela natureza. Embora seja ainda bem visível nos escritos de Courtin e La Salle que os adultos, também, foram inicialmente dissuadidos de comer com os dedos por consideração para com o próximo, por "polidez", para poupar a outros um espetáculo desagradável, e a si mesmos a vergonha de serem vistos com as mãos sujas, mais tarde isto se torna cada vez mais um automatismo interior, a marca da sociedade no ser interno, o superego, que proíbe ao indivíduo comer de qualquer maneira que não com o garfo. O padrão social a que o indivíduo fora inicialmente obrigado a se conformar por restrição externa é finalmente reproduzido, mais suavemente ou menos, no seu íntimo através de um autocontrole que opera mesmo contra seus desejos conscientes.

Desta forma, o processo sócio-histórico de séculos, no curso do qual o padrão do que é julgado vergonhoso e ofensivo é lentamente elevado, reencena-se em forma abreviada na vida do ser humano individual. Se quiséssemos expressar processos repetitivos desse tipo sob a forma de leis, poderíamos falar, como um paralelo às leis da biogênese, de uma lei fundamental de sociogênese e psicogênese.

V

Mudanças de Atitude em Relação a Funções Corporais

Exemplos

Século XVI

A

De *S'ensuivent les contenances de la table:*

VIII
Antes de sentar-se, certifique-se de que seu assento não foi emporcalhado.

B

De *Ein spruch der ze tische kêrt*.⁶¹

329. Não se toque por baixo das roupas com as mãos nuas.

C

1530

Extraído de *De civilitate morum puerilium*, de Erasmo. Os excertos foram retirados da edição de Colônia, de 1530, que provavelmente já fora lançada com finalidades educativas. Sob o título aparece a seguinte nota: "Reconhecida pelo autor e elucidada com novos escólios por Gisbertus Longolius Ultraiectinus, Colônia, no ano XXX" (= 1530). O fato de essas questões serem discutidas de tal maneira em livros escolares torna particularmente clara a diferença com atitudes posteriores:

> É indelicado cumprimentar alguém que esteja urinando ou defecando...
> A pessoa bem-educada sempre deve evitar expor, sem necessidade, as partes às quais a natureza atribuiu pudor. Se a necessidade a compele, isto deve ser feito com decência e reserva, mesmo que ninguém mais esteja presente. Isto porque os anjos estão sempre presentes e nada mais lhes agrada em um menino do que pudor, o companheiro e guardião da decência. Se produz vergonha mostrá-las aos olhos dos demais, ainda menos devem ser elas expostas pelo toque.
> Prender a urina é prejudicial à saúde e urinar em segredo diz bem do pudor. Há aqueles que ensinam que o menino deve prender os gases, comprimindo-os no intestino. Mas não é conveniente, esforçando-se para parecer educado, contrair uma doença. Se for possível retirar-se do ambiente, que isto seja feito a sós. Mas, em caso contrário, de acordo com o antigo provérbio, que a tosse esconda o som. Além do mais, por que esses mesmos trabalhos não ensinam que meninos não devem defecar, uma vez que é mais perigoso prender os gases do que conter os intestinos?
> [Isto é comentado assim nos escólios, p.33:]
> Para contrair uma doença: escute a velha máxima sobre o som do vento. Se ele puder ser solto sem ruído, isto será melhor. Mas, ainda assim, melhor ser solto com ruído do que contido.
> A esta altura, porém, teria sido útil suprimir a sensação de embaraço de modo ou a acalmar o corpo ou, seguindo o conselho de todos os médicos, apertar bem juntas as nádegas e agir de acordo com as sugestões do epigrama de Aethon: fazia de tudo para não peidar explosivamente em lugar sagrado, e orou a Zeus, embora com as nádegas comprimidas. O som do peido, especialmente das pessoas que se encontram em lugar elevado, é horrível. Sacrifícios devem ser feitos, com as nádegas fortemente comprimidas.
> Tossir para ocultar o som explosivo: aqueles que, porque estão embaraçados, não querem que o vento explosivo seja escutado, simulam um ataque de tosse. Siga a regra das Quilíades: substitua os peidos por acessos de tosse.

Considerando a insalubridade de reter o peido: há uns dois versos no volume II dos epigramas de Nicharchos em que ele descreve a capacidade do peido retido de provocar doenças, mas uma vez que esses versos são citados por todo mundo, não vou comentá-los aqui.

O cuidado e a seriedade imperturbáveis com que são publicamente discutidas questões que mais tarde tornaram-se altamente privadas e rigorosamente proibidas em sociedade deixa bem clara a mudança da fronteira do embaraço. O fato de que sentimentos de vergonha são mencionados frequente e explicitamente na discussão mostra bem a diferença no padrão.

D

1558
De *Galateo,* de Della Casa, extraído da edição em cinco idiomas (Genebra, 1609), p.32:

Além do mais, não fica bem a um homem decoroso e honrado preparar-se para se aliviar na presença de outras pessoas, nem erguer as roupas, depois, na presença delas. Analogamente, não lavará as mãos ao voltar para a sociedade decente vindo de lugares privativos, uma vez que a razão para lavá-las provocará pensamentos desagradáveis nas pessoas. Pela mesma razão, não é hábito refinado, quando se encontra alguma coisa repugnante na rua, como às vezes acontece, virar-se imediatamente para o companheiro e lhe chamar a atenção para isso.

É ainda mais incorreto segurar a coisa malcheirosa para que o outro a cheire, como alguns têm o costume de fazer, e que mesmo insistam em que o outro faça isso, erguendo a coisa fedorenta até suas narinas e dizendo: "Eu gostaria de saber o que é que você acha disto", quando seria melhor dizer: "Porque fede, não a cheire."

E

1570
Dos Regulamentos da Corte de Wernigerode, 1570:[62]

O indivíduo não deve, como rústicos que não frequentaram a corte ou viveram entre pessoas refinadas e respeitáveis, aliviar-se, sem vergonha ou reserva, na frente de senhoras ou diante das portas ou janelas de câmaras da corte ou de outros aposentos. Muito ao contrário, todos devem, em todas as ocasiões e em todos os lugares, comportar-se de modo sensato, cortês, e respeitoso em palavra e gesto.

F

1589
Dos Regulamentos da Corte de Brunswick, 1589:[63]

Que ninguém, quem quer que possa ser, antes, durante ou após as refeições, cedo ou tarde, suje as escadas, corredores ou armários com urina ou outras sujeiras, mas que vá para os locais prescritos e convenientes para se aliviar.

G

c.1619

Richard Weste, *The Booke of Demeanor and the Allowance and Dissallowance of Certaine Misdemeanors in Companie:*[64]

> 143. Não permitas que teus membros íntimos
> sejam expostos à vista:
> é mui vergonhoso e execrando,
> detestável e rude.
> Não segures a urina ou os gases
> que incomodam teu corpo;
> desde que o faças em segredo,
> não te perturbes por isso.

H

1694

Da correspondência da duquesa de Orléans (9 de outubro de 1694; outra fonte data esta carta de 25 de agosto de 1718):

> O cheiro do lodaçal é horrível. Paris é um lugar horroroso. As ruas cheiram tão mal que não se pode sair de casa. O calor extremo está provocando o apodrecimento de grande quantidade de carne e peixe, e isto, juntamente com a multidão de pessoas que fazem... na rua, produz um cheiro tão detestável que não pode ser suportado.

I

1729

De *Les règles de la bienséance et de la civilité chrétienne,* de La Salle (Rouen, 1729), p.45 e segs.:

> Faz parte do decoro e do pudor cobrir todas as partes do corpo, com exceção da cabeça e das mãos. Deve-se tomar cuidado para não tocar com as mãos nuas qualquer parte do corpo que não é habitualmente deixada descoberta. E se for obrigado a assim proceder, isto deve ser feito com

grande cautela. Você precisa acostumar-se ao sofrimento e ao desconforto sem se contorcer, esfregar-se ou coçar-se...

É muito mais contrário à decência e à propriedade tocar ou ver em outra pessoa, principalmente do sexo oposto, aquilo que os Céus proíbem que você olhe em si mesmo. Quando precisar urinar, deve sempre retirar-se para um local não frequentado. E é correto (mesmo no caso de crianças) cumprir outras funções naturais em locais onde não possam ser vistas.

É muito grosseiro soltar gases do corpo quando em companhia de outras pessoas, seja por cima seja por baixo, mesmo que isto seja feito sem ruído. [Esta regra, que está de acordo com o costume mais recente, é exatamente o oposto do prescrito nos Exemplos C e G.] É vergonhoso e indecente assim proceder, de maneira que possa ser escutada por outras pessoas.

Não é nunca correto referir-se a partes do corpo que devem ficar cobertas nem de certas necessidades corporais a que a Natureza nos sujeitou, nem mesmo mencioná-las.

O desenvolvimento alemão foi algo mais lento que o francês. Conforme demonstra a seleção seguinte, em data tão recente como a primeira metade do século XVIII, é recomendada uma norma que consiste no mesmo padrão de maneiras encontrado no trecho de Erasmo citado acima: "É indelicado cumprimentar alguém que esteja urinando ou defecando."

J

1731

Da obra de Johann Christian Barth, *A Ética galante, na qual se mostra como um moço deve fazer-se apreciado no mundo galante, através de ações refinadas e palavras agradáveis. Escrito especialmente para o proveito e prazer de todos os apreciadores das boas maneiras de hoje em dia,* 4ª ed. (Dresden e Leipzig, 1731), p.288:

Se passar por uma pessoa que está se aliviando, você deve comportar-se como se não a visse, de maneira que é indelicado cumprimentá-la.

K

1774

Da obra de La Salle, *Les règles de la bienséance et de la civilité chrétienne* (ed. de 1774), p.24. O capítulo intitulado "Das Partes do Corpo que Devem ser Ocultadas e das Necessidades Naturais", cobre nada menos que duas páginas e meia na edição anterior e mal chega a uma e meia na edição de 1774. O trecho "Deve-se tomar cuidado para não tocar etc.", é omitido. Muita coisa que podia e devia ser mencionada não é mais referida:

Faz parte do decoro e do recato cobrir todas as partes do corpo, exceto a cabeça e as mãos.

No tocante às necessidades naturais, é correto (mesmo no caso de crianças) satisfazê-las apenas onde a pessoa não puder ser vista.

Não é nunca certo referir-se às partes do corpo que devem estar sempre escondidas e às necessidades corporais a que a Natureza nos sujeitou, ou mesmo mencioná-las.

L

1768
Carta de Madame du Deffand a Madame de Choiseul, 9 de maio de 1768,[65] transcrita como exemplo do valor de prestígio de certo utensílio:

> Eu gostaria de lhe contar, querida avó, como contei ao reverendíssimo abade, a minha enorme surpresa quando um grande saco que a senhora me enviou foi trazido à minha cama na manhã de ontem. Apressei-me a abri-lo, enfiei a mão e encontrei uma boa quantidade de ervilhas verdes... e também um vaso... que rapidamente tirei dali de dentro: era um urinol. Mas era de tal beleza e magnificência que as pessoas de minha família disseram, a uma só voz, que *ele devia ser usado como molheira. O urinol ficou em exposição durante toda a noite de ontem e foi admirado por todos.* Quanto às ervilhas... nós as comemos até não sobrar nada.

Algumas Observações sobre os Exemplos e sobre Estas Mudanças em Geral

1. Os versos *courtois* pouco dizem sobre este assunto. São relativamente poucas as injunções e proibições sociais nesta área. Neste particular, também, pelo menos na sociedade secular, tudo é mais descontraído, mais frouxo. Nem as próprias funções, nem falar sobre elas ou as associações que despertam, são assuntos tão íntimos e privados, tão carregados de sentimentos de vergonha e embaraço como se tornariam mais tarde.

O tratado de Erasmo assinala também, no tocante a essas áreas, um ponto na curva de civilização que representa, por um lado, uma notável elevação do patamar de vergonha, em comparação com a época precedente, e, por outro, se confrontado com tempos mais recentes, uma liberdade na referência a funções naturais, uma "falta de vergonha", que para a maioria das pessoas que adotam o padrão atual pode, a princípio, parecer incompreensível e não raro "embaraçosa".

Mas, ao mesmo tempo, é muito claro que esse tratado tem precisamente a função de cultivar sentimentos de vergonha. A referência à onipresença de anjos, usada para justificar o controle de impulsos aos quais a criança está acostumada, é bem característica. A maneira como a ansiedade é despertada nos jovens, a fim de forçá-los a reprimir o prazer, de acordo com o padrão de conduta social, muda com a passagem dos séculos. Aqui a ansiedade despertada em conexão com a renúncia à satisfação instintiva é explicada a si mesmo e aos demais em termos de espíritos externos. Algum tempo depois, a restrição autoimposta, juntamente com o medo, a vergonha e a recusa a cometer qualquer infração, frequentemente aparece, pelo menos na classe alta, na sociedade aristocrática de corte, como vergonha e medo a outras pessoas. Em círculos mais amplos, reconhecidamente, a referência a anjos da guarda é usada durante muito tempo como instrumento para condicionar crianças. Diminui um pouco quando "razões higiênicas" e de saúde recebem mais ênfase e se pretende obter um certo grau de controle dos impulsos e das emoções. Essas razões higiênicas passam, então, a desempenhar um papel importante nas ideias dos adultos sobre o que é civilizado, em geral sem que se perceba que relação elas têm com o condicionamento das crianças que está sendo praticado. Apenas a partir dessa percepção, contudo, é que o que há nelas de racional pode ser distinguido do que é apenas aparentemente racional, isto é, fundamentado principalmente na repugnância e nos sentimentos de vergonha dos adultos.

2. Conforme já mencionamos, em seu tratado, Erasmo funciona como indicador de um novo padrão de vergonha e repugnância que começa a se formar lentamente na alta classe secular. Mas, ainda assim, fala como se fossem naturais coisas que, depois, tornaram-se embaraçosas, quando mencionadas. Homem cuja delicadeza de sentimentos é demonstrada uma vez após outra nesse mesmo tratado, ele nada vê de mal em chamar por seus nomes funções corporais que, de acordo com nossos padrões atuais, não podem ser sequer mencionadas em sociedade, e ainda menos em livros sobre etiqueta. Mas não há contradição entre essa delicadeza e esta preocupação. Ele fala a partir de outra fase de controle e domínio das emoções.

A diferença de padrão vigente na sociedade de Erasmo torna-se clara quando lemos como era comum encontrar alguém "qui urinam reddit aut alvum exonerat" (urinando ou defecando). E a maior liberdade com que pessoas podiam nessa época satisfazer e falar de suas funções corporais diante de outras pessoas lembra o comportamento que ainda hoje pode ser encontrado em todo o Oriente. Mas a delicadeza impede que se cumprimente alguém encontrado nessa situação.

A diferença de padrão é visível também quando ele diz que não é de bom-tom exigir que o jovem "ventris flatum retineat" (prenda as ventosidades) porque ele poderia, por urbanidade, contrair uma doença. E faz comentários semelhantes sobre o espirrar e outros atos.

Note-se que em seu tratado não são frequentes os argumentos de natureza médica. Quando aparecem, é quase sempre, como no caso acima, para se opor à exigência de que se restrinjam funções naturais, ao passo que mais tarde, sobretudo no século XIX, eles servem quase sempre como instrumentos para compelir ao controle e à renúncia de uma satisfação instintiva. Só no século XX é que aparece uma ligeira relaxação.

3. Os exemplos extraídos da obra de La Salle devem ser suficientes para indicar como estava se desenvolvendo o sentimento de delicadeza. Mais uma vez, é muito instrutiva a diferença entre as edições de 1729 e 1774. Indubitavelmente, mesmo a edição anterior

já menciona um padrão de delicadeza muito diferente do que é encontrado no tratado de Erasmo. A exigência de que todas as funções naturais sejam vedadas à vista de outras pessoas é feita de maneira inequívoca, mesmo que o modo pelo qual é formulada indique que o comportamento das pessoas — adultas e crianças — não se conforma ainda à mesma. Embora diga que não é muito delicado até mesmo falar de tais funções ou das partes do corpo nelas envolvidas, La Salle, ainda assim as descreve com uma minúcia de detalhes que nos espanta. Dá às coisas seus verdadeiros nomes, já que não constam da *Civilité,* de Courtin, datada de 1672, que se destinava ao uso das classes altas.

Na segunda edição do livro de La Salle, igualmente, são omitidas todas as referências detalhadas. Cada vez mais, essas necessidades são "ignoradas". Simplesmente lembrá-las torna-se embaraçoso para a pessoa na presença de outras que não sejam muito íntimas e, em sociedade, tudo o que mesmo remota ou associativamente as lembre é evitado.

Ao mesmo tempo, os exemplos deixam claro a lentidão com que se desenvolvia o processo de suprimir essas funções da vida social. Material suficiente[66] sobreviveu exatamente porque o silêncio sobre esses assuntos não era observado antes ou o era menos. O que em geral falta é a ideia de que informação desse tipo tenha mais do que valor de curiosidade e, por isso mesmo, ela raramente é sintetizada em uma ideia da linha geral do desenvolvimento. Não obstante, se adotamos um ponto de vista abrangente, emerge um padrão que é típico do processo civilizatório.

4. No início, essas funções e sua exposição são acompanhadas apenas de leves sentimentos de vergonha e repugnância e, por isso mesmo, sujeitas apenas a modesto isolamento e controle. São aceitas como tão naturais como pentear os cabelos ou calçar os sapatos. As crianças eram portanto condicionadas de maneira análoga para uma coisa, ou outra.

"Conta em sequência exata", diz o mestre-escola a um aluno em um livro escolar de 1568, os diálogos de Mathurin Cordier para escolares,[67] "o que fizeste entre acordar e tomar o desjejum. Escutai com toda atenção, meninos, para que aprendais a imitar vosso colega." "Acordei", diz o aluno, "saí da cama, vesti a camisa, calcei as meias e os sapatos, fechei o cinto, urinei na parede do pátio, tirei água do balde e lavei as mãos e o rosto, secando-os com um pano etc."

Em épocas posteriores, o ato praticado no pátio, pelo menos em um livro escrito como este, expressamente como manual de instrução e exemplo, teria sido simplesmente ignorado como "sem importância". Neste caso não é particularmente "sem importância", nem "importante". É aceito como natural, como qualquer outra coisa.

A criança que quisesse contar hoje essa necessidade o faria ou como uma espécie de piada, encarando o convite do mestre "literalmente demais" ou se referiria a ela usando de circunlóquios. Mas, com toda a probabilidade, esconderia seu embaraço com um sorriso, e um sorriso "de compreensão" dos colegas, expressão de uma pequena infração de um tabu, seria a reação.

A conduta dos adultos corresponde a esses diferentes tipos de condicionamento. Durante muito tempo, a rua, e quase todos os locais onde a pessoa por acaso se encontrasse, serviam para a mesma finalidade que o muro do pátio mencionado acima. Não é nem mesmo raro recorrer à escada, aos cantos da sala, ou aos beirais das muralhas de um castelo, se a pessoa sente tais necessidades. Os Exemplos E e F deixam isto claro. Mas mostram também que, dada a interdependência específica e permanente das muitas pessoas que viviam na corte, uma pressão era exercida de cima no sentido de um controle mais rigoroso dos impulsos e, por conseguinte, para maior autodomínio.

O controle mais rigoroso de impulsos e emoções é inicialmente imposto por elementos de alta categoria social aos seus inferiores ou, no máximo, aos seus socialmente iguais. Só relativamente mais tarde, quando a classe burguesa, compreendendo um maior número de pares sociais, torna-se a classe superior, governante, é que a família vem a ser a única — ou, para ser mais exata, a principal e dominante — instituição com a função de instilar controle de impulsos. Só então a dependência social da criança face aos pais torna-se particularmente importante como alavanca para a regulação e moldagem socialmente requeridas dos impulsos e das emoções.

No estágio das cortes feudais, e ainda mais nas dos monarcas absolutos, elas próprias desempenhavam em grande parte essa função para a classe alta. No estágio posterior, boa parte do que se tornou "segunda natureza" para nós não havia sido ainda inculcado dessa forma, como um autocontrole automático, um hábito que, dentro de certos limites, funciona também quando a pessoa está sozinha. Ao contrário, o controle dos instintos era inicialmente imposto apenas quando na companhia de outras pessoas, isto é, mais conscientemente por razões sociais. Tanto o tipo como o grau de controle correspondem à posição social da pessoa que os impõe, em relação à posição daqueles em cuja companhia está. Isto muda lentamente, à medida que as pessoas se aproximam mais socialmente e se torna menos rígido o caráter hierárquico da sociedade. Aumentando a interdependência com a elevação da divisão do trabalho, todos se tornam cada vez mais dependentes dos demais, os de alta categoria social dos socialmente inferiores e mais fracos. Estes últimos tornam-se a tal ponto iguais aos primeiros que eles, os socialmente superiores, sentem vergonha até mesmo de seus inferiores. Só nesse momento é que a armadura dos controles é vestida em um grau aceito como natural nas sociedades democráticas industrializadas.

Tirando da riqueza de exemplos um único caso que mostra com particular clareza o contraste que, bem compreendido, lança luz sobre todo o fenômeno, Della Casa dá em seu *Galateo* uma lista de maus procedimentos que devem ser evitados. A pessoa não deve cair no sono quando em companhia de outras; não deve tirar cartas do bolso e lê-las; não deve aparar e limpar as unhas. "Além disso", continua ele (p.92), "a pessoa não deve sentar-se de costas ou com o posterior voltado para outra, nem elevar uma coxa tão alta que membros do corpo humano, que devem estar recatadamente cobertos em todas as ocasiões, possam ficar expostos à vista. *Porque isto e coisas semelhantes não se faz, exceto entre pessoas ante as quais não sentimos vergonha* (se non tra quelle persone, ch l'huom non riverisce). *É verdade que um grande senhor pode fazer isso diante de um de seus serviçais ou na presença de um amigo de classe inferior, porque, assim procedendo, não demonstraria arrogância, mas, sim, particular afeição e amizade.*"

Há pessoas diante das quais nos sentimos envergonhados e outras com quem isso não acontece. O sentimento de vergonha é evidentemente uma função social modelada segundo a estrutura social. Isto talvez não seja *expressado* com tanta clareza. O *comportamento* correspondente, porém, está amplamente documentado. Na França,[68] ainda no século XVII, reis e grandes senhores recebiam inferiores que lhes mereciam especial favor em ocasiões em que, como diria mais tarde o ditado alemão, até mesmo o imperador deveria ficar sozinho. Receber inferiores quando se acordava e estava se vestindo, ou indo dormir, foi coisa natural durante todo um período. E mostra exatamente o estágio em que estava o sentimento de vergonha quando a amante de Voltaire, a marquesa de Châtelet, fica inteiramente nua diante de um serviçal durante o banho, de tal maneira que o deixa perturbado, e então o repreende porque o lacaio não está derramando corretamente a água quente.[69]

O comportamento que em sociedades industrializadas mais democratizadas é cercado de tabus por todos os lados, com sentimentos inculcados de vergonha ou embaraço em graus variáveis, é neste caso adotado apenas em parte. É omitido na companhia de pessoas de categoria igual ou inferior. Nesta área, também, a coação e o controle são autoimpostos da mesma maneira que foi vista antes no tocante às maneiras à mesa. "Nem acredito", lemos no *Galateo* (p.580), "que seja correto servir um prato comum, destinado a todos os convidados, a menos que a pessoa que serve seja de categoria social mais alta, de modo que os que são servidos se sintam por isso especialmente homenageados. Isto porque, quando feito entre iguais, parece que aquele que serve se coloca parcialmente acima dos outros."

Nessa sociedade hierarquicamente estruturada, todos os atos praticados na presença de numerosas pessoas adquiriam valor de prestígio. Por este motivo, o controle das emoções, aquilo que chamamos "polidez", revestia uma forma diferente da que adotou mais tarde, época em que diferenças externas em categoria haviam sido parcialmente niveladas. O que se menciona aqui é um caso especial de intercâmbio entre iguais (que uma pessoa não deve servir outra), e que mais tarde se torna a prática geral. Em sociedade, todos se servem pessoalmente e todos começam a comer no mesmo momento.

A situação é análoga no tocante à exposição do corpo. Inicialmente, torna-se uma infração repugnante mostrar-se de qualquer maneira diante de pessoas de categoria mais alta ou igual. Mas, no caso de inferiores, a seminudez ou mesmo a nudez pode até ser sinal de benevolência. Porém, depois, quando todos se tornam socialmente mais iguais, a prática lentamente se torna malvista em qualquer caso. A referência social à vergonha e ao embaraço desaparece cada vez mais da consciência. Exatamente porque a injunção social de não se mostrar ou desincumbir-se de funções naturais opera nesse momento no tocante a todos e é gravada nesta forma na criança, ela parece ao adulto uma injunção de seu próprio ser interno e assume a forma de um autocontrole mais ou menos total e automático.

5. Este isolamento das funções naturais da vida pública, e a correspondente regulação ou moldagens das necessidades instintivas, porém, só se tornaram possíveis porque, juntamente com a sensibilidade crescente, surgiu um aparelhamento técnico que solucionou de maneira muito satisfatória o problema de eliminação dessas funções na vida social e seu deslocamento para locais mais discretos. A situação não foi diferente no tocante às maneiras à mesa. O processo de mudança social e o avanço das fronteiras da vergonha e do patamar de repugnância não podem ser explicados por qualquer condição isolada e, decerto, não pelo desenvolvimento da tecnologia ou pelas descobertas científicas. Muito ao contrário, não seria difícil demonstrar as bases sociogenéticas e psicogenéticas dessas invenções e descobertas.

Uma vez posta em movimento a reformulação das necessidades humanas, devido à transformação generalizada das relações entre os homens, o desenvolvimento de aparelhagem técnica correspondente ao padrão mudado consolidou os novos hábitos em um grau extraordinário. Este aparelho contribuiu para a reprodução constante do padrão e para sua disseminação.

Não deixa de ser interessante observar que hoje [década de 1930], época em que este padrão de conduta se consolidou tanto que é aceito como inteiramente natural, certa relaxação está começando, sobretudo em comparação com o século XIX, pelo menos no que diz respeito a referências verbais a funções corporais. A liberdade e despreocupação com que as pessoas dizem o que tem que ser feito, sem o menor embaraço, sem o riso ou o sorriso forçado que acompanham um tabu infringido, aumentaram visivelmente no período de pós-guerra. Mas isto, tal como os costumes modernos de banho e dança, é possível apenas porque o nível habitual de autocontrole, técnica e institucionalmente consolidado, a capacidade do indivíduo de restringir suas necessidades e comportamento de acordo com os sentimentos mais atuais sobre o que é desgostoso, foram atingidos. O que se observa é uma relaxação dentro do contexto de um padrão já firmemente radicado.

6. O padrão que está emergindo em nossa fase de civilização caracteriza-se por uma profunda discrepância entre o comportamento dos chamados "adultos" e das crianças. Estas têm no espaço de alguns anos que atingir o nível avançado de vergonha e nojo que demorou séculos para se desenvolver. A vida instintiva delas tem que ser rapidamente submetida ao controle rigoroso e modelagem específica que dão à nossa sociedade seu caráter e que se formou na lentidão dos séculos. Nisto, os pais são apenas os instrumentos, amiúde inadequados, os agentes primários do condicionamento. Através deles e de milhares de outros instrumentos, é sempre a sociedade como um todo, o conjunto de seres humanos, que exerce pressão sobre a nova geração, levando-a mais perfeitamente, ou menos, para seus fins.

Na Idade Média, também, era a sociedade como um todo que exercia essa pressão formativa, mesmo que — conforme demonstraremos adiante em maior detalhe — os mecanismos e órgãos de condicionamento, particularmente na classe alta, fossem muito diferentes dos que temos hoje. Mas, acima de tudo, o controle e o comedimento, aos quais a vida instintiva dos adultos estava sujeita, foram muito menores do que na fase seguinte da civilização, como, em consequência, foi também menor a diferença em comportamento entre adultos e crianças.

As inclinações e tendências individuais que os escritos medievais sobre etiqueta buscavam controlar eram, com frequência, as mesmas que podem ser hoje facilmente observadas nas crianças. Não obstante, elas são tratadas hoje tão cedo que certos tipos de "mau procedimento" que eram muito comuns no mundo medieval raramente se manifestam na vida social de nossos dias.

As crianças são hoje advertidas a não pegar na mesa o que querem, a não se coçarem e não tocarem no nariz, orelhas, ouvidos ou outras partes do corpo quando se sentam para comer. São educadas para não falar ou beber com a boca cheia, derramar coisas na mesa, e assim por diante. Muitas dessas regras já são encontradas no *Hofzucht,* de Tannhäuser, por exemplo, mas dirigidas não a crianças, e sim, inequivocadamente, a adultos. Isto se torna ainda mais claro se nos lembramos da maneira como os adultos satisfaziam suas necessidades naturais. Isso frequentemente ocorria — como mostram os exemplos — de uma maneira que, em crianças, hoje, apenas seria tolerada. Com grande frequência, as necessidades eram satisfeitas onde e quando sentidas. O grau de comedimento e controle esperado pelos adultos entre si não era maior do que o imposto às crianças. Era pequena, medida pelos padrões de hoje, a distância que separava adultos de crianças.

Atualmente, o círculo de preceitos e normas é traçado com tanta nitidez em volta das pessoas, a censura e pressão da vida social que lhes modela os hábitos são tão fortes, que os jovens têm apenas uma alternativa: submeter-se ao padrão de comportamento exigido pela sociedade, ou ser excluído da vida num "ambiente decente". A criança que não atinge o nível de controle das emoções exigido pela sociedade é considerada como "doente", "anormal", "criminosa", ou simplesmente "insuportável", do ponto de vista de uma determinada casta ou classe e, em consequência, excluída da vida da mesma. Na verdade, do ponto de vista psicológico, os termos "doente", "anormal", "criminosa" e "insuportável" não têm, dentro de certos limites, outro significado. O modo como são compreendidos varia de acordo com os modelos historicamente mutáveis da formação de afetos.

Muito instrutiva neste particular é a conclusão do Exemplo D: "É ainda mais incorreto segurar a coisa malcheirosa para que o outro a cheire etc." As tendências instintivas e o comportamento desse tipo de acordo com o padrão de vergonha e nojo hoje vigente, simplesmente excluiriam — como "doente", "patológica", "degenerada" — do convívio dos demais uma pessoa que assim procedesse. Se a inclinação para tal comportamento se manifestasse publicamente, a pessoa, dependendo de sua posição social, seria confinada em casa ou internada em uma instituição. Na melhor das hipóteses, se essa tendência se manifestasse apenas dentro de casa, a um especialista em doenças nervosas seria destinada a tarefa de corrigir o condicionamento malsucedido dessa pessoa. De modo geral, sob as pressões do condicionamento, impulsos desse tipo desapareceram da consciência do adulto no estado de vigília. Só a psicanálise é que os descobre sob a forma de desejos insatisfeitos ou irrealizáveis, que são descritos como o nível inconsciente ou onírico da mente. E estes desejos têm, de fato, em nossa sociedade, o caráter de um resíduo "infantil" porque o padrão social dos adultos torna necessária a completa supressão e transformação dessas tendências, de modo que elas parecem, quando ocorrem em adultos, um "resto" da infância.

O padrão de delicadeza postulado no *Galateo* exige também um afastamento dessas tendências instintivas. A pressão para transformar essas inclinações, exercida sobre o indivíduo pela sociedade, porém, é mínima em comparação com a de hoje. Os sentimentos de repugnância, desagrado ou nojo despertados por tal comportamento são, nos termos do antigo padrão, incomparavelmente mais fracos que os nossos. Por isso mesmo, é muito menos rigoroso o interdito à manifestação desses sentimentos. Esse comportamento não é considerado como uma "anomalia patológica" ou uma "perversão", mas sim, como uma ofensa contra o tato, a polidez, o bom estilo.

Della Casa fala desse "mau procedimento" com ênfase bem pouco maior do que poderíamos falar hoje de alguém que roesse as unhas em público. O próprio fato de ele falar de "tais coisas" mostra como era então considerada inócua essa prática.

Não obstante, de certa maneira, esse exemplo assinala um momento decisivo. Caberia supor que a manifestação desses sentimentos ocorria também no período anterior. Mas só nesse instante eles começam a atrair a atenção. A sociedade está, aos poucos, começando a suprimir o componente de prazer positivo de certas funções mediante o engendramento da ansiedade ou, mais exatamente, está tornando esse prazer "privado" e "secreto" (isto é, reprimindo-o no indivíduo), enquanto fomenta emoções negativamente carregadas — desagrado, repugnância, nojo — como os únicos sentimentos aceitáveis em sociedade. Mas exatamente por causa desse aumento da proibição social de muitos impulsos, pela sua "repressão" na superfície da vida social e na consciência do indivíduo, necessariamente aumenta a distância entre a estrutura da personalidade e o comportamento de adultos e crianças.

VI

Do Hábito de Assoar-se

Exemplos

A

Século XIII
De *De la zinquanta cortesie da tavola* (Cinquenta cortesias à mesa), de Bonvesin de la Riva (Bonvicino da Riva).

a) Regras para cavalheiros:

> Quando assoar o nariz ou tossir, vire-se de modo que nada caia em cima da mesa.

b) Normas para pajens e serviçais:

> Pox la trentena e questa:
> zaschun cortese donzello
> Che se vore mondà lo naxo,
> com li drapi se faza bello;
> Chi mangia, over chi menestra,
> no de'sofià con le die;
> Con li drapi da pey se monda
> vostra cortexia.*

B

Século XV
De *Ein spruch der ze tische kêrt:*

> É indelicado assoar o nariz na toalha da mesa.

C

De *S'ensuivent les contenances de la table:*

> Não assoe o nariz com a mesma mão que usa para segurar a carne.**

D

De A. Cabanès, *Moeurs intimes du temps passé* (Paris, 1910), 1ª série, p.101.

---

* Não é inteiramente claro o significado dessa passagem (b). O evidente é que se dirige especialmente a pessoas que servem à mesa. Um comentador, Uguaccione Pisano, diz: "Os chamados *donizelli* são belos, jovens, e serviçais dos grandes senhores..." Esses *donizelli* não podiam sentar-se à mesma mesa que os cavaleiros ou, se isto fosse permitido, tinham que se sentar em uma cadeira mais baixa. Eles, uma espécie de pajens e, de qualquer modo, inferiores socialmente, são assim instruídos:

A trigésima primeira cortesia é a seguinte: todo "donzel" *courtois* que desejar assoar o nariz deve se embelezar com um pano. Quando estiver comendo ou servindo, não deve assoar (o nariz?) com os dedos. É cortês usar a faixa do pé.

** Segundo nota do editor (*The Babees Book,* vol.2. p.14), a cortesia consistia em assoar o nariz com os dedos da mão esquerda, se a pessoa comia e tirava carne da travessa comum com a direita.

No século XV as pessoas assoavam o nariz com os dedos e os escultores da época não se pejavam de reproduzir o gesto, em forma passavelmente realista, em seus monumentos.

Entre os cavaleiros, os *plourans,* à sepultura de Felipe, o Ousado, em Dijon, um deles é visto assoando o nariz no casaco e outro nos dedos.

E

Século XVI

De *De civilitate morum puerilium,* de Erasmo, Cap.1:

Assoar o nariz no chapéu ou na roupa é grosseiro, e fazê-lo com o braço ou cotovelo é coisa de mercador. Tampouco é muito mais educado usar a mão, se imediatamente limpa a meleca na roupa. O correto é limpar as narinas com um lenço e fazer isto enquanto se vira, *se pessoas mais respeitáveis estiverem presentes.*

Se alguma coisa cai no chão enquanto se assoa o nariz, deve-se imediatamente pisá-la com o pé.

[Dos escólios a respeito dessa passagem:]

Entre a meleca e o escarro há pouca diferença, exceto que o primeiro fluido deve ser interpretado como mais grosso e o segundo como mais sujo. Os autores latinos confundem constantemente o babador, o guardanapo, ou qualquer pedaço de linho, com o lenço.

F

1558

De *Galateo,* de Della Casa, transcrito da edição em cinco idiomas (Genebra, 1609), p.72, 44, 618:

Não ofereça o lenço a ninguém, a menos que ele esteja recém-lavado...

Tampouco é correto, após assoar o nariz, abrir o lenço e olhar dentro dele como se pérolas e rubis pudessem ter caído de sua cabeça.

... O que direi, então... daqueles que enfiam o lenço na boca? ...

G

De A. Cabanès, *Moeurs intimes du temps passé* (1910), p.103, 168, 102:

[Extraído de Martial d'Auvergue, *Arrêts d'amour* (Decretos de amor)] ... a fim de que ela não o esquecesse, ele mandou lhe fazer um dos mais belos e suntuosos dos lenços, no qual seu nome estava gravado em letras entrelaçadas da forma a mais bela, pois eram ligadas a um lindo coração dourado, orlado por minúsculos ilhoses em forma de coração.*

---

* Este pedaço de tecido devia ficar pendente da cinta da mulher, juntamente com suas chaves. Tal como o garfo, a cadeira-retrete etc., o lenço foi, no princípio, um artigo de luxo muito caro.

[Extraído de Lestoil, *Journal d'Henri IV*] Em 1594, Henrique IV perguntou ao seu criado quantas camisas possuía, e este respondeu: "Uma dezena, majestade, e algumas rasgadas." "E quantos lenços?", perguntou o rei, "Não tenho uns oito?" "No momento, apenas cinco", retrucou o criado.

Em 1599, ao ser feito o inventário da amante de Henrique IV, foram encontrados "cinco lenços trabalhados em ouro, prata e seda, no valor de 100 coroas". No século XVI, conta-nos Monteil, na França como em toda parte, as pessoas comuns assoavam o nariz sem lenço, mas, entre os burgueses, era costume aceito usar a manga do casaco. Quanto aos ricos, levavam um lenço no bolso. Por conseguinte, para dizer que um homem é rico, dizemos que ele não assoa o nariz na manga.

H

Fins do século XVII

O Auge do Refinamento
Primeiros Conselhos sobre Boas Maneiras e Comedimento

1672

De Courtin, *Nouveau traité de civilité:*

> [À mesa] assoar abertamente o nariz no lenço, sem se ocultar atrás do guardanapo, e enxugar o suor com ele... são hábitos sujos que dão a todos desejo de vomitar...
> Evite bocejar, assoar o nariz, e escarrar. Se for obrigado a proceder assim em lugares mantidos limpos, use o lenço, ao mesmo tempo virando o rosto e ocultando-se com a mão esquerda, e não olhe para o lenço depois.

I

1694

De Ménage, *Dictionnaire étymologique de la langue française:*

> Lenço para assoar o nariz.
> Uma vez que a expressão "assoar o nariz" dá uma impressão muito desagradável, as senhoras devem chamá-lo de lenço, e não de lenço para assoar o nariz. [N.B. *Mouchoir de poche, Taschentuch, handkerchief,* como expressão mais polida. A palavra relativa a funções que se tornaram desagradáveis é eliminada.]

Século XVIII

Note-se a crescente distância entre adultos e crianças. Apenas as crianças podem ainda, pelo menos na classe média, comportar-se como os adultos o faziam na Idade Média.

J

1714
De uma *Civilité française* anônima (Liège, 1714), p.141.

> Tenha todo cuidado de não assoar o nariz nos dedos ou na manga, *como criança*. Use o lenço e não olhe para ele depois.

K

1729
De La Salle, *Les règles de la bienséance et de la civilité chrétienne* (Rouen, 1729), no capítulo intitulado "Do Nariz e da Maneira de Assoar o Nariz e Espirrar", p.23:

> É muito indelicado esgaravatar as narinas com os dedos e ainda mais insuportável pôr na boca o que se tirou do nariz...
> É vil limpar o nariz com a mão nua ou assoar-se na manga ou nas roupas. É inteiramente contrário ao decoro assoar o nariz com dois dedos e, em seguida, lançar a sujeira no chão e enxugar os dedos na roupa. É bem sabido como é feio ver tal sujeira nas roupas, que devem estar sempre limpas, por mais pobre que seja a pessoa.
> Há pessoas que tapam uma narina com o dedo e, soprando pela outra, jogam no chão a sujeira que está dentro. Pessoas que assim procedem não sabem o que é decoro.
> Você deve usar sempre o lenço para assoar o nariz, e nunca qualquer outra coisa, e ao fazê-lo esconda o rosto com o chapéu. (Um exemplo particularmente claro da difusão de costumes da corte através desta obra.)
> Evite produzir ruído quando assoar o nariz... Antes de assoá-lo, é indelicado passar muito tempo tirando o lenço do bolso. *Demonstra falta de respeito para com as pessoas com quem se está* desdobrá-lo em lugares diferentes para ver de que lado vai usá-lo. Você deve tirar o lenço do bolso e usá-lo rapidamente, de maneira tal que mal seja notado pelos demais.
> Depois de assoar-se, deve ter o cuidado de não olhar dentro do lenço. O correto é dobrá-lo imediatamente e recolocá-lo no bolso.

L

1774
De La Salle, *Les règles de la bienséance et de la civilité chrétienne* (ed. de 1774), p.14 e segs. O capítulo nessa edição se intitula "Do Nariz" e é mais curto:

> Todos os movimentos voluntários com o nariz, sejam feitos pela mão ou por outra maneira, são indelicados e infantis. Colocar os dedos dentro do nariz é uma impropriedade revoltante e tocando-o com muita frequência *incômodos podem resultar, que são sentidos durante*

muito tempo.* Crianças cometem muito esse lapso. *Os pais devem corrigi-las rigorosamente.*

Você deve observar, ao assoar o nariz, todas as regras da propriedade e da limpeza.

Como se vê, são evitados todos os detalhes. Está avançando a "conspiração do silêncio". Ela se baseia na pressuposição — que evidentemente não podia ser feita à época da edição anterior — de que todos os detalhes são conhecidos dos adultos e podem ser controlados no seio da família.

M

1797

De La Mésangère, *Le voyageur de Paris* (1797), vol.2, p.95. Aqui a ótica é provavelmente, em maior grau que nos exemplos precedentes do mesmo século, a dos membros mais jovens da "boa sociedade":

> Há alguns anos, as pessoas faziam uma arte do ato de assoar o nariz. Um imitava o som do trompete, outro o miado do gato. A perfeição residia em não fazer nem muito nem pouco ruído.

Comentários sobre os Exemplos

1. Na sociedade medieval, as pessoas geralmente assoavam o nariz nas mãos, da mesma forma que comiam com elas. Este fato tornava necessárias regras especiais sobre a limpeza do nariz à mesa. A polidez, a *courtoisie,* requeria que o indivíduo assoasse o nariz com a mão esquerda, se pegasse a carne com a direita. Esta regra, porém, era na verdade restrita à mesa e surgiu exclusivamente por consideração aos demais. A sensação desagradável frequentemente despertada, hoje, pela mera ideia de sujar os dedos dessa maneira nem sequer existia de início.

Mais uma vez, os exemplos mostram com grande clareza a lentidão com que se desenvolveram os instrumentos aparentemente mais simples da civilização. Ilustram também, até certo ponto, as precondições sociais e psicológicas necessárias para tornar geral a necessidade e o uso de um instrumento tão simples. O uso do lenço — como o do garfo — surgiu primeiro na Itália e se difundiu devido a seu valor de prestígio. As mulheres prendiam ao cinto o pedaço de pano ricamente bordado e precioso. Os jovens "esnobes" da Renascença ofereciam-nos a outras pessoas ou levavam-nos à boca. E como eram preciosos e relativa-

---

* Este argumento, ausente na edição anterior, mostra claramente que a referência a danos à saúde começa a emergir aos poucos como instrumento de condicionamento, muitas vezes substituindo a advertência sobre o respeito devido aos superiores.

mente caros, no início seu uso não é comum, nem mesmo na alta classe. Henrique IV, ao fim do século XVI, possuía (conforme sabemos pelo Exemplo G) apenas cinco lenços. Em geral se considerava sinal de riqueza não assoar o nariz na mão nem na manga, mas no lenço. Luís XIV foi o primeiro a possuir um suprimento abundante de lenços e, no seu reinado, o uso dos mesmos generalizou-se, pelo menos nos círculos da corte.

2. Neste particular, como ocorre com tanta frequência, a época de transição é muito clara em Erasmo. É correto usar um lenço, diz ele, e, se pessoas de posição social mais alta estão presentes, vire-se ao assoar o nariz. Mas ele também diz: se assoar o nariz com dois dedos e alguma coisa cair no chão, pise em cima dela. O uso do lenço é conhecido, mas não muito difundido, mesmo na classe alta, para a qual ele escreve.

Dois séculos mais tarde, a situação é quase o inverso. O uso do lenço tornou-se generalizado, pelo menos entre as pessoas que alegam saber "como se comportar". Mas o uso das mãos não desapareceu inteiramente. À vista dos exemplos acima, tornou-se "má educação" ou, pelo menos, comum e vulgar. Lemos com divertimento as gradações estabelecidas por La Salle entre *vilain,* para certas maneiras muito grosseiras de assoar o nariz com a mão, e *très contraire à la bienséance,* para a maneira melhor de fazê-lo com dois dedos. (Exemplos H, J, K, L.)

Logo que o lenço começa a ser usado, repete-se a proibição a uma nova forma de "má educação" que surge ao mesmo tempo com o novo costume — a proibição de olhar dentro do lenço depois de usado (Exemplos F, H, J, K, L). Quase parece que inclinações que ficaram sujeitas a certo controle e comedimento com a adoção do lenço estariam, dessa maneira, procurando uma nova maneira de se manifestar. De qualquer modo, uma tendência instintiva que aparece hoje, no máximo, no inconsciente, nos sonhos, na esfera privada, ou mais conscientemente apenas em locais fechados, ou seja, o interesse pelas secreções corporais, mostra-se aqui em um estágio mais antigo do processo histórico, com mais clareza e franqueza, numa forma que hoje é "normalmente" visível apenas em crianças.

Na segunda edição de La Salle, como em outros casos, é omitida a maior parte das regras muito detalhadas da primeira. O uso do lenço tornou-se mais geral e evidente por si mesmo. Não é mais necessário ser tão explícito. Além do mais, é menor a inclinação de falar nesses detalhes, que La Salle originariamente comentou direta e longamente sem qualquer embaraço. Mais ênfase, por outro lado, é dada ao mau hábito de crianças de enfiar os dedos no nariz. Como em outros hábitos infantis, o aviso médico aparece agora em conjunto ou em lugar do social como instrumento de condicionamento, com referência ao mal que pode decorrer de fazer "tal coisa" com frequência excessiva. Vemos aí um exemplo de mudança na maneira de condicionar alguém, que já havia sido considerada de outros pontos de vista. Até essa ocasião, os hábitos eram quase sempre julgados claramente em sua relação com outras pessoas e se eram proibidos, pelo menos na classe alta secular, era porque podiam ser incômodos ou embaraçosos para terceiros ou porque revelasse "falta de respeito". Mas agora, os hábitos são condenados cada vez mais como tais, em si, e não pelo que possam acarretar a outras pessoas. Desta maneira, impulsos ou inclinações socialmente indesejáveis são reprimidos com mais rigor. São associados ao embaraço, ao medo, à vergonha ou à culpa, mesmo quando o indivíduo está sozinho. Grande parte do que chamamos de razões de "moralidade" ou "moral" preenche as mesmas funções que as razões de "higiene" ou "higiênicas": condicionar as crianças a aceitar determinado padrão social. A modelagem por esses meios objetiva a tornar automático o comportamento socialmente desejável, uma questão de autocontrole, fazendo com que o mesmo pareça à mente do indivíduo resultar de seu livre arbítrio e ser de interesse de sua própria saúde ou dignidade humana. Só com o aparecimento dessa maneira de consolidar hábitos ou, em outras palavras, de condicionamento, que ganha predominância com a ascensão da classe média, é que o conflito entre impulsos e tendências socialmente inadmissíveis, por um lado, e o padrão de exigências sociais feitas ao indivíduo, por outro, assume a forma rigorosamente definida e fundamental às teorias psicológicas dos tempos modernos — acima de tudo, à psicanálise. É bem possível que sempre tenha havido "neuroses". Mas as "neuroses" que vemos hoje por toda parte são uma forma histórica específica de conflito que precisa de uma elucidação psicogenética e sociogenética.

3. Uma indicação dos mecanismos de repressão talvez já esteja contida nos dois versos citados de Bonvicino da Riva (Exemplo A). A diferença entre o que é esperado de cavaleiros e senhores, por um lado, e dos *donizelli,* pajens, ou criados, por outro, lembra-nos um fenômeno social bem-documentado. Os senhores julgam desagradável a vista das funções corporais de seus servidores: obrigam-nos, os inferiores sociais em seu ambiente imediato, a controlar e restringir essas funções, isto de uma maneira que, no início, não impõem a si mesmos. O verso alusivo aos senhores diz apenas: se assoar o nariz, vire-se de modo a que nada caia sobre a mesa. Não há menção de uso de um pano. Deveremos acreditar que o uso de um pedaço de pano para limpar o nariz era já considerado tão natural nessa sociedade que não se julgava mais necessário mencioná-lo em um livro de maneiras? Isto é altamente improvável. Os serviçais, por outro lado, são claramente instruídos a não usar os dedos, mas as bandagens dos pés, se tiverem que se assoar. Para sermos exatos, esta interpretação dos dois versos não pode ser considerada como absolutamente correta. Mas não faltarão exemplos numerosos mesmo para demonstrar que funções julgadas desagradáveis e desrespeitosas em inferiores não causam em si vergonha aos superiores. Este fato assume especial importância com a transformação da sociedade sob o absolutismo e, por conseguinte, nas cortes absolutistas, onde a classe superior, a aristocracia como um todo, tornou-se, com os graus inerentes à hierarquia, uma classe subserviente e socialmente dependente. Este fenômeno à primeira vista sumamente paradoxal de uma classe superior que, socialmente, vive no estado de maior dependência, será discutido mais tarde em outro contexto. Aqui podemos apenas observar que esta dependência social e sua estrutura se revestem de importância para a estrutura e padrão das restrições às emoções. Os exemplos, aliás, contêm numerosas indicações de como

essas restrições são intensificadas com a crescente dependência da classe alta. Não é acidente que o primeiro "auge de refinamento" ou "delicadeza" na maneira de assoar o nariz — e não apenas neste particular — ocorra em uma fase em que a dependência e subserviência da classe superior aristocrática atinjam o máximo, o período de Luís XIV (Exemplos H e I).

Essa dependência explica também o aspecto duplo que os padrões de comportamento e os instrumentos de civilização assumem, pelo menos nesse estágio formativo. Expressam, é certo, um grau de compulsão e renúncia, mas também se transformam imediatamente em arma contra os inferiores sociais, em uma maneira de separar. O lenço, o garfo, os pratos individuais e todos seus implementos correlatos são, no início, artigos de luxo dotados de um valor de prestígio social especial (Exemplo G).

A dependência social em que vive a classe superior que a substitui, a burguesia, é diferente, para sermos exatos, daquela em que vivia a aristocracia da corte, mas tende a ser mais pronunciada e mais irresistível.

De modo geral, mal nos damos conta hoje do fenômeno único e espantoso que é uma classe alta "trabalhadora". Por que ela se submete a essa compulsão, mesmo que seja a classe "dominante" e, por conseguinte, não esteja sob ordens para fazê-lo? A pergunta exige uma resposta mais detalhada do que seria possível neste contexto. O que se evidencia, contudo, é o paralelo com o que se disse sobre a mudança nos instrumentos e formas de condicionamento. No estágio da aristocracia de corte, as restrições impostas às inclinações e emoções baseavam-se principalmente em consideração e respeito devidos a outras pessoas e, acima de tudo, aos superiores sociais. No estágio subsequente, a renúncia e o controle de impulsos são muito menos determinados por pessoas particulares. Expressadas provisória e aproximativamente, nesse instante, mais diretamente do que antes, são as compulsões menos visíveis e mais impessoais da interdependência social, a divisão do trabalho, o mercado, a competição, que impõem restrições e controle aos impulsos e emoções. São essas pressões, e os correspondentes tipos de explicação e condicionamento acima mencionados, que fazem parecer que o comportamento socialmente desejável seja gerado voluntariamente pelo próprio indivíduo, por sua própria iniciativa. Isto se aplica à regulação e às restrições de impulsos necessárias ao "trabalho", e também a todo padrão de acordo com o qual eles são modelados nas sociedades industrializadas burguesas. O padrão de controle das inclinações, do que deve e não deve ser controlado, regulado e transformado, certamente não é o mesmo neste estágio do que no precedente, da aristocracia de corte. Conforme os diferentes tipos de interdependência, a sociedade burguesa aplica restrições mais fortes a certos impulsos, ao passo que certas restrições, que eram aristocráticas, são transformadas para se adaptarem à nova situação. Além disso, padrões nacionais mais claramente distintos de controle de impulsos são formados, com base em vários elementos. Em ambos os casos, na sociedade aristocrática da corte e nas sociedades burguesas dos séculos XIX e XX, as classes superiores são socialmente controladas em escala particularmente alta. O papel fundamental desempenhado por essa crescente dependência das classes superiores, como mola propulsora da civilização, será demonstrado adiante.

VII

Do Hábito de Escarrar

Exemplos

Idade Média

A

De *Stans puer in mensam:*[70]

    27. Não escarres por cima ou sobre a mesa.
    37. Não escarres na bacia quando estiveres lavando as mãos.

B

De *Contence de table:*[71]

    29. Não escarres sobre a mesa.
    51. Não escarres na bacia quando estiveres lavando as mãos, mas ao lado dela.

C

De *The Book of Curtesye:*[72]

    85. Se cuspires por sobre a mesa, ou então sobre ela,
    Hás de passar por homem descortês.
    133. Quando te lavares após a refeição,
    Não cuspas na bacia, nem borrifes água.

D

De Zarncke, *Der deutsche Cato,* p.137:

    276. Não escarres por cima da mesa, como fazem os caçadores.

E

1530
De *De civilitate morum puerilium,* de Erasmo:

Vire-se quando escarrar, para que o escarro não caia sobre alguém. Se alguma coisa purulenta cai no chão, deve ser pisada para que não provoque repugnância em alguém. Se não tens condições de fazer isso, pegue o esputo em um pequeno pedaço de pano. É indelicado engolir a saliva, como também aqueles que vemos escarrando a cada três palavras, não por necessidade, mas por hábito.

F

1558
De *Galateo,* de Della Casa, extraído da edição em cinco idiomas (Genebra, 1609), p.570:

É também indelicado a pessoa coçar-se à mesa. Nessa ocasião e lugar, o homem deve também abster-se tanto quanto possível de escarrar e, se não puder evitá-lo inteiramente, isto deve ser feito educadamente e sem chamar atenção.

Ouço frequentemente dizer que povos inteiros viveram com tanta moderação e se conduziram com tanto decoro que escarrar tornou-se inteiramente desnecessário para eles. Por que, então, não poderemos evitar isso apenas por um curto tempo? [Isto é, durante as refeições. A restrição ao hábito aplicava-se apenas à hora das refeições.]

G

1672
De Courtin, *Nouveau traité de civilité,* p.273:

O costume que acabamos de mencionar não significa que a maioria das leis a este respeito sejam imutáveis. E da mesma maneira que há muitas que já mudaram, não duvido que muitas destas mudarão no futuro.

Antigamente, por exemplo, era permitido escarrar no chão na presença de pessoas de categoria, sendo suficiente que se cobrisse o esputo com o pé. Hoje isto é uma indecência.

Nos velhos tempos, a pessoa podia bocejar, contanto que não falasse enquanto assim procedia. Hoje, uma pessoa de posição ficaria chocada com tal conduta.

H

1714

De uma *Civilité française* anônima (Liège, 1714), p.67, 41:

> Escarrar frequentemente é desagradável. Quando necessário, deve-se esconder isso tanto quanto possível, evitando-se sujar pessoas ou suas roupas, pouco importa quem sejam, nem mesmo nas brasas ao lado do fogo. E quando escarrar, deve pisar imediatamente no esputo.
> *Nas casas dos grandes, as pessoas escarram no lenço...*
> Não senta bem escarrar pela janela ou no fogo.
> Não escarre tão longe que tenha que procurar o escarro para pisá-lo com o pé.

I

1729

De La Salle, *Les règles de la bienséance et de la civilité chrétienne* (Rouen, 1729), p.35:

> Você não deve abster-se de escarrar e é muito grosseiro engolir o que deve ser cuspido. Isso pode causar repugnância nos outros.
>
> Ainda assim, não deve acostumar-se a escarrar demais e sem necessidade. Isto é não só grosseiro, mas enoja e aborrece as pessoas. *Quando estiver na presença de pessoas bem-nascidas,* e em lugares que são mantidos limpos, é educado escarrar dentro do lenço, ao mesmo tempo virando-se levemente para um lado.
>
> É mesmo de boas maneiras para todos acostumarem-se a escarrar dentro do lenço quando estiverem nas casas dos grandes e em todos os lugares com pisos encerados ou de parquê. Mas é ainda mais necessário adquirir o hábito de assim proceder quando na igreja, tanto quanto possível... Acontece muitas vezes, porém, que nenhum chão de cozinha ou de cocheira é mais sujo... do que o da igreja...
>
> Depois de escarrar no lenço, você deve dobrá-lo imediatamente, sem olhar para ele, e colocá-lo no bolso. Deve tomar todo cuidado para nunca escarrar na própria roupa ou na de outra pessoa... Se notar escarro no chão, deve imediatamente pisá-lo com o pé. Se observá-lo no casaco de alguém, não é delicado dizer isso, mas dar ordens a um criado para limpá-lo. Se não houver um criado presente, você mesmo deve retirá-lo sem ser notado. Isto porque a boa educação consiste em não chamar a atenção da pessoa para qualquer coisa que possa ofendê-la ou confundi-la.

J

1774

De La Salle, *Les règles de la bienséance et de la civilité chrétienne* (ed. de 1774), p.20. Nesta edição, o capítulo intitulado "Dos Hábitos de Bocejar, Escarrar e Tossir", que cobre quatro páginas nas edições anteriores, reduz-se a uma única:

Na igreja, nas casas dos grandes, em todos os lugares onde reina a limpeza, você deve escarrar no lenço. Constitui um hábito imperdoavelmente grosseiro de crianças cuspir no rosto de seus companheiros de folguedos. Não há castigo que seja suficiente para essas maneiras deploráveis, como também para quem cospe pelas janelas, nas paredes e nos móveis...

K

1859
De *The Habits of Good Society,* p.256:

Escarrar a todo momento é um hábito repugnante. Não preciso dizer mais do que: nunca se entregue a ele. Além de grosseiro e atroz, é *muito ruim para a saúde.*

L

1910
De Cabanès, *Moeurs intimes du temps passé,* p.264:

Você já notou que hoje relegamos para algum canto discreto o que nossos pais não hesitavam em exibir abertamente?

Por isso mesmo, certa peça íntima de mobiliário tinha um lugar de honra... ninguém pensava em ocultá-la da vista.

O mesmo se aplica a outra peça de mobília não mais encontrada em residências modernas, cujo desaparecimento alguém lamentará talvez nesta era de "bacilofobia": estou me referindo à escarradeira.

Alguns Comentários sobre os Exemplos

1. Tal como os demais grupos de exemplos, a série de transcrições sobre o hábito de escarrar demonstra com muita clareza que, desde a Idade Média, o comportamento mudou em um dada direção. No caso do costume de escarrar, o movimento é inconfundivelmente do tipo que chamamos de "progresso". Escarrar com frequência é, mesmo hoje, uma das experiências que muitos europeus julgam especialmente desagradáveis quando viajam pelo Oriente ou pela África, juntamente com a falta de "limpeza". Se partiram com pré-concepções idealizadas, acham a experiência decepcionante e julgam confirmados seus sentimentos sobre o "progresso" da civilização ocidental. Mas, há não mais de quatro séculos, este costume não era menos geral e comum no Ocidente, como mostram os exemplos. Tomados em conjunto, dão uma demonstração muito clara da maneira como ocorreu o processo civilizador.

2. Os exemplos delineiam um movimento que passou pelos seguintes estágios: os guias de boas maneiras à mesa, latinos, ingleses, franceses e alemães confirmam o fato de que, na Idade Média, não era só um costume, mas uma necessidade geral escarrar com frequência. E era também muito comum nas cortes dos senhores feudais. A única grande restrição imposta era não fazê-lo por cima ou em cima da mesa. Nem escarrar na bacia em que se lavava a boca ou as mãos, mas ao lado. Essas proibições são repetidas de modo tão estereotipado nos guias corteses que podemos bem imaginar a frequência desse exemplo de "má educação". A pressão da sociedade medieval sobre esse costume nunca se torna tão forte, ou o condicionamento tão irresistível, que ele desapareça da vida social. Vemos aqui, mais uma vez, a diferença entre o controle social no estágio medieval e nos posteriores.

No século XVI, a pressão social torna-se mais forte. É exigido que se pise o esputo — pelo menos se contiver purulência, diz Erasmo, que aqui como sempre assinala a situação de transição. E, mais uma vez, o uso de um pedaço de pano é mencionado como maneira possível, não necessária, de controlar o costume, que aos poucos vai se tornando mais e mais repugnante.

O passo seguinte é mostrado com clareza pelo comentário de Courtin, datado de 1672: "Antigamente... era permitido escarrar no chão na presença de pessoas de categoria, sendo suficiente que se cobrisse o esputo com o pé. Hoje isto é uma indecência."

Analogamente, encontramos na *Civilité* de 1714, que visa a um público mais amplo: "Deve-se esconder isso tanto quanto possível, evitando-se sujar pessoas ou suas roupas... Nas casas dos grandes, as pessoas escarram no lenço".

Em 1729, La Salle estende a mesma regra a todos os lugares "que são mantidos limpos". E acrescentou que na igreja, também, as pessoas devem se acostumar a usar os lenços e não o chão.

Em 1774, o costume e mesmo falar nele haviam-se tornado muito mais repugnantes. Em 1859, "escarrar a todo momento é um hábito repugnante". Apesar disso, e pelo menos nas residências, a escarradeira como utensílio para controlar esse hábito, de acordo com o padrão em evolução de delicadeza, ainda conserva grande importância no século XIX. Cabanès, em 1910, lembra-nos que, tal como outros utensílios (cf. Exemplo L), ele evoluiu lentamente, passando de objeto de prestígio para utensílio privado.

Aos poucos, também, esse utensílio torna-se dispensável Em grandes segmentos da sociedade ocidental, até mesmo a necessidade de escarrar ocasionalmente parece ter desaparecido de todo. Um padrão de delicadeza e moderação semelhante ao que Della Casa conhecia apenas da leitura de escritores antigos, do tempo em que "povos inteiros... viveram com tanta moderação... e se conduziram com tanto decoro que escarrar tornou-se inteiramente dispensável para eles" (Exemplo F), fora mais uma vez atingido.

3. Tabus e restrições de vários tipos acompanham a expectoração de catarro, como de outras funções corporais, em muitas sociedades, tanto "primitivas" como "civilizadas". O que as distingue é o fato de que, nas primeiras, eles são sempre mantidos por medo de

outras pessoas, ou seres, mesmo que imaginários — isto é, por controles externos — ao passo que, nas últimas, são transformados mais ou menos completamente em controles internos. As tendências proibidas (por exemplo, a tendência para escarrar) desaparecem em parte da consciência, sob pressão desse controle interno, ou, como poderia ser também chamado, do superego e do "hábito de previsão". O que sobra na consciência como motivação da ansiedade é alguma consideração de longo prazo. Assim, em nossa época o medo de escarrar, e os sentimentos de vergonha e repugnância nos quais isto se expressa, concentram-se na ideia mais precisamente definida e logicamente compreensível de certas doenças e suas "causas", e não em torno da imagem de influências mágicas, deuses, espíritos, ou demônios. Mas a série de exemplos mostra também com grande clareza que a compreensão racional das origens de certas doenças, do perigo do esputo como transmissor, não é a causa primária do medo e da repugnância nem a mola propulsora da civilização, a força por trás das mudanças no comportamento no tocante ao hábito de escarrar.

No início e durante um longo período, a retenção do esputo é expressamente desencorajada. Engoli-lo é "má educação", diz Erasmo (Exemplo E). E até mesmo em 1729 La Salle diz: "Você não deve abster-se de escarrar" (Exemplo I). Durante séculos, não há a mais vaga indicação das "razões higiênicas" para as proibições e restrições que acompanham a tendência a escarrar. A compreensão racional do "perigo" do esputo é alcançada apenas em um estágio muito tardio da mudança de comportamento, e num certo sentido retrospectivamente, no século XIX. E mesmo então, a referência ao que é indelicado e repugnante em tal comportamento ainda aparece separada, ao lado da referência a seus maus efeitos sobre a saúde: "Além de grosseiro e atroz, é muito ruim para a saúde", diz o Exemplo K.

Vale a pena deixar esclarecido, de uma vez por todas, que algo que sabemos ser prejudicial à saúde de maneira alguma desperta necessariamente sentimentos de desagrado ou vergonha. E, reciprocamente, algo que desperta esses sentimentos não tem que ser prejudicial à saúde. Alguém que coma hoje barulhentamente ou com as mãos provoca profundo desagrado, mas sem que haja o menor receio pela saúde. E nem a ideia de ler com má iluminação nem a de gás venenoso, por exemplo, despertam sentimentos de desagrado ou vergonha remotamente semelhantes, embora sejam óbvias suas más consequências para a saúde. Desta maneira, o nojo da expectoração, e os tabus que a cercam, aumentam muito antes que as pessoas tenham uma ideia clara da transmissão de certas doenças pelo escarro. O que inicialmente prova e agrava os sentimentos de nojo e as restrições é a transformação das relações e dependência humanas. "Antigamente era permitido escarrar ou bocejar abertamente; hoje, uma pessoa de posição ficaria chocada com isso", diz o Exemplo G. A motivação fundada na consideração social surge muito antes da motivação por conhecimento científico. O rei, como "sinal de respeito", exige esse comportamento de seus cortesãos. Nos círculos da corte, este sinal da dependência em que ela vive, a crescente compulsão para controlar-se e moderar-se torna-se uma "marca de distinção" a mais, que é imediatamente imitada abaixo e difundida com a ascensão de classes mais numerosas. E aqui, como nas precedentes curvas de civilização, a admoestação "Isso não se faz", com a qual a moderação, o medo e a repugnância são inculcados, só muito depois é ligada, como resultado de certa "democratização", a uma teoria científica, com um argumento que se aplica por igual a todos os homens, qualquer que seja sua posição ou status. O impulso primário a essa lenta repressão de uma inclinação que antes era forte e geral não vem da compreensão racional das causas das doenças, mas — conforme será discutido em detalhe mais adiante — de mudanças na maneira como as pessoas vivem juntas na estrutura da sociedade.

4. A modificação de hábito de escarrar e, finalmente, a eliminação mais ou menos completa de sua necessidade constitui um bom exemplo da maleabilidade da vida psíquica. Pode ser que essa necessidade tenha sido compensada por outras (como, por exemplo, a necessidade de fumar) ou debilitada por certas mudanças na dieta. Mas é certo que o grau de supressão que se tornou possível neste caso não aconteceu no tocante a muitas outras inclinações. A tendência a escarrar, como a de examinar o esputo, mencionada nesses exemplos, é substituível. Ela se manifesta agora apenas em crianças e em análise de sonhos, e sua eliminação é vista no riso específico que nos sacode quando "essas coisas" são mencionadas abertamente.

Outras necessidades não são tão substituíveis ou maleáveis na mesma extensão. E isto coloca a questão do limite da transformabilidade da personalidade humana. Sem dúvida ela é submissa a certas fidelidades que podem ser chamadas "naturais". O processo histórico modifica-a dentro desses limites. O grau em que a vida e o comportamento humanos podem ser moldados por processos históricos não foi ainda analisado em suficiente detalhe. De qualquer modo, tudo isso mostra, mais uma vez, como processos naturais e históricos se influenciam mútua e inseparavelmente. A formação de sentimentos de vergonha e asco e os avanços no patamar da delicadeza são simultaneamente processos naturais e históricos. Essas formas de emoções são manifestações da natureza humana em condições sociais específicas e reagem, por sua vez, sobre o processo sócio-histórico como um de seus elementos.

É difícil concluir se a oposição radical entre "civilização" e "natureza" é mais do que uma expressão das tensões da própria psique "civilizada", de um desequilíbrio específico na vida psíquica gerado no estágio recente da civilização ocidental. De qualquer modo, a vida psíquica de povos "primitivos" não é menos historicamente (isto é, socialmente) marcada do que a dos povos "civilizados", mesmo que os primeiros mal estejam conscientes de sua própria história. Não há um ponto zero na historicidade do desenvolvimento humano, da mesma forma que não o há na socialidade, na interdependência social dos homens. Nos povos "primitivos" e "civilizados", observam-se as mesmas proibições e restrições socialmente induzidas juntamente com suas equivalentes psíquicas, socialmente induzidas: ansiedades, prazer a aversão, desagrado e deleite. No mínimo, por conseguinte, não é muito claro o que se tem em vista quando o chamado padrão primitivo é oposto, como "natural", ao "civilizado", como social e histórico. No que interessa às funções psíquicas do homem, processos naturais e históricos trabalham indissoluvelmente juntos.

VIII

Do Comportamento no Quarto

Exemplos

A

Século XV

De *Stans puer in mensam,* livro inglês de maneiras à mesa, datado do período 1463-1483:

> 215. E se assim acontecer, à
> noite ou em qualquer tempo,
> De teres que te deitar com qualquer homem
> que seja superior a ti,
> Reserva-lhe o lado da cama
> que mais seja do agrado dele,
> E deita-te no outro lado,
> pois é aquele o teu quinhão;
> Nem vás para a cama primeiro, a menos
> que teu superior te convide,
> Pois isso não é cortesia, — assim diz
> o Doutor Paler.
>
> 223. E quando estiveres na cama,
> manda a cortesia
> Que te deites com os pés e
> as mãos bem retos.
> Quando tiverdes conversado o que vós
> desejáveis, diz-lhe boa-noite sem demora,
> Pois isso é grande cortesia, — como hás
> de compreender.

Deixe que seu superior escolha o lado da cama onde vai dormir; não vá para a cama primeiro, até que ele lhe diga (diz o dr. Paler).

Quando estiverem ambos na cama, deite-se estirado e diga "Boa-noite" depois de terminarem a conversa.

B

1530

De *De civilitate morum puerilium,* de Erasmo, Cap.12, "Do Quarto de Dormir":

> Quando se despir, quando se levantar, não se esqueça do decoro e cuidado para não expor aos olhos de outras pessoas qualquer coisa que a moralidade e a natureza exigem que seja ocultada.
>
> Se dividir a cama com um companheiro, deite-se sossegadamente. Não mexa o corpo, pois isto pode descobri-lo ou causar inconveniência ao companheiro, puxando dele as cobertas.

C

1555

De *Des bonnes moeurs et honnestes contentances,* de Pierre Broë (Lyons, 1555):

> Se divide uma cama com outro homem, fique imóvel.
>
> Tome cuidado para não aborrecê-lo, nem se descobrir com movimentos bruscos. E se ele estiver dormindo, cuidado para não acordá-lo.

D

1729

De La Salle, *Les règles de la bienséance et de la civilité chrétienne* (Rouen, 1729), p.55:

> Você não deve... nem se despir nem ir para a cama na presença de qualquer outra pessoa. Acima de tudo, a menos que seja casado, não deve ir para a cama na presença de qualquer pessoa do outro sexo.
>
> É ainda menos permissível que pessoas de sexos diferentes durmam na mesma cama, a menos que sejam crianças muito pequenas...
>
> Se for forçado por necessidade inevitável a dividir a cama com outra pessoa do mesmo sexo em uma viagem, não é correto ficar tão perto dela que a perturbe ou mesmo toque, e ainda menos decente pôr suas pernas entre as pernas da outra...
>
> Também é muito incorreto e indelicado divertir-se com conversa e prosa...
>
> Quando se levantar, não deve deixar a cama descoberta, nem pôr sua touca de dormir numa cadeira ou em algum lugar onde possa ser vista.

E

1774
De La Salle, *Les règles de la bienséance et de la civilité chrétienne* (ed. de 1774), p.31:

> Constitui um estranho abuso fazer com que duas pessoas de sexo diferente durmam no mesmo quarto. Se a necessidade isto exigir, você deve cuidar para que as camas fiquem separadas e que o pudor não sofra de maneira alguma com essa mistura. Só a penúria extrema pode desculpar essa prática...
>
> Se for obrigado a dividir a cama com uma pessoa do mesmo sexo, o que raramente acontece, deve manter um rigoroso e vigilante recato...
>
> Ao acordar, tendo repousado o suficiente, você deve sair da cama com o apropriado decoro e nunca ficar na cama conversando ou ocupando-se de outras coisas... Nada indica com mais clareza indolência e frivolidade; a cama destina-se ao descanso corporal e a nada mais.

Alguns Comentários sobre os Exemplos

1. O quarto de dormir tornou-se uma das áreas mais "privadas" e "íntimas" da vida humana. Tal como a maior parte das demais funções corporais, o sono foi sendo transferido para o fundo da vida social. A família nuclear continua a ser o único enclave legítimo, socialmente sancionado para esta e muitas outras funções humanas. Suas paredes visíveis e invisíveis vedam os aspectos mais "privados", "íntimos", irrepreensivelmente "animais" da existência humana, à vista de outras pessoas.

Na sociedade medieval, essa função não fora assim privatizada e separada do resto da vida social. Era inteiramente normal receber visitantes em quartos com camas, e as próprias camas tinham valor de prestígio relacionado com sua opulência. Era muito comum que muitas pessoas passassem a noite no mesmo quarto: na classe alta, o senhor com seus serviçais; a dona da casa com sua dama ou damas de companhia; em outras classes mesmo homens e mulheres no mesmo quarto,[73] e não raro hóspedes que iam passar a noite ali.[74]

2. Os que não dormiam vestidos despiam-se inteiramente. De modo geral, as pessoas dormiam nuas na sociedade leiga e, nas ordens monásticas, inteiramente vestidas ou vestidas de acordo com o rigor das regras. A regra de são Benedito — datando de pelo menos o século VI — exigia que os membros da ordem dormissem com suas vestimentas e até mesmo conservassem o cinto.[75] No século XII, quando a ordem se tornou mais próspera e poderosa, e menos severas as restrições ascéticas, os monges de Cluny tiveram permissão para dormir sem roupas. Os cistercianos, à época em que lutavam por reformas, voltaram à velha regra beneditina. Roupas de dormir especiais nunca são mencionadas nas regras monásticas do período e ainda menos nos documentos, poemas épicos ou ilustrações deixados pela sociedade secular. Isto se aplicava também às mulheres. No mínimo, era inco-

mum ir para a cama com a roupa de uso diário. Isto despertava a suspeita de que a pessoa pudesse ter algum defeito corporal — por que outra razão o corpo devia ser ocultado? — e de fato isto usualmente acontecia. No *Roman de la violette,* por exemplo, a criada, surpresa, pergunta à patroa por que ela vai dormir de camisa e esta última explica que é por causa de uma marca que tem no corpo.[76]

Esta despreocupação em mostrar o corpo nu, e o que mostra quanto à fronteira da vergonha, é vista com especial clareza nas maneiras ao banho. Em épocas posteriores, causou surpresa saber que os cavaleiros medievais eram atendidos no banho por mulheres; do mesmo modo, eram elas que lhes levavam à cama a bebida de despedida da noite. Parece ter sido prática comum, pelo menos nas cidades, despir-se em casa antes de ir para a casa de banhos. "É muito frequente", diz um observador, "ver o pai, nada mais usando que calções, acompanhado da esposa e dos filhos nus, correr pelas ruas, de sua casa para os banhos... Quantas vezes vi mocinhas de dez, doze, quatorze, dezesseis e dezoito anos inteiramente nuas, exceto por uma curta bata, muitas vezes rasgada, e um trajo de banho esmulambado, na frente e atrás! Com isto aberto aos pés e com as mãos decorosamente às costas, correndo de suas casas ao meio-dia pelas longas ruas em direção aos banhos. E quantos corpos nus de rapazes de dez, doze, quatorze e dezesseis anos correndo ao lado delas..."[77]

Esta despreocupação desaparece lentamente no século XVI e mais rapidamente nos séculos XVII, XVIII e XIX, no início nas classes altas e muito mais devagar nas baixas. Até então, todo o estilo de vida, com a maior intimidade dos indivíduos, tornava a vista do corpo nu, pelo menos no lugar apropriado, incomparavelmente mais comum do que nos primeiros estágios da era moderna. "Chegamos à conclusão surpreendente", disse alguém com referência à Alemanha, "que... a vista da nudez total era a regra diária até o século XVI. Todos se despiam inteiramente à noite antes de ir dormir e da mesma maneira nenhuma roupa era usada nos banhos a vapor."[78] E isto por certo não se aplicava apenas à Alemanha. As pessoas adotavam uma atitude menos inibida — ou poderíamos dizer, mais infantil — com relação ao corpo e a muitas de suas funções. Os costumes ligados ao ato de ir dormir, porém, mostram menos isso do que os hábitos de banho.

3. Uma camisola especial começou a ser adotada lentamente, mais ou menos na ocasião em que acontecia o mesmo com o garfo e o lenço. Tal como outros "implementos de civilização", espalhou-se de forma bem gradual pela Europa. E, como eles, era símbolo de uma mudança decisiva que ocorria nessa época nos seres humanos. Aumentava a sensibilidade com tudo aquilo que entrava em contato com o corpo. A vergonha passou a acompanhar formas de comportamento que antes haviam estado livres desse sentimento. O processo psicológico já descrito na Bíblia — "percebendo que estavam nus, ficaram envergonhados" — isto é, um avanço da fronteira da vergonha, um movimento em direção a mais comedimento — repete-se aqui, como aconteceu tantas vezes no curso da história. Desaparece a despreocupação em mostrar-se nu, como também em satisfazer necessidades corporais na frente dos outros. Tornando-se menos comum na vida social esse espetáculo,

adquire uma nova importância a descrição do corpo nu na arte. Mais do que até então, torna-se uma imagem onírica, um emblema de desejos irrealizados. Para usar a palavra de Schiller, torna-se "sentimental", em comparação com a "ingenuidade" de fases anteriores.

Na sociedade de corte da França — onde levantar-se e ir dormir, pelo menos no caso dos grandes senhores e senhoras, estão incorporados solidamente à vida social — a camisola, como todas as formas de vestuário que aparecem na vida comunitária do homem, assume funções representativas à medida que se desenvolve. Isto muda quando, com a ascensão de classes mais numerosas. levantar-se e deitar-se tornam-se coisas íntimas e são deslocadas da vida social para o interior da família nuclear.

As gerações que se seguiram à Primeira Guerra Mundial, nos seus livros de etiqueta, lembram com certa ironia — e não sem um leve estremecimento — esse período, quando a descrição de funções como dormir, despir-se e vestir-se era imposta com especial severidade, a simples menção das mesmas já sendo objeto de proibições relativamente pesadas. Um livro inglês de boas maneiras diz em 1936, talvez com leve exagero, mas por certo não de todo sem justificação: "Durante a Era Elegante antes da Guerra, acampar ao ar livre era a única maneira através da qual escritores respeitáveis podiam abordar a questão do sono. Nesses dias, senhores e senhoras não iam para a cama à noite — eles se retiravam. Como faziam isso não era da conta de ninguém. O escritor que pensasse de maneira diferente descobria que era excluído das bibliotecas circulantes."[79] Neste particular, também, houve certa reação e relaxação desde a guerra. Isto esteve claramente ligado à crescente mobilidade da sociedade, à difusão dos esportes, a excursões e viagens, e também à separação relativamente cedo dos jovens da comunidade familiar. A transição da camisola para o pijama — isto é, para um trajo de dormir mais "socialmente apresentável" — constitui um sintoma desta situação. A mudança não é, como se pensa algumas vezes, apenas um movimento de retrogressão, uma diminuição dos sentimentos de vergonha ou delicadeza ou, quem sabe, uma liberação e descontrole de ânsias instintivas, mas o desenvolvimento de uma forma que se ajusta a nosso padrão avançado de delicadeza e da situação específica em que a atual vida social coloca o indivíduo. O ato de dormir não é mais tão íntimo e segregado como no estágio precedente. Há mais situações em que pessoas veem estranhos dormindo, despindo-se ou vestindo-se. Como resultado, as roupas de dormir (como, aliás, também as roupas de baixo) desenvolveram-se e transformaram-se de tal modo que o usuário não precisa sentir-se "envergonhado" quando visto por outros nessas situações. As roupas de dormir da fase precedente despertavam sentimentos de vergonha e embaraço exatamente porque eram relativamente informes. Não havia intenção de que fossem vistas por pessoa fora do círculo familiar. Por um lado, a camisola do século XIX assinala uma época em que a vergonha e o embaraço no tocante à exposição do corpo eram tão intensas e internalizadas que as formas corporais tinham que ser inteiramente cobertas, mesmo que o indivíduo estivesse sozinho ou no círculo familiar mais íntimo; por outro, caracteriza uma época na qual a esfera "íntima" e "privada", porque era tão severamente separada do resto da vida social, não fora ainda em grande extensão articulada e padronizada. Esta combinação peculiar de sentimentos fortemente internalizados, compulsivos, de delicadeza, ou moralidade, com a falta de padronização social no relativo a "esferas de privacidade" é característica da sociedade do século XIX e não pouco da nossa.[80]

4. Os exemplos dão uma ideia aproximada de como dormir, tornando-se, aos poucos, uma situação mais íntima e privada, é separado da maioria das demais relações sociais, e como as regras passadas aos jovens assumem uma conotação moralística específica, com o aumento dos sentimentos de vergonha. Na citação medieval (Exemplo A), o comedimento exigido dos jovens é explicado pela consideração devida aos demais, pelo respeito aos superiores sociais. Na verdade, diz: "Se dividir a cama com alguém seu superior, pergunte-lhe que lado prefere, e não se deite até que ele o convide, pois de outra maneira não é cortês." E na imitação francesa de Johannes Sulpicius, por Pierre Broë (Exemplo C), prevalece a mesma atitude: "Não incomodes o vizinho quando ele cair no sono; cuidado para não acordá-lo etc." Em Erasmo, começamos a entrever uma exigência moral, que requer certo comportamento, não por consideração a outras pessoas, mas por si mesma: "Quando se despir, quando se levantar, não se esqueça do decoro." Mas predomina ainda a ideia do costume social, da consideração pela outra pessoa. O contraste com o período posterior torna-se muito claro se lembramos que essas regras, mesmo as do dr. Paler (Exemplo A), dirigiam-se inegavelmente a pessoas que iam dormir despidas. Que desconhecidos dormissem na mesma cama, a julgar pela maneira como a situação foi discutida, não parecia estranho nem de nenhuma maneira impróprio, mesmo na época de Erasmo.

Nas citações do século XVIII a tendência não continua em linha reta, em parte, porque ela não se limita mais, predominantemente, à classe alta. Mas no entretempo, mesmo em outras classes, tornou-se indubitavelmente mais raro que jovens dividissem a cama com outra pessoa: "Se for forçado por necessidade inevitável a dividir a cama com outra pessoa... em uma viagem, não é correto ficar tão perto dele que o perturbe ou mesmo o toque", escreve La Salle (Exemplo D) e: "Você não deve nem se despir nem ir para a cama na presença de qualquer outra pessoa."

Na edição de 1774, os detalhes são mais uma vez evitados em todos os casos possíveis. E o tom é visivelmente mais severo: "Se for forçado a dividir a cama com uma pessoa do mesmo sexo, o que raramente acontece, deve manter um rigoroso e vigilante recato" (Exemplo E). Este é o tom da injunção moral. Até mesmo dar uma razão tornou-se penoso para o adulto. Pela ameaça do tom, a criança é levada a associar essa situação a perigo. Quanto mais o padrão "natural" de delicadeza e vergonha parece aos adultos e quanto mais o controle civilizado de ânsias instintivas é aceito como natural, mais incompreensível se torna para os adultos que as crianças não sintam "por natureza" esta delicadeza e vergonha. Necessariamente as crianças tocam repetidamente o patamar adulto de embaraço e — uma vez que não estão ainda adaptadas — transgridem os tabus da sociedade, cruzam o patamar adulto de vergonha, e penetram em zonas de perigo emocionais que o próprio adulto só com dificuldade consegue controlar. Nesta situação, o adulto não explica as exigências que faz em matéria de comportamento. Não tem como fazê-lo adequadamente. Está tão condicionado que se conforma de maneira mais ou menos automática a um padrão social. Qualquer outro comportamento, qualquer desobediência às proibições ou restrições que prevaleçam em sua sociedade, implica perigo e uma desvalorização das restrições que ele mesmo se impõe. A conotação peculiarmente emocional tão amiúde ligada a exigências morais, à severidade agressiva e ameaçadora com que são frequentemente defendidas, refletem a ameaça que qualquer desafio às proibições representa para o equilíbrio instável de todos aqueles a cujos olhos o padrão de comportamento da sociedade se tornou mais ou menos uma "segunda natureza". Essas atitudes são sintomas da ansiedade despertada nos adultos em todos os casos em que a estrutura de sua própria vida instintiva, e com ela sua própria existência social e ordem social onde se radica, é, mesmo remotamente, ameaçada.

Uma série completa de conflitos específicos — acima de tudo, aqueles entre pais (geralmente malpreparados para condicionar) e filhos, conflitos decorrentes do avanço da fronteira da vergonha e da crescente distância entre gerações e, por conseguinte, fundamentados em grande parte na estrutura da própria sociedade civilizada — é explicada por tal situação. Esta, aliás, só em tempos relativamente recentes veio a ser compreendida pela sociedade, e antes de tudo por pequenos grupos de educadores profissionais. E só agora, na era que tem sido chamada de "o século da criança", surge o entendimento de que, dado o aumento da distância entre uns e outros, crianças não podem se comportar como adultos que lentamente iriam penetrando no círculo familiar com os apropriados conselhos e instruções pedagógicos. No longo período precedente, prevalecia a atitude mais severa de que a moralidade e o respeito pelos tabus deviam estar presentes nas crianças desde os primeiros anos. E não se pode, por certo, dizer que esta atitude desapareceu de todo nos dias atuais.

Os exemplos sobre o comportamento no quarto de dormir transmitem, a um segmento limitado, uma certa impressão de que só tardiamente a tendência para adotar essas atitudes atingiu seu pleno desenvolvimento na educação secular.

A linha seguida por esse desenvolvimento quase dispensa elucidação ulterior. Neste particular, também, mais ou menos da mesma maneira que no caso dos hábitos à mesa, a parede entre pessoas, a reserva, a barreira emocional erigida pelo condicionamento entre um corpo e outro cresceram sem cessar. Dividir uma cama com pessoas estranhas ao círculo familiar fica cada vez mais embaraçoso. A menos que a necessidade determine o contrário, torna-se comum, mesmo na família, que cada um tenha sua própria cama e, finalmente — nas classes média e alta — seu próprio quarto. Desde cedo as crianças são treinadas nesse isolamento dos demais, com todos os hábitos e experiências que isto traz. Só se lembrarmos como parecia natural na Idade Média que estranhos, crianças e adultos compartilhassem a mesma cama é que poderemos compreender que mudanças nos relacionamentos interpessoais se manifestam em nossa maneira de viver. E reconhecer como está longe de axiomático que a cama e o corpo devam formar essas zonas de perigo psicológicas, como acontece na fase mais recente da civilização.

IX

Mudanças de Atitude nas Relações entre os Sexos

1. O sentimento de vergonha que cerca as relações sexuais humanas tem aumentado e mudado muito no processo de civilização.[81] Isto se manifesta com especial clareza na dificuldade experimentada por adultos, nos estágios mais recentes de civilização, em falar com crianças sobre essas relações. Hoje, porém, esta dificuldade parece quase natural. Afigura-se que, por razões quase biológicas, a criança nada sabe sobre as relações entre os sexos e que é tarefa extremamente delicada e difícil esclarecer a meninas e meninos em crescimento o que está acontecendo com eles e o que acontece em volta. A extensão em que esta situação, muito longe de ser evidente por si mesma, constitui mais um resultado do processo civilizatório, só é entendida se observamos o comportamento de pessoas em um estágio diferente de desenvolvimento. O destino que coube aos famosos *Colóquios* de Erasmo constitui um bom exemplo no particular.

Descobriu Erasmo que uma das obras de sua juventude fora publicada sem sua permissão de forma deturpada, com acréscimos de outras pessoas e, em parte, em mau estilo. Revisou-a, e ele próprio a publicou sob novo título de 1522, *Familiarum colloquiorum formulae non tantum ad linguam puerilem expoliandam, verum etiam ad vitam instituendam* (Colóquios familiares, destinados não só a aprimorar a língua dos jovens, mas também a educá-los para a vida).

Trabalhou nesse texto, ampliando-o e melhorando-o, até pouco antes de sua morte. A obra transformou-se no que desejara, não só em um livro em que meninos pudessem aprender bom estilo latino, mas que poderia servir também, como sugere o título, para apresentá-los à vida. Os *Colóquios* tornaram-se um dos trabalhos mais famosos e mais lidos de sua época. Da mesma forma que seu tratado *De civilitate morum puerilium*, tiveram inúmeras edições e traduções. E, como ele, essa obra tornou-se um livro-texto, um trabalho-padrão na educação de meninos. Dificilmente outra coisa dá uma impressão mais contundente da mudança ocorrida na sociedade ocidental no processo de civilização do que a crítica a que essa obra foi submetida por aqueles que ainda se julgavam obrigados a se preocupar com ela no século XIX. Um influente educador alemão, Von Raumer, a comenta nos seguintes termos em sua *Geschichte der Pädagogik* (História da Pedagogia):[82]

> Como pôde um livro como esse ser adotado em inúmeras escolas? O que crianças têm a ver com esses sátiros? A tarefa de reformar é assunto para homens maduros. Que sentido deviam meninos

encontrar em diálogos sobre tantos assuntos dos quais nada entendiam: conversas nas quais os mestres são ridicularizados, ou entre duas mulheres sobre seus maridos, entre um pretendente e a moça que está cortejando, ou no colóquio "Adolescentis et Scorti" (O Adolescente e a Prostituta)? Este último diálogo lembra a máxima de Schiller intitulada "Kunstgriff" (O jeito): "Se quer por igual agradar o mundano e o divino, mostre-lhes os prazeres da carne, mas mostre-lhes o demônio, também." Erasmo descreve aqui o desejo carnal na forma mais crua e, em seguida, acrescenta alguma coisa supostamente edificante. Esse livro é recomendado pelo Doctor Theologiae a um menino de oito anos, na suposição de que ele pode beneficiar-se com sua leitura.

O livro é realmente dedicado ao jovem filho do editor de Erasmo e o pai evidentemente não sentiu escrúpulos em publicá-lo.

2. O livro provocou violentas críticas tão logo apareceu. Mas não dirigidas principalmente a seus aspectos morais. O principal alvo era o "intelectual", o homem que nem era protestante ortodoxo nem católico rigoroso. A Igreja Católica, acima de todas, combateu os *Colóquios,* que indubitavelmente contêm ocasionais ataques virulentos a instituições e ordens da Igreja, e logo os pôs no Index.

Contra isto, porém, deve ser visto o extraordinário sucesso dos *Colóquios* e, acima de tudo, sua adoção como livro-texto. "De 1526 em diante", comenta Huizinga em seu *Erasmus* (Londres, 1924, p.199), "houve, durante dois séculos, uma série quase ininterrupta de edições e traduções."

Nesse período, por conseguinte, o tratado de Erasmo deve ter permanecido como uma espécie de trabalho-padrão para um número muito considerável de pessoas. De que maneira devemos entender a diferença entre seu ponto de vista e o do crítico do século XIX?

No seu trabalho, Erasmo de fato trata de numerosas coisas que, com o progresso da civilização, haviam sido cada vez mais ocultadas dos olhos de crianças e que, no século XIX, em nenhuma circunstância teriam sido usadas como material de leitura para crianças, da maneira que Erasmo desejara e expressamente declarara na dedicatória a seu afilhado de seis ou oito anos. Como frisa o crítico do século XIX, Erasmo apresenta nos diálogos um jovem fazendo a corte a uma moça. Mostra uma mulher queixando-se do mau comportamento do marido. E há mesmo uma conversa entre um rapaz e uma prostituta.

Não obstante, esses diálogos confirmam, exatamente da mesma maneira que o tratado *De civilitate morum puerilium,* a delicadeza de Erasmo em todas as questões relativas à regulação da vida instintiva, mesmo que não corresponda inteiramente ao nosso próprio padrão. Representam mesmo, em comparação com o padrão da sociedade secular medieval, e até com o da sociedade secular de nossa própria época, uma mudança muito considerável rumo ao tipo de controle das ânsias instintivas que o século XIX justificaria, acima de tudo, sob a forma de moralidade.

Não há dúvida que o jovem que corteja a moça no colóquio "Proci et puellae" (Namoro) declara com grande franqueza o que quer dela. Fala-lhe de seu amor por ela. Quando ela resiste, retruca que ela puxou metade de sua alma para fora do corpo. Diz que é permissível e certo conceber filhos. Pede-lhe que imagine como seria lindo quando ele como rei e ela como rainha governassem seus filhos e serviçais. (Esta ideia mostra com grande clareza como uma distância psicológica menor entre adultos e crianças acompanhava com muita frequência a distância social mais longa.) Finalmente, a moça cede. Concorda em tornar-se sua esposa. Mas preserva, conforme diz, a honra de sua virgindade. Guarda-a para ele, diz. Recusa-lhe mesmo um beijo. E como ele não desiste de ganhar o beijo, ela risonhamente lhe diz que, desde que, nas próprias palavras dele, lhe puxara metade da alma do corpo, e ele está quase morto, tem receio de que, com um beijo, possa puxar inteiramente a alma para fora e matá-lo.

3. Conforme já mencionado, Erasmo foi ocasionalmente censurado pela Igreja, mesmo ao tempo em que ainda vivia, pela "imoralidade" dos *Colóquios*. Mas não devemos ser induzidos em erro por esse fato e tirar falsas conclusões sobre o padrão concreto, particularmente o vigente na sociedade secular. Um tratado escrito contra os *Colóquios* de Erasmo, de uma posição conscientemente católica e sobre o qual falaremos mais adiante, não difere em nada do livro atacado no que diz respeito a referências francas a assuntos sexuais. O seu autor também era humanista. A novidade dos trabalhos humanistas, e em especial dos trabalhos de Erasmo, era exatamente a de não conformar-se ao padrão da sociedade religiosa, mas ser escrito do ponto de vista e para a sociedade secular.

Os humanistas eram representantes de um movimento que buscava libertar a língua latina de seu confinamento à esfera e tradição eclesiásticas e torná-la a língua da sociedade secular, pelo menos da classe alta secular. Um sinal nada trivial da mudança na estrutura da sociedade ocidental, já visto em tantos outros aspectos deste estudo, é o fato de que seus constituintes seculares sentem nesse momento crescente necessidade de uma literatura secular, erudita. Os humanistas são as molas propulsoras dessa mudança, os agentes dessa necessidade da classe alta secular. Em suas obras, a palavra escrita, mais uma vez, aproxima-se da vida social mundana. Experiências dessa vida encontram acesso direto à literatura erudita. Esta, também, é uma das vertentes do grande movimento de "civilização". E é aqui que tem que ser procurada uma das explicações da "revivescência" da antiguidade.

Erasmo deu certa vez incisiva expressão a esse processo exatamente na defesa dos seus *Colóquios:* "Da mesma forma que Sócrates trouxe a filosofia dos céus para a terra, eu levei a filosofia aos jogos e aos banquetes", diz nas notas à *De utilitate colloquiorum* que acrescentou aos *Colóquios* (ed. de 1655, p.668). Por essa razão, esses escritos podem ser corretamente considerados como representando o padrão de comportamento da sociedade secular, pouco importando o quanto suas exigências de controle dos instintos e moderação de comportamento possam ter transcendido esse padrão e representado uma antevisão do futuro, um ideal.

Em *De utilitate colloquiorum,* diz Erasmo, no tocante ao diálogo "Proci et puellae" acima mencionado: "Eu desejaria que todos os pretendentes fossem iguais ao que descrevi e que conversassem da mesma maneira quando pensassem em casamento."

O que parece ao observador do século XIX a "mais baixa descrição de desejo carnal", o que mesmo pelos padrões atuais de vergonha deve ser guardado em silêncio, particularmente diante de crianças, afigura-se a Erasmo, e a seus contemporâneos que ajudam a difundir sua obra, como um modelo de conversa, idealmente apropriado para servir de exemplo aos jovens e, ainda na maior parte, um ideal quando comparado com o que realmente acontecia em volta deles.[83]

4. O caso é semelhante nos outros diálogos mencionados por Von Raumer. À mulher que se queixa do marido é dito que ela terá que mudar seu próprio comportamento e que depois, o marido mudará o seu. E a conversa do jovem com a prostituta termina com a condenação por ele do indecoroso estilo de vida que ela leva. É preciso escutar toda a conversa pessoalmente para compreender o que Erasmo deseja erigir como exemplo para os jovens. A moça, Lucretia, não vê o jovem, Sophronius, há muito tempo. E, com toda clareza, ela o convida a fazer o que ele veio à sua casa para fazer. Mas ele pergunta se ela tem certeza de que não poderão ser vistos, se ela não tem um quarto mais escuro. E quando ela o leva para esse local, ele novamente tem escrúpulos. Tem ela realmente certeza que ninguém pode vê-los? "Ninguém pode nos ver ou ouvir, nem mesmo uma mosca", diz ela. "Por que hesita?" O jovem, porém, pergunta: "Nem mesmo Deus? Nem mesmo os anjos?"* E ele passa então a convertê-la com todas as artes da dialética. Pergunta-lhe se ela tem muitas inimigas, se não gostaria de aborrecê-las. Ela não irritaria suas inimigas renunciando à vida naquela casa e tornando-se uma mulher honrada? E finalmente a convence. Secretamente, ele alugará um quarto para ela na casa de uma mulher respeitável. E, no início, cuidará do sustento dela.

Por mais "imoral" que a apresentação dessa situação (em um "livro para crianças", logo aí!) tente parecer a um observador de um período posterior, não é difícil compreender que, do ponto de vista de um padrão social diferente e de uma diferente estrutura de sentimentos, ele pudesse ser altamente "moral" e edificante.

---

* O texto desse trecho do diálogo é o seguinte:
    SOPHRONIUS: Nondum hic locus mihi videtur satis secretus.
    LUCRETIA: Unde iste novus pudor? Est mihi museion,[84] ubi repono mundum meum, locus adeo obscurus, ut vix ego te visura sim, aut te me.
    SOPH.: Circumspice rimas omnes.
    LUC.: Rima nulla est.
    SOPH.: Nullus est in propinquo, qui nos exaudiat?
    LUC.: Ne musca quidem, mea lux. Quid cunctaris?
    SOPH.: Pallemus heic oculos Dei?
    LUC.: Nequaquam: ile perspicit omnia.
    SOPH.: Et angelorum?

SOPH.: Este lugar não me parece suficientemente reservado. LUC.: Como é que você ficou tão envergonhado assim, tão de repente? Bem, venha para meu vestiário particular. É tão escuro lá que a gente quase não vai se ver. SOPH.: Examine todas as frestas. LUC.: Não há fresta nenhuma. SOPH.: Não há ninguém por perto que possa nos escutar? LUC.: Nem mesmo uma mosca, meu querido. Por que está hesitando? SOPH.: Podemos escapar aqui do olho de Deus? LUC.: Claro que não. Ele tudo vê. SOPH.: E dos anjos?

A mesma linha de desenvolvimento, a mesma diferença de padrões, poderia ser demonstrada por grande número de exemplos. Com uma certa impotência, o observador do século XIX e, até certo ponto, do século XX, vê-se diante de modelos e regras de condicionamento do passado. E até que compreendamos que nosso próprio patamar de repugnância, nossa própria estrutura de sentimentos, evoluíram — em um processo estruturado — e seguem evoluindo, continua realmente quase incompreensível, do atual ponto de vista, como diálogos como esses pudessem ser incluídos em um livro escolar ou deliberadamente produzidos como material de leitura para crianças. Mas esta é exatamente a razão por que nosso próprio padrão, incluindo nossa atitude em relação às crianças, deve ser compreendido como algo que evolui.

Autores mais ortodoxos que Erasmo fizeram a mesma coisa que ele. A fim de substituir os *Colóquios,* suspeito de heresia, outros diálogos foram escritos, conforme já mencionado, por um católico rigoroso. Têm o título de *Johannis Morisoti medici colloquiorum libri quatuor, ad Constantinum filium* (Quatro livros de colóquios destinados a meu filho Constantino, por Jean Morisot — Basileia, 1549). São também escritos como manual para meninos, uma vez que, como diz o autor Morisot, ficamos amiúde em dúvida, nos *Colóquios* de Erasmo, "se estamos escutando um cristão ou um pagão". E em avaliações posteriores desta obra contrária, escrita de um ponto de vista estritamente católico, o mesmo fenômeno reaparece.[85] Mas será suficiente apresentar o trabalho da forma como se reflete em um juízo de 1911:[86]

> No trabalho de Morisot, as meninas, moças e mulheres desempenham um papel ainda mais importante do que no de Erasmo. Em grande número de diálogos, só elas falam, e suas conversas, que mesmo no primeiro e segundo livros em absoluto são sempre inocentes, frequentemente se concentram nos dois últimos...[87] em assuntos tão perigosos que só podemos mesmo balançar a cabeça e perguntar: o severo Morisot escreveu mesmo isto para o filho? Reconhecemos que não devemos esquecer que o século XVI pouco sabia de recato e, frequentemente, oferecia aos estudantes nos seus livros de exercícios material que nossos pedagogos dispensariam com prazer. Mas, outra pergunta! De que modo Morisot imaginou que esses diálogos fossem ser usados na prática? Meninos, rapazes e homens jamais poderiam usar como modelo de fala latina uma conversa em que só aparecem mulheres. Morisot, por conseguinte, não melhor que o desprezado Erasmo, perdeu de vista a finalidade didática do livro.

A pergunta não é difícil de responder.

5. O próprio Erasmo nunca "perdeu de vista sua finalidade didática". Seu comentário, *De utilitate colloquiorum,* mostra-o inequivocamente. Nele, deixa explícita que finalidade didática objetivava com suas "conversas" ou, mais exatamente, o que queria transmitir ao jovem. Sobre a conversa entre o jovem e a prostituta, por exemplo, diz: "O que poderia ter eu dito que tivesse sido mais eficaz para convencer o jovem da necessidade de pudor e de tirar a moça de casas tão perigosas e infames?" Não, ele nunca perdeu de vista a finalidade

pedagógica. Ele tinha, meramente, um padrão diferente de vergonha. Queria simplesmente mostrar ao jovem o mundo como em um espelho, ensinar o que devia ser evitado e o que era conducente a uma vida tranquila: "In senili colloquio quam multa velut in speculo exhibentur, quae, vel fugienda sunt in vita, vel vitam reddunt tranquillam!" (Nestes colóquios senis, quantas coisas são refletidas, de que devemos fugir na vida ou que tornem a vida tranquila!)

A mesma intenção sem dúvida animou as conversas de Morisot e uma atitude semelhante transparece em muitos outros escritos educacionais da época. Todos eles se propõem a "apresentar a vida ao menino", como diz Erasmo.[88] Com isto, referem-se à vida *de adultos*. Em períodos posteriores, notar-se-á uma tendência crescente a dizer e mostrar como as crianças devem e não devem se comportar. Mas aqui o que se mostra a elas, apresentando-lhes a vida, é como os adultos devem e não devem se conduzir. Esta é a diferença. E não se adotou uma via, ou outra, como resultado de reflexão teórica. Para Erasmo e seus contemporâneos, era natural falar a crianças dessa maneira. Mesmo que submissos e socialmente dependentes, meninos viviam desde cedo na mesma esfera social dos adultos. E estes não se impunham, nem em atos nem em palavras, o mesmo comedimento no tocante à vida social que aconteceria depois. Dado o diferente estado de controle de sentimentos gerado no indivíduo pela estrutura das relações interpessoais, a ideia de esconder rigorosamente esses impulsos no sigilo e na privacidade seria muito estranha para os próprios adultos. Tudo isto, para começar, reduzia a distância entre os padrões comportamentais e emocionais de adultos e crianças. Vemos, mais uma vez, como é importante para a compreensão de uma constituição psíquica mais antiga, e de nossa própria, observar o aumento dessa distância, a formação gradual de uma área segregada especial na qual as pessoas vêm, aos poucos, a passar os primeiros doze, quinze e agora quase vinte anos de sua vida. O desenvolvimento biológico humano em tempos mais antigos não tomou um curso diferente do de hoje. Só com relação a essa mudança social podemos compreender melhor todos os problemas de "crescer" como se apresentam hoje e, com eles, os "resíduos infantis" na estrutura de personalidade de pessoas crescidas (adultos). A diferença mais pronunciada entre as roupas de crianças e adultos em nosso tempo é apenas uma expressão particularmente visível desse fato. E, também essa diferença era mínima no tempo de Erasmo e durante um longo período depois.

6. A um observador moderno talvez surpreenda o mero fato de Erasmo, em seus *Colóquios*, falar a uma criança de prostitutas e das casas em que elas viviam. Em nosso estágio de civilização parece imoral até mesmo reconhecer em um livro escolar a existência desses antros. Eles na verdade existiram e existem como enclaves mesmo na sociedade dos séculos XIX e XX. Mas o medo e a vergonha com que a área sexual da vida instintiva, como muitas outras, é cercada desde os primeiros anos, a "conspiração do silêncio" observada no discurso social a respeito desses assuntos, está praticamente completa. É proibida a simples menção de tais opiniões e instituições na vida social e referências a

ela na presença de crianças são um crime que lhes macula a alma ou, no mínimo, um erro muito grave de condicionamento.

Nos tempos de Erasmo era considerado como natural que as crianças soubessem da existência dessas casas. Ninguém as escondia. Na melhor das hipóteses, as crianças eram advertidas contra elas. Erasmo faz justamente isso. Se lermos apenas os livros educativos da época, a menção de tais instituições sociais poderá até parecer uma ideia peculiar, a idiossincrasia do indivíduo Erasmo. Mas, ao sabermos como crianças viviam realmente com adultos, e como era tênue o véu de sigilo entre os próprios adultos e, em consequência, entre eles e as crianças, compreendemos que conversas como as redigidas por Erasmo e Morisot se relacionam diretamente ao padrão vigente em suas épocas. Eles podiam contar com o fato de que crianças sabiam de tudo a esse respeito. Era algo aceito como natural. E acharam que era seu dever como educadores mostrar às crianças como deviam se conduzir no tocante a essas instituições.

Talvez não pareça significativo lembrar que essas casas eram discutidas, abertamente, nas universidades. Mas os estudantes ingressavam na universidade muito mais jovens do que hoje. Constitui bom exemplo do tema deste capítulo observar que a prostituta era tópico até mesmo de discursos públicos cômicos nas universidades. Em 1500, um mestre de artes em Heidelberg falou "De fide meretricum in suos amatores" (Da fidelidade das prostitutas aos seus amantes), outro "De fide concubinarum" (Da fidelidade de concubinas), um terceiro sobre "Do monopólio da guilda dos suínos" e mais um "De generibus ebriosorum et ebrietate vitanda" (Dos tipos de bêbados e de como evitar a embriaguez).[89]

E exatamente o mesmo fenômeno transparece em numerosos sermões da época. Não há indicação de que as crianças fossem excluídas das plateias. Essa forma de relação extraconjugal era certamente condenada nos círculos eclesiásticos e em muitos seculares. Mas a proibição social não estava ainda gravada, como autocontrole, no indivíduo a ponto de tornar embaraçoso o próprio fato de falar nesse assunto em público. A sociedade não proibira ainda todos os discursos que mostrassem que o indivíduo sabia de alguma coisa a esse respeito.

Esta diferença se torna ainda mais clara se levamos em conta a situação, nas cidades medievais, das mulheres que vendiam seus favores. Como ocorre hoje em muitas sociedades fora da Europa, elas tinham um lugar próprio e bem-definido na vida pública da cidade medieval. Em algumas cidades, disputavam até corridas em dias de festa.[90] Com frequência eram enviadas para dar as boas-vindas a visitantes ilustres. Em 1438, por exemplo, nos assentamentos da escrituração da cidade de Viena, lemos: "Pelo vinho para as mulheres comuns, 96 Kreutzers. Para as mulheres que foram ao encontro do rei, 96 Kreutzers para o vinho."[91] Ou o prefeito e o conselho da cidade conseguiam para visitantes ilustres acesso gratuito aos prostíbulos. Em 1434, o imperador Segismundo agradeceu publicamente ao magistrado da cidade de Berna por ter posto o prostíbulo gratuitamente à sua disposição e de seus acompanhantes durante três dias.[92] Isto, tal como o banquete, fazia parte da hospitalidade concedida a visitantes de alta classe.

As prostitutas formavam na vida da cidade uma guilda com certos direitos e obrigações, como qualquer outra categoria profissional. E, como qualquer outro grupo profissional, ocasionalmente se defendiam contra concorrência desleal. Em 1500, por exemplo, certo número delas procurou o prefeito de uma cidade alemã para se queixar de outra casa onde era praticada a profissão para a qual a delas tinha a exclusividade legal. O prefeito deu-lhes permissão para entrar nessa casa, onde elas quebraram tudo e surraram a madame. Em outra ocasião, arrastaram uma concorrente de sua casa e obrigaram-na a morar na delas.

Em suma, a situação social das prostitutas era semelhante à do carrasco, baixa e desprezada, mas inteiramente pública e não encerrada em sigilo. Esta forma de relação extraconjugal entre homem e mulher não fora ainda removida para "o fundo da cena".

7. Até certo ponto, isto aplicava-se também às relações sexuais em geral, mesmo às matrimoniais. Os costumes nos casamentos dão-nos uma ideia disso. A procissão à câmara nupcial era liderada pelos padrinhos. A noiva era despida pelas damas de companhia e tinha que tirar tudo. O leito nupcial precisava ser montado na presença de testemunhas para que o casamento fosse válido. Eles "se deitavam juntos".[93] "Uma vez na cama, vocês estão devidamente casados", dizia o ditado. Em fins da Idade Média, este costume mudou gradualmente e o casal teve permissão de se deitar vestido. Sem dúvida esses costumes variavam um pouco, segundo classes e países. Ainda assim, a velha forma foi conservada em Lübeek, por exemplo, até a primeira década do século XVII.[94] Mesmo na sociedade absolutista da França, noiva e noivo eram levados à cama pelos convidados, despidos e presenteados com suas camisolas. Tudo isto é sintomático de um diferente padrão de vergonha a respeito das relações entre os sexos. Através desses exemplos, formamos uma percepção mais clara do padrão específico de vergonha que, aos poucos, se torna predominante nos séculos XIX e XX. Nesse período, mesmo entre adultos, tudo o que fosse relativo à vida sexual foi escondido ao máximo e removido para o fundo da cena. Esse o motivo por que foi possível, e também necessário, ocultar este lado da vida das crianças durante longo período. Nas fases precedentes das relações entre os sexos, juntamente com as instituições atinentes a elas, incorporava-se muito mais diretamente à vida pública. Por isso mesmo, nada mais natural que as crianças conhecessem desde muito cedo esse lado da vida. Do ponto de vista do condicionamento, não há necessidade de sobrecarregar essa esfera da vida com tabus e sigilo na extensão que se tornou necessária, em uma fase posterior da civilização, devido a um diferente padrão de comportamento.

Na sociedade aristocrática de corte, a vida sexual era por certo muito mais escondida do que na sociedade medieval. O que o observador de uma sociedade industrializada-burguesa amiúde interpreta como "frivolidade" da sociedade de corte nada mais é do que essa orientação rumo à privacidade. Não obstante, medidos pelo padrão de controle dos impulsos na própria sociedade burguesa, o ocultamento e a segregação da sexualidade na vida social, tanto quanto na consciência, foram relativamente sem importância nessa fase. Aqui, também, o julgamento de fases posteriores é com frequência induzido em erro porque os padrões, da pessoa que julga e da aristocracia de corte, são considerados como absolutos e não como opostos inseparáveis, e também porque o padrão próprio é utilizado como medida de todos os demais.

Nesta sociedade, também, a relativa franqueza com que as funções naturais são comentadas entre adultos é acompanhada por maior liberdade de fala e ação na presença de crianças. São numerosos os exemplos a este respeito. Em um exemplo particularmente ilustrativo, numa corte no século XVII vive uma pequenina Mlle. de Bouillon, que tem seis anos de idade. As senhoras das cortes conversam muito com ela e, certo dia, fazem uma brincadeira: tentam convencer a menina que ela está grávida. A menininha nega isso. Defende-se. É absolutamente impossível, diz, e discutem muito. Certo dia, porém, ao acordar, descobre um recém-nascido na cama ao seu lado. Espantada, diz ela em toda sua inocência: "De modo que isto só aconteceu com a Virgem Maria e comigo porque não senti nenhuma dor." Essas palavras passam de boca em boca e o pequeno caso torna-se a diversão de toda a corte. A criança recebe visitas, como é o costume nessas ocasiões. A própria rainha vem consolá-la e se oferecer como madrinha do bebê. A brincadeira continua e a menininha é pressionada para dizer quem é o pai do bebê. Finalmente, após um período de árduas reflexões, ela chega à conclusão que só podem ser o rei ou o conde de Guiche, desde que são os dois únicos homens que lhe deram um beijo.[95] Ninguém leva a mal a brincadeira. Ela se enquadra inteiramente no padrão vigente. Ninguém vê nela um perigo à adaptação da criança a esse padrão, ou à sua pureza espiritual, e evidentemente não é considerada em nada contrária à sua educação religiosa.

8. Só aos poucos, e mais tarde, é que uma associação mais forte de sexualidade com vergonha e embaraço, e a correspondente restrição ao comportamento, se espraia mais ou menos uniformemente por toda a sociedade. E só quando cresce a distância entre adultos e crianças é que o "esclarecimento de questões sexuais" se torna um "problema agudo".

Citamos acima a crítica aos *Colóquios* de Erasmo formulada pelo conhecido educador Von Raumer. O quadro de toda essa curva de desenvolvimento torna-se ainda mais nítido se estudarmos a maneira como o problema da educação sexual, a adaptação da criança ao padrão vigente em sua sociedade, se colocou para esse educador. Em 1857, Von Raumer publicou uma curta obra intitulada *A educação das meninas*. O que ele prescreve no livro (p.72) como modelo de comportamento para adultos, em resposta a perguntas de natureza sexual feita pelas suas filhas, certamente não era a única forma possível de conduta em sua época, mas, apesar disso, é altamente característico do padrão vigente no século XIX nas instruções dadas tanto a meninas quanto a meninos:

> Algumas mães são de opinião, fundamentalmente incorreta a meu ver, de que às filhas deve ser dado conhecimento profundo de todas as circunstâncias da família, mesmo de relações entre os sexos, e de que devem ser iniciadas nas coisas que serão seu destino se jamais vierem a

casar. Seguindo o exemplo de Rousseau, esta opinião degenerou e se transformou na caricatura mais grosseira e mais repulsiva do Seminário Filantrópico de Dessau. Outras mães exageram na direção contrária, dizendo às filhas aquilo que, logo que se tornam mais velhas, tem que se revelar como total falsidade. Como em todos os outros casos, isto é condenável. *Estas coisas não devem ser comentadas absolutamente na presença de crianças,* e ainda menos em tom de mistério, que provavelmente só lhes aguçará a curiosidade. As crianças devem ser deixadas por tanto tempo quanto for possível na crença de que um anjo traz para a mãe os bebês. Esta lenda, costumeira em algumas regiões, é muito melhor do que a história da cegonha, comum em outros lugares. As crianças, se realmente crescem sob os olhos da mãe, raramente fazem perguntas a esse respeito... nem mesmo se a mãe é impedida pelo parto de tê-las em volta de si... Se meninas perguntarem mais tarde como bebês chegam ao mundo, deve-se responder que o bom Deus dá à mãe o bebê, que tem um anjo da guarda no céu que certamente desempenhou um papel invisível na concretização dessa grande alegria. "Você não precisa saber nem poderia compreender como Deus dá as crianças." As meninas devem se contentar com essas respostas em cem casos, e constitui dever da mãe ocupar os pensamentos das filhas de modo tão completo, com o belo e o bom, que elas não tenham tempo para pensar nesses assuntos... A mãe... deve dizer apenas uma vez, com toda seriedade: "Não seria bom para você conhecer essas coisas e deve tomar cuidado para não escutar nada que se diga a esse respeito." Uma moça realmente bem-educada sentirá daí em diante vergonha ao ouvir coisas desse teor.

Entre a maneira de falar sobre relações sexuais representada por Erasmo e a representada aqui por Von Raumer, é visível uma curva de civilização semelhante à mostrada em mais detalhe na manifestação de outros impulsos. No processo civilizador, a sexualidade, também, é cada vez mais transferida para trás da cena da vida social e isolada em um enclave particular, a família nuclear. De maneira idêntica, as relações entre os sexos são segregadas, colocadas atrás de paredes da consciência. Uma aura de embaraço, a manifestação de um medo sociogenético, cerca essa esfera da vida. Mesmo entre adultos é referida apenas com cautela e circunlóquios. E no caso de crianças, especialmente de meninas, essas coisas não são, tanto quanto possível, absolutamente mencionadas. Von Raumer não dá razões por que não se deva falar sobre elas com as crianças. Ele poderia ter dito que é desejável preservar a pureza espiritual das meninas por tanto tempo quanto possível. Mas mesmo essa razão seria apenas uma expressão a mais do quanto havia avançado em seu tempo a submersão gradual desses impulsos na vergonha e no embaraço. Neste momento é tão natural não falar nesses assuntos como era falar no tempo de Erasmo. E o fato de que ambas as testemunhas convocadas aqui, Erasmo e Von Raumer, fossem cristãos piedosos, que buscavam sua autoridade em Deus, destaca ainda mais a diferença.

Evidentemente não são "racionais" os motivos subjacentes ao modelo proposto por Von Raumer. Examinado racionalmente, o problema abordado por ele permanece sem solução e o que ele diz soa contraditório. Não explica como e quando a menina deve ser levada a compreender o que está acontecendo e o que lhe acontecerá. A preocupação principal é a necessidade de inculcar "recato" (isto é, sentimento de vergonha, medo, embaraço e culpa) ou, mais exatamente, comportamento que se conforme ao padrão social. E sentimos como é imensamente difícil para o próprio educador vencer a resistência da vergonha e do embaraço que, para ele, envolve essa esfera. Notamos algo da profunda confusão na qual esse fato social colocou o indivíduo: o único conselho que o educador tem para dar às mães é evitar contato em todos os casos possíveis com essas coisas. O que está em jogo aqui não é a falta de percepção ou a inibição de uma pessoa em particular, mas um problema social, e não individual. Apenas aos poucos, como se através de introvisão obtida retrospectivamente, foram formulados métodos mais eficazes para adaptar a criança ao grau mais alto de domínio, comedimento sexual, ao controle, à transformação e à inibição de impulsos que foram indispensáveis à vida nessa sociedade.

O próprio Von Raumer nota em certo sentido que essa área da vida não devia ser envolvida por uma aura de mistério, "que provavelmente só lhes aguçará a curiosidade". Mas uma vez que isto se tornou um "mistério" na sociedade, ele não pode escapar da necessidade de recomendar sigilo em suas próprias regras: "A mãe deve dizer apenas uma vez, com toda a seriedade: 'Não seria bom para você conhecer essas coisas...'" Nem motivos "racionais" nem razões práticas lhe determinam primariamente a atitude, mas, sim, a vergonha dos próprios adultos, que se tornou compulsiva. São as proibições sociais e resistências neles mesmos, seu próprio superego, que os faz guardar silêncio.

Para Erasmo e seus contemporâneos, conforme vimos, o problema não está em esclarecer a criança sobre as relações entre homem e mulher. As crianças descobrem isto por si mesmas através do tipo de instituições e vida social em que crescem. Sendo menor a reserva dos adultos, é menor também a discrepância entre o que é abertamente permitido e o que ocorre por trás da cena. Aqui, a principal tarefa do educador consiste em guiar a criança naquilo que ela já sabe, na direção correta — ou, para ser mais exato, na direção desejada por ele, educador. E é isso o que Erasmo procura fazer através de conversas como a da moça com seu pretendente e a do rapaz com a prostituta. O sucesso do livro mostra que Erasmo dedilhou a nota certa no que interessava a muitos de seus contemporâneos.

Uma vez que no curso do processo civilizador o impulso sexual, como tantos outros, está sujeito a controle e transformação cada vez mais rigorosos, muda o problema que ele coloca. A pressão aplicada sobre adultos para privatizar todos os seus impulsos (em especial, os sexuais), a "conspiração de silêncio", as restrições socialmente geradas à fala, o caráter emocionalmente carregado da maioria das palavras relativas a ardores sexuais, tudo isto constrói uma grossa parede de sigilo em volta do adolescente. O que torna o esclarecimento sexual tão difícil — a derrubada desse muro, que um dia será necessário — não é só a necessidade de fazer o adolescente conformar-se ao mesmo padrão de controle de instintos e de domínio como o adulto. É, acima de tudo, a estrutura de personalidade dos próprios adultos que torna difícil falar sobre essas coisas secretas. Com grande frequência, os adultos não encontram o tom nem as palavras. As palavras "chulas" que conhecem estão fora de cogitação. Os termos científicos são desconhecidos de muitos. As considerações teóricas em si não ajudam. E são as repressões sociogenéticas neles que resistem à palavra. Daí o conselho de Von Raumer: falar o mínimo possível sobre esses assuntos. A situação é ainda mais agravada pelo fato de que as tarefas de condicionar e "ensinar" cabem cada vez mais exclusivamente aos pais. As múltiplas relações de amor entre mãe, pai e filho tendem a aumentar a resistência a tratar dessas questões não só por parte da criança, mas também do pai ou da mãe.*

À vista de tudo isso, torna-se claro como deve ser colocada a questão da infância. Os problemas psicológicos de indivíduos que crescem não podem ser compreendidos se forem considerados como se desenvolvendo uniformemente em todas as épocas históricas. Os problemas relativos à consciência e impulsos instintivos da criança variam com a natureza das relações entre ela e os adultos. Essas relações têm em todas as sociedades uma forma específica correspondente às peculiaridades de sua estrutura. Na sociedade cavaleirosa diferem da vigente na sociedade burguesa urbana; são diferentes, em toda a sociedade secular da Idade Média, do que acontece nos tempos modernos. Por isso mesmo, os problemas decorrentes da adaptação e modelação de adolescentes ao padrão dos adultos — por exemplo, os problemas específicos da puberdade em nossa sociedade civilizada — só podem ser compreendidos em relação à fase histórica, à estrutura da sociedade como um todo, que exige e mantém esse padrão de comportamento adulto e esta forma especial de relacionamento entre adultos e crianças.

9. Um processo civilizador análogo ao da "educação sexual" poderia ser demonstrado a respeito do casamento e de sua evolução na sociedade ocidental. Em termos gerais, é indubitavelmente correto que o casamento monogâmico constitui a instituição predominante reguladora das relações sexuais no Ocidente. Não obstante, o controle efetivo e a modelação das relações sexuais mudou consideravelmente no curso da história ocidental. A Igreja evidentemente lutou desde cedo pelo casamento monogâmico. Mas o casamento assume essa forma rigorosa como instituição social obrigatória para ambos os sexos apenas em um estágio posterior, quando os impulsos e ardores caíram sob controle mais firme e estrito. Porque só então as relações extramatrimoniais dos homens foram, na verdade, proibidas socialmente, ou pelo menos sujeitas a sigilo absoluto. Em fases anteriores, dependendo do balanço do poder social entre os sexos, as relações extraconjugais para os homens e, às vezes, também para as mulheres eram aceitas mais ou menos como naturais pela sociedade secular. Até o século XVI, ouvimos referido com grande frequência que, nas famílias dos cidadãos mais respeitáveis, os filhos legítimos e ilegítimos do marido são criados juntos e que nenhum segredo é feito da diferença na presença das próprias crianças. O homem não

---

* Lembremos que este livro foi escrito em 1939. (N.R.)

fora ainda forçado socialmente a sentir vergonha de seus relacionamentos extramaritais. A despeito de todas as tendências compensadoras que sem dúvida já existem, costuma ser aceito como natural que os filhos bastardos façam parte da família, que o pai deva prover-lhes o futuro e, nos casos de filhas, arranjar-lhes um casamento honrado. Mas sem dúvida isto levou mais de uma vez a um "sério desentendimento"[96] entre marido e mulher.

A situação do filho ilegítimo não é sempre e em toda a parte a mesma na Idade Média. Apesar disso, porém, durante longo tempo não há sinal da tendência ao segredo que mais tarde, numa sociedade burguesa-profissional, responderá à tendência a um confinamento mais rigoroso da sexualidade na relação de um homem com uma única mulher, no controle mais rigoroso dos impulsos sexuais e na pressão mais forte das proibições sociais. Neste particular, também, as exigências da Igreja não podem ser consideradas como o padrão vigente na sociedade secular. Na realidade, se não sempre na lei, a situação de filhos ilegítimos na família diferia da dos filhos legítimos apenas no sentido em que os primeiros não herdavam o status do pai nem, de modo geral, sua riqueza, ou pelo menos não na mesma proporção que os legítimos. Que pessoas da classe alta chamassem a si mesmas clara e orgulhosamente de "bastardos" é fato bem conhecido.[97]

O casamento nas sociedades de cortes absolutistas dos séculos XVII e XVIII derivava seu caráter especial do fato de que, devido à estrutura das mesmas, pela primeira vez fora quebrado o domínio do marido sobre a esposa. O poder social da esposa é quase igual ao do marido. A opinião social é formulada, em alto grau, pelas mulheres. E, se a sociedade até então aceitara apenas as relações extraconjugais dos homens, considerando as do "sexo [socialmente] mais fraco" como mais ou menos repreensíveis, essas relações por parte das mulheres parecem nesse momento, dentro de certos limites devido à mudança no equilíbrio de poder entre os sexos, como legítimas.

Resta mostrar no detalhe que importância essa primeira grande mudança nas relações de poder ou, se preferirem, esta primeira onda de emancipação de mulheres nas cortes absolutistas, teve no processo civilizador, no deslocamento da fronteira de vergonha e do embaraço e no fortalecimento do controle social sobre o indivíduo. Da mesma forma que as mudanças nas relações de poder, a ascensão social de outros grupos sociais exigiu novas formas de controle dos impulsos em um nível intermediário entre os previamente impostos aos governantes e aos governados, de modo que esse fortalecimento da posição feminina na sociedade implicou (dizendo esquematicamente) uma diminuição nas restrições aos seus impulsos e um aumento das restrições nos dos homens. Ao mesmo tempo, forçou ambos os sexos a adotar uma autodisciplina nova e mais rigorosa em suas relações recíprocas.

No famoso romance *La Princesse de Clèves,* de autoria de Madame de la Fayette, o marido da princesa, que sabe que ela está apaixonada pelo duque de Nemours, diz: "Confiarei apenas em você. Este é o caminho que meu coração me aconselha a tomar, e também a razão. Com um temperamento como o seu, *deixando-lhe sua liberdade, eu lhe estabeleço limites mais estreitos* do que eu poderia fazer cumprir."[98]

Este é um exemplo da autodisciplina exigida por essa situação para ambos os sexos. O marido sabe que não pode conservar a esposa pela força. Não tresvaria nem berra porque a esposa ama outro homem, nem apela para seus direitos como marido. A opinião pública não coonestaria nada disso. Ele se controla. Mas ao fazê-lo espera dela a mesma autodisciplina que impõe a si mesmo. Isto é um exemplo muito característico de uma nova constelação que surge com a redução da desigualdade social entre os sexos. Fundamentalmente, não é tal ou qual marido, enquanto indivíduo, que concede essa liberdade à esposa. Ela se fundamenta na estrutura da própria sociedade. Mas exige também um novo tipo de comportamento. Produz conflitos muito específicos. E certamente há grande número de mulheres nessa sociedade que usam de tal liberdade. Há evidência de sobra de que, nessa aristocracia de corte, a restrição a relações sexuais ao casamento era frequentemente considerada como burguesa e socialmente descabida. Não obstante, tudo isto dá uma ideia de como um tipo específico de liberdade corresponde diretamente a formas e estágios particulares de interdependência social entre seres humanos.

As formas linguísticas não dinâmicas, às quais continuamos presos, opõem liberdade a coerção como se fossem céu e inferno. A curto prazo, esse raciocínio em opostos absolutos muitas vezes se mostra razoavelmente adequado. Para quem está na prisão, o mundo do outro lado das grades é um mundo de liberdade. Mas, examinando o assunto com mais cuidado, não há, ao contrário do que sugerem antíteses como essas, uma suposta liberdade "absoluta", se por ela entendemos total independência e ausência de qualquer coação social. O que há é libertação, de uma forma de restrição opressiva ou intolerável para outra, menos pesada. Dessa maneira, o processo civilizador, a despeito da transformação e aumento das limitações que impõe às emoções, é acompanhado permanentemente por tipos de libertação dos mais diversos. A forma de casamento nas cortes absolutistas, simbolizada pela igual disposição de salas de estar e quartos de dormir para homens e mulheres nas mansões da aristocracia de corte, constitui um dos muitos exemplos desta situação. A mulher era mais livre de restrições externas do que na sociedade feudal. Mas a coação interior que ela era obrigada a impor a si mesma de acordo com a forma de integração e com o código de comportamento em vigor na sociedade de corte, que se originavam ambos dos mesmos aspectos estruturais dessa sociedade que engendraram sua "liberação", havia aumentado para ela e para os homens em confronto com a sociedade cavaleirosa.

O mesmo vemos se comparamos a forma burguesa de casamento do século XIX com a da aristocracia de corte dos séculos XVII e XVIII. Neste último período, a burguesia como um todo está livre das pressões de uma sociedade absolutista estatal. Burgueses e burguesas libertaram-se das limitações externas a que estiveram sujeitos como pessoas de segunda classe, na hierarquia dos estamentos. Aumentou o entrelaçamento de comércio e dinheiro, cujo crescimento lhes deu o poder social necessário para se libertarem. Mas, neste aspecto, as limitações sociais do indivíduo também são mais fortes do que antes. O padrão de autocontenção imposto às pessoas da sociedade burguesa por suas ocupações é, em muitos aspectos, diferente do imposto à vida emocional pelas funções da sociedade de corte. Em numerosas facetas da "economia emocional", as funções burguesas — acima de tudo, a vida empresarial — exigem e geram maior autocontrole do que as funções de corte. O motivo por que o trabalho como ocupação, que com a ascensão da burguesia se tornou estilo geral de vida, deveria exigir uma disciplina particularmente rigorosa da sexualidade é uma questão independente; as ligações entre a estrutura da personalidade e a social no século XIX não cabem aqui. Não obstante, para os padrões da sociedade burguesa, o controle da sexualidade e a forma de casamento vigentes na sociedade de corte eram extremamente débeis. A opinião social condena agora (no século XIX) todas as relações extramatrimoniais entre os sexos, embora nesta esfera, ao contrário da sociedade de corte, o poder social do marido volte a ser maior que o da esposa, de modo que a violação do tabu pelo marido geralmente é julgada com mais condescendência do que a mesma falta cometida pelas mulheres. Mas ambas as quebras de padrão têm, nessa época, de ser inteiramente excluídas da vida social oficial. Ao contrário do que acontece na corte, devem ser rigorosamente confinadas atrás da cena, banidas para o reino do segredo. Este é apenas um dos muitos exemplos do aumento da reserva e do autocontrole que o indivíduo então se impõe.

10. O processo civilizador não segue uma linha reta. A tendência geral da mudança pode ser identificada, como aqui fizemos. Em escala menor, observamos os mais diversos movimentos que se entrecruzam, mudanças e surtos nesta ou naquela direção. Mas se estudamos o movimento da perspectiva de grandes períodos de tempo, vemos claramente que diminuem as compulsões originadas diretamente na ameaça do uso das armas e da força física, e que as formas de dependência que levam à regulação dos efeitos, sob a forma de autocontrole, gradualmente aumentam. Esta mudança desponta em seu aspecto mais retilíneo se observamos os homens da classe alta do tempo — isto é, a classe composta inicialmente de guerreiros ou cavaleiros, em seguida de cortesãos, e finalmente de profissionais burgueses. Se analisamos o tecido de muitas camadas do desenvolvimento histórico, contudo, verificamos que o movimento é infinitamente mais complexo. Em todas as fases ocorrem numerosas flutuações, frequentes avanços ou recuos dos controles internos e externos. O estudo dessas flutuações, particularmente das mais próximas de nós no tempo, pode facilmente obscurecer a tendência geral. Uma delas está presente ainda hoje na memória de todos: no período que se seguiu à Primeira Guerra Mundial, em comparação com o período anterior à guerra, parece ter ocorrido uma "relaxação da moral". Certo número de limitações impostas ao comportamento antes da guerra debilitou-se ou desapareceu inteiramente. Muitas coisas antes proibidas passaram a ser permitidas. Visto bem de perto, o movimento parece estar ocorrendo na direção oposta à demonstrada aqui, a levar a uma relação dos controles impostos ao indivíduo pela vida social. Apurando-se o exame, porém, não é difícil notar que isto é apenas uma recessão muito ligeira, uma das flutuações que constantemente ocorrem na complexidade do movimento histórico, em cada fase do processo total.

Um dos exemplos no particular é o das roupas de banho. No século XIX, cairia no ostracismo social a mulher que usasse em público os costumes de banho ora comuns. Mas essa mudança, e com ela toda a difusão do esporte entre ambos os sexos, pressupõe um padrão muito elevado de controle de impulsos. Só numa sociedade na qual um alto grau de controle é esperado como normal, e na qual as mulheres estão, da mesma forma que os homens, absolutamente seguras de que cada indivíduo é limitado pelo autocontrole e por um rigoroso código de etiqueta, podiam surgir trajos de banho e esporte com esse relativo grau de liberdade. É uma relaxação que ocorre dentro do contexto de um padrão "civilizado" particular de comportamento, envolvendo um alto grau de limitação automática e de transformação de emoções, condicionados para se tornarem hábitos.

Paralelamente, contudo, encontramos também em nossa própria época os precursores de uma mudança para o cultivo de restrições novas e mais rigorosas. Em algumas sociedades são feitas tentativas de estabelecer uma regulamentação social e controle de emoções muito mais forte e consciente do que o padrão até então predominante, um padrão de modelação que impõe renúncias e transformação de impulsos ao indivíduo, com vastas consequências para a vida humana que ainda mal são previsíveis.

11. Pouco importando, por conseguinte, como as tendências podem se entrecruzar, avançar e recuar, relaxar ou apertar em pequena escala, a direção do movimento principal — tanto quanto visível até agora — é a mesma para todos os tipos de comportamento. O processo de civilização do impulso sexual, visto em escala mais ampla, corre paralelo ao de outros impulsos, sejam quais forem as diferenças sociogenéticas de detalhes que possam estar presentes. Neste campo, também, se medido pelos dos padrões masculinos nas sucessivas classes dominantes, o controle torna-se sempre mais rigoroso. O instinto é lento mas progressivamente eliminado da vida pública da sociedade. Aumenta também a reserva que deve ser observada nas referências a ele.[99] E esta limitação, como todas as demais, é feita cumprir cada vez menos pela força física direta. Na verdade, é cultivada desde tenra idade no indivíduo, como autocontrole habitual, pela estrutura da vida social, pela pressão das instituições em geral, e por certos órgãos executivos da sociedade (acima de tudo, pela família) em particular. Por conseguinte, as injunções e proibições sociais tornam-se cada vez mais parte do ser, de um superego estritamente regulado.

Tal como outros impulsos, a sexualidade é confinada cada vez mais exclusivamente, tanto para os homens como para as mulheres, num enclave particular, o casamento socialmente legitimado. A tolerância social para com outros relacionamentos, tanto de marido como de mulher, que de maneira nenhuma faltava antes, é reprimida cada vez mais, ainda que com altos e baixos. Todas as violações dessas restrições, e tudo o que conduz a uma delas, é por conseguinte relegado ao reino do segredo, do que não pode ser mencionado sem perda de prestígio ou de posição social.

E da mesma forma que a família nuclear só aos poucos se tornou, e de forma tão exclusiva, o único enclave legítimo da sexualidade e de todas as funções íntimas de homens e mulheres, assim também só em um estágio tardio ela se transformou no órgão principal para cultivar o controle socialmente exigido dos impulsos, e do comportamento dos jovens. Antes de ser alcançado este grau de restrição e privacidade, e até que o isolamento da vida instintiva da vida pública fosse rigorosamente prescrito, a tarefa do condicionamento precoce não dependia tanto do pai e da mãe. Todas as pessoas que intervinham no cuidado das crianças — e, quando a privacidade era menor e o interior da casa menos isolado, elas eram numerosas — desempenhavam um papel. Além disso, a própria família era geralmente mais numerosa e — na classe alta — mais abundantes os servidores domésticos, naqueles tempos. As pessoas falavam em geral com mais franqueza sobre os vários aspectos da vida instintiva e cediam mais livremente aos seus próprios impulsos em atos e palavras. Era menor a vergonha associada à sexualidade. É isto o que torna tão difícil de entender por pedagogos de uma fase posterior o trabalho educacional de Erasmo, acima citado. Assim, o condicionamento, a reprodução de hábitos sociais na criança, não ocorria tão exclusivamente atrás de portas fechadas, por assim dizer, mas de forma mais direta, na presença de outras pessoas. Uma forma de maneira nenhuma rara desse tipo de condicionamento na classe alta pode ser encontrada, por exemplo, no diário do dr. Jean Héroard, que registra dia a dia e quase hora a hora a infância de Luís XIII, o que ele dizia e fazia enquanto crescia.

    Não deixa de ter um toque paradoxal o fato de que, à medida que aumentam o controle, a restrição e o ocultamento de ardores e impulsos que são exigidos do indivíduo pela sociedade e, por conseguinte, se torna mais difícil o condicionamento dos jovens, mais a tarefa de instilar os hábitos socialmente requeridos se concentre na família nuclear, no pai e na mãe. O mecanismo de condicionamento, contudo, pouco difere do usado em épocas anteriores. Isto porque não implica uma supervisão mais rigorosa da tarefa, ou planejamento mais exato que leve em conta as circunstâncias especiais da criança, mas é efetuado, principalmente e por meios automáticos e, até certo ponto, por reflexos. A constelação socialmente modelada de hábitos e impulsos dos pais dá origem a outra, semelhante, no filho. Elas podem operar ou na mesma direção ou em outra inteiramente diferente da desejada ou esperada pelos pais com base em seu próprio condicionamento. A inter-relação dos hábitos de pais e filhos, através da qual a vida instintiva da criança é lentamente modelada, é assim determinada por nada menos do que pela "razão". Conduta e palavras associadas pelos pais à vergonha e repugnância são muito cedo associadas da mesma maneira pelos filhos, através de manifestações de desagrado dos pais, por pressão mais ou menos suave. Desta maneira, o padrão social de vergonha e repugnância é gradualmente reproduzido no filho. Mas esse padrão forma simultaneamente a base e o contexto das mais diversas formações de impulsos individuais. A maneira como a personalidade em crescimento é modelada em casos particulares por essa incessante interação social entre os sentimentos, hábitos e reações de pais e filhos é, no momento, em grande parte imprevisível e incalculável.

12. A tendência do processo civilizador a tornar mais íntimas todas as funções corporais, a encerrá-las em enclaves particulares, a colocá-las "atrás de portas fechadas", produz diversas consequências. Uma das mais importantes, já observada em conexão com várias outras formas de impulsos, notamos com especial clareza no desenvolvimento de limitações civilizadoras à sexualidade. É a peculiar divisão dentro do homem, que se acentua na mesma medida em que os aspectos da vida humana que podem ser exibidos na vida social são separados dos que não podem, e que devem permanecer "privados" ou "secretos". A sexualidade, tal como todas as demais funções humanas naturais, é fenômeno de todos conhecido e é parte de toda vida humana. Vimos como todas essas funções são, aos poucos, carregadas com vergonha e embaraço sociogenéticos, de modo que a simples menção delas em sociedade passa cada vez mais a estar sujeita a grande número de controles e proibições. Cada vez mais, as pessoas mantêm as próprias funções, e tudo o que as lembra, ocultas umas das outras. Nos casos em que isto não é possível — como no casamento, por exemplo —, a vergonha, o embaraço, o medo e todas as demais emoções associadas a essas forças motivadoras da vida humana são dominados por um ritual social precisamente regulado e por certas fórmulas de ocultamento, a fim de preservar o padrão de vergonha. Em outras palavras, com o avanço da civilização a vida dos seres humanos fica cada vez mais dividida entre uma esfera íntima e uma pública, entre comportamento secreto e público. E esta divisão é aceita como tão natural, torna-se um hábito tão compulsivo, que mal é percebida pela consciência.

Juntamente com essa crescente divisão do comportamento no que é e não é publicamente permitido, a estrutura da personalidade também se transforma. As proibições apoiadas em sanções sociais reproduzem-se no indivíduo como formas de autocontrole. A pressão para restringir seus impulsos e a vergonha sociogenética que os cerca — estes são transformados tão completamente em hábitos que não podemos resistir a eles mesmo quando estamos sozinhos na esfera privada. Impulsos que prometem e tabus e proibições que negam prazeres, sentimentos socialmente gerados de vergonha e repugnância, entram em luta no interior do indivíduo. Este, conforme já apontamos, é o estado de coisas que Freud tenta descrever através de conceitos como "superego" e "inconsciente" ou, como se diz não sem razões na fala diária, como "subconsciente". Mas, como quer que seja expresso, o código social de conduta grava-se de tal forma no ser humano, desta ou daquela forma, que se torna elemento constituinte do indivíduo. E este elemento, o superego, tal como a estrutura da personalidade do indivíduo como um todo, necessária e constantemente muda com o código social de comportamento e a estrutura da sociedade. A acentuada divisão do "ego", ou consciência, característica do homem em nossa fase de civilização, que encontra expressão em termos como "superego" e "inconsciente", corresponde à cisão específica no comportamento que a sociedade civilizada exige de seus membros. É igual ao grau de regulamentação e restrição imposto à expressão de necessidades profundas e impulsos. Tendências nessa direção podem se desenvolver sob qualquer forma na sociedade humana, mesmo naquelas que chamamos de "primitivas". Mas a força adquirida em sociedades como a nossa por essa diferenciação, e a forma como ela aparece, são reflexo de um desenvolvimento histórico particular, são resultado de um processo civilizador.

É isso o que temos em mente quando nos referimos aqui à constante correspondência entre a estrutura social e a estrutura da personalidade, do ser individual.

X

Mudanças na Agressividade

A estrutura emocional do homem é um todo. Podemos dar a instintos particulares diferentes nomes, de acordo com suas diferentes orientações e funções, falar de fome ou de necessidade de escarrar, de desejos sexuais e de impulsos agressivos, mas, na vida, esses vários instintos não podem ser mais separados do que o coração do estômago, ou o sangue no cérebro do sangue nos órgãos genitais. Eles se complementam e em parte se substituem, transformam-se dentro de certos limites e se compensam mutuamente. Uma perturbação aqui manifesta-se ali. Em suma, eles formam uma espécie de circuito no ser humano, um sistema parcial dentro do sistema total do organismo. Sua estrutura é ainda obscura sob muitos aspectos mas não há dúvida que sua forma socialmente impressa é de importância decisiva para o funcionamento tanto da sociedade como dos indivíduos que a compõem.

A maneira como hoje falamos em impulsos ou manifestações emocionais leva às vezes a supor que temos dentro de nós um feixe inteiro de motivações diferentes entre si. Referimo-nos a uma "pulsão de morte" ou a um "impulso de autoafirmação" como se fossem substâncias químicas diferentes. Isto não quer dizer que a observação dessas diferentes pulsões no indivíduo não possa ser extremamente frutífera e instrutiva. Mas as categorias pelas quais essas observações são classificadas permanecerão impotentes diante de seus objetos vivos, se não conseguirem expressar a unidade e a totalidade da vida instintiva e a ligação de cada tendência pulsional particular com essa totalidade. Consequentemente, a agressividade, que será objeto deste capítulo, não é uma espécie separada de pulsão. No máximo, só poderemos falar em "pulsão agressiva" se permanecermos conscientes de que ela se refere a uma função pulsional particular dentro da totalidade de um organismo, e de que mudanças nessa função indicam mudanças na estrutura da personalidade como um todo.

1. O padrão de agressividade, seu tom e intensidade, não é hoje exatamente uniforme entre as diferentes nações do Ocidente. Mas essas diferenças, que de perto às vezes parecem muito grandes, desaparecem se a agressividade das nações "civilizadas" for compa-

rada com a de sociedades em um diferente estágio do controle de emoções. Comparada com a fúria dos guerreiros abissínios — reconhecidamente impotentes contra o aparato técnico do exército civilizado* — ou com a ferocidade das tribos à época das Grandes Migrações, a agressividade mesmo das nações mais belicosas do mundo civilizado parece bem pequena. Como todos os demais instintos, ela é condicionada, mesmo em ações visivelmente militares, pelo estado adiantado da divisão de funções, e pelo decorrente aumento na dependência dos indivíduos entre si e face ao aparato técnico. É confinada e domada por inumeráveis regras e proibições, que se transformaram em autolimitações. Foi tão transformada, "refinada", "civilizada" como todas as outras forma de prazer, e sua violência imediata e descontrolada aparece apenas em sonhos ou em explosões isoladas que explicamos como patológicas.

Nesta área emocional — a do teatro das colisões hostis entre homens —, ocorreram, como em todas as outras, as mesmas transformações históricas. Não importando em que ponto se situa a Idade Média nessa transformação, bastará estudar aqui o padrão de sua classe governante secular, os guerreiros, como ponto de partida, a fim de ilustrar o padrão geral desse desenvolvimento. A liberação das emoções em batalha durante a Idade Média não era, talvez, tão desinibida como no período anterior das Grandes Migrações. Mas era bastante franca e desinibida, em comparação com a medida dos tempos modernos. Neste último, a crueldade e a alegria com a destruição e o tormento de outrem, tal como a prova de superioridade física, foram colocadas sob um controle social cada vez mais forte, amparado na organização estatal. Todas essas formas de prazer, limitadas por ameaças de desagrado, gradualmente vieram a se expressar apenas indiretamente, em uma forma "refinada". E só em épocas de sublevação social ou quando o controle social é mais frouxo (como, por exemplo, em regiões coloniais) elas se manifestam mais direta e livremente, menos controladas pela vergonha e a repugnância.

2. A vida na sociedade medieval tendia na direção oposta. A pilhagem, a guerra, a caça de homens e animais — todas estas eram necessidades vitais que, devido à estrutura da sociedade, ficavam à vista de todos. E assim, para os fortes e os poderosos, formavam parte dos prazeres da vida.

"Eu vos digo", conta um hino de guerra atribuído ao menestrel Bertran de Born,[100] "que nem comer, nem beber, nem dormir têm tanto sabor para mim como ouvir o grito 'Para a frente!', de ambos os lados, e cavalos sem cavaleiros refugando e relinchando, ouvir o grito 'Acudi! Acudi!' e ver o pequeno e o poderoso tombarem na grama das trincheiras e os mortos atravessados pela madeira de lanças adornadas com flâmulas!"

---

* A guerra da Abissínia, como era então conhecida a Etiópia, era recente: os fascistas italianos haviam invadido o país em 1935 e, no ano seguinte, conseguiram aparentemente controlar a situação e coroar o rei da Itália, Vitor Emanuel III, imperador da Etiópia. A guerra continuou, porém, e em 1941 os ingleses expulsaram os italianos e restauraram o *negus* Hailé Selassié. (N.R.)

Até mesmo a forma literária dá uma impressão da selvageria original do sentimento. Em outro trecho, canta Bertran de Born: "Está se aproximando a estação agradável, quando nossos navios tocarão a terra, quando o rei Ricardo virá alegre e orgulhoso como nunca. Agora veremos ouro e prata correrem; os recém-construídos parapeitos de pedra cairão com um som que alegrará o coração, muralhas ruirão, torres balançarão e desmoronarão, e nossos inimigos provarão o gosto da cadeia e das correntes. Amo o entrevero do azul e do vermelhão dos escudos, das flâmulas e bandeiras de muitas cores, as tendas e ricos pavilhões espalhados pela planície, a quebra de lanças, a perfuração de escudos, os capacetes faiscantes fendidos pela clava, os golpes dados e recebidos."

A guerra, declara uma das *chansons de geste,* significa descer como o mais forte sobre o inimigo, cortar suas videiras, arrancar pelas raízes suas árvores, assolar suas terras, tomar de assalto seus castelos, entupir seus poços, e matar suas gentes...

Um particular prazer vem da mutilação de prisioneiros: "Por minha honra", diz o rei na mesma canção, "rio do que dizeis, não dou um ceitil por vossas ameaças, cobrirei de vergonha cada cavaleiro que capturar, cortarei seu nariz ou orelhas. Se for sargento ou mercador, perderá um pé ou um braço."[101]

Essas coisas, note-se, não são ditas apenas em canções. Esses poemas épicos constituem parte integral da vida social. E expressam muito mais diretamente os sentimentos dos ouvintes a quem se dirigem do que a maior parte de nossa literatura. Podem, talvez, exagerar nos detalhes. Mesmo na era da cavalaria o dinheiro já tinha, em certas ocasiões, algum poder para subjugar e transformar emoções. Geralmente só os pobres e humildes, pelos quais não se podia esperar resgate considerável, eram mutilados e eram poupados os cavaleiros que tinham quem pagasse por eles. As crônicas que documentaram diretamente a vida social do período contêm amplo testemunho dessas atitudes.

Elas eram escritas na maior parte por religiosos. Os juízos de valor que contêm são, por conseguinte, amiúde os do grupo mais fraco ameaçado pela classe guerreira. Não obstante, o quadro que nos transmitem é inteiramente autêntico. "Ele passa a vida", lemos a respeito de um cavaleiro, "na rapinagem, destruindo igrejas, atacando peregrinos, oprimindo viúvas e órfãos. Sente especial prazer em mutilar inocentes. Em um único mosteiro, o dos monges negros de Sarlat, há 150 homens e mulheres cujas mãos ele cortou ou cujos olhos arrancou. E sua esposa é igualmente cruel. Ela o ajuda nas execuções. E sente prazer em torturar mulheres pobres. Manda-lhes cortar os seios ou extrair as unhas, de modo a que não possam mais trabalhar."[102]

Essas explosões emocionais podem ainda ocorrer, como fenômenos excepcionais, como degeneração "patológica", em fases posteriores do desenvolvimento social. Mas no caso que ora estudamos não havia poder social punitivo. A única ameaça, o único perigo que podia instilar medo era o de ser vencido em batalha por um adversário mais forte. Deixando de lado uma pequena elite, o saque, a rapinagem, e o assassinato eram práticas comuns da sociedade guerreira dessa época, conforme anotou Luchaire, o historiador da sociedade francesa do século XIII. Há pouca evidência de que as coisas fossem diferentes em outros países ou nos séculos que se seguiram. Explosões de crueldade não excluíam ninguém da vida social. Seus autores não eram banidos. O prazer de matar e torturar era socialmente permitido. Até certo ponto, a própria estrutura social impelia seus membros nessa direção, fazendo com que parecesse necessário e praticamente vantajoso comportar-se dessa maneira.

O que, por exemplo, devia ser feito com prisioneiros? Era pouco o dinheiro nessa sociedade. Se os prisioneiros podiam pagar e, além disso, eram membros da mesma classe do vitorioso, exercia-se certo grau de contenção. Mas, os outros? Conservá-los vivos significava alimentá-los. Devolvê-los significava aumentar a riqueza e o poder de luta do inimigo. Isto porque os súditos (isto é, os que trabalhavam, serviam e lutavam) faziam parte da riqueza da classe governante daquele tempo. De modo que os prisioneiros eram mortos ou devolvidos tão mutilados que não prestavam mais para serviço de guerra ou trabalho. O mesmo se aplicava à destruição de campos plantados, entupimento de poços e abate de árvores. Em uma sociedade predominantemente agrária, na qual as posses fixas representavam a maior parte da propriedade, isto também servia para enfraquecer o inimigo. A emotividade mais forte do comportamento era até certo ponto socialmente necessária. As pessoas se comportavam de maneira socialmente útil e tinham prazer nisso. E estava inteiramente de acordo com o grau mais baixo de controle social e domínio da vida instintiva que esse prazer na destruição pudesse, às vezes, ceder através de uma identificação inesperada com a vítima, e sem dúvida também como expressão do medo e da culpa gerados pela precariedade permanente desse tipo de vida, a extremos de compaixão. O vitorioso de hoje era derrotado amanhã por algum acidente, capturado, e sua vida corria perigo. No meio dessas perpétuas ascensões e quedas, dessa alternância de caçadas humanas em tempo de guerra com a caça a animais ou os torneios (justas) que eram os divertimentos em "tempo de paz", pouco podia ser previsto. O futuro era relativamente incerto mesmo para os que haviam fugido do "mundo". Só Deus e a lealdade de algumas pessoas tinham alguma permanência. O medo reinava em toda parte e o indivíduo tinha que estar sempre em guarda. E da mesma forma que o destino da pessoa podia mudar abruptamente, assim sua alegria podia transformar-se em medo e este medo, por seu turno, ceder lugar, com igual brusquidão, a algum novo prazer.

A maior parte da classe governante secular da Idade Média levava a vida de chefes de bandos armados. Esta vida formava o gosto e os hábitos dos indivíduos. Anais que nos foram deixados por essa sociedade traçam de modo geral um quadro semelhante ao das sociedades feudais de nossos próprios tempos e demonstram um padrão comparável de comportamento.

Apenas uma pequena elite, da qual teremos mais a dizer adiante, se afastava um pouco dessa norma.

O guerreiro da Idade Média não amava só a guerra, vivia dela. Passava a juventude preparando-se para isso. Ao chegar à idade apropriada, era armado cavaleiro e fazia a guerra enquanto as forças lhe permitiam até a velhice. Sua vida não tinha outra função. Seu lugar de moradia era uma torre de vigia, uma fortaleza, simultaneamente arma de ataque e defesa. Se por acidente, por exceção, vivia em paz, precisava pelo menos da ilusão da guerra. Lutava em torneios e estes, muitas vezes, pouco difeririam de autênticas batalhas.[103]

"Para a sociedade da época, a guerra era o estado normal", diz Luchaire, historiador do século XIII. E Huizinga, a respeito dos séculos XIV e XV comenta: "A forma crônica que a guerra costumava assumir, a perturbação contínua de cidade e campo por todos os tipos de maltas perigosas, a ameaça permanente de sentenças duras e imprevisíveis nos tribunais... alimentavam um sentimento geral de incerteza."[104]

No século XV, como no século IX ou no XIII, o cavaleiro ainda dá expressão a seu prazer na guerra, mesmo que não mais tão francamente e da mesma forma que antes.

"A guerra é uma alegre empresa."[105] Quem diz isso é Jean de Bueil. Perdendo o favor do rei, nesse momento dita a história de sua vida a um criado. Corre o ano de 1465. Não é mais o cavaleiro inteiramente livre, independente, quem fala, o pequeno rei em seu domínio. É alguém que está a serviço de outrem: "A guerra é uma alegre empresa. Todos nós nos amamos tanto em tempos de guerra. Se vemos que a causa é justa e que nossos parentes lutam corajosamente, lágrimas nos acorrem aos olhos. Uma doce alegria nasce em nosso coração, no sentimento de nossa honesta lealdade recíproca e, vendo o amigo tão bravamente arriscar seu corpo ao perigo, a fim de manter e cumprir o mandamento de Deus, resolvemos ir à frente e morrer ou viver com ele e nunca deixá-lo por causa de um amorzinho. Isto traz tal deleite que aquele que não o sentiu não pode saber como é maravilhoso. Credes que alguém que sentiu isso tem medo da morte? É impossível! Ele se sente tão fortalecido, tão delicado, que nem mesmo sabe onde está. Realmente, ele nada teme no mundo!"

Esta é a alegria da guerra, com certeza, mas não mais o prazer direto na caçada humana, no relampejar de espadas, no relincho dos corcéis, no medo e na morte do inimigo — como é belo ouvi-los gritar "Acudi, acudi!" ou vê-los caídos com o corpo aberto de um lado a outro![106] Nesse momento o prazer está na proximidade dos amigos, no entusiasmo por uma justa causa e, mais do que antes, encontramos a alegria da guerra servindo como intoxicante para vencer o medo.

Sentimentos muito simples e poderosos falam aqui. O homem mata, entrega-se inteiramente à luta, vê o amigo lutar. Luta a seu lado. Esquece-se de onde está. Esquece a própria morte. É esplêndido. O que mais?

3. Há prova evidente de que a atitude em relação à vida e à morte na classe alta secular da Idade Média não é de modo algum a predominante nos livros da classe alta eclesiástica, que geralmente consideramos "típica" dessa época. Isto porque, para a classe clerical superior, ou pelo menos para seus porta-vozes, a maneira como se leva a vida é determinada pela meditação da morte e do que vem depois, no outro mundo.

Na classe alta secular isto não acontece sempre. Por mais que frequentes estados de espírito e fases de ânimo desse tipo possam existir na vida de todos os cavaleiros, há prova repetida de uma atitude muito diferente. Uma vez após outra, ouvimos uma advertência que não concorda inteiramente com o quadro-padrão que hoje formamos da Idade Média: não permita que sua vida seja governada pela meditação da morte. Ama os prazeres desta vida.

"Nul curtois ne doit blâmer joie, mais toujours joie aimer" (Nenhum homem cortês deve injuriar a alegria, mas amá-la).[107] Isto é um comando de cortesia extraído de um romance de princípios do século XIII. Ou, de um período muito depois: "O jovem deve ser alegre e levar uma vida deleitosa. Não é bom para o jovem ser triste e melancólico."[108] Nessas palavras, a gente cavaleirosa, que certamente não tinha necessidade de ser "melancólica", contrasta-se com os religiosos, que sem dúvida se mostravam frequentemente "tristes e fúnebres".

Esta atitude, muito longe de ser uma negação da vida, é manifestada com particular entusiasmo e clareza no tocante à morte em alguns versos do *Distiche Catonis,* que foram transmitidos de uma geração a outra durante toda a Idade Média. O fato de a vida ser incerta é um dos temas fundamentais e repetidos nesses versos:[109]

A todos nós uma dura e incerta vida é dada.

Mas isto não leva à conclusão de que o indivíduo deva pensar na morte e no que acontece depois, mas, sim:

Se a morte temes, em sofrimento viverás.

Ou em outro trecho, expressado com particular clareza e beleza:[110]

Sabemos bem que a morte virá
e que nosso futuro é desconhecido:
sorrateira como um ladrão ela virá
e corpo e alma separará.
Assim, tem fé e confiança:
não temas demais a morte,
pois se assim o fizeres,
a alegria nunca mais será tua consorte.

Nada sobre a outra vida. Aquele que permite que sua vida seja governada pela meditação da morte nunca mais terá alegria. Não há dúvida de que os cavaleiros se julgavam cristãos autênticos e suas vidas estavam saturadas de ideias e rituais tradicionais da fé cristã. Mas o cristianismo estava ligado em sua mente, conforme suas diferentes situações social e psicológica, a uma escala de valores inteiramente diferente da que existia para os religiosos que escreviam e liam livros. A fé dos cavaleiros tinha uma substância e tom inteiramente diferentes. Ela não os impedia de saborear plenamente as alegrias do mundo nem de pilhar e matar. Isto era parte de sua função social, atributo de sua classe, motivo de orgulho. Não temer a morte era necessidade vital para o cavaleiro. Ele tinha que lutar. A estrutura e tensões dessa sociedade transformavam isto em condição inescapável para o indivíduo.

4. Mas na sociedade medieval essa permanente disposição de lutar, de armas na mão, era necessidade vital não só para os guerreiros, para a classe cavaleirosa. A vida dos burgueses nas cidades caracterizava-se por rixas mais ou menos graves, em grau muito mais alto do que em tempos posteriores, e nelas, também, a beligerância, o ódio, e o prazer em atormentar os demais eram mais desinibidos do que na fase subsequente.

Com a lenta ascensão do Terceiro Estado, cresceram as tensões na sociedade medieval. E não foi apenas a arma do dinheiro que fez ascender o burguês. O roubo, a luta, a pilhagem, a inimizade tradicional entre famílias — tudo isto desempenhava um papel de importância não menor na população urbana que na própria classe guerreira.

Vejamos — para dar apenas um exemplo — o destino de Mathieu d'Escouchy. Ele é natural da Picardia, e um dos numerosos homens do século XV que escreveu uma *Crônica*.[111] Pela sua *Crônica* caberia supor que fosse um modesto homem de letras que dedicava seu tempo a meticulosos trabalhos históricos. Mas, se tentamos descobrir em documentos alguma coisa de sua vida, emerge um quadro inteiramente distinto:[112]

> Mathieu d'Escouchy inicia sua carreira de magistrado como conselheiro, jurado e preboste (prefeito) da cidade de Péronne, entre 1440 e 1450. Desde o começo, vemo-lo envolvido em uma rixa com a família do procurador da cidade, Jean Froment, uma rixa que é disputada em processos judiciais. Em primeiro lugar, cabe ao procurador acusar d'Escouchy de falsificação de moeda e assassinato, ou de "excès et attemptaz". O preboste, por seu lado, ameaça a viúva de seu inimigo com uma investigação por prática de magia. A mulher obtém um mandado, obrigando d'Escouchy a transferir a investigação para as mãos da justiça. O caso é levado ao parlamento de Paris e d'Escouchy vai para a prisão pela primeira vez. Vemo-lo preso seis vezes depois, o mais das vezes como acusado e uma vez como prisioneiro de guerra. Em todos os casos, um crime grave foi cometido e, mais de uma vez, ele é posto a ferros. A série de acusações recíprocas entre as famílias Froment e d'Escouchy é interrompida por um choque violento no qual o filho de Froment fere d'Escouchy. Ambos contratam sicários para acabar com a vida do outro. Quando essa longa inimizade entre famílias sai de cena, é substituída por novos ataques. Desta vez, o preboste é ferido por um monge. Novas acusações e, em 1461, d'Escouchy é transferido para Nesle, aparentemente sob suspeita de ter cometido atos criminosos. Ainda assim, nada disto o impede de ter uma carreira bem-sucedida. Torna-se intendente, preboste de Ribemont, procurador do rei em Saint-Quentin e é elevado à nobreza. Após novos ferimentos, prisões e condenações, reencontramo-lo em serviço de guerra. É feito prisioneiro de guerra. De uma campanha posterior, volta aleijado para casa. Contrai núpcias mas isto não significa o começo de uma vida tranquila. Reencontramo-lo sendo levado prisioneiro para Paris, "como criminoso e assassino", acusado de forjar sinetes, mais uma vez envolvido em uma rixa com um magistrado de Compiègne. É levado a admitir sua culpa mediante tortura, tem negado um

pedido de perdão, é condenado, reabilitado, condenado novamente, até que desaparecem dos documentos sinais de sua existência.

Este é apenas um dentre inumeráveis exemplos. Temos outros nas conhecidas miniaturas do "livro de horas" do duque de Berry.[113] "As pessoas durante muito tempo acreditaram", diz o editor da obra, "e algumas ainda continuam convencidas disto hoje, que as miniaturas do século XV são obras de monges sérios e freiras piedosas que trabalhavam na paz de seus mosteiros e conventos. Isto é possível, em certos casos. Mas, de modo geral, a situação era muito diferente. Foram pessoas mundanas, mestres-artesãos, os autores dessas belas obras, e a vida desses artistas seculares esteve muito longe de ser edificante." Ouvimos falar repetidamente de atos que, pelos atuais padrões de nossa sociedade, seriam profligados como criminosos e tidos socialmente como "intoleráveis". Por exemplo, pintores se acusam mutuamente de roubo; depois um deles, auxiliado por parentes, esfaqueia e mata o outro na rua. O duque de Berry, que precisa do trabalho do assassino, é obrigado a pedir para ele uma anistia, uma *lettre de rémission*. Outro rapta uma menina de oito anos, a fim de casar-se com ela, naturalmente contra a vontade dos pais. Essas *lettres de rémission* mostram-nos que tais rixas sangrentas ocorriam por toda parte, não raro durando muitos anos, às vezes culminando em verdadeiras batalhas em logradouros públicos. E isto se aplica tanto a mercadores e artesãos como a cavaleiros. Como acontece em todos os outros países que adotam formas sociais semelhantes — por exemplo, hoje na Etiópia e no Afeganistão os nobres possuem bandos de capangas dispostos a tudo. "... Durante o dia, ele anda constantemente acompanhado de serviçais e gente armada para levar a cabo suas 'rixas'... Os *roturiers* [plebeus], os cidadãos, não podem se dar a esse luxo. mas têm seus 'parentes e amigos', que correm em sua ajuda, não raro em grande número, equipados com todos os tipos de armas terríveis que os *coutumes* locais, as ordenanças locais, em vão proíbem. Esses burgueses, também, quando têm que se vingar, são *de guerre,* em questões de rixas."[114]

As autoridades urbanas tentam, sem resultado, acabar com essas brigas entre famílias. Os magistrados convocam os contendores, ordenam a cessação da luta, emitem decretos e mandados. Durante algum tempo, tudo corre bem. Em seguida, uma nova rixa surge e outra se reacende. Dois *associés* se desavêm por questões de negócios, discutem, o conflito torna-se violento, um dia se encontram em um local público e um mata o outro.[115] Um estalajadeiro acusa outro de lhe roubar os clientes. Tornam-se inimigos mortais. Um diz umas palavras maliciosas sobre o outro e surge uma guerra entre famílias.

As vinganças entre famílias, as rixas privadas, as vendetas, por conseguinte, não ocorriam apenas entre a nobreza. Nas cidades do século XV não são menos comuns as guerras entre famílias e grupos. As pessoas humildes, também — os chapeleiros, os alfaiates, os pastores — eram rapidíssimas no sacar a faca. "É bem conhecido como eram violentos os costumes no século XV, com que brutalidade as paixões eram acalmadas, a despeito do medo do inferno, a despeito das restrições das distinções de classe e do sentimento cavaleiroso de honra, *a despeito da bonomia e alegria das relações sociais.*"[116]

Não que as pessoas andassem sempre de cara feia, arcos retesados e postura marcial como símbolo claro e visível de sua perícia belicosa. Muito pelo contrário, em um momento estão pilheriando, no outro trocam zombarias, uma palavra leva a outra e, de repente, emergindo do riso se veem no meio de uma rixa feroz. Grande parte do que nos parece contraditório — a intensidade da religiosidade, o grande medo do inferno, o sentimento de culpa, as penitências, as explosões desmedidas de alegria e divertimento, a súbita explosão de força incontrolável do ódio e da beligerância — tudo isso, tal como a rápida mudança de estados de ânimo, é na realidade sintoma da mesma estrutura social e de personalidade. Os instintos, as emoções, eram liberados de forma mais livre, mais direta, mais aberta, do que mais tarde. Só para nós, para quem tudo é mais controlado, moderado, calculado, em quem tabus sociais mergulham muito mais fundamente no tecido da vida instintiva como forma de autocontrole, é que esta visível intensidade de religiosidade, beligerância ou crueldade parece contraditória. A religião, a crença na onipotência punitiva ou premiadora de Deus nunca teve em si um efeito "civilizador" ou de controle de emoções. Muito ao contrário, a religião é sempre exatamente tão "civilizada" como a sociedade ou classe que a sustenta. E porque as emoções são expressas nessa época de uma maneira que, em nosso mundo, é geralmente observada em crianças, chamamos de "infantis" essas manifestações e formas de comportamento.

Em todos os casos em que abrimos documentos dessa época encontramos a mesma coisa: uma vida na qual a estrutura emocional era diferente da nossa, uma existência sem segurança e com o mínimo de pensamento sobre o futuro. Quem quer que não amasse ou odiasse ao máximo nessa sociedade, quem quer que não soubesse defender sua posição no jogo das paixões, podia entrar para um mosteiro, para todos os efeitos. Na vida mundana ele estava tão perdido como, inversamente, estaria numa sociedade posterior, e particularmente na corte, o homem que não pudesse controlá-las, não pudesse esconder e "civilizar" suas emoções.

5. Em ambos os casos, é a estrutura da sociedade que exige e gera um padrão específico de controle emocional. "Nós", diz Luchaire, "com nossos costumes e hábitos pacíficos, com o cuidado e a proteção que o estado moderno prodigaliza sobre a propriedade e a pessoa", dificilmente podemos formar uma ideia dessa outra sociedade, ou como diz Luchaire:

> Nessa época, o país se desintegrara em províncias e os habitantes de cada uma delas formavam uma espécie de pequena nação que abominava todas as demais. As províncias eram por sua vez divididas em um número imenso de estados feudais, cujos senhores se combatiam sem cessar. Não apenas os grandes senhores, os barões, mas também os senhores menores das mansões solarengas viviam em triste isolamento e se ocupavam sem cessar em travar a guerra contra seus "soberanos", seus iguais, ou seus súditos. Além disso, havia uma rivalidade permanente

entre uma cidade e outra, entre as aldeias, entre os vales, e guerras constantes entre vizinhos, que pareciam surgir da própria multiplicidade dessas unidades territoriais.[117]

Esta descrição ajuda-nos a ver com mais clareza algo que, até agora, só foi dito em termos gerais, isto é, a conexão entre estrutura social e a estrutura da personalidade. Nessa sociedade não havia poder central suficientemente forte para obrigar as pessoas a se controlarem. Mas se nesta região ou naquela o poder de uma autoridade central crescia, se em uma área maior ou menor as pessoas eram forçadas a viver em paz entre si, a modelação das emoções e os padrões da economia dos instintos lentamente mudavam. Conforme veremos no detalhe mais adiante, a reserva e a "consideração mútua" entre as pessoas aumentavam, inicialmente na vida social diária comum. E a descarga de emoções em ataque físico se limitava a certos enclaves temporais e espaciais. Uma vez tivesse o monopólio da força física passado a autoridades centrais, nem todos os homens fortes podiam se dar ao prazer do ataque físico. Isto passava nesse instante a ser reservado àqueles poucos legitimados pela autoridade central (como, por exemplo, a polícia contra criminosos) e a números maiores apenas em tempos excepcionais de guerra ou revolução, na luta socialmente legitimada contra inimigos internos ou externos.

Mas até mesmo esses enclaves temporais ou espaciais na sociedade civilizada, nos quais se deu maior liberdade à beligerância — acima de tudo, nas guerras entre nações — tornaram-se mais impessoais e levavam cada vez menos a uma descarga emocional marcada pelo imediatismo e intensidade da fase medieval. O controle e a transformação da agressão, cultivados na vida diária da sociedade civilizada, não podem ser investidos simplesmente, mesmo nesses enclaves. Ainda assim, isso poderia acontecer com maior rapidez do que poderíamos supor, não tivesse o combate físico direto entre um homem e seu odiado adversário cedido lugar a uma luta mecanizada que exige rigoroso controle dos afetos. Mesmo nas guerras do mundo civilizado, o indivíduo não pode mais dar rédea livre ao prazer provocado pela vista do inimigo, mas lutar, pouco importando como se sinta, obedecendo ao comando de chefes invisíveis, ou apenas indiretamente visíveis, e contra inimigos frequentemente invisíveis ou só indiretamente visíveis. E foi preciso uma imensa perturbação social, aguçada por propaganda habilmente concertada, para reacender e legitimar em grandes massas de pessoas os instintos socialmente proibidos, o prazer de matar e a destruição, que foram eliminados do cotidiano da vida civilizada.

6. Reconhecidamente, essas emoções de fato têm, em forma "refinada", racionalizada, seu lugar legítimo e precisamente definido na vida cotidiana da sociedade civilizada. E isto é muito característico do tipo de transformação através do qual se civilizam as emoções. Para dar um exemplo, a beligerância e a agressão encontram expressão socialmente permitida nos jogos esportivos. E elas se manifestam especialmente em participar como "espectador" (como por exemplo, em lutas de boxe), na identificação imaginária com um pequeno número de combatentes, a quem uma liberdade moderada e precisamente regulamentada é conce-

dida para liberação dessas emoções. E este viver de emoções assistindo ou mesmo apenas escutando (como, por exemplo, a um comentário na rádio) é um aspecto particularmente característico da sociedade civilizada. Esse aspecto determina em parte a maneira como se escrevem livros e peças de teatro e influencia decisivamente o papel do cinema em nosso mundo. Essa transformação do que, inicialmente, se exprimia em uma manifestação ativa e frequentemente agressiva, no prazer passivo e mais controlado de assistir (isto é, em mero prazer do olho), já é iniciada na educação e nas regras de condicionamento dos jovens.

Na edição de 1774 da *Civilité*, de La Salle, lemos (p.23): "Crianças gostam de tocar em roupas e em outras coisas que lhes agradam as mãos. Esta ânsia deve ser corrigida e devem ser ensinadas a tocar o que veem apenas com os olhos."

Hoje essa regra é aceita quase como natural. É altamente característico do homem civilizado que seja proibido por autocontrole socialmente inculcado de, espontaneamente, tocar naquilo que deseja, ama, ou odeia. Toda a modelação de seus gestos — pouco importando como o padrão possa diferir entre as nações ocidentais no tocante a detalhes — é decisivamente influenciada por essa necessidade. Já mostramos páginas atrás como o emprego do sentido do olfato, a tendência de cheirar o alimento ou outras coisas, veio a ser restringido como algo animal. Aqui temos uma das interconexões através da qual um diferente órgão dos sentidos, o olho, assume importância muito específica na sociedade civilizada. De maneira semelhante à da orelha, e talvez ainda mais, o olho se torna um mediador do prazer precisamente porque a satisfação direta do desejo pelo prazer foi circunscrita por grande número de barreiras e proibições.

Mas mesmo dentro dessa transferência de emoções, de ação direta para o ato de apenas ver, há uma clara curva de moderação e "humanização" na transformação das emoções. A luta de boxe, para mencionar apenas um exemplo, é uma forma fortemente temperada dos impulsos de agressividade e crueldade, em comparação com os prazeres visuais de épocas mais antigas.

Um exemplo do século XVI pode servir de ilustração. Foi escolhido entre grande número de outros porque mostra uma instituição na qual a satisfação visual da ânsia pela crueldade, do prazer em observar a dor sendo infligida, emerge com especial pureza, sem qualquer justificação racional ou disfarce como castigo ou meio de disciplinar.

Na Paris no século XVI, um dos grandes prazeres nas festividades do dia de são João (24 de junho) consistia em queimar vivos uma ou duas dúzias de gatos. Esta cerimônia era famosa. A população se reunia, música solene era tocada e, sob uma espécie de forca, erguia-se uma pira enorme. Em seguida, um saco ou cesta contendo os gatos era pendurado na forca. O saco ou cesta começava a queimar, os gatos caíam na pira e queimavam até a morte, enquanto a multidão se regozijava em meio a enorme algazarra. Geralmente, o rei e a rainha compareciam. Às vezes, concedia-se ao rei ou ao delfim a honra de acender a pira. E sabemos também que, certa vez, atendendo a um pedido especial do rei Carlos IX, uma raposa foi capturada e queimada também.[118]

Certamente este não é, na realidade, um espetáculo pior do que a queima de heréticos ou as torturas e execuções públicas de todos os tipos. Apenas parece pior porque o prazer em torturar criaturas vivas mostra-se tão nuamente e sem propósito, sem qualquer desculpa aceitável pela razão. O asco despertado em nós pelo mero relato desse costume, reação que deve ser considerada "normal" pelo padrão moderno de controle de emoções, demonstra, mais uma vez, a mudança a longo prazo na estrutura da personalidade. Ao mesmo tempo, permite-nos ver com grande clareza um aspecto dessa mudança: grande parte do que antes despertava prazer hoje provoca nojo. Hoje, como naquela época, não são apenas sentimentos individuais que estão envolvidos. A queima de gatos no dia de são João era um costume social, como o boxe ou a corrida de cavalos na sociedade moderna. E, em ambos os casos, os divertimentos criados pela sociedade para seu prazer materializam um padrão social de emoções dentro do qual todos os padrões individuais de controle das mesmas, por mais variados que possam ser, estão contidos. Todos os que caírem fora dos limites desse padrão social são considerados "anormais". Por conseguinte, alguém que desejasse gratificar seu prazer à maneira do século XVI, queimando gatos, seria hoje considerado "anormal" simplesmente porque o condicionamento normal em nosso estágio de civilização restringe a manifestação de prazer nesses atos mediante uma ansiedade instilada sob a forma de autocontrole. Neste caso, obviamente, opera o mesmo tipo de mecanismo psicológico com base no qual ocorreu a mudança a longo prazo da personalidade: manifestações socialmente indesejáveis de instintos e prazer são ameaçadas e punidas com medidas que geram e reforçam desagrado e ansiedade. Na repetição constante do desagrado despertado pelas ameaças, e na habituação a esse ritmo, o desagrado dominante é compulsoriamente associado até mesmo a comportamentos que, na sua origem, possam ser agradáveis. Dessa maneira, o desagrado e a ansiedade socialmente despertados — hoje representados, embora nem sempre nem exclusivamente, pelos pais — lutam com desejos ocultos. O que foi mostrado aqui, de diferentes ângulos, como um avanço nas fronteiras da vergonha, do patamar da repugnância, dos padrões das emoções, provavelmente foi posto em movimento por mecanismos como esses.

Resta estudar em mais detalhes que mudança na estrutura social desencadeou realmente esses mecanismos psicológicos, que mudanças nas compulsões externas puseram em movimento essa "civilização" das emoções e do comportamento.

XI

Cenas da Vida de um Cavaleiro Medieval

A questão por que o comportamento e as emoções dos homens mudam é, na realidade, a mesma pergunta por que mudam suas formas de vida. Na sociedade medieval, desenvolveram-se certas formas de vida e o indivíduo era obrigado a viver dentro delas como cavaleiro, artesão, ou servo da gleba. Em sociedades posteriores, diferentes oportunidades, diferentes formas de vida surgiram, às quais o indivíduo tinha que se adaptar. Se pertencia à nobreza, podia levar a vida de cortesão. Mas não podia mais, mesmo que isso desejasse (e muitos desejaram), levar a vida mais desinibida do cavaleiro. A partir de certo tempo, essa função, esse estilo de vida, desapareceu da estrutura da sociedade. Outras funções, como as de artesão de guilda e de padre, que desempenharam papel extraordinário na fase medieval, perderam em grande parte sua importância na estrutura total das relações sociais. Por que essas funções e formas de vida, às quais o indivíduo tem que se adaptar como a moldes mais ou menos fixos, mudam no curso da história? Conforme dissemos acima, esta é realmente a mesma questão por que sentimentos e emoções, a estrutura de anseios e impulsos, e tudo ligado a eles, mudam também.

Já falamos bastante sobre os padrões emocionais da classe alta medieval. A fim de complementar essas informações e, ao mesmo tempo, articulá-las com as causas das mudanças por que passaram esses padrões, acrescentaremos agora uma curta descrição da maneira como viviam os cavaleiros medievais e, assim, do "espaço social" que a sociedade abria a indivíduos de nascimento nobre, e dentro do qual também os confinava. O quadro desse "espaço social", a imagem do cavaleiro em geral, foi cercado pela obscuridade logo depois do que é chamado de "declínio" dessa classe. Se o guerreiro medieval era ou não visto como o "nobre cavaleiro" (lembrados apenas os aspectos grandiosos, belos, aventurescos e comoventes dessa vida) ou como o "senhor feudal", o opressor dos camponeses (enfatizando-se apenas os aspectos selvagens, cruéis, bárbaros de sua vida), o quadro simples da vida real dessa classe foi geralmente distorcido pelos valores e nostalgia da época do observador. Alguns desenhos, ou pelo menos suas descrições, podem contribuir para restaurar o quadro. Além de uns poucos escritos da época, são as obras de escultores e pintores do período que transmitem o que melhor distingue sua atmosfera ou, como poderíamos dizer, seu caráter emocional, a maneira como difere do nosso, ainda que apenas alguns desses trabalhos reflitam a vida do cavaleiro medieval em seu contexto real. Um dos poucos livros de gravuras desse tipo, embora de um período relativamente tardio, entre 1475 e 1480, constitui a sequência de desenhos que se tornou conhecida sob o nome não muito apropriado de *Mittelalterliches Hausbuch* (Livro de imagens da Idade Média). É desconhecido o nome do artista que os desenhou, mas ele deve ter conhecido muito bem a vida cavaleirosa de seu tempo. Além do mais, ao contrário de muitos de seus colegas artesãos, deve ter visto o mundo com olhos de cavaleiro, identificando-se profundamente com seus valores sociais. Uma indicação neste sentido é a inclusão em um desenho de um homem de seu próprio ofício como o único artesão vestido com trajos de corte, como também a moça às suas costas, que põe a mão em seu ombro e por quem ele claramente expressa seus sentimentos. Talvez seja um autorretrato.[119]

Esses desenhos referem-se ao período final da cavalaria, à época de Carlos, o Temerário, e de Maximiliano, o último cavaleiro. Podemos concluir dos brasões que esses dois, ou cavaleiros ligados a eles, estão representados em um desenho ou mais. "Não há dúvida", disseram entendidos, "que temos diante de nós o próprio Carlos, o Temerário, ou um cavaleiro borguinhão de sua *entourage*".[120] Talvez certo número de desenhos de torneios mostre diretamente as justas que se seguiram ao assédio de Neuss (1475), realizado durante o casamento de Maximiliano com a filha de Carlos, o Temerário, Maria de Borgonha. De qualquer modo, os que desfilam diante de nós já são membros de uma era de transição, na qual a aristocracia cavaleirosa está sendo gradualmente substituída pela aristocracia de corte. Há muita coisa também, nos desenhos, que nos lembra o cortesão. Não obstante, eles proporcionam, de maneira geral, uma ideia muito fiel do espaço social do cavaleiro, da maneira como ele ocupa seus dias, do que via em volta e como via.

E o que é que nós vemos? Quase sempre campo aberto, dificilmente algo que lembre a cidade. Pequenas aldeias, campos plantados, árvores, prados, colinas, pequenos trechos de rio e, com frequência, o castelo. Mas nada há no desenho do estado de espírito nostálgico, da atitude "sentimental" em relação à "natureza", que lentamente se tornam perceptíveis não muito depois, à medida que os principais nobres têm que abandonar, com frequência sempre maior, a vida relativamente descontraída de suas propriedades ancestrais e ficam cada vez mais presos à corte semiurbana e na dependência de reis ou príncipes. Esta é uma das mais importantes diferenças, no tom emocional, transmitidas pelos desenhos. Em períodos posteriores, a consciência do artista seleciona o material à sua disposição, fazendo isto de maneira muito rigorosa e específica, que lhe expressa diretamente o gosto ou, para sermos mais exatos, sua estrutura afetiva. A "natureza", o campo aberto, mostrada em primeiro lugar e acima de tudo apenas como fundo para figuras humanas, adquire um brilho nostálgico, à medida que aumenta o confinamento da classe superior nas cidades e cortes e se torna mais perceptível a cisão entre vida urbana e rural. Ou a natureza assume, tal como as figuras humanas que envolve nos desenhos, um caráter sublime, representativo. De qualquer modo, há mudança na *seleção pelo sentimento,* no que atrai o sentimento na representação da natureza e no que é julgado desagradável ou penoso. E o mesmo se aplica às pessoas representadas. Para o público da corte absoluta, grande parte do que realmente existe no campo, na "natureza", não mais se retrata. A colina é mostrada, mas não a forca nela plantada, nem o cadáver pendurado. O campo é mostrado, mas não mais o camponês esfarrapado tocando penosamente seus cavalos. Tudo o que é "comum" e "vulgar", da mesma forma que desaparece da linguagem de corte, desaparece também dos quadros e desenhos destinados à aristocracia de corte.

Nos desenhos do *Hausbuch,* que nos dão uma ideia da estrutura de sentimentos da classe alta em fins do período medieval, isto não acontece. Neles, todos esses elementos — a forca, os servos esmolambados, os laboriosos camponeses — são vistos como na vida real. Não são enfatizados em espírito de protesto, à maneira de épocas posteriores, mas mostrados como algo muito natural, parte do ambiente da vida diária, tal como o ninho da cegonha ou a torre da igreja. Um não é mais doloroso na vida que o outro, e assim aparecem nos desenhos. Na verdade, como em toda a parte na Idade Média, era parte inseparável da existência dos ricos e dos nobres que existissem também camponeses e artesãos trabalhando para eles, e mendigos e aleijados com as mãos estendidas. Não há para o nobre nenhuma ameaça nisso nem ele se identifica com eles. O espetáculo não evoca qualquer sentimento doloroso. E, com grande frequência, o labrego e o camponês são mesmo objetos de brincadeiras.

Os desenhos revelam a mesma atitude. Primeiro, há uma sequência de desenhos mostrando pessoas em constelações particulares. Não são pessoas agrupadas diretamente em volta do cavaleiro, mas deixam claro como e o que ele vê à sua volta. Seguem-se páginas mostrando como o cavaleiro passa a vida, suas ocupações e prazeres. Comparados com épocas posteriores, todos confirmam o mesmo padrão de repugnância e as mesmas atitudes sociais.

No início, por exemplo, vemos pessoas nascidas para a vida rural. No primeiro plano, um pobre homem está destripando um cavalo morto ou talvez cortando a carne dele que possa ser aproveitada. Ao curvar-se, suas calças escorregam um pouco para baixo, deixando visível parte das nádegas, que são cheiradas por um porco que está atrás dele. Uma velha frágil, semiesfarrapada, passa coxeando, amparada em muletas. Em uma pequena caverna ao lado da estrada, vemos um pobre miserável sentado com as mãos e os pés no tronco e, ao lado dele, uma mulher com uma das mãos no tronco e a outra em correntes. Um trabalhador está labutando em um curso d'água que desaparece entre as árvores e as colinas. A distância, vemos um agricultor e seu jovem filho arando laboriosamente um campo com ajuda de um cavalo. Ainda mais longe, um homem andrajoso é levado para a forca, com um homem armado, usando chapéu emplumado, andando orgulhosamente a seu lado; no outro lado do condenado, um monge com a cabeça coberta por um capuz estende-lhe um grande crucifixo. Atrás dele vêm, a cavalo, o cavaleiro e dois de seus homens. No alto da colina, ergue-se a forca, com um corpo pendurado, e uma roda de tortura sobre a qual vemos um cadáver. Aves negras voam em volta. Uma delas bica o cadáver.

O cadafalso não é em nada enfatizado. Está ali como se fosse um riacho ou uma árvore e é visto da mesma maneira quando o cavaleiro sai para caçar. Um grupo inteiro passa, o senhor e a senhora frequentemente montados no mesmo cavalo. O cervo desaparece em um pequeno bosque. Um veado parece estar ferido. Mais para o fundo, vemos uma pequena aldeia, ou talvez seja o pátio de uma casa — poço, monjolo, cata-vento, alguns prédios. O agricultor é visto lavrando um campo. Alto, de um lado ergue-se o castelo; no outro, numa colina mais baixa em frente, a roda de tortura e a forca com um corpo, pássaros voando em volta.

A forca, o símbolo do poder judiciário de cavaleiro, é parte do ambiente de sua vida. Talvez não seja muito importante, mas, de qualquer maneira, não é um espetáculo particularmente doloroso. Sentença, execução, morte tudo isto é uma presença constante nessa vida. Elas, também, não foram ainda removidas para trás da cena.

E o mesmo acontece com os pobres e os trabalhadores. "Quem cultivaria nossos campos para nós se fôsseis senhores todos vós?", pergunta Berthold von Regensburg em um de seus sermões, no século XIII.[121] E em outra altura diz com clareza ainda maior: "Eu vos direi, cristãos, como o Deus Todo-Poderoso organizou a Cristandade, dividindo-a em dez tipos de pessoas e que tipos de serviços os mais humildes devem aos mais nobres, como seus governantes. Os três primeiros são os mais altos e mais exaltados, que Deus Todo-Poderoso pessoalmente escolheu e ungiu, de modo que os outros sete a eles ficassem sujeitos e os servissem."[122] A mesma atitude em relação à vida ainda é encontrada nesses quadros do século XV. Não é nada desagradável, mas faz parte da ordem natural e inquestionada do mundo, que guerreiros e nobres tenham ócio para se divertirem, enquanto os demais trabalham para eles. Não há identificação de um homem com outro. Nem mesmo no horizonte dessa vida surge ideia de que todos os homens são "iguais". Mas talvez por isso mesmo o espetáculo de trabalhadores em sua faina nada tenha de vergonhoso ou embaraçoso.

Um dos quadros da mansão feudal mostra os prazeres dos senhores. Uma jovem dama nobre cinge seu jovem amigo com uma coroa de louros. Ele a puxa para si. Outro par sai a passeio, bem abraçado. A velha serva faz cara de raiva para os jogos amorosos dos jovens. Perto, os servos trabalham. Um varre o pátio, outro escova o cavalo, um terceiro dá comida aos patos. Uma criadinha acena-lhe de uma janela. Ele se volta e logo depois desaparecerá casa adentro. Senhoras nobres divertindo-se. Folguedos de camponeses no segundo plano. No telhado, uma cegonha faz estardalhaço.

Em outra cena, vemos um pequeno pátio junto a um lago. Na ponte, um jovem nobre e sua esposa, debruçados sobre a balaustrada, observam servos na água, pegando peixes e patos. Três jovens senhoras passeiam de barco. Movimento de gente, moitas, a distância as muralhas de uma pequena cidade.

Ou vemos trabalhadores construindo uma casa em frente a uma colina arborizada. Túneis foram escavados na pequena colina para tirar pedras. Trabalhadores são vistos cortando-as e outros carregando-as para longe. Mais perto de nós, homens trabalham no prédio semiterminado. No primeiro plano, trabalhadores discutem, prestes a se engalfinharem e esfaquearem. O senhor do castelo, não muito distante deles, chama a atenção da esposa para a turbulenta cena. A completa calma do senhor e da esposa contrasta nitidamente com os gestos violentos dos querelantes. A ralé briga, o senhor nada tem a ver com isso. Ele vive em outra esfera.

Não são tanto os fatos em si, que em parte não diferem muito dos de hoje, mas, acima de tudo, o fato e a maneira como são apresentados, que enfatizam a nova situação emotiva. As classes altas de fases posteriores não aceitariam esses desenhos. Não apelavam para seus sentimentos. Não eram "belos". Não faziam parte da "arte". Nos períodos que se seguiram, é principalmente entre os holandeses (que mostram estratos da classe média, que nada tinham de cortesãos) que encontramos, por exemplo, na obra de Breughel, um padrão de repugnância que lhe permite trazer para as telas aleijados, camponeses, cadafalsos, ou pessoas que se aliviam de necessidades corporais. Mas o padrão visto neles está vinculado a sentimentos sociais muito diferentes dos que vemos nesses quadros em que aparece a classe alta de fins do período medieval.

Neste, era coisa natural que as classes trabalhadoras existissem. Elas são, mesmo, figura indispensável na paisagem da existência feudal. O senhor vive entre elas. Não o choca ver os servos trabalhando a seu lado nem também se estes se divertem à sua maneira. Muito ao contrário, constitui parte integral de sua autoestima ter em volta de si pessoas que não são iguais a ele e das quais é senhor. Esse sentimento surge repetidamente nos desenhos. Dificilmente encontramos um deles em que as ocupações e gestos corteses não sejam contrastados com os mais vulgares, das classes baixas. Quando ele monta, caça, ama ou dança, tudo o que faz é nobre e cortês, e tudo o que os servos e camponeses fazem é grosseiro e rústico. Os sentimentos da classe alta ainda não exigem que todo o vulgar seja eliminado da vida e, por conseguinte, dos desenhos. É gratificante para os nobres saber que são diferentes dos demais. *A vista ao contraste aguça a alegria de viver* e cabe recordar que, em uma forma mais moderada, algo do prazer proporcionado por esses contrastes ainda se encontra, por exemplo, em Shakespeare. Em todos os pontos em que examinamos a herança da classe alta medieval, deparamos com a mesma atitude em forma pura. Quanto mais avançam a interdependência e a divisão de trabalho na sociedade, mais dependente a classe alta se torna das outras e maior, por conseguinte, a força social destas, pelo menos potencialmente. Mesmo quando ela ainda é principalmente uma classe guerreira, quando mantém as outras classes dependentes sobretudo pela espada e o monopólio das armas, algum grau de dependência dessas outras classes não está de todo ausente. Mas é incomparavelmente menor, e menor também é, conforme veremos em mais detalhes adiante, a pressão vinda de baixo. Em consequência, o senso de domínio da classe alta, seu desprezo pelas demais, é muito mais franco, e muito menos forte a pressão sobre ela para praticar moderação e controlar seus impulsos.

Raramente o senso de domínio natural a essas classes, e seu desprezo patriarcal pelas outras, foram tão vividamente retratados como nesses desenhos. Isto é indicado não só no gesto com que o nobre mostra à esposa os artesãos que discutem e os trabalhadores em uma espécie de fundição, que tapam o nariz com os dedos para evitar a fumaça malcheirosa; não só quando o senhor observa seus servos pescando, ou na cena repetida da forca com um corpo pendurado; mas também na maneira natural e casual em que os gestos mais nobres do cavaleiro são justapostos aos mais grosseiros do povo.

Há uma cena de torneio. Músicos tocam. Bobos dão cambalhotas desajeitadas. Os nobres espectadores estão montados, frequentemente o senhor e a senhora no mesmo cavalo, e conversam entre si. Dois cavaleiros, algo desajeitados em suas pesadas armaduras, esperam no centro. Amigos lhes dão conselhos. Um deles é visto justamente recebendo a longa lança. Em seguida, um arauto toca a trombeta. Os cavaleiros arremetem um contra o outro, as lanças niveladas. No fundo, contrastando com a ocupação cortês dos senhores, vemos os passatempos vulgares do povo, uma corrida de cavalos, acompanhada de todos os tipos de absurdos. Um homem aferra-se à cauda de um dos cavalos. O cavaleiro fica furioso. Os outros açoitam suas montarias e partem em um galope algo grotesco.

Vemos um acampamento militar. Uma barricada circular foi construída com os reparos dos canhões. Dentro dela, tendas resplandecentes com seus vários brasões e flâmulas. No centro, cercado por seus cavaleiros, vemos o rei ou mesmo o próprio imperador. Um mensageiro a cavalo chega justamente nesse momento. Mas, nos portões do acampamento, mendigas sentam-se com seus filhos, torcendo as mãos, enquanto um homem a cavalo e usando armadura chega trazendo um prisioneiro em grilhões. Mais no fundo, vemos um camponês arando um campo. Do lado de fora do parapeito, ossos espalhados, esqueletos de animais, um cavalo morto sendo comido por um corvo e um cão. Junto de uma carroça, um servo, agachado, se alivia.

Ou vemos cavaleiros atacando uma aldeia numa guerra. No primeiro plano, um dos soldados está esfaqueando um camponês caído; à direita, aparentemente em uma capela, um segundo homem é apunhalado e são roubadas suas posses. No telhado, cegonhas, acomodadas tranquilamente em seus ninhos. Mais para o fundo, um camponês tenta escapar, pulando uma cerca, mas um cavaleiro montado o pega pela fralda da camisa. Uma camponesa grita, torcendo as mãos. Um camponês agrilhoado, lastimoso e desgraçado, está sendo espancado na cabeça por um cavaleiro montado. Mais para o fundo, cavaleiros ateiam fogo a uma casa; um deles toca o gado para longe e ataca a mulher do lavrador, que tenta detê-lo; no alto, na pequena torre da igreja da aldeia, camponeses se escondem e rostos apavorados olham pela janela. Muito longe, ao alto de uma pequena colina, ergue-se um mosteiro fortificado; por trás das altas muralhas vemos o telhado da igreja, com uma cruz. Ainda mais alto na colina, um castelo ou outra parte do mosteiro.

Essas foram as ideias sugeridas ao artista pelo signo do deus da guerra. Os desenhos parecem maravilhosamente cheios de vida. Como em numerosos outros desenhos, sentimos que algo que foi realmente experimentado se desenrola ante nossos olhos. E reagimos assim porque os desenhos ainda não são "sentimentais", porque não manifestam o maior domínio das emoções que, a partir dessa data e por muito tempo, levou a arte de classe alta a expressar cada vez mais exclusivamente suas fantasias desiderativas e a levou a suprimir tudo o que conflitasse com o padrão de uma crescente repugnância. Esses desenhos mostram com simplicidade como o cavaleiro sente e vê o mundo. A seleção de sentimentos, a tela colocada sobre as emoções que só admite nos desenhos o que é agradável e exclui o doloroso e o embaraçoso, permite, ainda assim, que passem desimpedidos numerosos fatos que, mais tarde, ganham expressão apenas quando um processo consciente ou inconsciente contra a censura dos impulsos pela classe alta está sendo expressado, e são, portanto, algo exagerados. Neste caso, o do *Hausbuch,* o camponês não é digno de pena nem é representante da virtude. Nem é representante de feios vícios. Ele é simplesmente infeliz e algo ridículo, exatamente como o cavaleiro o vê. O mundo revolve em torno do cavaleiro. Cães famintos, mulheres pedintes, cavalos apodrecendo, servos agachados junto a parapeitos de acampamento, aldeias em chamas, camponeses que são saqueados e assassinados — tudo isto é parte tão integral do ambiente dessa gente como as justas e as caçadas. Foi assim que Deus fez o mundo: alguns são governantes, outros servos. Nada há de embaraçoso nisso.

A mesma diferença no padrão de sentimentos entre essa expirante sociedade de fidalgos cavaleiros e a subsequente sociedade absolutista de corte também se vê na representação do amor. Há um desenho alusivo a esses assuntos do coração. Mais uma vez, olhamos para o campo descampado. Vemos pequenos morros, um rio coleante, moitas, e um pequeno bosque. No primeiro plano, três ou quatro pares de jovens nobres, sempre um jovem senhor e uma jovem senhora juntos. Andam em círculo ao som de música, cerimoniosamente, elegantes, usando todos os sapatos de biqueiras longas da moda. Seus movimentos são compassados e circulares; um dos nobres traz uma grande pluma no chapéu; outros ostentam guirlandas nos cabelos. Talvez estejamos observando alguma espécie de dança lenta. Atrás deles, vemos três rapazolas, que estão tocando; há uma mesa com frutas e bebidas e um jovem recostado nela e que irá servir os alimentos.

No lado oposto, fechado por cerca e portão, estende-se um pequeno jardim. Árvores formam uma espécie de caramanchão, embaixo do qual há uma banheira de forma oval. Nela está sentado um rapaz, nu, que agarra ardentemente uma moça nua que está entrando na banheira onde ele se encontra. Como no caso acima, uma velha serva, que está trazendo frutas e bebidas, olha de cara feia para os folguedos amorosos dos jovens. E assim como os senhores se divertem no primeiro plano, os servos o fazem no fundo da cena. Um deles cai sobre uma rapariga que está deitada no chão, com as saias levantadas. Ele olha em volta mais uma vez, para ver se há alguém por perto. No outro lado, dois jovens do povo dançam também, lançando no ar os braços e pernas como dançarinos mouriscos; um terceiro toca para eles.

Ou vemos no campo aberto uma pequena casa de banho de pedra, com um pequeno pátio em frente, cercada por um muro de pedra. A vista alcança um pouco mais além. Notamos a indicação de um caminho, moitas, um renque de árvores perdendo-se a distância. No pátio, jovens casais passeiam ou se sentam, um deles admira a elegante fonte, outros conversam, e um dos rapazes sustenta um falcão na mão. Cães, um macaco pequeno. Plantas em vasos.

Podemos ver o que se passa na casa de banho através de uma janela grande, aberta e arqueada. Dois rapazes e uma moça sentam-se nus na água, lado a lado, e conversam. Uma segunda moça, já nua, está justamente abrindo a porta para entrar na água com eles. Na grande abóbada aberta da casa, um rapaz sentado toca alguma coisa em um violão para os banhistas. Sob a arcada há uma torneira, de onde escorre água. Na frente da casa, bebidas são postas a esfriar em uma pequena banheira cheia d'água. Numa mesa próxima, veem-se frutas e um cálice. À mesa encontra-se um jovem, uma coroa de louros em volta da cabeça, que elegantemente ele apoia nas mãos. No segundo andar da casa de banho, uma empregada e um servo observam os divertimentos de seus senhores.

No desenho, como se pode ver, a relação erótica entre os sexos é muito mais clara do que na fase posterior, quando ela será apenas sugerida, tanto na vida social como na pintura, de uma maneira que embora compreensível a todos é porém semivelada. A nudez ainda não está associada à vergonha a tal ponto que, para contornar controles internos e externos, só possa aparecer sentimentalmente em quadros, como costume, por assim dizer, de gregos e romanos.

Mas tampouco o corpo nu é mostrado na cena da maneira que às vezes aparece em épocas posteriores, em "desenhos privados" que circulavam secretamente de mão em mão. Essas cenas de amor são tudo, menos "obscenas". O amor é apresentado nelas como tudo o mais na vida do cavaleiro fidalgo, torneios, caçadas, campanhas, pilhagens. As cenas não são especialmente ressaltadas. Não sentimos em sua representação coisa alguma da violência, da tendência para excitar ou gratificar a satisfação de desejos negados na vida, característica de tudo o que é "obsceno". Esse desenho não nasce de uma alma oprimida, nem revela nada de "secreto" mediante a violação de tabus. Tudo parece se passar em um clima de absoluta despreocupação. Aqui, também, o artista desenhou o que ele mesmo deve ter visto com grande frequência na vida. E por causa dessa despreocupação, desta naturalidade com que, em comparação com nosso padrão de vergonha e embaraço, as relações entre os sexos são apresentadas, chamamos essa atitude de "ingênua". Mesmo no *Hausbuch* encontramos ocasionalmente uma piada que é (para o nosso gosto) absolutamente chula, como aliás também em outros artistas dessa fase — como, por exemplo, em Mestre E. F. e, talvez em cópias que foram feitas dele, mesmo no popularizador *Mestre das Bandeirolas*.[123] A adoção desses temas por um copista popularizador, que era possivelmente até mesmo um monge, indica como era diferente o padrão social de vergonha. Essas coisas são mostradas com a mesma naturalidade que alguns detalhes do vestuário. É uma piada, certamente grosseira, se quisermos classificá-la assim, mas realmente não mais grosseira do que a piada que o artista se permite quando faz a fralda da camisa do camponês escapar das calças, ao tentar fugir da pilhagem, de modo que o cavaleiro possa agarrá-lo pela camisa, ou quando dá à velha criada que observa os jogos amorosos dos jovens uma expressão de raiva, como se zombando dela por ser velha demais para esses folguedos amorosos.

Todas essas cenas são o retrato de uma sociedade na qual as pessoas davam vazão a impulsos e sentimentos de forma incomparavelmente mais fácil, rápida, espontânea e aberta do que hoje, na qual as emoções eram menos controladas e, em consequência, menos reguladas e passíveis de oscilar mais violentamente entre extremos. Nesse padrão de regulação das emoções, que foi característico de toda a sociedade secular da Idade Média, entre os camponeses como entre os cavaleiros e fidalgos, certamente não faltaram grandes variações. E as pessoas que se conformavam a esse padrão se sujeitavam a grande número de restrições em seus impulsos. Mas tais restrições e controles se faziam em uma direção diferente e em grau menor que em períodos posteriores, e não assumiam a forma de autocontrole constante, quase automático. O tipo de integração e interdependência em que viviam essas pessoas não as compelia a abster-se de funções corporais uma na frente da outra ou a controlar seus impulsos agressivos na mesma extensão que na fase seguinte. Isto se aplica a todos. Mas, claro, para os camponeses, a margem para agressão era mais restrita do que para o cavaleiro — isto é, restrita a seus pares. No caso do cavaleiro, ela era menos restrita fora de sua classe do que dentro dela, porquanto aqui era regulada pelo código da cavalaria. Uma restrição de ordem social às vezes se impunha ao camponês pelo simples fato de que não tinha o suficiente para comer. Isto certamente representa um controle de impulsos do mais alto grau e que afeta todo o comportamento do ser humano. Mas ninguém prestava atenção a isso e esta situação social dificilmente lhe tornava necessário impor controles a si mesmo quando assoava o nariz, escarrava, ou pegava vorazmente comida na mesa. Nesta direção, a coação na classe de cavaleiros era mais forte. Por mais uniforme, por conseguinte, que o padrão medieval de controle das emoções pareça em comparação com situações posteriores, ele incluía grandes diferenças, correspondentes à estratificação secular da própria sociedade, para nada dizer da sociedade clerical. Essas diferenças não foram ainda analisadas em detalhe. São visíveis nesses desenhos, se os gestos comedidos e, às vezes, mesmo afetados dos nobres são comparados com os movimentos desajeitados de criados e camponeses.

A manifestação de sentimentos na sociedade medieval é, de maneira geral, mais espontânea e solta do que no período seguinte. Mas não é livre ou sem modelagem social em qualquer sentido *absoluto*. O homem sem restrições é um fantasma. Reconhecidamente, a natureza, a força, o detalhamento de proibições, controles e dependências mudam de centenas de maneiras e, com elas, a tensão e o equilíbrio das emoções e, de idêntica maneira, o grau e tipo de satisfação que o indivíduo procura e consegue.

Tomadas em conjunto, essas cenas dão certa ideia de onde o cavaleiro ou fidalgo procurava e encontrava gratificação. Nessa época, ele talvez já frequentasse mais a corte do que antes. Mas o castelo e o solar, a colina, o riacho, os campos e aldeias, as árvores e bosques ainda formam o pano de fundo de sua vida, aceitos como naturais e considerados sem nenhum sentimentalismo. Nesse ambiente ele está em casa e é senhor. Divide basicamente sua vida entre guerra, justas, caçadas e amor.

Mas no próprio século XV e, mais ainda no século XVI, muda a situação. Nas cortes semiurbanas de príncipes e reis, forma-se uma nova aristocracia parcialmente com elementos da velha nobreza e em parte com novos elementos em ascensão, com um novo espaço social, novas funções e, em consequência, uma diferente estrutura emocional.

As próprias pessoas sentem essa diferença e a manifestam. Em 1562, um homem chamado Jean du Peyrat traduz para o francês o livro de Della Casa sobre boas maneiras. Dá-lhe o título de *Galatée ou la manière et fasson comme le gentilhomme se doit gouverner en toute compagnie* (Galateo, ou a maneira como o cavalheiro deve conduzir-se em todos os tipos de companhia). Mesmo no título é claramente expressa a maior compulsão nesse momento imposta aos nobres. Mas é o próprio Peyrat que, na introdução, frisa explicitamente a diferença entre as exigências que a vida costumava fazer ao cavaleiro e as que ora são impostas aos nobres pela vida na corte:

Toda a virtude e perfeição do cavalheiro, Senhor, não consiste em acicatar corretamente um cavalo, manejar uma lança, manter-se em postura reta dentro da armadura, usar todos os tipos de armas, comportar-se decorosamente entre as senhoras, ou na perseguição do amor: pois esta é ainda uma das coisas que se esperam do cavalheiro. Há, além disso, o serviço à mesa perante reis e príncipes, a maneira de ajustar a própria linguagem às pessoas de acordo com sua posição e qualidade, seus olhares, gestos, e mesmo os menores sinais e piscadelas d'olho que possam fazer.

Aqui são exatamente enumeradas as mesmas coisas que constituem a virtude, a perfeição e as atividades costumeiras dos nobres que vemos nos desenhos do *Hausbuch*: feitos de armas e de amor. Contrastados com eles, há as perfeições adicionais e a nova esfera de vida do nobre a serviço do príncipe. Um novo comedimento, um controle e regulação novo e mais extenso do comportamento que a velha vida cavaleirosa fazia necessário ou possível, são agora exigidos do nobre. São resultado da nova e maior dependência em que foi colocado o nobre. Ele não é mais um homem relativamente livre, senhor de seu castelo, do castelo que é sua pátria. Agora vive na corte. Serve ao príncipe. Presta-lhe serviços à mesa. E na corte vive cercado de pessoas. Tem que comportar-se em relação a cada uma delas em exata conformidade com a sua posição e a delas na vida. Precisa aprender a ajustar seus gestos exatamente às diferentes estações e posições das pessoas na corte, medir com perfeição a linguagem, e mesmo controlar exatamente os movimentos dos olhos. É uma nova autodisciplina, uma reserva incomparavelmente mais forte, que é imposta às pessoas pelo novo espaço social e os novos laços de interdependência.

A atitude cuja forma ideal era expressada pelo conceito de *courtoisie* está cedendo lugar a outra, traduzida cada vez mais pelo conceito de *civilité*.

A tradução do *Galateo* por Jean du Peyrat representa também, linguisticamente, esse período de transição. Até 1530 ou 1535, o conceito de cortesia predomina mais ou menos exclusivamente, na França. Em fins do século, o conceito de civilidade ganha lentamente precedência, sem que o outro se perca de todo. Na França, por volta do ano de 1562, os dois são usados sem qualquer precedência visível de um ou de outro. Em sua dedicatória, diz Peyrat: "Que este livro, que trata da educação de um jovem cortesão e cavalheiro, seja bem-recebido por aquele que é como que um paradigma e um espelho para os outros em *cortesia, civilidade,* boas maneiras, e costumes dignos de louvor."

O homem a quem essas palavras são dirigidas é aquele mesmo Henrique de Bourbon, príncipe de Navarra, cuja vida simboliza, mais visivelmente que todas, esta transição do homem cavaleiroso para o cortês e que, como Henrique IV, estava destinado a ser o executor direto dessa mudança na França, sendo obrigado, muitas vezes contra a vontade, a compelir ou mesmo condenar à morte aqueles que resistiam, aqueles que não compreendiam que, de senhores e cavaleiros livres, teriam que se transformar em servidores dependentes do rei.[124]

Apêndice
INTRODUÇÃO À EDIÇÃO DE 1968

I

Pensando e teorizando a respeito da estrutura e controle das emoções humanas nos dias correntes, contentamo-nos em geral em usar como prova observações colhidas nas sociedades mais desenvolvidas de hoje. Assim agimos na suposição tácita de que é possível elaborar teorias sobre as estruturas emocionais do homem em geral, com base no estudo de pessoas em uma sociedade específica que pode ser observada aqui e agora — a nossa. Não obstante, há numerosas observações relativamente acessíveis indicando que podem diferir o padrão e modelo de controle das emoções em sociedades que se encontrem em diferentes estágios de desenvolvimento, e mesmo em diferentes estratos da mesma sociedade. Se estamos ou não interessados no desenvolvimento de países europeus, que prossegue há séculos, ou no dos chamados "países em desenvolvimento", em outras partes do mundo, o fato é que deparamos com grande frequência com observações que dão origem à pergunta seguinte: como e por que, no curso de transformações gerais da sociedade, que ocorrem em longos períodos de tempo e em determinada direção — e para as quais foi adotado o termo "desenvolvimento" —, a afetividade do comportamento e experiência humanos, o controle de emoções individuais por limitações externas e internas, e, neste sentido, a estrutura de todas as formas de expressão, são alterados em uma direção particular? Essas mudanças são indicadas na fala diária quando dizemos que pessoas de nossa própria sociedade são mais "civilizadas" do que antes, ou que as de outras sociedades são mais "incivis" ou menos "civilizadas" (ou mesmo mais "bárbaras") que as da nossa. São óbvios os juízos de valor contidos nessas palavras, embora sejam menos óbvios os fatos a que se referem. Isto acontece em parte porque os estudos empíricos de transformações a longo prazo de estruturas de personalidade, e em especial de controle de emoções, dão origem a grandes dificuldades no estágio atual das pesquisas sociológicas. À frente do interesse sociológico no presente, encontramos processos de prazo relativamente curto e, em geral, apenas problemas relativos a um dado estado da sociedade. As transformações a longo prazo das estruturas sociais e, por conseguinte, também, das estruturas da personalidade, perderam-se de vista na maioria dos casos.

O presente estudo diz respeito a esses processos de longo prazo. A sua compreensão pode ser facilitada por uma curta indicação dos vários tipos que esses processos assumem.

Para começar, podemos distinguir duas direções principais nas mudanças estruturais das sociedades: as que tendem para maior diferenciação e integração, e as que tendem para menos. Além disso, há um terceiro tipo de processo social, no curso do qual é mudada a estrutura de uma sociedade, ou de alguns de seus aspectos particulares, mas sem haver tendência de aumento ou diminuição no nível de diferenciação e integração. Por último, são incontáveis as mudanças na sociedade que não implicam mudança em sua estrutura. Este trabalho não faz justiça a toda a complexidade dessas mudanças, porquanto numerosas formas híbridas, e não raro vários tipos de mudança, mesmo em direções opostas, podem ser observadas simultaneamente na mesma sociedade. Mas, por ora, este curto esboço dos diferentes tipos de mudança deve bastar para indicar os problemas de que trata este estudo.

O primeiro volume concentra-se, acima de tudo, na questão de saber se a suposição, baseada em observações dispersas, de que há mudanças a longo prazo nas emoções e estruturas de controle das pessoas em sociedades particulares — mudanças que se desenvolvem ao longo de uma única e mesma direção durante grande número de gerações — pode ser confirmada por evidência fidedigna e encontrar comprovação factual. Este volume, por conseguinte, contém um relato de procedimentos e achados sociológicos, cujo equivalente mais conhecido nas ciências físicas são o experimento e seus resultados. Diz respeito à descoberta e elucidação do que realmente ocorre no campo de indagação ainda não explorado com o qual se relacionam nossas questões: a descoberta e definição de ligações factuais.

A demonstração de uma mudança em emoções e estruturas de controle humanas que ocorre ao longo de muitas gerações, e na mesma direção ou, em curtas palavras, o aumento do reforço e diferenciação dos controles — gera outra questão: é possível relacionar essa mudança a longo prazo nas estruturas da personalidade com mudanças a longo prazo na sociedade como um todo, que de igual maneira tendem a uma direção particular, a um nível mais alto de diferenciação e integração social? O segundo volume trata desses problemas.

No tocante a essas mudanças estruturais a longo prazo da sociedade, falta também prova empírica. Tornou-se, por conseguinte, necessário no segundo volume dedicar parte do mesmo à descoberta e elucidação das ligações factuais nesta segunda área. A questão é se uma mudança estrutural da sociedade como um todo, tendendo a um nível mais alto de diferenciação e integração, pode ser demonstrada com ajuda de evidência empírica confiável. Isto se revelou possível. O processo de formação dos Estados nacionais, discutido no segundo volume, constitui um exemplo desse tipo de mudança estrutural.

Finalmente, em um esboço provisório de uma teoria de civilização, elabora-se um modelo, a fim de demonstrar possíveis ligações entre a mudança a longo prazo nas estruturas da personalidade no rumo da consolidação e diferenciação dos controles emocionais, e a mudança a longo prazo na estrutura social com vistas a um nível mais alto de diferenciação e integração como, por exemplo, visando a uma diferenciação e prolongamento das cadeias de interdependência e à consolidação dos "controles estatais".

II

Facilmente se pode compreender que ao adotar uma metodologia voltada para ligações factuais e suas explicações (isto é, um enfoque empírico e teórico preocupado com mudanças estruturais de longo prazo de um tipo específico, ou "desenvolvimento"), abandonamos as ideias metafísicas que vinculam o conceito de desenvolvimento à noção ou de uma necessidade mecânica ou de uma finalidade teleológica. O conceito de civilização, conforme demonstra o primeiro capítulo deste volume, tem sido frequentemente usado em sentido semimetafísico, e permaneceu sumamente nebuloso até hoje. Aqui faz-se uma tentativa de isolar o núcleo factual a que se refere a ideia corrente, pré-científica, de processo civilizador. Este núcleo consiste principalmente na mudança estrutural ocorrida em pessoas na direção de maior consolidação e diferenciação de seus controles emocionais e, por conseguinte, de sua experiência (como, por exemplo, na forma de um avanço do patamar de vergonha e nojo) e de sua conduta (como, por exemplo, na diferenciação dos utensílios usados à mesa). A tarefa seguinte colocada pela demonstração de tal mudança em uma direção específica, ao longo de muitas gerações, consiste em fornecer uma explicação. Um esboço de explicação, conforme já mencionado, será encontrado ao fim do segundo volume.

Mas, com ajuda de uma investigação deste tipo, despedimo-nos também das teorias de mudança social hoje predominantes, que no curso do tempo substituíram na pesquisa sociológica uma anterior, centralizada na velha e semimetafísica ideia de desenvolvimento. Tanto quanto se pode ver, essas teorias correntes quase nunca distinguem, de forma inequívoca, entre os diferentes tipos de mudança social resumidamente mencionados antes. Em particular, ainda faltam teorias empiricamente baseadas para explicar o tipo de mudanças sociais de longo prazo que assumem a forma de processo e, acima de tudo, de desenvolvimento.

Quando trabalhava neste livro, pareceu-me muito claro que estava lançando os alicerces de uma teoria sociológica não dogmática, empiricamente baseada, de processos sociais em geral e de desenvolvimento social em particular. Acreditava que era inteiramente óbvio que a investigação e o modelo final do processo a longo prazo de formação do Estado, a ser encontrado no segundo volume, podiam servir igualmente bem como modelos da dinâmica de longo prazo das sociedades em uma dada direção, à qual se refere o conceito de desenvolvimento social. Não acreditava, na ocasião, que fosse necessário dizer explicitamente que este estudo nem era de uma "evolução", no sentido do século XIX, de um progresso automático, nem de uma "mudança social" inespecífica no sentido do século XX. Naquele tempo isto me pareceu tão óbvio que deixei de mencionar explicitamente essas implicações teóricas. A introdução à segunda edição me dá a oportunidade de corrigir essa omissão.

III

O desenvolvimento social abrangente aqui estudado e apresentado numa de suas principais manifestações — a marcha da integração ao longo de vários séculos, um processo de formação de Estados complementado por um processo de diferenciação crescente — é um processo configurado que, a despeito da oscilação de movimentos contrários, mantém, quando analisado ao longo de um extenso período de tempo, uma direção constante. Pode-se demonstrar que essa mudança estrutural em uma direção específica aconteceu de fato, independentemente de como a valorizemos. A prova factual é o que nos interessa aqui. O mero conceito de mudança social não basta, como instrumento de pesquisa, para explicar esses fatos. Uma simples mudança pode ser do mesmo tipo que se observa em uma nuvem ou em um anel de fumaça: ora parecem uma coisa, ora parecem outra. Um conceito de mudança social que não estabeleça uma clara distinção entre as mudanças que se relacionam com a estrutura da sociedade e as que não — e, além do mais, entre mudanças estruturais sem uma direção específica e as que seguem um rumo particular ao longo de várias gerações, como, por exemplo, para maior ou menor complexidade — é um instrumento muito imperfeito de pesquisa sociológica.

A situação é semelhante no tocante a grande número de outros problemas aqui estudados. Quando, após vários estudos preparatórios que me permitiram investigar a evidência documentária e explorar os problemas teóricos gradualmente emergentes, o caminho para uma possível solução pareceu mais claro, tornei-me consciente de que este estudo ajuda a solucionar o renitente problema da ligação entre estruturas psicológicas individuais (as assim chamadas estruturas de personalidade) e as formas criadas por grandes números de indivíduos interdependentes (as estruturas sociais). E o faz porque aborda ambos os tipos de estruturas não como fixos, como em geral acontece, mas como mutáveis, como aspectos interdependentes do mesmo desenvolvimento de longo prazo.

IV

Se as várias disciplinas acadêmicas, cujos campos de estudo são tocados por este estudo — incluindo, acima de tudo, a sociologia — já tivessem alcançado o estágio de maturidade científica que é no presente desfrutado por muitas das ciências naturais, poderia esperar-se que um estudo cuidadosamente documentado de processos de longo prazo, como os da civilização ou da formação do Estado, com as propostas teóricas dele desenvolvidas, fosse assimilado, seja na sua totalidade ou em alguns de seus aspectos, após rigorosos testes e discussão, após a exclusão pela crítica de todo conteúdo impróprio ou refutado, pelo repositório de conhecimentos empíricos e teóricos dessa disciplina. Uma vez que o progresso do saber depende em grande parte do intercâmbio e fertilização cruzada de numerosos colegas e do desenvolvimento contínuo do estoque comum dos conhecimentos, poder-se-ia esperar que, trinta anos depois, este estudo ou se tivesse tornado parte do fundo-padrão de conhecimentos da disciplina, ou tivesse sido mais ou menos superado pelo trabalho de outros autores e posto de lado.

Em vez disso, descubro, uma geração depois, que este estudo conserva o caráter de obra pioneira em um campo problemático que, hoje, dificilmente precisa menos que há trinta anos do estudo simultâneo nos planos empírico e teórico que se encontra nestas páginas. Aumentou a compreensão da urgência dos problemas aqui discutidos. Em toda parte, observa-se que estudiosos tenteiam na direção desses problemas. Não faltaram tentativas posteriores de resolver problemas para cuja solução a documentação empírica contida nestes dois volumes procura contribuir. Mas não acreditamos que tenham tido sucesso essas últimas tentativas.

A fim de exemplificar este fato, bastará discutir a maneira como o homem que é atualmente considerado o principal teórico da sociologia, Talcott Parsons, tenta colocar e solucionar alguns dos problemas aqui estudados. É característico do enfoque teórico de Parsons tentar dissecar analiticamente, em seus componentes elementares, como disse ele certa vez,[1] os diferentes tipos de sociedades em seu campo de observação. A um tipo particular de componente elementar ele chamou de "variáveis de padrão". Essas variáveis de padrão incluem a dicotomia entre "afetividade" e "neutralidade afetiva". Sua concepção pode ser mais bem-entendida comparando-se a sociedade com um jogo de cartas: cada tipo de sociedade, na opinião de Parsons, representa uma "mão" diferente. As cartas, porém, são sempre as mesmas e seu número é pequeno, por mais diversas que sejam suas faces. Uma das cartas com que o jogo é disputado é a polaridade entre afetividade e neutralidade afetiva. Parsons concebeu originariamente essa ideia, segundo nos diz, analisando os tipos de sociedade de Tönnies, a *Gemeinschaft* (comunidade) e *Gesellschaft* (sociedade). A "comunidade", parece acreditar ele, caracteriza-se pela afetividade, e a "sociedade", pela neutralidade afetiva. Mas, ao determinar as diferenças entre diferentes tipos de sociedade, e diferentes tipos de relacionamentos dentro da mesma, ele atribui a essa "variável de padrão" no jogo de cartas, como a outras, um significado inteiramente geral. No mesmo contexto, Parsons trata do problema da relação entre estrutura social e personalidade.[2] Indica que conquanto antes os tivesse interpretado simplesmente como "sistemas de ação humana" estreitamente vinculados e interatuantes, agora pode declarar com certeza que, em um sentido teórico, eles são fases, ou aspectos, diferentes de um único e mesmo sistema de ação fundamental. Ilustra isto com um exemplo, explicando que o que no plano sociológico pode ser considerado como uma institucionalização da neutralidade afetiva é, essencialmente, o mesmo que no nível da personalidade pode ser considerado como "na imposição da renúncia à gratificação imediata, no interesse da organização disciplinada e dos objetivos a longo prazo da personalidade".

Será útil, talvez, para a compreensão deste estudo comparar essa última tentativa de solucionar tal problema com a anterior, reproduzida aqui sem alterações. A diferença fundamental na metodologia científica, e na concepção dos objetivos da teoria sociológica, fica evidente mesmo neste curto exemplo da maneira como Parsons trata tais problemas. O que, neste livro, com ajuda de extensa documentação empírica se mostra que é um processo, Parsons, pela natureza estática de seus conceitos, reduz retrospectivamente, e em minha opinião sem nenhuma necessidade, a estados. Em vez de um processo relativamente complexo, mediante o qual a vida afetiva das pessoas é gradualmente levada a um maior e mais uniforme controle de emoções — mas certamente não a um estado de total neutralidade afetiva —, Parsons sugere uma simples oposição entre dois estados, afetividade e neutralidade afetiva, que supostamente estariam presentes em graus diferentes em diferentes tipos de sociedade, tal como quantidades diferentes de substâncias químicas. Ao reduzir a dois diferentes estados o que empiricamente se demonstrou neste livro ser um processo e que necessita ser interpretado teoricamente como tal, Parsons priva-se da possibilidade de descobrir como as peculiaridades das sociedades a que se refere devem ser realmente explicadas. Tanto quanto se pode depreender, ele sequer levanta a questão da explicação. Os diferentes estados denotados pelas antíteses das "variáveis de padrão" são, ao que parece, simplesmente dados. Nesse tipo de teorização desaparece a mudança estrutural, sutilmente organizada, na direção de um maior e mais uniforme controle de emoções que pode ser observado na realidade. Os fenômenos sociais, na verdade, só podem ser observados como evoluindo e tendo evoluído. Sua dissecação por meio de pares de conceitos, que restringem a análise a dois estados antitéticos, representa um desnecessário empobrecimento da percepção sociológica tanto a nível empírico como teórico.

Por certo constitui missão de toda teoria sociológica esclarecer as características que todas as sociedades humanas possíveis possuem em comum. O conceito de processo social, tal como tantos outros usados neste estudo, exerce precisamente essa função. As categorias básicas selecionadas por Parsons, no entanto, parecem-me arbitrárias no mais alto grau. Subjacentes a elas há a noção tácita, não comprovada e supostamente axiomática, de que o objetivo de toda teoria científica é o de reduzir tudo o que é variável a algo invariável, e simplificar todos os fenômenos complexos dissecando-os em seus componentes individuais.

O exemplo da teoria de Parsons, no entanto, sugere que a teorização no campo da sociologia é mais complicada, do que simplificada, por uma sistemática redução dos processos sociais a estados sociais, e de fenômenos complexos, heterogêneos, a componentes mais simples e só aparentemente homogêneos. Este tipo de redução e abstração poderia justificar-se como método de teorização apenas se levasse, inequivocamente, a uma compreensão mais clara e profunda pelos homens de si mesmos como sociedades e como indivíduos. Em vez disso, descobrimos que as teorias formuladas por esses métodos, tal como a teoria do epiciclo de Ptolomeu, exigem construções auxiliares desnecessariamente complicadas, a fim de fazer com que concordem com os fatos observáveis. Não raro elas parecem nuvens escuras das quais, daqui e dali, caem uns poucos raios de luz que tocam a terra.

V

Um exemplo disto, e que será discutido mais extensamente adiante, é a tentativa que faz Parsons de elaborar um modelo teórico da relação entre estruturas de personalidade e estruturas sociais. Neste esforço, duas ideias não muito compatíveis são confundidas com frequência: a noção de que indivíduo e sociedade — "ego" e "sistema social" — seriam duas entidades existindo independentemente uma da outra, sendo o indivíduo considerado como a realidade concreta, e a sociedade tratada como epifenômeno, — e a noção de que as duas são planos diferentes, mas inseparáveis, do universo formado pelo homem. Além disso, conceitos como "ego" e "sistema social", e todos os demais a eles relacionados, e que se referem a homens como indivíduos e como sociedades, são usados por Parsons — exceto quando emprega categorias psicanalíticas — como se a condição normal de ambos pudesse ser considerada como um estado inalterável. Este estudo não pode ser devidamente compreendido, se a visão do que é realmente observável em seres humanos for barrada por tais noções. E não pode, se esquecermos que conceitos como "indivíduo" e "sociedade" não dizem respeito a dois objetos que existiriam separadamente, mas a aspectos diferentes, embora inseparáveis, dos mesmos seres humanos, e que ambos os aspectos (e os seres humanos em geral) habitualmente participam de uma transformação estrutural. Ambos se revestem do caráter de processos e não há a menor necessidade, na elaboração de teorias sobre seres humanos, de abstrair-se este processo-caráter. Na verdade, é indispensável que o conceito de processo seja incluído em teorias sociológicas ou de outra natureza que tratem de seres humanos. Conforme demonstrado neste estudo, a relação entre o indivíduo e as estruturas sociais só pode ser esclarecida se ambos forem investigados como entidades em mutação e evolução. Só então será possível construir modelos de seus relacionamentos, como é feito aqui, que concordam com fatos demonstráveis. Pode-se dizer com absoluta certeza que a relação entre o que é denominado conceitualmente de "indivíduo" e de "sociedade" permanecerá incompreensível enquanto esses conceitos forem usados como se representassem dois corpos separados, e mesmo corpos habitualmente em repouso, que só entram em contato um com o outro depois, por assim dizer. Sem jamais dizer isto clara e abertamente, Parsons e todos os sociólogos da mesma inclinação imaginam que existam separadamente essas coisas a que se referem os conceitos de "indivíduo" e "sociedade". Assim — para dar apenas um exemplo —, Parsons adota a noção, já desenvolvida por Durkheim, de que a relação entre "indivíduo" e "sociedade" é uma "interpenetração" do indivíduo e do sistema social. Como quer que essa "interpenetração" seja concebida, o que mais pode essa metáfora significar, senão que estamos tratando de duas entidades diferentes que, primeiro, existem separadamente e que depois se "interpenetram"?[3]

Esse fato deixa clara a diferença entre os dois enfoques sociológicos. Neste estudo, a possibilidade de discernir com mais precisão a conexão entre estruturas individuais e sociais resulta da recusa de abstrair o processo de evolução de ambas como se fosse algo incidental ou "meramente histórico". Isto porque as estruturas da personalidade e da sociedade evoluem em uma inter-relação indissolúvel. Jamais se pode dizer com absoluta certeza que os membros de uma sociedade *são* civilizados. Mas, com base em pesquisas sistemáticas, calcadas em evidência demonstrável, cabe dizer com alto grau de certeza que alguns grupos de pessoas *tornaram-se* mais civilizados, sem necessariamente implicar que é melhor ou pior, ou tem valor positivo ou negativo, tornar-se mais civilizado. Não obstante, pode-se demonstrar sem dificuldade que tal mudança nas estruturas de personalidade é um aspecto específico do desenvolvimento de estruturas sociais. É o que tentaremos fazer no que se segue.

Não surpreende encontrar em Parsons e em muitos outros teóricos modernos no campo da sociologia uma tendência a reduzir processos a estados, mesmo quando esses autores se ocupam explicitamente do problema da mudança social. De conformidade com a tendência predominante em sociologia, Parsons toma como ponto de partida a hipótese de que todas as sociedades existem normalmente em um estado de equilíbrio imutável, que é homeostaticamente preservado. Elas mudam, supõe ele, quando esse estado normal de equilíbrio social é perturbado, por exemplo, pela violação de normas sociais, pela quebra da conformidade.[4] A mudança social surge, assim, como um fenômeno resultante da disfunção acidental, externamente motivada, de um sistema social normalmente bem-equilibrado. Além do mais, a sociedade assim perturbada se esforça, na opinião de Parsons, para voltar ao estado de repouso. Mais cedo ou mais tarde, segundo ele, um "sistema" diferente, com um equilíbrio diferente, é estabelecido, que mais uma vez se mantém mais ou menos automaticamente, a despeito de oscilações, no estado dado. Em uma palavra, o conceito de mudança social refere-se aqui a um estado transitório entre dois estados normais de imutabilidade, provocado por uma disfunção. Aqui, também, emerge com grande clareza a diferença entre os enfoques teóricos representados por este estudo e o de Parsons e sua escola. O presente estudo sustenta a ideia, baseada em abundante material documentário, de que a mudança é uma característica normal da sociedade. Uma sequência estrutural de mudança contínua serve aqui como marco de referência para a investigação de estados localizados em pontos particulares no tempo. Na opinião sociológica predominante, reciprocamente, as situações sociais, tratadas como se normalmente existissem em estado de repouso, servem como marcos de referência para todas as mudanças. Desta maneira, ela considera sociedade como um "sistema social" e este como um "sistema em estado de repouso". Mesmo quando está envolvida uma sociedade relativamente diferenciada e "altamente desenvolvida", com frequência se tenta considerá-la como em repouso e autossuficiente. Não se considera essencial ao estudo perguntar por que e como essa sociedade altamente desenvolvida evoluiu para esse estado de diferenciação. De conformidade com o marco de referência estático das teorias dos sistemas predominantes, as mudanças, processos e fenômenos sociais, que incluem o desenvolvimento de um estado ou de um processo civilizador, surgem apenas como algo adicional, uma mera "introdução histórica", cuja investigação e explicação bem podem ser dispensadas, chegando-se a uma compreensão do "sistema social" e de sua "estrutura" e "funções", como podem ser observados aqui e agora de um ponto de vista de curto prazo. Essas próprias ferramentas conceituais incluindo conceitos como "estruturas" e "função", que servem como emblemas da escola sociológica moderna dos "funcionalistas estruturais" — trazem a marca de um tipo específico de raciocínio, que reduz processos à condição de estados. Claro, seus formuladores não podem ignorar inteiramente a ideia de que "estruturas" e "funções" da "unidade" social ou de suas partes, que descrevem como estados evoluem e mudam. Mas os problemas assim colocados em pauta são reconciliados com o modo estático de pensamento ao serem encerrados em um capítulo especial, com o título "Mudança Social", como se o fenômeno fosse suplementar aos problemas do sistema normalmente imutável. Desta maneira, a "mudança social" em si é tratada como um atributo do estado de repouso. Em outras palavras, a atitude básica, orientada para a ideia de estado, é reconciliada com observações empíricas de mudança social ao se introduzirem no museu de cera teórico dos fenômenos sociais estáticos mais algumas figuras, igualmente imóveis, com os rótulos de "mudança social" ou "processo social". Desta maneira, os problemas da mudança social são, em certo sentido, congelados e tornados inócuos para uma sociologia orientada para a ideia de estado. E assim aconteceu que o conceito de "desenvolvimento social" desapareceu praticamente por completo das teorias sociológicas modernas — paradoxalmente, numa fase de desenvolvimento social, em que na real vida social e em parte também na pesquisa sociológica empírica, as pessoas se interessam mais intensa e conscientemente do que nunca pelos problemas do desenvolvimento social.

VI

Ao escrever uma introdução a um livro que tanto no aspecto teórico quanto no empírico se opõe frontalmente às tendências gerais da sociologia contemporânea, senti certa obrigação de dizer ao leitor, clara e inequivocamente, como e por que os problemas aqui colocados, e os passos dados para solucioná-los, diferem dos pregados pelo tipo predominante de sociologia e, particularmente, pelos da sociologia teórica. Com este propósito, não pude evitar inteiramente a questão de como deve ser explicado o fato de que a sociologia, para cujos principais representantes no século XIX os problemas dos processos sociais de longo prazo eram de primordial interesse, tornou-se no século XX uma sociologia de estados, isto a tal ponto que a investigação de processos sociais de grande duração praticamente desapareceu de suas atividades de pesquisa. Dentro do escopo desta introdução, não pude ter a pretensão de discutir com a exaustividade que merecem o deslocamento do centro de interesse da pesquisa sociológica e a mudança radical em toda a maneira de pensar ligada a ela. O problema, porém, é importante demais para a compreensão do que se segue, e, além disso, para o desenvolvimento ulterior da sociologia, para ser omitido em completo silêncio. Vou, por conseguinte, limitar-me a pinçar alguns elementos no complexo de condições responsáveis por essa regressão no aparato intelectual da sociologia e no concomitante estreitamento de seu campo de indagação.

A razão mais óbvia por que a percepção da importância dos problemas da mudança social a longo prazo, da sociogênese e desenvolvimento de formações sociais de todos os tipos, se perdeu na maior parte para os sociólogos e por que entre eles o conceito de desenvolvimento caiu em descrédito é encontrada na reação de muitos deles — acima de tudo, dos principais teóricos do século XX — a alguns aspectos de teorias notáveis do século XIX. Foi demonstrado que os modelos teóricos de desenvolvimento social de longo prazo elaborados no século XIX por homens como Comte, Spencer, Marx, Hobhouse e muitos outros fundamentaram-se, em parte, em hipóteses condicionadas principalmente pelos ideais políticos e filosóficos desses homens e apenas secundariamente pelas suas relações com os fatos. Gerações posteriores tiveram à disposição uma massa de fatos muito maior e em constante expansão. O reexame das teorias de desenvolvimento clássicas do século XIX à luz das descobertas mais abrangentes de gerações subsequentes fez com que numerosos aspectos dos anteriores modelos de processos parecessem duvidosos ou, pelo menos, necessitados de revisão. Muitos dos artigos de fé sociológicos pioneiros não foram mais aceitos pelos sociólogos do século XX. Eles incluíam, acima de tudo, a crença em que o desenvolvimento da sociedade é necessariamente uma evolução para o melhor, um movimento na direção do progresso. Esta crença foi categoricamente rejeitada por muitos sociólogos posteriores, de acordo com sua própria experiência social. Retrospectivamente, podiam ver com maior clareza que os modelos anteriores de desenvolvimento compreendiam uma mistura de noções relativamente baseadas em fatos e de caráter ideológico.

Em uma disciplina madura poder-se-ia então encetar o trabalho de corrigir e revisar os modelos anteriores de desenvolvimento. Ou se tentaria verificar que aspectos das velhas teorias poderiam ser usados como base para pesquisa ulterior, à luz dos conhecimentos factuais mais amplos agora disponíveis, e quais deveriam ser reconhecidos como manifestação de preconceitos políticos ou filosóficos ultrapassados no tempo, e enterrados, com uma lápide conveniente, no cemitério das doutrinas mortas.

Em vez disso, ocorreu uma reação extremamente violenta contra o tipo de teoria sociológica preocupada com processos sociais de longo prazo. O estudo desses fenômenos de longa duração foi quase universalmente execrado, movendo-se o centro do interesse, em um contra-ataque radical ao tipo mais antigo de teoria, para a investigação de dados sobre sociedades concebidas como normalmente existentes em um estado de repouso e equilíbrio. Lado a lado com isto, ocorreu o enrijecimento de uma série de críticas estereotipadas contra as teorias sociológicas mais antigas e muitos de seus conceitos fundamentais, particularmente o do desenvolvimento social. Uma vez que esses sociólogos não se preocuparam em fazer uma distinção entre elementos baseados em fatos e os de natureza ideológica no conceito de desenvolvimento, toda discussão dos processos sociais de longa duração, em particular a dos processos de desenvolvimento, foi daí em diante vinculada a um ou outro dos sistemas de ideias do século XIX e, acima de tudo, à ideia de que desenvolvimento social, fosse ocorrendo em linha reta sem conflito ou dialeticamente com conflito, devia automaticamente ser uma mudança para o melhor, um movimento na direção do progresso. A partir dessa data, pareceu quase anacrônico alguém ocupar-se de questões como o desenvolvimento social. Diz-se algumas vezes que generais, ao planejarem a estratégia de uma nova guerra, utilizam como modelos as estratégias das antigas. Supor sem restrições que conceitos como "desenvolvimento social" e "processos sociais de longo prazo" inevitavelmente incluem a velha ideia de progresso implica conduzir-se de maneira semelhante.

Encontramos no contexto da sociologia, por conseguinte, um fenômeno intelectual que envolve uma oscilação radical do pêndulo, de uma posição unilateral para outra, oposta, e não menos unilateral. À fase em que os teóricos da sociologia procuravam, principalmente, modelos de desenvolvimento social a longo prazo, sucedeu outra em que se interessam principalmente por modelos de sociedades em estado de repouso e imutabilidade. Se a pesquisa outrora se fundamentou numa suposição básica, digamos, heraclitiana, de que tudo está em movimento (com a diferença que era aceito como certo que o fluxo ocorria na direção do melhoramento), ela se baseia agora em uma ideia eleática. Os eleáticos, ou eleatas, segundo se sabe, imaginavam o voo de uma flecha como uma série de estados de repouso. Na verdade, parecia-lhes que a flecha não se movia absolutamente. Isto porque, em qualquer dado momento, ela estava em um dado lugar. A suposição de muitos teóricos modernos de que as sociedades em geral são encontradas em estado de equilíbrio, de tal modo que o desenvolvimento social da humanidade a longo prazo parece uma cadeia de tipos sociais estáticos, lembra muito a concepção eleática do voo da flecha. De que modo pode ser explicada essa virada do pêndulo, de um extremo a outro do desenvolvimento da sociologia?

À primeira vista parece que a principal razão da mudança na orientação teórica foi uma reação de cientistas que protestavam, em nome do caráter científico de sua pesquisa, contra a interferência de ideias políticas e filosóficas na teoria de seu tema de estudos. Expoentes das teorias modernas de estado inclinam-se amiúde para essa explicação. A um exame mais atento, contudo, descobrimos que ela é inadequada. A reação contra a sociologia do desenvolvimento, predominante no século XIX, não se voltou simplesmente contra o primado de ideias, a dominação de doutrinas sociais preconcebidas, em nome da objetividade científica. Não foi tampouco pura expressão do interesse de rasgar o véu de ideias de pouca duração sobre o que a sociedade devia ser, a fim de compreender-lhe e identificar-lhe a verdadeira dinâmica e funcionamento. Se, no século XIX, concepções específicas do que devia ser ou do que se desejava que fosse — concepções ideológicas específicas — levaram a um interesse fundamental pelo desenvolvimento da sociedade, no século XX outras concepções do que devia ser ou era desejável — outras concepções ideológicas — geraram pronunciado interesse entre os principais teóricos pelo estado da sociedade como ela se encontra, negligenciando os problemas da dinâmica das formações sociais, e sua falta de interesse por problemas de processo de longa duração e por todas as oportunidades de explicação que o estudo desses problemas proporciona.

Esta mudança radical no caráter dos ideais sociais, mencionada neste caso particular na evolução da sociologia, não constitui fenômeno isolado. É sintomática de uma mudança mais abrangente, ou geral, nos ideais predominantes nos países em que se concentra o principal trabalho da sociologia. Esta mudança indica, por seu lado, a transformação específica que vem ocorrendo desde o século XIX, e prossegue no século XX, nas relações internas e externas dos estados industriais mais antigos e desenvolvidos. Espero que seja suficiente aqui — como sumário de uma pesquisa mais extensa — indicar em poucas palavras os principais contornos dessa transformação. Isto facilitará a compreensão de estudos sociológicos que, como este que o leitor tem em mãos, atribuem importância fundamental ao estudo dos processos de longo prazo. O objetivo não é atacar outros ideais em nome dos ideais que temos, mas procurar compreender melhor a estrutura desses processos em si e emancipar o arcabouço teórico da pesquisa sociológica da primazia de ideais e doutrinas sociais. Isto porque só poderemos reunir conhecimentos sociológicos adequados o suficiente para serem usados na solução dos agudos problemas da sociedade se, quando equacionamos e resolvemos problemas sociológicos, deixamos de subordinar a investigação do que é a ideias preconcebidas a respeito do que as soluções devem ser.

VII

Nos países em fase de industrialização do século XIX, onde foram escritos os primeiros grandes trabalhos pioneiros de sociologia, as vozes que expressavam as crenças, ideais, esperanças e objetivos a longo prazo das nascentes classes industriais ganharam, aos poucos, vantagens sobre as que procuravam preservar a ordem social existente no interesse das tradicionais elites de poder dinásticas de corte, aristocráticas ou patrícias. Foram as primeiras, em conformidade com sua situação de classes emergentes, que alimentaram altas expectativas de um futuro melhor. E como seus ideais se concentravam não no presente, mas no futuro, sentiram um interesse todo especial pela dinâmica, pelo desenvolvimento da sociedade. Juntamente com uma ou outra dessas classes industriais emergentes, os sociólogos da época procuraram obter confirmação de que o desenvolvimento da humanidade se daria na direção de seus desejos e esperanças. Fizeram isso estudando a direção e as forças motivadoras do desenvolvimento social até então. É muito difícil, porém, distinguir em retrospecto entre doutrinas heterônomas, repletas de ideais de curto prazo condicionados pela época em que apareceram, e os modelos conceituais que se revestem de importância, independentemente desses ideais, e exclusivamente no que tange a fatos verificáveis.

Por outro lado, no mesmo século seriam ouvidas vozes que, por uma ou outra razão, opunham-se à transformação da sociedade pela via da industrialização, cuja fé social era orientada para a conservação da herança existente, e que ofereciam — aos que viam no presente um estado de deterioração — o ideal de um passado melhor. Representavam elas não só as elites pré-industriais dos Estados dinásticos, mas também grupos mais amplos de trabalhadores — acima de tudo os que se ocupavam na agricultura e ofícios artesanais, cujo meio de vida tradicional estava sendo corroído pelo avanço da industrialização. Eram os adversários de todos aqueles que falavam do ponto de vista das crescentes classes trabalhadoras industriais e que, de conformidade com a situação ascendente dessas classes, buscavam inspiração na crença em um futuro melhor, no progresso da humanidade. Desta maneira, no século XIX, o coro de vozes dividia-se entre os que exaltavam um passado melhor e os que cantavam um futuro mais risonho.

Entre os sociólogos cuja imagem de sociedade se orientava para o progresso e um futuro melhor eram encontrados, conforme sabemos, porta-vozes das duas classes industriais. Incluíam eles homens como Marx e Engels, que se identificavam com a classe operária industrial, e também sociólogos burgueses como Comte, no início do século XIX, e Hobhouse, no fim. Os porta-vozes dessas duas classes industriais em ascensão tinham plena confiança no futuro melhoramento da condição humana, ainda que variasse muito o que concebiam como melhoramento e progresso, dependendo da classe a que pertencessem. É essencial compreender a intensidade do interesse pelos problemas do desenvolvimento social no século XIX, e perguntar em que se fundamentavam esses interesses, se queremos entender por que a crença no progresso se desvaneceu no século XX e por que, correspondentemente, declinou entre os sociólogos o interesse pelos problemas do desenvolvimento social a longo prazo.

Mas para compreender essa mudança não é suficiente, conforme já indicado, estudar apenas as formas das classes, as relações sociais dentro dos Estados. A ascensão das classes industriais nos Estados que se industrializavam na Europa aconteceu lado a lado com a ascensão ininterrupta das próprias nações. Nesse século essas nações se acicataram mutuamente, numa rivalidade constante para impor sua predominância a nações menos desenvolvidas, mais do que em qualquer outro período da história. Não apenas as classes neles existentes, mas também esses Estados-sociedades, enquanto totalidades, eram formações sociais em expansão e ascensão.

Poderíamos talvez nos sentir tentados a atribuir a crença no progresso, nas obras escritas na Europa nos séculos anteriores ao século XX, ao avanço da ciência e da tecnologia. Mas seria uma explicação insuficiente. O quão pouco a experiência do progresso científico e tecnológico isoladamente gera em termos de idealização do progresso, de fé confiante no melhoramento contínuo da condição humana, é demonstrado com bastante clareza pelo século XX. O grau e ritmo reais do progresso da ciência e tecnologia neste século excederam por margem considerável os ocorridos em séculos anteriores. Da mesma maneira, o padrão de vida das massas nos países da primeira onda de industrialização subiu mais no século XX do que nos anteriores. Melhorou o estado de saúde e cresceu a expectativa de vida. Mas, no coro total da época, as vozes que proclamam o progresso como algo valioso, que veem no aprimoramento da condição do homem a peça principal do ideal social, e que acreditam sinceramente em um futuro melhor para a humanidade, tornaram-se visivelmente menos numerosas. No outro lado do coro, as vozes dos que lançam dúvida sobre todos esses fenômenos, que não anteveem um melhor futuro para a humanidade ou mesmo para sua própria nação, e cuja fé social básica se concentra, ao contrário, no presente como seu mais alto valor, na conservação de sua própria nação, na idealização da ordem social existente ou mesmo no seu passado, herança e ordem tradicional, estão aumentando no século XX e tornando-se gradualmente mais fortes. Nos séculos anteriores, nos quais o progresso real já era palpável, ainda que lento e relativamente limitado, a ideia de mais progresso no futuro revestia o caráter de um ideal pelo qual seus defensores se esforçavam e que possuía alto valor, exatamente, como ideal. No século XX, época em que o progresso real na ciência, tecnologia, saúde e padrão de vida, e não menos na redução das disparidades entre as pessoas, excede de muito, nas nações industrializadas há mais tempo, o progresso conseguido em todos os séculos anteriores, o progresso deixou, para muitas pessoas, de ser um ideal. E estão se tornando mais numerosas as vozes dos que duvidam de todo esse progresso real.

São muitas as razões para essa reviravolta. Nem todas precisam ser consideradas aqui. As guerras repetidas, o perigo incessante de guerra, e a ameaça de armas nucleares e científicas certamente contribuem para essa coincidência de progresso em aceleração, particularmente nos campos científico e técnico, com confiança decrescente no seu valor e no progresso em geral.

Mas o desprezo com que o século XX trata a crença "rasa" no progresso dos séculos anteriores ou sua ideia de desenvolvimento progressivo da sociedade humana; as obstruções que impedem os sociólogos de ver e identificar os problemas dos processos sociais a longo prazo; o desaparecimento quase completo do conceito de desenvolvimento social dos textos sociológicos — estes e outros sintomas de uma virada extrema do pêndulo intelectual não são suficientemente explicados pelas perturbações das guerras e fenômenos correlatos. A fim de compreendê-los, temos que levar em conta também as mudanças específicas ocorridas neste século na estrutura interna geral e na posição internacional das grandes nações industrializadas do século XIX.

Nessas nações, os representantes das duas classes industriais, a burguesia industrial e o operariado, estão firmemente entrincheirados como grupos dominantes em seus Estados, contra as antigas elites dinásticas e aristocráticas, cujo poder era basicamente militar. Essas duas classes se controlam mutuamente em um equilíbrio amiúde precário e sempre instável de tensões, com a classe operária tradicional ainda em posição mais fraca, mas ganhando lentamente forças. As classes nascentes do século XIX, que tiveram que lutar em seus Estados contra a elite dinástica tradicional e para as quais desenvolvimento, progresso e um melhor futuro eram não só fatos mas também um ideal de grande significado emocional, tornaram-se neste século as classes industriais mais ou menos tradicionais, cujos representantes estão instalados institucionalmente como grupos governantes ou cogovernantes. Parcialmente como sócios e até certo ponto como adversários, os representantes da burguesia industrial e do operariado tradicional formam agora a principal elite das nações da primeira onda de industrialização. Em consequência, a par da consciência e dos ideais de classe, e em certa medida como disfarce para eles, a consciência nacional e o ideal de sua própria nação como valor supremo desempenham um papel de importância crescente nas duas classes industriais — em primeiro lugar na burguesia industrial, mas crescentemente também no operariado.

Vistas como um ideal, contudo, as nações voltam hoje a atenção para o que já existe. Uma vez que os representantes das duas classes industriais mais poderosas e numerosas têm hoje acesso a posições de poder no Estado, a nação, organizada dessa forma, desponta emocional e ideologicamente como o mais alto valor em sua presente condição. Além do mais — emocional e ideologicamente — ela parece eterna, imutável, em seus aspectos essenciais. As mudanças históricas afetariam apenas os aspectos externos; o povo, a nação, aparentemente não mudariam. Os ingleses, os alemães, os franceses, os italianos, e os naturais de todas as nações seriam, para aqueles que as constituem, eternos. Em sua "essência" seriam sempre os mesmos, estejamos nós falando do século X ou do século XX.

Além do mais, não foram apenas as duas classes industriais nas nações há mais tempo industrializadas que mudaram, de uma vez por todas, no decorrer deste século. A ascensão das nações europeias e de suas representantes em outras partes do mundo, que prosseguira durante séculos, lentamente se deteve no atual. Para sermos exatos, sua atual vantagem sobre nações não europeias (com algumas exceções) começou grande e, durante algum tempo, até mesmo aumentou. Formou-se e fortaleceu-se a ideia, porém, na era de ascendência indisputada das nações europeias, ideia que é recorrente entre todos os grupos poderosos e dominantes no mundo, de que o poder que podiam exercer sobre outras nações era manifestação de uma missão eterna que lhes fora concedida por Deus, pela natureza ou pelo destino histórico, expressão de uma superioridade de essência sobre os menos poderosos. Esta ideia de superioridade axiomática, profundamente enraizada na autoimagem das nações industrializadas há mais tempo, foi intensamente abalada pelo curso do desenvolvimento neste século. O choque de realidade experimentado quando o ideal nacional colidiu com a realidade social foi absorvido de maneira diferente em cada nação, de acordo com seu próprio desenvolvimento e a natureza específica de sua autoimagem nacional. No caso da Alemanha, a importância mais geral dessa colisão foi inicialmente ocultada pelo choque mais direto das derrotas militares. Mas é indicativo tanto da solidez dos velhos ideais nacionais quanto da relativa autonomia deste fenômeno como um todo que mesmo nos países vitoriosos na segunda guerra europeia-americana, tanto quanto se pode saber, apenas pouquíssimas pessoas se deram conta, imediatamente após a vitória, de como, radical e fundamentalmente, o conflito militar entre dois grupos de países relativamente muito desenvolvidos lhes reduziria o poder global sobre os países menos desenvolvidos, sendo que esta redução já estava em gestação desde algum tempo antes. Como frequentemente acontece, esta súbita diminuição de poder encontrou despreparadas e confusas as nações antes tão poderosas.

As oportunidades reais de progresso, de um futuro melhor, são ainda — ignorando-se a possibilidade regressiva de uma guerra — muito grandes para as primeiras nações que se industrializaram. Mas em comparação com suas autoimagens tradicionais, nas quais a ideia de sua própria civilização ou cultura nacional é em geral entronizada como o mais alto valor da humanidade, o futuro é decepcionante. A ideia da natureza e valor excepcionais da própria nação serve frequentemente como legitimação de sua reivindicação a liderar todas as demais. E foi essa autoimagem, essa pretensão à liderança pelas nações industrializadas mais antigas, que sofreu um abalo na segunda metade deste século, provocado por um aumento ainda muito limitado de poder das sociedades mais pobres, sociedades pré-industriais previamente dependentes e parcialmente subjugadas de outras partes do mundo.[5]

Em outras palavras, este choque de realidade, na medida em que afeta o valor emotivo do estado atual de uma nação no tocante às suas futuras possibilidades, meramente reforça uma tendência já existente no sentimento nacional de que a nação é e sempre foi, com sua herança eterna, inalterável, e possui um valor afetivo muito maior, como meio de autolegitimação e como expressão da escala nacional de valores e ideal nacional, do que qualquer promessa ou ideal localizado no futuro. O "ideal nacional" desvia a atenção do que muda para o duradouro e o imutável.

Este aspecto da transformação que ocorre nos Estados europeus, e também em certo número de outros não europeus, mas ligados a eles, fez-se acompanhar de mudanças específicas na esfera das ideias e modos de pensamento dos intelectuais. Nos séculos XVIII e XIX, os filósofos e sociólogos que falavam em "sociedade" pensavam geralmente em "sociedade burguesa" — isto é, em aspectos da vida social que pareciam situar-se além dos aspectos dinásticos e militares do Estado. De conformidade com a situação em que viviam e com seus ideais como porta-vozes de grupos que estavam, de maneira geral, excluídos do acesso às posições mais importantes do poder estatal, esses homens, quando falavam em sociedade, tinham geralmente em mente uma sociedade humana que transcendia todas as fronteiras nacionais. Com a ascensão ao poder de Estado de grande número de representantes dessas duas classes industriais, e com o correspondente surgimento nelas de ideais nacionais, particularmente em suas elites representativas governantes, esta concepção de sociedade mudou também na sociologia.

Na sociedade em geral, os vários ideais de classe dos segmentos industriais misturaram-se e interpenetraram-se cada vez mais com ideais nacionais. Não há dúvida de que ideais nacionais conservadores e liberais apresentam uma nuance diferente de nacionalismo que não os das variedades comunista ou socialista. Mas essas nuances influenciaram muito pouco, se é que chegaram a fazê-lo, os grandes contornos da mudança que ocorreu nas classes industriais tradicionais em relação ao Estado e à nação, incluindo seus porta-vozes políticos e intelectuais, quando elas, deixando de ser grupos excluídos do poder central de Estado, passaram realmente a constituir a nação, cujos líderes representaram e exerceram o poder. Correspondeu a esse fenômeno o fato de que numerosos sociólogos do século XX, quando se referem à "sociedade", não pensam mais, como acontecia com os seus predecessores, em uma "sociedade burguesa" ou em uma "sociedade humana" além do Estado, mas cada vez mais na imagem ideal algo diluída de uma nação-Estado. Na concepção geral de sociedade desses sociólogos, como algo abstraído da realidade da nação-Estado, as nuances políticas e ideológicas acima referidas são mais uma vez encontradas. Entre os principais teóricos sociológicos do século XX deparamos com matizes conservadores e liberais, e também socialistas e comunistas, nessa imagem de sociedade. Uma vez que, neste século, a sociologia americana assumiu por algum tempo o papel liderante no desenvolvimento do aspecto teórico dessa ciência, o tipo dominante de teoria desse período refletiu o caráter específico de seu ideal nacional predominante, dentro do qual os aspectos conservador e liberal não são tão radicalmente diferentes, ou julgados antitéticos, como em alguns Estados nacionais da Europa, particularmente na Alemanha.[6]

Na discussão sociológica, e igualmente no debate filosófico, a rejeição de certos aspectos das teorias sociológicas do século XIX — acima de tudo de sua orientação para o desenvolvimento social e o conceito de progresso — frequentemente se apresentou como se estivesse baseada, exclusivamente, na inadequação factual dessas teorias. Mas o curto estudo que aqui fizemos de uma das principais tendências estruturais no desenvolvimento das relações, dentro das nações industrializadas há mais tempo e entre elas, põe em relevo mais nítido certos aspectos ideológicos dessa rejeição. De acordo com o conceito de ideologia desenvolvido no seio da tradição marxista, poderíamos tentar explicar os aspectos ideológicos da negligência a que foi relegado o desenvolvimento social, e a preocupação com o estado dos sistemas sociais, dominantes nas teorias sociológicas recentes, exclusivamente por referência a ideais de classes cujas esperanças, anseios e ideais estão relacionados não com o futuro, mas com a manutenção da ordem existente. Mas esta explicação classista das crenças e ideais sociais implícitos na teoria sociológica já não é satisfatória em nosso século. Neste, temos que levar em conta também o desenvolvimento de ideais nacionais que transcendem classes sociais, a fim de entender os aspectos ideológicos das teorias sociológicas. A integração das duas classes industriais em uma estrutura estatal previamente governada por minorias pré-industriais numericamente bem pequenas; a ascensão de ambas as classes a uma posição em que seus representantes desempenham um papel mais ou menos dominante no Estado, e no qual nem mesmo os setores mais fracos do operariado podem ser governados sem seu consentimento; e a resultante identificação mais forte de ambas as classes com a nação — todos esses fatores dão uma força especial, nas atitudes sociais de nossa época, à crença na própria nação de cada um como um dos mais altos valores da vida humana. O alongamento e a multiplicação de cadeias de interdependência entre os Estados, e o agravamento de tensões e conflitos específicos entre eles, resultantes dessa orientação, as importantíssimas guerras de libertação nacional e a ameaça sempre presente de guerra geral — todos esses fatores contribuíram para o crescimento de padrões de pensamento centralizados na nação.

E foi a convergência dessas duas linhas de desenvolvimento (intraestados e interestados) nas nações industrializadas mais antigas que debilitou o ideal de progresso, a orientação da fé e do desejo para um futuro melhor e, por conseguinte, também uma compreensão do passado como desenvolvimento. Combinadas, essas duas linhas de desenvolvimento acabaram substituindo esse tipo de ideal por outros, que visavam à conservação e defesa da ordem existente. Estes se referem a algo que se julga imutável e realizado no presente — a nação eterna. As vozes que proclamavam a crença em um futuro melhor e no progresso da humanidade como seus ideais cederam lugar, como segmento dominante do coro social misto da época, àquelas vozes que dão mais importância ao valor do que existe e, acima de tudo, ao valor imemorial de suas próprias nações, pelas quais, numa série de guerras grandes e pequenas, muitas pessoas perderam a vida. Este foi — em seus contornos gerais — o desenvolvimento estrutural geral que se reflete na formulação de teorias sobre a sociedade. As teorias que refletem os ideais das classes emergentes em sociedades industrializadas em expansão são substituídas por outras, dominadas pelos ideais de classes mais ou menos tradicionais, em sociedades altamente desenvolvidas, cujo crescimento alcançou ou ultrapassou seu ponto culminante.

Como exemplo desse tipo de teoria sociológica, talvez seja suficiente citar um de seus conceitos característicos, o de "sistema social", da forma usada por Parsons, mas certamente não apenas por ele. O conceito expressa com clareza a maneira como a "sociedade" agora é concebida. Um "sistema social" é uma sociedade "em equilíbrio". Pequenas oscilações desse equilíbrio de fato ocorrem, mas em geral a sociedade existe em estado de repouso. Todas as suas partes, segundo essa concepção, estão, via de regra, harmoniosamente sintonizadas umas com as outras. Todos os que a ela pertencem são geralmente sintonizados, pelo mesmo tipo de socialização, às mesmas normas. Todos são habitualmente bem-integrados, em seus atos respeitam os mesmos valores e desempenham sem dificuldade os papéis que lhes são atribuídos. Normalmente não ocorrem conflitos entre eles. Estes, tais como mudanças no sistema, são manifestações de disfunções. Em suma, a imagem de sociedade representada teoricamente por este conceito de sistema social revela-se, a um exame mais atento, ser a imagem ideal de uma nação: todos os que a compõem obedecem às mesmas normas, na base da mesma socialização, sustentam os mesmos valores e, dessa maneira, vivem normalmente em uma harmonia bem-integrada entre si. Nessa concepção de "sistema social", em outras palavras, pode-se discernir a imagem da nação como comunidade. Supõe-se tacitamente que, nesse "sistema", haja um grau relativamente alto de igualdade entre as pessoas, uma vez que a integração repousa na idêntica socialização das mesmas, na uniformidade de seus valores e normas em todo o sistema. Esse "sistema", por conseguinte, é uma construção abstraída de uma nação-Estado democraticamente concebida. De qualquer lado que seja examinada essa construção, fica borrada a distinção entre o que a nação é e o que deve ser. Da mesma forma que os modelos sociológicos de desenvolvimento do processo social desejado eram apresentados, no século XIX, (mesclados com observações realistas) como fatos, neste século os modelos de um "sistema social" desejado e ideal, de integração harmoniosa entre todas as partes da nação, é também apresentado (combinado com observações realistas) como algo que existe, como um fato. Mas, no primeiro caso, é o futuro, e, no último, o presente, o Estado nacional ora existente, que é idealizado.

Uma mistura do "é" com o que "deve ser", de análises factuais e postulados normativos, relacionados primariamente com uma sociedade de um tipo bem-definido, um Estado nacional concebido de forma amplamente igualitária, apresenta-se assim como a peça central de uma teoria que pretende servir de modelo para o estudo científico de sociedades em todas as épocas e lugares. Precisamos apenas levantar a questão de se e como essas teorias — derivadas basicamente das sociedades do presente, constituídas em Estados nacionais, sociedades mais ou menos democráticas, que pressupõem uma elevada integração das pessoas num "sistema social" como algo autoevidente e desejável e que, por conseguinte, implicam um estágio relativamente avançado de democratização social — são aplicáveis a sociedades em diferentes estágios de desenvolvimento, que são menos centralizadas e democratizadas, para então percebermos a fraqueza de uma teoria geral elaborada a partir da perspectiva, tão afastada, do presente estado de nossa própria sociedade. Se estes modelos de "sistema social" forem submetidos a testes de aplicabilidade como instrumentos teóricos para o estudo científico de uma sociedade com alta percentagem de escravos ou súditos que não gozam de liberdade, ou a Estados feudais ou hierárquicos — isto é, a sociedades nas quais nem mesmo as leis se aplicam a todos, para nada dizer das mesmas normas e valores —, logo se verá como realmente são centralizados no presente esses modelos sociológicos de sistemas concebidos como estados.

O que ilustramos aqui como o exemplo de sistema "social" poderíamos também mostrar, sem dificuldade, que se aplica a outros conceitos da sociologia contemporânea dominante. Conceitos como "estrutura", "função", "norma", "integração" e "papel" representam, sem exceção, em suas formas correntes, tentativas de conceitualizar certos aspectos das sociedades humanas abstraindo-as de sua dinâmica, de sua gênese, de seu caráter como processo, de seu desenvolvimento. A rejeição da compreensão ideológica pelo século XIX desses aspectos dinâmicos da sociedade pode, por conseguinte, ser vista não só como crítica a esses aspectos ideológicos em nome da preocupação científica com os fatos, mas, acima de tudo, como crítica a ideais mais antigos que não mais correspondem às condições e experiência atuais e que, por isso mesmo, foram rejeitados em nome de ideais posteriores. Esta substituição de uma ideologia por outra[7] explica o fato de que não foram simplesmente os elementos ideológicos no conceito sociológico de desenvolvimento no século XIX os postos em dúvida, mas o próprio conceito de desenvolvimento, o próprio estudo de problemas de desenvolvimento social de longo prazo, da sociogênese e da psicogênese. Em suma, o bebê foi jogado fora juntamente com a água do banho.

O presente estudo, que trata mais uma vez de processos sociais, será compreendido melhor se for lembrado esse desenvolvimento da sociologia teórica. A tendência a condenar as ideologias sociais do século XIX do ponto de vista das do século XX parece excluir a ideia de que processos de longo prazo possam ser objeto de estudo sem um motivo ideológico, isto é, sem que o autor, sob a pretensão de referir-se ao que é ou era, fale, na realidade, no que acredita ou no que deseja que seja. Se o presente estudo tem alguma importância em absoluto, isto resulta de sua oposição a esta mistura do que é com o que devia ser, de análise científica com ideal. Indica a possibilidade de libertar o estudo da sociedade da servidão a ideologias sociais. Isto não quer dizer que um estudo de problemas sociais que exclua ideias políticas e filosóficas implique renunciar à possibilidade de influenciar o curso dos fatos políticos através dos resultados da pesquisa. O que ocorre é o oposto. A utilidade da pesquisa sociológica, como instrumento da prática social, só aumenta se o pesquisador não se engana projetando aquilo que deseja, aquilo que acredita que deve ser, em sua investigação do que é e foi.

VIII

A fim de compreender a barreira que as maneiras predominantes de pensar e sentir ergueram ao estudo de mudanças de longo prazo nas estruturas social e da personalidade — e, assim, na maneira de compreender este livro —, não basta remontar às origens da imagem dos homens como sociedades, da imagem de sociedade. É necessário também ter em mente o desenvolvimento da imagem dos homens como indivíduos, da imagem da personalidade. Conforme já mencionamos, uma das peculiaridades da imagem tradicional do homem é que as pessoas frequentemente falam e pensam em indivíduos e sociedades como se fossem dois fenômenos com existência separada — dos quais, além disso, um é com frequência considerado "real" e o outro "irreal" — em vez de dois aspectos diferentes do mesmo ser humano.

Essa curiosa aberração do pensamento, além disso, tampouco pode ser compreendida sem um exame, ainda que superficial, de seu conteúdo ideológico implícito. A divisão da imagem da humanidade em imagem do homem como indivíduo e sua imagem como sociedade possui raízes que se ramificam muito. Um dos ramos é uma cisão muito característica nos ideais encontrados, a um exame atento, em todos os Estados nacionais mais desenvolvidos, e talvez de forma mais pronunciada naqueles que possuem uma forte tradição liberal. No desenvolvimento dos sistemas de valores de todas essas nações-Estados, descobrimos, por um lado, uma corrente que considera a sociedade como um todo, a nação, como o mais alto dos valores; e por outro, uma vertente que postula o indivíduo inteiramente autossuficiente, o indivíduo livre, a "personalidade fechada", como o mais alto valor. Nem sempre é fácil harmonizar esses dois "valores mais altos". Há situações em que os dois ideais são simplesmente irreconciliáveis. Mas, em geral, ninguém enfrenta francamente esse problema. Fala-se com grande entusiasmo na liberdade e independência do indivíduo, e com calor não menor na liberdade e independência de sua própria nação. O primeiro ideal cria a expectativa de que o membro individual do Estado nacional, a despeito de seu senso de pertencer a uma comunidade e de interdependência com outros, pode tomar decisões de maneira inteiramente autossuficiente, ignorando os demais; o segundo gera a expectativa — concretizada sobretudo nas guerras mas também, com grande frequência, em tempo de paz — de que o indivíduo deve e tem que subordinar tudo o que possui, mesmo a vida, à sobrevivência do "todo social".

Essa cisão nos ideais, essa contradição no *ethos* no qual são educadas as pessoas, encontra expressão em teorias sociológicas. Algumas delas tomam como ponto de partida o indivíduo independente, autossuficiente, como a "verdadeira" realidade e, por conseguinte, como o objeto autêntico da ciência social; outras começam com a totalidade social independente. Algumas tentam harmonizar as duas concepções, geralmente sem indicar como é possível reconciliar a ideia de um indivíduo inteiramente independente e livre com a de uma "totalidade social" igualmente independente e livre, e não raro sem perceber por inteiro a natureza do problema. O reflexo dessa persistente divisão interna entre os dois ideais é visto, acima de tudo, nas teorias de sociólogos cujo ideal nacional tem uma cor conservadora-liberal. O trabalho teórico de Max Weber — ainda que não o seu trabalho empírico — e as teorias de seu sucessor, Talcott Parsons, são exemplos disto.

Talvez baste como ilustração voltar mais uma vez ao que já dissemos sobre a concepção que Parsons propõe da relação entre indivíduo e sociedade, entre o "ator individual" e o "sistema social". Uma descrição dessa relação está contida na metáfora da "interpenetração", que mostra com grande clareza o importante papel desempenhado pela ideia de existência separada dos dois aspectos humanos. A concretização do ideal, por conseguinte, encontra expressão, nesse edifício conceitual, não só na ideia do sistema social como uma específica imagem ideal da nação, mas também na do ator individual, o "ego", como imagem ideal do indivíduo livre, que existe independente de todos os demais. Em ambos os casos, a imagem ideal do teórico é transformada em suas mãos, sem que ele se dê conta disso, em algo que realmente existe. Isto porque, no tocante também à imagem do indivíduo, o que na mente do teórico deve existir, a imagem do indivíduo inteiramente livre e independente, é tratada como se fosse a imagem do que o indivíduo realmente é.

Ora, não é certamente este o lugar para esmiuçar as razões para essa cisão amplamente difundida no pensamento sobre o que são os seres humanos. Mas as preocupações do presente estudo não podem ser devidamente compreendidas enquanto os problemas do processo civilizador forem abordados com as ideias sobre o indivíduo que acabamos de mencionar. No curso deste processo, as estruturas do ser humano individual são mudadas em uma dada direção. É isto o que o conceito de "civilização", no sentido factual usado aqui, realmente significa. A imagem hoje corrente do indivíduo como um ser inteiramente independente e autossuficiente é difícil de reconciliar com os fatos reunidos nestas páginas. Ela impede a compreensão dos processos a longo prazo por que passam as pessoas nos planos individual e social. Ocasionalmente, para ilustrar sua imagem de personalidade, Parsons usa a velha metáfora da personalidade do ator humano como uma "caixa-preta",[8] isto é, um recipiente fechado, "dentro" do qual ocorrem certos processos individuais. Essa metáfora é tirada do instrumental da psicologia. Basicamente, ela significa que tudo o que pode ser cientificamente observado em um ser humano é seu comportamento. Podemos observar o que a "caixa-preta" faz. Mas o que ocorre dentro da caixa, aquilo que é chamado de "alma" ou "mente" — o "fantasma na máquina", como o chamou um filósofo inglês — [9] não é objeto da investigação científica. Não podemos evitar, neste contexto, estudar em detalhe uma imagem do indivíduo que desempenha um papel considerável nas ciências humanas no presente e que, por isso mesmo, contribui para a negligência com que são consideradas as mudanças de longo prazo em seres humanos no curso do desenvolvimento social, enquanto tema de pesquisa.

A imagem do indivíduo como ser inteiramente livre, independente, uma "personalidade fechada" que é "por dentro" inteiramente autossuficiente e separada de todos os demais, tem por trás de si uma longa tradição no desenvolvimento das sociedades europeias. Na filosofia clássica, essa figura entra em cena como sujeito epistemológico. Neste papel, como *homo philosophicus,* o indivíduo obtém conhecimento do mundo "externo" de uma forma inteiramente autônoma. Não precisa aprender, receber seus conhecimentos de outros. O fato de que chegou ao mundo como criança, o processo inteiro de seu desenvolvimento até a vida adulta e como adulto, são ignorados como irrelevantes por essa imagem do homem. No desenvolvimento da humanidade, foram precisos milhares de anos para que o homem começasse a compreender as relações entre os fenômenos naturais, o curso das estrelas, a chuva e o Sol, o trovão e o raio, como manifestações de uma sequência de conexões causais cegas, impessoais, inteiramente mecânicas e regulares. Mas a "personalidade fechada" do *homo philosophicus* aparentemente percebe essa cadeia causal mecânica e regular, quando adulto, simplesmente abrindo os olhos, sem precisar aprender coisa alguma sobre ela com seus semelhantes, e de modo inteiramente independente do estágio de conhecimentos alcançado pela sociedade. O processo — o ser humano individual como um processo de crescimento, seres humanos reunidos como um processo no desenvolvimento da humanidade — é reduzido no pensamento a um estado. Como adulto, o indivíduo abre os olhos e não só reconhece independentemente aqui e agora, sem aprender nada com os demais, o que são esses objetos que vê; não só sabe imediatamente o que deve classificar como animado e inanimado, como mineral, vegetal, ou animal, mas sabe imediatamente, no mesmo instante, que estão ligados causalmente de acordo com leis naturais. A questão para os filósofos consiste meramente em saber se ele obtém esses conhecimentos de conexões causais aqui e agora, na base de sua experiência — se, em outras palavras, essas conexões são uma propriedade de fatos observáveis "fora" dele — ou se são alguma coisa radicada na natureza da razão humana e acrescentada, de "dentro" do ser humano, ao que nele entra vindo de "fora" através dos órgãos dos sentidos. Se partimos dessa imagem de homem, do *homo philosophicus* que nunca foi criança e aparentemente chegou ao mundo como adulto, não há como escapar do impasse epistemológico. O pensamento oscila impotente entre o Cila do positivismo e o Caribde do apriorismo. E assim se comporta exatamente porque o que é realmente observável enquanto processo, um desenvolvimento do macrocosmo social no qual o desenvolvimento do microcosmo individual também pode ser observado, é reduzido no pensamento a um estado, a um ato de percepção que ocorre aqui e agora. Vimos aqui um exemplo da força com que a incapacidade de conceber processos a longo prazo (isto é, mudanças estruturadas nas configurações formadas por grande número de seres humanos interdependentes) ou de compreender os seres humanos que formam essas configurações, está ligada a um certo tipo de imagem do homem e da sua percepção de si mesmo. Pessoas para quem parece axiomático que seu próprio ser (ou ego, ou o que mais possa ser chamado) existe, por assim dizer, "dentro" delas, isolado de todas as demais pessoas e coisas "externas", têm dificuldade em atribuir importância a esses fatos que indicam que os indivíduos, desde o início de sua vida, existem em interdependência dos outros. Têm dificuldade em conceber as pessoas como relativa, mas não absolutamente, autônomas e interdependentes, formando configurações mutáveis entre si. Uma vez que a primeira percepção de si mesmo parece autoevidente para aqueles que a aceitam, eles não podem facilmente levar em conta fatos que demonstram que esse tipo de percepção está por definição limitado a sociedades particulares, que surge em conjunto com certos tipos de interdependência, de laços sociais entre pessoas — em suma, que é uma peculiaridade estrutural de um estágio específico do desenvolvimento da civilização, correspondendo a um estágio específico de diferenciação e individualização de grupos humanos. Se crescemos em um desses grupos, não podemos facilmente imaginar que possa haver pessoas que não se vivenciam dessa maneira, como indivíduos inteiramente autossuficientes, isolados de todos os demais seres e coisas. Este tipo de autopercepção parece óbvio, um sintoma do estado humano eterno, parece ter simplesmente a autopercepção normal, natural e universal de todos os seres humanos. A concepção do indivíduo como *homo clausus*, um pequeno mundo em si mesmo que, em última análise, existe inteiramente independente do grande mundo externo, determina a imagem do homem em geral. Todo outro ser humano é igualmente visto como "*homo clausus*". Seu núcleo, seu ser, seu verdadeiro eu aparecem igualmente como algo nele que está separado por uma parede invisível de tudo o que é externo, incluindo todos os demais seres humanos.

A natureza dessa parede em si, porém, quase nunca é examinada e nunca é devidamente explicada. Será o corpo o vaso que contém fechado em si o ser verdadeiro? Será a pele a fronteira entre o "interno" e o "externo?" O que, no homem, é a cápsula e o que é o conteúdo? A experiência do "interno" e do "externo" parecem tão autoevidentes que essas questões raramente são colocadas; aparentemente não requerem exame ulterior. O indivíduo se satisfaz com a metáfora espacial de "interno" e "externo", mas não faz nenhuma tentativa séria de localizar o "interior" no espaço. Embora esta omissão em investigar cada um suas próprias pressuposições dificilmente seja apropriada ao procedimento científico, tal imagem preconcebida do *homo clausus* domina o palco não só na sociedade em geral, mas também nas ciências humanas. Seus derivativos incluem não só o tradicional *homo philosophicus*, a imagem do homem da epistemologia clássica, mas também o *homo oeconomicus*, o *homo psychologicus*, o *homo historicus*, e não menos o *homo sociologicus* em sua versão moderna. As imagens do indivíduo traçadas por Descartes, Max Weber, Parsons c muitos outros sociólogos são da mesma origem. Como filósofos fizeram antes deles, muitos sociólogos aceitam hoje esta autopercepção, e a imagem do indivíduo a ela correspondente, como base, ainda que não testada, para suas teorias. Não se afastam dela ao examiná-la e a pôr em dúvida sua adequação. Em consequência, esse tipo de autopercepção e imagem do indivíduo amiúde coexiste sem modificação com tentativas de abolir a redução a estados. Em Parsons, por exemplo, a imagem estática do ego, o ator individual, o adulto abstraído do processo de crescimento, coexistem sem nenhuma mediação com ideias psicanalíticas que ele absorveu em sua teoria — ideias que se relacionam não com o estado da vida adulta, mas com o processo de tornar-se adulto, com indivíduo enquanto processo aberto na interdependência indissolúvel com outros indivíduos. Como resultado, as ideias dos teóricos sociais constantemente mergulham em becos dos quais aparentemente não há saída. O indivíduo — ou, mais exatamente, aquilo a que se refere o atual conceito de indivíduo — reaparece uma vez após outra como algo que existe "fora" da sociedade. Aquilo a que se refere o conceito de sociedade volta repetidamente como algo que existe fora e além do indivíduo. Aparentemente, temos escolha apenas entre abordagens teóricas que apresentam o indivíduo como o que realmente existe, além da sociedade, o autenticamente "real" (sendo vista a sociedade como uma abstração, como algo que realmente não existe) e outros enfoques teóricos que colocam a sociedade como "um sistema", um "fato social *sui generis*", uma realidade de tipo peculiar, para além dos indivíduos. No máximo poderemos — como é ocasionalmente feito em uma solução aparente do problema — justapor as duas concepções sem ligá-las, a do indivíduo como *homo clausus*, como ego, como indivíduo para além da sociedade, e a da sociedade como um sistema externo e para além do indivíduo. Mas com isto não se elimina a incompatibilidade entre as duas concepções. A fim de superar esse beco sem saída da sociologia e das ciências sociais em geral, é necessário deixar clara a inadequação de ambas as concepções, a de indivíduos fora da sociedade e, igualmente, a de uma sociedade fora de indivíduos. Isto é difícil enquanto o senso de encapsulamento do ser dentro de si mesmo servir de base não comprovada para a imagem do indivíduo e enquanto, em conjunto com isto, os conceitos de "indivíduo" e "sociedade" forem aceitos como se relacionados com estados imutáveis.

A armadilha conceitual na qual estamos sendo continuamente colhidos por ideias estáticas, como "indivíduo" e "sociedade", só pode ser aberta se, como é feito aqui, elas são desenvolvidas ainda mais, em conjunto com estudos empíricos, isto de maneira tal que os dois conceitos sejam levados a se referirem a processos. Essa tentativa, porém, é inicialmente bloqueada pela extraordinária convicção implantada nas sociedades europeias, desde aproximadamente os dias da Renascença, pela autopercepção de seres humanos em termos de seu próprio isolamento, da completa separação entre seu "interior" e tudo o que é "exterior". Em Descartes, a percepção do isolamento do indivíduo, que, como ego pensante dentro de sua própria cabeça, confronta todo o mundo externo, é algo debilitada pela ideia de Deus. Na sociologia moderna, a mesma experiência básica tem expressão teórica no ego atuante, que confronta as pessoas "externas" como "outras". À parte a monadologia leibniziana, dificilmente se encontra na tradição filosófico-sociológica um único enfoque do problema que parta da base de uma multiplicidade de seres humanos. Leibniz, que fez exatamente isso, só o conseguiu pondo sua versão do *homo clausus*, as "mônadas sem janelas", em relação umas com as outras através de uma construção metafísica. Ainda assim, a monadologia constituiu um primeiro avanço no rumo, exatamente, do tipo de modelo hoje tão necessário para o maior desenvolvimento da sociologia. O passo decisivo dado por Leibniz foi um ato de autodistanciamento, que lhe permitiu formular a ideia de que a pessoa poderia experimentar-se, ou vivenciar-se, não como um "ego" confrontando todas as demais pessoas e coisas, mas como um ser entre outros. Foi característico do tipo predominante de experiência em todo aquele período que a visão geocêntrica do mundo, da era precedente, fosse substituída apenas na área da natureza inanimada por uma visão do mundo que exigia do sujeito de experiência um grau mais alto de autodistanciamento, a noção de que não era ele o centro do mundo. Na reflexão do homem sobre si mesmo, a visão geocêntrica do mundo foi em grande parte preservada na egocêntrica que a substituiu. No centro do universo humano, ou assim pareceu, situava-se cada ser humano isolado, como indivíduo inteiramente independente de todos os demais.

Nada é mais característico da maneira incondicional como ainda hoje, quando pensamos em seres humanos, o indivíduo separado é usado como ponto de partida, do que o fato de que ninguém fala em *homines sociologiae* ou *oeconomiae* quando se refere à imagem do homem nas ciências sociais, mas sempre, em um ser humano único, *homo sociologicus* ou *oeconomicus*. Desse ponto de vista conceitual, a sociedade se apresenta finalmente como um conjunto de indivíduos inteiramente independentes entre si, cuja verdadeira essência está aferrolhada no íntimo de cada um e que, por conseguinte, só se comunicam externamente e a partir da superfície. Temos que pedir ajuda a uma solução metafísica, como fez Leibniz, se, partindo de mônadas humanas e extra-humanas sem janelas, fechadas, queremos justificar a ideia de que interdependência e comunicação entre elas, ou a percepção pelos seres humanos da interdependência e da comunicação, são possíveis. Estejamos ou não tratando de seres humanos em seus papéis como "sujeitos" confrontando "objetos" ou em seus papéis como "indivíduos" confrontando "sociedade", em ambos os casos o problema é apresentado como se um ser humano adulto, inteiramente isolado e autossuficiente — isto é, em uma forma que reflete a autopercepção predominante das pessoas na era moderna, cristalizada em um conceito objetivador — constituísse o marco de referência. O que é discutido é sua relação com algo "fora" dele, concebido (tal como o ser humano isolado) como estado com a "natureza" ou a "sociedade". Existe esse algo? Ou é ele produzido apenas por um processo mental ou, de qualquer maneira, fundamentado principalmente em um processo mental?

IX

Vejamos se conseguimos deixar claro qual é o problema que está sendo realmente discutido aqui. Não estamos interessados em pôr em dúvida a autenticidade da autopercepção que encontra expressão na imagem do homem como *homo clausus* e suas muitas variações. A questão é se essa autopercepção, e a imagem do homem na qual ela se cristaliza com grande espontaneidade, e em reflexão, pode servir de ponto de partida confiável para uma tentativa de obter compreensão adequada do ser humano em geral — e, por conseguinte, também de si mesmo —, pouco importando se essa tentativa é de natureza filosófica ou sociológica. Justifica-se — esta é a questão — colocar na base das teorias filosóficas de percepção e conhecimento, e das teorias sociológicas e de outras ciências humanas, como suposição axiomática que não admite outra explicação, a nítida linha divisória entre o que está "dentro" do homem e o "mundo externo", uma divisão que frequentemente aparece dada diretamente na autoconsciência, e que, além disso, deitou profundas raízes nas tradições intelectuais e linguísticas europeias, sem um exame crítico e sistemático de sua validade?

Esta concepção tem exibido, durante certo período de desenvolvimento, uma extraordinária persistência. É encontrada nos trabalhos escritos de todos os grupos cujo poder de reflexão e autoconsciência atingiram um estágio no qual as pessoas estão em condições não só de pensar, mas também de estar conscientes de si mesmas, e refletir sobre si mesmas, como seres pensantes. Já era encontrada na filosofia platônica e em certo número de outras escolas filosóficas da antiguidade. A ideia do "ser encapsulado", conforme já dissemos, constitui um dos *leitmotifs* recorrentes da filosofia moderna, desde o sujeito pensante de Descartes, às mônadas sem janelas de Leibniz, e ao sujeito kantiano do conhecimento (que nunca pode romper inteiramente sua concha apriorística para chegar "à coisa em si") até o prolongamento mais recente da mesma ideia básica, o indivíduo inteiramente autossuficiente: para além da perspectiva do pensamento e da percepção, reificados em "entendimento" (*Verstand*) e "razão" (*Vermunft*), até o inteiro "ser" do homem, sua "existência" nas numerosas versões da filosofia existencialista; ou até a ação humana enquanto ponto de partida da teoria social de Max Weber, por exemplo, o qual — inteiramente de acordo com a cisão acima mencionada — fez a tentativa, não de todo bem-sucedida, de estabelecer uma distinção entre "ação social" e "ação não social", isto é, presumivelmente, uma "ação puramente individual".

Mas faríamos uma ideia muito inadequada da natureza dessa autopercepção e imagem do homem se elas fossem compreendidas apenas como ideias encontradas em trabalhos eruditos. A falta de janelas nas mônadas, os problemas que cercam o *homo clausus,* o que um homem como Leibniz tenta tornar pelo menos suportável com solução especulativa, indicando a possibilidade de relações entre elas, isso hoje é aceito como evidente por si mesmo e, não apenas por eruditos. Esta autopercepção também se encontra, em forma menos racionalizada, na literatura de ficção — como, por exemplo, no lamento de Virginia Woolf sobre a incomunicabilidade da experiência como causa da solidão humana. Ou também se encontra no conceito de "alienação", usado nas últimas décadas com frequência crescente tanto dentro como fora da literatura, nas mais diferentes variações. Não deixaria de ser interessante verificar, de forma mais sistemática, se e em que medida as gradações e variações desse tipo de autopercepção se estendem aos vários grupos de elite e aos estratos mais amplos das sociedades mais desenvolvidas. Mas os exemplos são, achamos, suficientes para indicar como é persistente, e aceito como "natural nas sociedades da Europa moderna, a impressão das pessoas que seu próprio "ser", sua "verdadeira identidade", são como que coisas fechadas "dentro" delas, separadas de todas as outras pessoas e coisas "externas" — embora, conforme já mencionado, ninguém ache tão simples assim mostrar claramente onde e o que são essas paredes ou barreiras que confinam o ser interno como um vaso confina seu conteúdo e o separa do que está "fora". Estaremos nós acaso tratando, como tantas vezes parece ser, de uma experiência eterna, fundamental, de todos os seres humanos, que não admite qualquer outra explicação, ou apenas do tipo de autopercepção que caracteriza um certo estágio no desenvolvimento de configurações formadas por pessoas, e das pessoas que as formam?

No contexto deste livro, a discussão desse complexo de problemas reveste-se de uma significação dupla. Por um lado, o processo civilizador não pode ser compreendido enquanto nos apegarmos a esse tipo de autopercepção e considerarmos a imagem do *homo clausus* como axiomática, não sujeita à discussão como fonte de problemas. Por outro, a teoria de civilização desenvolvida neste estudo oferece um método para a solução desses problemas. A discussão desta imagem do homem serve, em primeiro lugar, para aumentar a compreensão do estudo que se segue sobre o processo civilizador. É possível, contudo, que o leitor possa obter uma melhor compreensão desta discussão introdutória do ângulo do fim deste livro, isto é, de um quadro mais abrangente do processo em causa. Bastará indicar aqui a ligação que existe entre os problemas colocados pelo conceito de *homo clausus* e o processo civilizador.

Podemos ter uma ideia clara e simples dessa ligação bastando lembrar, primeiro, a mudança na autopercepção que foi influenciada pelo abandono da visão geocêntrica do mundo. Muitas vezes, essa transição é apresentada simplesmente como uma revisão e ampliação, ou prolongamento, dos conhecimentos que havia sobre os movimentos das estrelas. Mas é óbvio que essa mudança na concepção das configurações estelares não teria sido possível se a imagem prevalecente do homem não houvesse sido seriamente abalada enquanto tal, se as pessoas não se houvessem tornado capazes de se enxergar a uma luz diferente da anterior. De muita importância para os homens, em toda parte, é aquele modo de experiência mediante o qual eles se colocam no centro dos assuntos públicos, não apenas como indivíduos, mas como grupos. A visão geocêntrica do mundo é a expressão desse egocentrismo espontâneo e irrefletido do homem e ainda é inequivocamente encontrada hoje nas ideias de pessoas situadas fora do reino da natureza. como, por exemplo, os modos sociológicos de pensamento centrados na nação ou no indivíduo isolado.

A experiência geocêntrica ainda é acessível, mesmo hoje, a qualquer pessoa como um plano possível de percepção. Só que não mais constitui o plano *dominante* de percepção no pensamento público. Quando dizemos, e na verdade "vemos", que o Sol nasce no leste e se põe a oeste, espontaneamente vivenciavamos a nós mesmos, e à Terra em que vivemos, como o centro do cosmo, como o quadro de referência para os movimentos das estrelas. Não foram simplesmente as novas descobertas, o aumento cumulativo dos conhecimentos sobre os objetos da reflexão humana, que se fizeram necessários para tornar possível a transição de uma visão do mundo, de geocêntrica para heliocêntrica. O que foi necessário, acima de tudo, foi um aumento na capacidade do homem para se distanciar, mentalmente, de si mesmo. Modos científicos de pensamento não podem ser desenvolvidos, nem se tornar geralmente aceitos, a menos que as pessoas renunciem à sua inclinação primária, irrefletida e espontânea a compreender todas as suas experiências em termos de seu propósito e significado para si mesmas. O desenvolvimento que levou a um conhecimento mais profundo e ao crescente controle da natureza foi, por conseguinte, se considerado neste aspecto, também o desenvolvimento no sentido de maior autocontrole pelo homem.

Não é possível entrar em mais detalhes aqui sobre as ligações entre o desenvolvimento do método científico pelo qual se adquire conhecimento de objetos, por um lado, e o desenvolvimento de novas atitudes do homem para consigo mesmo, novas estruturas de personalidade e, especialmente, mudanças rumo a um maior controle das emoções e autodistanciamento, por outro. Talvez contribua para a compreensão destes problemas lembrar o egocentrismo espontâneo, irrefletido, de pensamento que podemos observar a qualquer momento nas crianças de nossa própria sociedade. Um controle mais rigoroso das emoções, desenvolvido em sociedade e aprendido pelo indivíduo, e acima de tudo um grau mais alto de controle emocional autônomo, foi necessário para que a visão do mundo centralizada na Terra e nas pessoas que nela vivem fosse superada por outra que, como a visão heliocêntrica, concorda melhor com os fatos observáveis, mas que era de início menos gratificante emocionalmente, porquanto tirava o homem de sua posição no centro do universo e o colocava em um dos muitos planetas que revolvem em torno do centro. A passagem da compreensão da natureza legitimada pela fé tradicional para outra, baseada na pesquisa científica, e a mudança rumo a maior controle emocional que essa passagem acarretou, é um aspecto do processo civilizador, que no estudo que ora republico examino a partir de outros aspectos.

Mas, naquele estágio particular do desenvolvimento desses instrumentos conceituais de estudo da natureza extra-humana mais relacionados ao objeto do que ao sujeito, porém, visivelmente não era possível incluir no estudo, e menos ainda estudar enquanto tal, esta própria mudança civilizadora, o movimento em direção a um autocontrole mais forte e mais "internalizado" que estava ocorrendo no próprio homem. O que estava acontecendo nos seres humanos, à medida que aumentavam sua compreensão da natureza, permaneceu, de início, inacessível à introvisão científica. Não é das menores características daquele estágio de autoconsciência que as teorias clássicas do conhecimento que o representavam tenham se preocupado muito mais com os problemas do objeto do conhecimento do que com o sujeito do conhecimento, mais com a percepção do objeto do que com a autopercepção. Mas, se estes últimos não são incluídos desde o início no equacionamento dos problemas epistemológicos, então este próprio equacionamento leva a um impasse de alternativas igualmente inadequadas.

O desenvolvimento da ideia de que a Terra gira em torno do Sol de uma maneira puramente mecânica, de acordo com leis naturais — isto é, de uma maneira que de forma alguma é determinada por qualquer finalidade referida à humanidade e, por conseguinte, não mais possui qualquer notável importância emocional para o homem — pressupunha e exigia ao mesmo tempo um desenvolvimento nos próprios seres humanos, no sentido de aumento do controle emocional, maior contenção da sensação espontânea de que tudo o que experimentassem, e tudo que lhes dissesse respeito, expressava uma intenção, um destino, uma finalidade que se relacionava com eles próprios. Agora, na época que chamamos de "moderna", os homens chegaram a um estágio de autodistanciamento que lhes permite conceber os processos naturais como uma esfera autônoma que opera sem intenção, finalidade ou destino, em uma forma puramente mecânica ou causal, e que tem significação ou finalidade para eles apenas se estiverem em condições, através do conhecimento objetivo, de controlá-los e, desta maneira, dar-lhes significado e finalidade. Mas, nesse estágio, ainda não são capazes de se distanciarem o suficiente de si mesmos para tornar seu próprio autodistanciamento, sua própria contenção de emoções — em suma, as condições de seu próprio papel como o sujeito da compreensão científica da natureza — objeto do conhecimento e da indagação científica.

Encontramos aqui uma das chaves para entender por que o problema do conhecimento científico assumiu a forma hoje familiar da epistemologia europeia clássica. O distanciamento do sujeito pensante face a seus objetos, no ato do pensamento cognitivo, e o controle emocional assim requerido, não pareceu aos que pensaram nesse assunto em tal estágio um ato de distanciamento, mas uma distância realmente existente, uma condição eterna de separação espacial entre o aparelho mental aparentemente fechado "dentro" do homem, enquanto "entendimento" ou "razão", e os objetos "externos", separados dele por uma parede invisível.

Se antes vimos como os ideais podem transformar coisas despercebidas em alguma coisa realmente existente, como o "deve" se transforma no "é", aqui nos vemos perante uma reificação de tipo diferente. O ato de distanciamento conceitual dos objetos do pensamento, que qualquer reflexão mais emocionalmente controlada envolve — que as observações e o pensamento científico em particular exigem, e que ao mesmo tempo as torna possíveis —, aparece à autopercepção neste estágio como uma distância que existe de fato entre o sujeito pensante e os objetos de seu pensamento. E o maior controle de impulsos afetivos diante dos objetos de pensamento e de observação, que acompanha todos os passos no sentido de maior distanciamento conceitual, aparece neste momento na autopercepção das pessoas como uma grade que existe realmente e que separa e exclui o "ser", "razão" ou "existência", dependendo do ponto de vista, do mundo "externo" ao indivíduo.

O fato de que, e em parte a razão por que, a partir de fins da Idade Média e princípios da Renascença tenha havido uma mudança particularmente forte no autocontrole individual — acima de tudo, o fortalecimento de um autocontrole que atua independentemente de agentes externos como um automatismo autoativador, reveladoramente chamado hoje de "internalizado" — é apresentado em mais detalhes e sob outras perspectivas no estudo que se segue. A transformação de compulsão externa interpessoal em compulsão interna individual, que agora continua a aumentar, leva a uma situação em que muitos impulsos afetivos não podem ser mais vivenciados tão espontaneamente como antes. Os autocontroles individuais autônomos criados dessa maneira na vida social, tais como o "pensamento racional" e a "consciência moral", nesse momento se interpõem mais severamente do que nunca entre os impulsos espontâneos e emocionais, por um lado, e os músculos do esqueleto, por outro, impedindo mais eficazmente os primeiros de comandar os segundos (isto é, de pô-los em ação) sem a permissão desses mecanismos de controle.

Esse é o núcleo da mudança estrutural e das peculiaridades estruturais do indivíduo que se refletem na autopercepção, da Renascença em diante, na noção de um "ego" individual fechado em seu receptáculo, no "ser" separado, por uma parede invisível, do que acontece "no lado de fora". São esses autocontroles civilizadores, funcionando em parte automaticamente, que agora são experimentados na autopercepção individual como uma parede, quer entre o "sujeito" e o "objeto", quer entre seu próprio "eu" e as demais pessoas ("sociedade").

A mudança no rumo de uma maior individualização, ocorrida durante a Renascença, é muito conhecida. Este estudo traça um quadro algo mais detalhado desse fenômeno em termos de estrutura de personalidade. Simultaneamente, indica conexões que ainda não foram devidamente esclarecidas. A transição da experiência da natureza, como paisagem em frente ao observador, da experiência da natureza como objeto de percepção separado de seu sujeito como por uma parede invisível; a transição da autopercepção intensificada do indivíduo como entidade inteiramente autossuficiente, independente e separada de outras pessoas e de coisas — estes e muitos outros fenômenos da época exibem as mesmas características estruturais da mesma mudança civilizadora. Todos eles mostram as marcas da transição para um estágio ulterior de autoconsciência, no qual o autocontrole embutido das emoções torna-se mais forte e maior o distanciamento reflexivo, enquanto a espontaneidade da ação afetiva diminui, e no qual as pessoas sentem essas suas peculiaridades mas ainda não se distanciam o suficiente delas em pensamento para fazerem de si mesmas um objeto de investigação.

Chegamos assim um pouco mais perto do centro da estrutura da personalidade individual subjacente à experiência de si mesmo do *homo clausus*. Se perguntamos, mais uma vez, o que realmente deu origem a esse conceito de indivíduo como encapsulado "dentro" de si mesmo, separado de tudo o que existe fora dele, e o que a cápsula e o encapsulado realmente significam em termos humanos, podemos ver agora a direção em que deve ser procurada a resposta. O controle mais firme, mais geral e uniforme das emoções, característico dessa mudança civilizadora, juntamente com o aumento de compulsões internas que, mais implacavelmente do que antes, impedem que todos os impulsos espontâneos se manifestem direta e motoramente em ação, sem a intervenção de mecanismos de controle — são o que é experimentado como a cápsula, a parede invisível que separa o "mundo interno" do indivíduo do "mundo externo" ou, em diferentes versões, o sujeito de cognição de seu objeto, o "ego" do outro, o "indivíduo" da "sociedade". O que está encapsulado são os impulsos instintivos e emocionais, aos quais é negado acesso direto ao aparelho motor. Eles surgem na autopercepção como o que é ocultado de todos os demais, e, não raro, como o verdadeiro ser, o núcleo da individualidade. A expressão "o homem interior" é uma metáfora conveniente, mas que induz em erro.

Há boa razão para dizer que o cérebro humano se localiza dentro do crânio e o coração dentro da caixa torácica. Nestes casos, podemos distinguir claramente o continente do conteúdo, o que se localiza dentro de paredes e o que fica fora, e em que consistem as paredes divisórias. Mas se as mesmas figuras de retórica forem aplicadas a estruturas de personalidade, elas se tornam impróprias. A relação entre controle de instintos e impulsos instintivos, para mencionar apenas um exemplo, não é uma relação espacial. O primeiro não tem a forma de um vaso que contenha o segundo. Há escolas de pensamento que consideram os mecanismos de controle, a consciência ou razão, como mais importantes, e há outras que atribuem maior importância aos impulsos instintivos ou emocionais. Mas se não estamos dispostos a discutir sobre valores, se limitamos nossos esforços à investigação do que existe, descobrimos que não há aspecto estrutural no homem que justifique chamarmos uma coisa de núcleo do homem, e outra de casca. Rigorosamente falando, todo complexo de tensões, tais como sentimentos e pensamentos, ou comportamento espontâneo e controlado, consiste de atividades humanas. Se em vez dos habituais conceitos-substância, como "sentimentos" e "razão", usarmos conceitos de atividade, fica mais fácil compreender que, embora a imagem de "externo" e "interno", de casca de um receptáculo contendo algo dentro, seja aplicável a aspectos físicos do ser humano, ela não pode ser aplicada à estrutura da personalidade, ao ser humano vivo como um todo. Neste nível, nada há que lembre um continente — nada que possa justificar metáforas como a que fala do "interno" de um ser humano. A intuição da existência de uma parede, de alguma coisa "dentro" do homem separando-o do mundo "externo", por mais genuína que possa ser como intuição, não corresponde a nenhuma coisa no homem que tenha o caráter de uma real parede. Lembramos que Goethe disse certa vez que a natureza não tem núcleo nem casca, e que nela não há interno nem externo. Isto também é verdade para os seres humanos.

Por um lado, portanto, a teoria de civilização que o estudo seguinte tenta formular ajuda-nos a ver a imagem enganosa do homem no que chamamos de era moderna como menos evidente por si mesma, e a distanciar-nos dela, de modo que se possa começar a trabalhar uma imagem do homem menos orientada pelos sentimentos da própria pessoa e pelos juízos de valor a eles atribuídos, do que para os homens enquanto objeto concreto de pensamento e observação. Por outro, é necessária uma crítica à moderna imagem do homem para que possamos compreender o processo civilizador. Isto porque, no curso deste processo, muda a estrutura dos seres humanos individuais, que se tornam "mais civilizados". E enquanto encararmos o ser humano individual como um continente fechado, com uma casca externa e um núcleo escondido no seu interior, não poderemos compreender um processo civilizador que se prolonga por várias gerações, no curso das quais a estrutura da personalidade do ser humano individual muda sem que mude a natureza dele.

Isto deve bastar aqui, como introdução a uma reorientação da autoconsciência individual, e ao resultante desenvolvimento da imagem do homem, sem os quais fica muito limitada nossa capacidade de conceber um processo civilizador ou um processo de longo prazo que envolva estruturas sociais e de personalidade. Enquanto o conceito de indivíduo estiver ligado à autopercepção do "ego" em uma gaiola fechada, dificilmente poderemos conceber a "sociedade" como outra coisa que um conjunto de mônadas sem janelas. Conceitos como "estrutura social", "processo social" ou "desenvolvimento social" parecem então, na melhor das hipóteses, criações artificiais dos sociólogos, como as construções "ideal típicas" de que os cientistas necessitam para instaurar alguma ordem, pelo menos no pensamento, no que parece, em verdade, ser uma acumulação inteiramente desorganizada e desestruturada de agentes individuais absolutamente independentes.

Como se vê, o real estado de coisas é o exato oposto. A ideia de indivíduos decidindo, agindo, e "existindo" com absoluta independência um do outro é um produto artificial do homem, característico de um dado estágio do desenvolvimento de sua autopercepção. Depende parcialmente de uma confusão de ideais e fatos e, até certo ponto, da materialização de mecanismos de autocontrole individuais — da separação dos impulsos emocionais individuais frente ao aparelho motor, do controle direto sobre os movimentos corporais e as ações.

Esta autopercepção em termos do próprio isolamento, da parede invisível que separa o ser "interior" de todas as pessoas e coisas "externas", tem para grande número de pessoas na era moderna a mesma força imediata que a convicção de que o Sol girava em torno de uma Terra situada no centro do cosmo possuía na Idade Média. Tal como antes a visão geocêntrica do universo físico, a imagem egocêntrica do universo social certamente poderá ser vencida por uma visão mais realista, embora emocionalmente menos atraente. A emoção pode persistir ou não: é questão aberta até que ponto o sentimento de isolamento e alienação pode ser atribuído à inépcia e ignorância no desenvolvimento de autocontroles individuais, e até que ponto às características das sociedades avançadas. Da mesma forma que a predominância pública de imagens emocionalmente menos atraentes de um universo físico não centrado na Terra não apagou inteiramente a experiência autocentrada mais privada do Sol como girando em torno da Terra, a ascensão de uma imagem mais objetiva do homem no pensamento público talvez não apague necessariamente a experiência, centrada no ego, de uma parede invisível a separar o "mundo interior" de cada um do mundo "externo". Mas certamente não é impossível desalojar essa experiência, e a imagem do homem a ela correspondente, de sua aceitação axiomática nas pesquisas em ciências humanas. Neste volume e no que se segue podemos ver pelo menos os começos de uma imagem do homem que concorda melhor com observações imparciais e, por esta razão, facilita o acesso a problemas que, como os do processo civilizador ou de construção de Estados, permanecem mais ou menos inacessíveis do ponto de vista da velha imagem do homem, ou que, como o problema da relação entre indivíduos e sociedade, continuamente dão origem, desse ponto de vista, a soluções desnecessariamente complicadas e nunca inteiramente satisfatórias.

A imagem do homem como "personalidade fechada" é substituída aqui pela de "personalidade aberta", que possui um maior ou menor grau (mas nunca absoluto ou total) de autonomia face a de outras pessoas e que, na realidade, durante toda a vida é fundamentalmente orientada para outras pessoas e dependente delas. A rede de interdependências entre os seres humanos é o que os liga. Elas formam o nexo do que é aqui chamado configuração, ou seja, uma estrutura de pessoas mutuamente orientadas e dependentes. Uma vez que as pessoas são mais ou menos dependentes entre si, inicialmente por ação da natureza e mais tarde através da aprendizagem social, da educação, socialização e necessidades recíprocas socialmente geradas, elas existem, poderíamos nos arriscar a dizer, apenas como pluralidades, apenas como configurações. Este o motivo por que, conforme afirmado antes, não é particularmente frutífero conceber os homens à imagem do homem individual. Muito mais apropriado será conjecturar a imagem de numerosas pessoas interdependentes formando configurações (isto é, grupos ou sociedades de tipos diferentes) entre si. Vista deste ponto de vista básico, desaparece a cisão na visão tradicional do homem. O conceito de configuração foi introduzido exatamente porque expressa mais clara e inequivocamente que os atuais instrumentos conceituais da sociologia, o que chamamos de "sociedade", não sendo nem uma abstração de atributos de indivíduos que existem sem uma sociedade, nem um "sistema" ou "totalidade" para além dos indivíduos, mas a rede de interdependências por eles formada. Certamente é possível falar de um sistema social formado de indivíduos. Mas as conotações associadas ao conceito de sistema social na sociologia moderna fazem com que pareça forçada essa expressão. Além do mais, o conceito do sistema é prejudicado pela ideia correlata de imutabilidade.

O que temos em mente com o conceito de configuração pode ser convenientemente explicado com referência às danças de salão. Elas são na verdade, o exemplo mais simples que poderíamos escolher. Pensemos na mazurca, no minueto, na *polonaise,* no tango, ou no rock'n'roll. A imagem de configurações móveis de pessoas interdependentes na pista de dança talvez torne mais fácil imaginar Estados, cidades, famílias, e também sistemas capitalistas, comunistas e feudais como configurações. Usando este conceito, podemos eliminar as antíteses, chegando finalmente a valores e ideais diferentes, implicados hoje no uso das palavras "indivíduo" e "sociedade". Certamente podemos falar na dança em termos gerais, mas ninguém a imaginará como uma estrutura fora do indivíduo ou como uma mera abstração. As mesmas configurações podem certamente ser dançadas por diferentes pessoas, mas, sem uma pluralidade de indivíduos reciprocamente orientados e dependentes, não há dança. Tal como todas as demais configurações sociais, a da dança é relativamente independente dos indivíduos específicos que a formam aqui e agora, mas não de indivíduos como tais. Seria absurdo dizer que as danças são construções mentais abstraídas de observações de indivíduos considerados separadamente. O mesmo se aplica a todas as demais configurações. Da mesma maneira que as pequenas configurações da dança mudam — tornando-se ora mais lentas, ora mais rápidas — também assim, gradualmente ou com maior subitaneidade, acontece com as configurações maiores que chamamos de sociedades. O estudo que se segue diz respeito a essas mudanças. Desta maneira, o ponto de partida para o estudo do processo de formação do Estado é uma configuração constituída de numerosas unidades sociais relativamente pequenas, em livre competição umas com as outras. A investigação mostra como e por que essa configuração muda. Demonstra simultaneamente que há explicações que não revestem o caráter de explicações causais. Isto porque uma mudança na configuração é explicada em parte pela dinâmica endógena dela mesma, a tendência a formar monopólios que é imanente a uma configuração de unidades livremente competitivas entre si. O estudo mostra por conseguinte como no curso dos séculos a configuração inicial se transforma em outra, na qual essas grandes oportunidades de poder monopolístico são ligadas a uma única posição social — a monarquia —, e nenhum ocupante de qualquer outra posição social na rede de interdependências pode competir com o monarca. Ao mesmo tempo, indica como as estruturas de personalidade dos seres humanos mudam também em conjunto com essas mudanças de configuração.

Numerosas questões que merecem ser abordadas em uma introdução tiveram que ser omitidas aqui. De outra forma, a introdução teria se transformado em um volume separado. Limitadas como são, contudo, estas reflexões mostram talvez, que a compreensão do estudo que se segue requer uma reorientação muito extensa do pensamento e imaginação sociológicos hoje predominantes. Certamente não é fácil a ninguém distanciar-se da ideia de si mesmo e de todo ser humano individual como sendo um *homo clausus*. Mas, sem distanciar-se dessa ideia, ninguém pode, de maneira nenhuma, compreender o que se tem em mente quando um processo civilizador é referido como uma transformação de estruturas individuais. Analogamente, não é fácil desenvolver tanto a capacidade imaginativa que a pessoa seja capaz de pensar em configurações e, além disso, em configurações cujas características normais incluem uma tendência para mudar, às vezes até em uma direção específica.

Nesta introdução, me propus discutir alguns problemas fundamentais que, caso não houvessem sido discutidos, teriam criado obstáculo à compreensão deste livro. As ideias aqui expandidas não são absolutamente simples, embora me tenha esforçado para apresentá-las de maneira a mais simples possível. Espero que possam facilitar e aprofundar a compreensão e, talvez, também o prazer proporcionado por este livro.

N.E.
Leicester, julho de 1968

Notas

Capítulo um

1. Oswald Spengler, *The Decline of the West* (Londres, 1926), p.21: "A todas as culturas se abrem possibilidades novas de expressão que surgem, amadurecem, decaem, e nunca mais voltam... Essas culturas, essências vitais sublimadas, crescem com a mesma soberba falta de propósito das flores do campo. Pertencem, como as plantas e os animais, à Natureza viva de Goethe, e não à Natureza morta de Newton."

2. Toda a questão da evolução dos conceitos de *Kultur* e *Zivilisation* precisa de uma análise mais extensa do que é possível aqui, onde o problema só pode ser brevemente colocado. Não obstante, algumas notas podem fortalecer as ideias expostas no texto.

Pode-se demonstrar que, no século XIX, e particularmente após 1870, época em que a Alemanha era forte na Europa e também potência colonial em expansão, reduziu-se consideravelmente, em algumas ocasiões, a antítese entre as duas palavras, referindo-se "cultura", como ocorre hoje na Inglaterra e até certo ponto na França, apenas a uma área particular ou forma mais alta de civilização. Assim, por exemplo, Friedrich Jodl, no seu *Die Kulturgeschichtschreibung* (Halle, 1878, p.3), define a "história cultural geral" como "a história da civilização" (cf. também ibid., p.25).

G.F. Kolb, em sua *Geschichte der Menschheit und der Cultur* (1843, e em uma edição posterior que tem o título *Cultur-Geschichte der Menschheit),* inclui em seu conceito de cultura a ideia de progresso, que em geral hoje é excluída da mesma. Baseia ele sua concepção de *Kultur* explicitamente no conceito de *Zivilisation,* de Buckle. Mas, como diz Jodl (*Die Kulturgeschichtschreibung,* p.36), o ideal de Kolb "retira seus aspectos essenciais de concepções e condições modernas no tocante à liberdade política, social e religiosa, e poderia ser facilmente incluído em um programa político partidário".

Em outras palavras, Kolb é um "progressista", um liberal do período anterior a 1848, época esta em que o conceito de *Kultur* também se aproximava do conceito ocidental de civilização.

Apesar disso, a edição de 1897 do *Konversationslexicon,* de Meyer, ainda declara: "Civilização é o estágio pelo qual tem que passar um povo bárbaro a fim de atingir uma *Kultur* mais alta em indústria, arte, ciência, e atitudes."

Por mais que o conceito alemão de *Kultur* pareça às vezes se aproximar do conceito francês e inglês em tais afirmações, o sentimento de que *Zivilisation* é um valor de segunda classe em comparação com *Kultur* nunca desaparece inteiramente na Alemanha, mesmo nesse período. É uma manifestação de afirmação da Alemanha contra os países ocidentais, que se consideram como os porta-estandartes da civilização, e da tensão entre eles. Sua força muda com o grau e tipo dessa tensão. A história dos conceitos alemães de *Zivilisation* e *Kultur* está intimamente interligada com a história das relações entre Inglaterra, França e Alemanha. Seus constituintes são certas circunstâncias políticas que persistiram através de muitas fases de desenvolvimento, emergindo tanto na constituição psicológica dos alemães como em seus conceitos — e, acima de tudo, nos que lhes expressam a autoimagem.

Cf. também Conrad Hermann, *Philosophie der Geschichte* (1870), onde se refere à França como o país da "civilização", à Inglaterra como o da "cultura material", e à Alemanha como o da "*Bildung* ideal". A expressão "cultura material", corrente na Inglaterra e França, virtualmente desapareceu do uso alemão comum, ainda que não de todo da terminologia erudita. O conceito de *Kultur* fundiu-se por completo na fala comum com o que aqui é chamado de *Ideale Bildung.* Os ideais de *Kultur* e *Bildung* sempre foram estreitamente relacionados, embora a referência a realizações humanas objetivas tenha se tornado gradualmente mais importante no conceito de *Kultur.*

3. Sobre o problema da *intelligentsia,* ver em particular K. Mannheim, *Ideology and Utopia: An Introduction to the Sociology of Knowledege* (Londres, 1936). Sobre o mesmo assunto, consultar também K. Mannheim, *Man and Society in an Age of Reconstruction* (Londres, 1940), e H. Weil, *Die Entstehung des Detschen Bildungprinzips* (Bonn, 1930), Cap.5.

4. *Grosses vollstänndiges Universal-Lexikon aller Wissenschaften und Künste* (Leipzig e Halle; Joh. H. Zedler, 1736). (Todos os itálicos nas citações são do autor.) Cf. também o verbete "Cortesão": "Pessoa que serve em uma posição de respeito na corte de um príncipe. A vida na corte sempre foi descrita, por um lado, como perigosa, devido ao favor caprichoso do príncipe, às muitas pessoas invejosas, aos caluniadores ocultos e aos inimigos declarados, e por outro como depravada, dada a ociosidade, a lascívia e o luxo frequentemente associados a ela.

"Em todos os tempos, porém, houve cortesãos que prudentemente evitaram essas armadilhas e vigilantemente escaparam das tentações da iniquidade, e assim foram dignos exemplos de cortesãos felizes e virtuosos. Apesar disso, não se diz sem certa razão que 'mais perto da corte, mais perto do demônio'."

Cf. também o verbete "Corte": "Se todos os súditos estivessem profundamente convencidos de que honravam seus príncipes por seus méritos internos, não haveria necessidade de pompa externa. Da forma como são as coisas, contudo, a maior parte dos súditos permanece apegada a externalidades. Um príncipe continua a ser o mesmo, ande sozinho ou cercado de grande comitiva. Não obstante, não faltam exemplos de casos em que o príncipe atraiu pouca ou nenhuma atenção circulando sozinho entre seus súditos, mas foi recebido de maneira inteiramente diferente quando agiu de acordo com sua posição. Por esta razão, é necessário que o príncipe tenha servidores não só para governar a terra, mas também por razões de aparência externa e para seu próprio serviço."

Ideias semelhantes já haviam sido expressadas no século XVII, como, por exemplo, no *Discurs v.d. Höfflichkeit* (1665). Cf. E. Cohn, *Gesellschaftsideale und Gesellschaftsroman des 17 Johrhunderts* (Berlim, 1921), p.12. O contraste alemão entre "cortesia externa" e "mérito interno" é tão velho quanto o absolutismo alemão e quanto a fraqueza social da burguesia nacional perante os círculos de corte do período, fraqueza esta que deve ser entendida não menos em relação à força particular da burguesia na fase precedente.

5. Citado por Aronson, *Lessing et les classiques français* (Montpellier, 1935), p.18.

6. E. de Mauvillon, *Lettres françaises et germaniques* (Londres, 1740), p.430.

7. Ibid., p.427.

8. Ibid., p.461-2.

9. Reproduzido no *Deutsche Literatur-denkmale* (Heilbronn, 1883), vol.16.

10. Cf. Arnold Berney, *Friedrich der Grosse* (Tübingen, 1934), p.71.

11. Cf. Hettner, *Geschichte der Literatur 18 Jahrhundert*, vol.1, p.10. "Não se pode negar que o teatro francês é, na sua essência mais profunda, o drama da corte, o drama da etiqueta. A prerrogativa de ser um herói trágico está ligada à mais rigorosa etiqueta da corte."

12. G.E. Lessing, *Briefe aus dem zweiten Teil der Schriften* (Goschen, 1753), citado em Aronson, *Lessing*, p.161.

13. Esta referência e as que se seguem foram extraídas de Lamprecht, *Deutsche Geschichte* (Freiburg, 1906), vol.8., pte.1, p.195.

14. Mauvillon, *Lettres*, p.398 e segs.

15. Sophie de la Roche, *Geschichte des Fräulein von Sternheim* (1771, Berlim: Kuno Ridderhoff, 1907).

16. No *Nachlass*, de Herder, vol.3, p.67-8.

17. Sophie de la Roche, *Fräulein von Sternheim*, p.99.

18. Ibid., p.25.

19. Ibid., p.90.

20. Caroline von Wolzogen, *Agnes von Lilien* (publicado nas *Horen*, de Schiller, 1796; publicado como livro em 1798). Um curto fragmento foi reproduzido no *Deutsche National-Literatur* (Berlim e Stuttgart), vol.137, p.2; a citação é da p.375.

21. Ibid., p.363.

22. Ibid., p.364.

23. *Grimms Wörterbuch*, verbete "Hofleute" (cortesão).

24. Ibid.

25. Brunot, na sua *Histoire de la langue française*, cita o uso da palavra *civilisation* por Turgot. Mas não parece inteiramente certo que o próprio Turgot tenha usado essa palavra. Foi impossível encontrá-la em uma pesquisa feita em suas obras, com uma única exceção: no índice às edições de Dupont de Nemours e de Schelle. Mas esse índice geral provavelmente foi organizado não por Turgot, mas por Dupont de Nemours. Se, contudo, procuramos não a palavra, mas a ideia e o significado, de fato material suficiente encontramos no Turgot de

1751. E talvez não seja ocioso citar isto como um exemplo de como certa ideia se forma na mente das pessoas com base em certas experiências e depois, gradualmente, uma palavra específica associa-se a essa ideia, a essa área conceitual.

Não foi por acaso que, em sua edição de Turgot, Dupont de Nemours deu como conteúdo da seção mencionada o título "La civilisation et la nature". Esta seção contém a antiga ideia de civilização, à qual a palavra gradualmente passou a se referir.

Numa carta de apresentação à editora das *Lettres d'une péruvienne*, Madame de Graffigny dá a Turgot a oportunidade de expressar suas ideias sobre a relação entre o "selvagem" e o *homme policé* (*Oeuvres de Turgot*, ed. G. Schelle, Paris, 1913, vol.1, p.243). A peruana devia estudar, diz ele, "as vantagens recíprocas do selvagem e do *homme policé*. Preferir o selvagem é uma afirmação ridícula. Que ela a refute, que ela mostre que os vícios que achamos ser produto da *politesse* são inatos ao coração humano".

Anos mais tarde, Mirabeau utilizaria o termo *civilisation*, mais abrangente e mais dinâmico, no mesmo sentido em que Turgot utiliza aqui o termo *politesse*, embora com uma avaliação oposta.

26. Sobre este e pontos subsequentes, ver J. Moras, *Ursprung und Entwicklung des Beriffs Zivilisation in Frankreich* (1756-1830), em *Hamburger Studien zu Volkstum und Kultur der Romanen* (Hamburgo, 1930), vol.6., p.38.

27. Ibid., p.37.

28. Ibid., p.36.

29. Cf. Lavisse, *Histoire de France* (Paris, 1910), vol.9, pte.1, p.23.

30. Cf. Moras, *Ursprung*, p.50.

31. Baron d'Holbach, *Système social ou principes naturels de la morale et de la politique* (Londres, 1774), vol.3, p.113, citado em Moras, *Ursprung*, p.50.

32. Baron d'Holbach, *Système*, p.162.

33. Voltaire, *Siècle de Louis XIV*, in *Oeuvres Complete*, (Paris: Garnier Frères, 1878), vol.14, pte.1, p.516.

Capítulo dois

1. S.R. Wallach, *Das abendländische Gemeinschaftsbewusstsein in Mittelalter* (Leipzig e Berlim, 1928): *Beitrage zur Kultur-geschichte des Mittellasters und der Renaissance*, ed. W. Goetz, vol.34, p.25-9. Aqui "latinos" refere-se à Cristandade Latina, isto é, ao Ocidente em geral.

2. A Bibliotheca Erasmiana (Gand, 1893), registra 130 edições, ou, mais exatamente, 131, incluindo o texto de 1526 que, infelizmente, não consegui encontrar, de modo que não sei em que medida coincide com edições subsequentes.

Depois dos *Colóquios*, *Moriae en comium* dos *Adagia*, e o *De duplici copia verborum ac rerum commentarii*, *De civilitate* conseguiu o maior número de edições entre as obras de Erasmo. (Para uma tabela do número de edições de todas as obras de Erasmo, cf. Mangan, *Life, Character and Influence of Desiderius Erasmus of Rotterdam;* Londres, 1927, vol.2, p.396 e segs.). Se for levada em conta a longa série de trabalhos mais ou menos estreitamente ligados ao manual de civilidade de Erasmo, e assim o grande alcance de seu sucesso, sua importância em comparação com suas outras obras sem dúvida deve ser considerada ainda mais alta. Uma ideia do impacto direto de suas obras é dada notando quais delas foram traduzidas de língua erudita para línguas populares. Não há ainda, porém, uma análise completa deste fato. Segundo M. Mann, *Erasme et les débuts de la réforme française* (Paris, 1934), p.181, o fato mais surpreendente — pelo menos no que interessava à França — é a "preponderância de livros de instrução ou religiosidade sobre os de divertimento ou sátira. O *Elogio da loucura*, os *Colóquios*... praticamente não têm lugar nesta lista... Foram os *Adágios*, a *Preparação para a morte* e a *Civilidade para meninos* que atraíram os tradutores e que o público exigiu". Uma análise semelhante de sucesso nas regiões de língua alemã e holandesa provavelmente teria resultados algo diferentes. Pode-se supor que os escritos satíricos nessas regiões tiveram sucesso algo maior (cf. nota 30).

O sucesso da edição latina do *De Civilitate* certamente foi muito grande. Kirchhoff (em *Leipziger Sortimentshandler in 16 Jarhundert*, citado por W.H. Woodward em *Desiderius Erasmus* (Cambridge, 1904, p.156, n.3), verificou que, nos anos de 1547, 1551 e 1558, nada menos que 654 exemplares do *De civilitate* estavam em circulação, e que nenhum outro livro de Erasmo era listado em tais números.

3. Comp. a nota sobre as obras que tratam de civilidade, de autoria de A. Bonneau em sua edição de *Civilité puérile* (ver n.35).

4. A despeito do sucesso da obra em seu próprio tempo, este trabalho recebeu relativamente pouca atenção na literatura mais recente sobre Erasmo. Tendo em vista o tema do livro, isto é muito compreensível. O tema — costumes, maneiras, etiqueta, códigos de conduta —, por mais informativo que seja para a educação de pessoas e para suas relações, tem talvez interesse apenas limitado para historiadores de ideias. O que Ehrismann diz da *Hofzucht* (Disciplina na corte) em *Geschichte der deutschen Literatur bis zum Ausgang des Mittelaters*, vol.6, pte.2, p.330, é típico de uma avaliação de erudito, frequentemente encontrada nesse campo: "Um livro de instruções para jovens de nascimento nobre. Não se eleva ao nível de um ensinamento sobre virtude."

Na França, porém, livros de boas maneiras de um certo período — o século XVII — receberam atenção crescente durante algum tempo, estimulada sem dúvida pelo trabalho de D. Parodie, citado na nota 98, e acima de tudo pelo estudo abrangente de M. Magendie, *La potitesse mondaine* (Paris, 1925). Analogamente, o estudo de B. Groethujsen, *Origines de l'esprit bourgeois en France* (Paris, 1927), utiliza obras literárias de tipo mais ou menos comum como ponto de partida para traçar uma certa linha nas mudanças ocorridas em pessoas e nas modificações do padrão social (cf., por exemplo, p.45 e segs.).

O material usado no Capítulo II deste estudo fica um grau abaixo, se podemos assim dizer, das obras acima mencionadas. Mas ele talvez também mostre a importância dessa literatura "menor" para a compreensão das grandes mudanças ocorridas na estrutura de pessoas e seus relacionamentos.

5. Reproduzido em parte *in* A. Franklin, *La Vie Privée d'autrefois: le repas* (Paris, 1889), p.164, 166, que alinha numerosas outras citações sobre esse assunto.

6. Reproduzido em *The Babees Book,* Frederick Furnivall (org.) (Londres, 1868), p.2. Para conhecer outros livros ingleses, italianos, franceses e alemães, cf. Early English Text Society, Extra Series, nº 8, F.J. Furnivall (org.) (Londres, 1869), incluindo *A Booke of Precedence,* e outros. A educação do jovem nobre no serviço à casa de um dos "grandes" do país é mostrada com grande clareza nesses livros ingleses sobre o condicionamento juvenil. Um observador italiano de costumes ingleses, escrevendo por volta do ano 1500, diz que os ingleses adotaram esse costume porque o indivíduo é mais bem servido por estranhos do que por seus próprios filhos. "Caso tivessem seus filhos em casa, teriam sido obrigados a lhes servir a mesma comida que preparavam para si mesmos." Ver introdução a *A Fifteenth-Century Courtesy Book,* R.W. Chambers (org.) (Londres, 1914), p.6. Não é sem interesse notar que esse observador italiano, escrevendo em 1500, enfatiza que "os ingleses, entendei, são grandes epicuristas".

Para mais referências, ver M. e C.H. Quennel, *A History of Everyday Things in England* (Londres, 1931), vol.1, p.144.

7. Organizado por F. J. Furnivall (ver a nº 6, acima). Para informações sobre a literatura alemã desse gênero, com referência à literatura correspondente em outras línguas, cf. G. Ehrismann, *Geschichte,* vol.6, pte.2 (discurso, p.326; maneiras à mesa, p.328); p.Merker e W. Stammler. *Reallexikon der deutschen Literaturgeschichte,* vol.3, verbete sobre maneiras à mesa (P. Merker); e H. Teske, *Thomasion von Zerclaere* (Heidelberg, 1933), p.122 e segs.

8. Para a versão alemã usada aqui, ver Zarncke, *Der deutsche Cato* (Leipzig, 1852).

9. Ibid., p.39, v.233.

10. Tannhäuser, *Die Holzucht,* em *Der Dichter Tannhäuser,* J. Siebert (org.) (Halle, 1934), p.196, v.33 e segs.

11. Ibid., v.45 e segs.

12. Ibid., v.49 e segs.

13. Ibid., v.57 e segs.

14. Ibid., v.129 e segs.

15. Ibid., v.61 e segs.

16. Ibid., v.109 e segs.

17. Ibid., v.157 e segs.

18. Ibid., v.141 e segs.

19. Zarncke. *Der deutsche Cato,* p.136.

20. Ibid., p.137, v.287 e segs.

21. Ibid., p.136, v.258 e segs.

22. Ibid., v.263 e segs.

23. Tannhäuser, *Hofzucht,* v.125 e segs.

24. Glixelli, *Les Contenances de table.*

25. *The Babees Book* e *A Booke of Precedence* (ver nota 6).

26. Cf. A. von GleichenRusswurm, *Die gotische Welt* (Stuttgart, 1922), p.320 e segs.

27. Ver A. Cabanès, *Moeurs intimes du temps passé* (Paris, 1910), 1ª série, p.248.

28. Ibid., p.252.

29. A. Bömer, *Anstand und Etikette in den Theorien der Humanisten,* em *Neue Jahrbucher für das Klassische Altertum* 14 (Leipzig, 1904).

30. Característica do estilo burguês alemão de prescrever normas sobre maneiras, ao fim da Idade Média e na Renascença, é a *grobianische Umkehrung* (inversão mal-educada). O autor ridiculariza a "má" conduta, parecendo recomendá-la. O humor e a sátira, que mais tarde gradualmente desaparecem da tradição alemã, ou pelo menos tornam-se valores de segunda classe, são dominantes nessa fase da sociedade burguesa.

A inversão satírica de preceitos pode ser remontada a uma forma especificamente urbana e burguesa de instilar maneiras, pelo menos, até o século XV. A repetida norma de não cair vorazmente sobre a comida é ouvida, por exemplo, em um pequeno poema dessa época, "Wie der maister sein nun lernet" (em Zarncke, *Der deutsche Cato,* p.148):

Gedenk und merk waz ich dir sag
wan man dir die kost her trag
so bis der erst in der schizzel;
gedenk und scheub in deinen drizzel
als groz klampen als ain saw.

"Lembre-se, quando a comida for trazida, seja o primeiro a atacá-la. Enfie grandes nacos garganta abaixo como se fosse um porco."
A norma de não fuçar a travessa procurando os melhores pedaços reaparece na seguinte versão:

Bei allem dem daz ich dir ler
grab in der schizzel hin und her
nach dem aller besten stuck;
daz dir gefall, daz selb daz zuck,
und leg erz auf dein teller drat;
acht nicht wer daz fur übel hat.

"O que ensino é o seguinte: procure o melhor pedaço no prato; pegue o pedaço que achar melhor, ponha-o em seu prato e não dê a mínima importância a quem achar isso ruim."
Na tradução alemã do *Grobianus* feita por Kaspar Scheidt (Worms, 1555); reproduzida no *Neuedruck deutscher Literaturwerke des 16 und 17 Jahrhunderts,* nº 34 e 35 (Halle, 1882), p.17, v.223 e segs., a instrução de limpar o nariz na ocasião oportuna aparece da seguinte maneira:

Es ist der brauch in frembden landen
Ais India, wo golt verhanden
Auch edel gstein und perlin göt
Dass mans an d'nasen hencken thut.
Solch gut hat dir das gluck nit bschert
Drum hor was zu deinr nasen hort:
Ein wuster kengel rechter leng
Auss beiden lochern aussher heng.
Wie lang eisz zapffen an dem hauss,
Das ziert dein nasen uberausz.

"É costume em países estrangeiros, onde ouro, joias e pérolas são encontrados, usá-las penduradas no nariz."
Uma vez que somos menos afortunados, aprenda o que deve usar no nariz: um longo e imundo fio escorrendo de ambas as narinas, tal como pingentes de gelo de uma casa — isto adornaria admiravelmente seu nariz."

Doch halt in allen dingen moss,
Dass nit der kengel werd zu gross.
Darumb hab dir ein solches mess,
Wenn er dir fleusst biss in das gfress
Und dir auff beiden lefftzen leit,
Dann ist die nass zu butsen zeit.
Auff beide ermel wüsch den rotz,
Dasz wer es seh vor unlust kotz.

"Mantenha-se vigilante em todas as coisas e, quando o fio ficar comprido demais e escorrer pela boca e lábios, é tempo de limpar o nariz."
Limpe a meleca em ambas as mangas para que todos os que isso veem possam vomitar de nojo."
Obviamente, a finalidade desses conselhos é instruir a pessoa a fazer o oposto. Na página de rosto da edição de Worms, de 1551, por exemplo, lemos:

Lisz wol disz buchlin offt und vil
Und thu allzeit das widerspil

"Leia este livreto com frequência e faça sempre o contrário."
A fim de elucidar o caráter especificamente burguês desse livro, vale a pena citar a dedicatória constante da edição de Helbach, de 1567: Dedicado "por Wenderlin Helbach, humilde vigário de Eckhardtschausen, ao honrado e culto cavalheiro Adamus Lonicerus, doutor em medicina e médico municipal de Frankfurt am Main, e a Johannes Cnipius Andronicus, cidadão da mesma cidade, meus graciosos senhores e bons amigos".

O próprio e longo título do *Grobianus* latino pode proporcionar certa base para fixar o tempo em que o conceito de *civilitas,* no sentido que lhe foi dado por Erasmo e provavelmente como consequência do sucesso do livro, começou a difundir-se pelo estrato alemão que escrevia em latim. No título do *Grobianus* de 1549, isto ainda não ocorre. Nele lemos: "… Chlevastes Studiosae Juventuti…" Na edição de 1552, na mesma passagem, aparece a palavra *civilitas*: "… episcoptes studiosae inventuti civilitatem otat." E assim permanece até a edição de 1584. À edição de 1661 do *Grobianus* é aduzido um extrato do *De civilitate morum puerilium,* de Erasmo.

Finalmente, na nova tradução de 1708, encontramos uma nota: "Escrito em veia poética para o descortês Monsieur Cabeça-Dura e destinado ao divertimento de todas as mentes sérias e *civilizadas.*" Nesta edição, muito é dito em tom mais suave e de maneira bem mais velada. Com o aumento da "civilização", os preceitos da fase anterior, que a despeito de toda sua sátira tinham uma intenção muito séria, tornam-se simples matéria de riso, o que simboliza simultaneamente a superioridade da nova fase e uma ligeira violação de seus tabus.

31. *The Babees Book,* p.344.
32. Glixelli. *Les Contenances* (Romania), vol.47, p.31, v.133 e segs.
33. François de Callières, *De la science du monde et des connoissances utites à la conduite de la vie* (Bruxelas, 1717), p.6.
34. Arthur Denecke, "Beiträge zur Entwicklungsgeschichte des gesellschatlichen Anstandsgefühls", in *Zeitschrift fur Deutsche Kulturgeschicht,* ed. C. Meyer, Nova Série, vol.2, nº 2 (Berlim, 1892), p.175, cita as normas seguintes como novas em Erasmo: "Se até agora aprendemos as ideias sobre maneiras à mesa que prevaleciam nos círculos mais altos do povo comum, no famoso livro de Erasmo, *De civilitate morum puerilium,* são expostos preceitos de boa conduta para um príncipe… As lições seguintes são novas: 'Se lhe fornecerem um guardanapo à mesa, deve-se passá-lo por cima do ombro ou braço esquerdo…' Erasmo diz ainda: Deve-se sentar sem chapéu à mesa, se os costumes do país não proíbem isso. Deve pôr o copo e a faca à direita do prato, o pão à esquerda. Este último não deve ser partido, mas cortado. É incorreto e prejudicial à saúde começar a refeição bebendo. É grosseiro enfiar os dedos no caldo. De um bom pedaço que lhe é oferecido, tire apenas uma parte e passe o resto à pessoa que o oferece, ou à pessoa ao seu lado. Alimentos sólidos oferecidos devem ser recebidos com os dedos ou no prato individual; líquidos oferecidos em colher devem ser tomados na boca, mas é preciso limpar a colher antes de devolvê-la. Se o alimento oferecido não for sadio, em nenhuma hipótese diga 'Eu não posso comer isso', apenas se desculpe polidamente. Todo homem refinado deve saber trinchar todos os tipos de carne. Não jogue no chão ossos e restos… É sadio comer carne e pão juntos… Algumas pessoas engolem vorazmente quando comem… Um jovem só deve falar à mesa à necessário… Se você mesmo estiver oferecendo uma refeição, peça desculpa por sua exiguidade e, de maneira nenhuma, mencione os preços dos vários ingredientes. Tudo é oferecido com a mão direita.

"Pode-se ver que, a despeito da cautela do educador de príncipes e do refinamento de alguns detalhes, de modo geral está presente nessas normas o mesmo espírito que nas maneiras à mesa da classe média… Analogamente, os ensinamentos de Erasmo diferem principalmente das demais formas sociais de conduta apenas na ampla cobertura dos preceitos destinados a outros círculos, uma vez que ele se preocupa em, pelo menos, fazer um inventário completo para aquela época".

A citação complementa até certo ponto outras considerações. Infelizmente, Denecke limita sua comparação às maneiras à mesa na Alemanha. A fim de confirmar-lhe os resultados, seria necessária uma comparação com livros de boas maneiras em inglês e francês e, acima de tudo, com os preceitos de conduta de humanistas anteriores.

35. Cf. *"La civilité puérile" par Erasme de Rotterdam, précedé d'une notice sur les libres de civilité depuis le XVI siècle par Alcide Bonneau* (Paris, 1877): "Erasmo teria tido modelos? Obviamente, ele não inventou o *savoir-vivre* e muito antes dele as regras gerais haviam sido estatuídas… Não obstante, ele foi o primeiro a tratar

o assunto de maneira especial e completa; nenhum dos autores acima citados imaginou a civilidade ou, se preferirem, o decoro, como sendo capaz de fornecer tema a um estudo separado. Aqui e ali formularam preceitos que naturalmente se relacionavam com educação, moralidade, moda, ou higiene..."

Uma observação semelhante é feita a respeito do *Galateo*, de Giovanni della Casa (primeira edição, com outros adendos, do autor, 1558), na introdução de I.E. Spingam (p.xvi) a uma edição intitulada *Galateo of Manners and Behavior* (Londres, 1914).

Constitui talvez uma contribuição a outros trabalhos sobre este assunto observar que já existiam na literatura inglesa do século XV poemas mais longos (publicados pela Early Text Society), tratando da maneira de vestir, do comportamento na igreja, à mesa etc., quase tão abrangentes como o tratado de Erasmo. Não é impossível que Erasmo tenha conhecido alguma coisa desses poemas.

O certo é que o tema da educação dos meninos revestia-se de alto grau de oportunidade nos círculos humanistas nos anos que precederam o aparecimento do pequeno livro de Erasmo. Muito diferentes dos versos *De moribus in mensa servandis,* de Johannes Sulpicius, vieram a lume — para mencionar apenas alguns — *Disciplina et puerorum institutio* (1525), de Brunfel, *De instituenda vita* (1529), de Hegendorff, e *Formulae puerilium colloquiorum* (1528), de S. Heyden. Cf. Merker e Stammler, *Reallexikon,* verbete sobre maneiras à mesa.

36. Maneiras latinas à mesa, *Quisquis es in mensa,* v.18, in Glixelli, *Les Contenances,* p.29.
37. *Book of Curtesye,* de Caxton, Early English Text Society, Extra Series, nº 3. ed. F.J. Furnivall (Londres, 1868), p.22.
38. Della Casa, *Galateo,* pte.1, Caps.1, 5.
39. *Book of Curtesye,* de Caxton, p.45, v.64.
40. Na literatura behaviorista americana foi definido precisamente certo número de termos que, com algumas modificações, são úteis e mesmo indispensáveis no estudo do passado. Incluem eles "socialização da criança" (cf., por exemplo, J.B. Watson, *Psychological Core of Infant and Child,* p.112), e "formação de hábitos" e "condicionamento" (cf. Watson, *Psychology from the Standpoint of a Behaviorist,* p.312.)
41. Tannhäuser, *Holzucht,* p.195 e segs.
42. Zarncke, *Der Deutsche Cato,* p.138 e segs.
43. Cf. *The Babees Book,* p.76.
46. Ibid., p.302.
47. Ibid., pte.2, p.32.
48. Ibid.
49. Ibid, pte.2, p.8.
50. Cf. A. Franklin, *Les Repas,* p.194 e segs.
51. Ibid., p.42.
52. Ibid., p.283.
53. Dom. Bouhours, *Remarques nouvelles sur la langue française* (Paris, 1676), vol.1, p.51.
54. François de Callères, *Du bon et du mauvais usage dans les manières de s'exprimer. Des façons de parler bourgeoises; en quoy elles sont differentes de celles de la cour* (Paris, 1694), p.12: "Então um lacaio se aproximou a fim de informar a senhora que Monsieur Thibault, o filho, queria lhe falar. 'Muito bem', disse a senhora. 'Mas antes de recebê-lo preciso lhe dizer quem é M. Thibault. Ele é filho de um burguês amigo meu de Paris, uma dessas pessoas ricas e às vezes úteis a pessoas de posição para lhes emprestar dinheiro. O filho é um jovem que vem estudando com a intenção de exercer um cargo público, mas que precisa ser expurgado dos maus costumes e linguagem da burguesia.'"
55. Andressen e Stephan, *Beiträge zur Geschichte der Gottdorffer Hofund Staatsvervaltung von* 1594-1659 (Kiel, vol.1, p.26, nota 1).
56. Leon Sahler, *Montbéliard à table. Mémoires de la Societé d'Emulation de Montbéliard* (Montbéliard, 1907), vol.34, p.156.
57. Cf. Andersen e Stephan, *Beiträge,* vol.1, p.12.
58. Cf. Platina, *De honesta voluptate et valitudine* (1475), livro 6, p.14. Toda a "curva civilizadora" é claramente visível em uma carta ao editor com o título "Obscuridades no Ato de Assar um Boi", publicada no *Times* de Londres no dia 8 de maio de 1937, pouco antes das cerimônias da coroação e obviamente sugerida pela recordação de festividades semelhantes no passado: "Estando ansioso para saber, como muitas pessoas devem estar em uma ocasião como esta, qual a melhor maneira de assar um boi inteiro, procurei me informar no Smithfield Market. Mas descobri apenas que ninguém no Smithfield sabia como eu ia obter um boi inteiro, e ainda menos enfiá-lo num espeto, assá-lo, trinchá-lo e consumi-lo... A questão toda é muito decepcionante." No dia 14 de maio, na mesma página do *Times,* o *chef* da cozinha do Simpsons, situado no Strand, dá

instruções para assar um boi inteiro, e uma ilustração na mesma edição mostra um boi no espeto. O debate, que prosseguiu durante algum tempo nas colunas do *Times,* dá certa impressão do desaparecimento gradual do costume de assar animais inteiros, mesmo em ocasiões em que um esforço é feito para preservar costumes tradicionais.

    59. Gred Freudenthal, *Gestaltwandel der bürgerlichen und proletarischen Hauswirtschaft mit besonderer Berucksichtigung des Typenwandels von Frau und Familie von 1760 bis zur Gegenwart,* dissertação, Frankfurt am Main (Würzburg, 1934).

    60. Ver Andressen e Stephan, *Beiträge,* vol.1, p.10, que contém também a informação de que o uso do garfo começou a se difundir pelo estrato superior da sociedade no norte pelos princípios do século XVII.

    61. Cf. Zarncke, *Der deutsche Cato,* p.138.

    62. Ver Kurt Treusch von Buttlar, "Das tägliche Leben an den deutschen Fürstenhöfen des 16 Jahrhunderts", in *Zeitschrift für Kulturgeschichte* (Weimar, 1897), vol.4, p.13, nota.

    63. Cf. Ibid.

    64. Cf. *The Babees Book,* p.295.

    65. Citado em Cabanès, *Moeurs,* p.292.

    66. A melhor introdução ao assunto é a de A. Franklin, *Les Soins de la toilette* (Paris, 1877) e, acima de tudo, *La Civilité* (Paris, 1908), do mesmo autor, vol.2, onde numerosas citações ilustrativas são reunidas em apêndice. Algumas coisas que o autor diz, no entanto, devem ser lidas com espírito crítico, uma vez que ele nem sempre distingue bem o que é típico de uma dada época e o que nela é considerado como excepcional.

    67. Mathurin Cordier, *Colloquiorum scholasticorum libri quatuor* (Paris, 1588), livro 2, colloquium 54 (*Exemplum ad pueros in simplicit narratione exercendos*).

    68. Algum material, não muito acessível, pode ser encontrado em De Laborde, *Le Palais Mazarin* (Paris, 1816). Ver, por exemplo, a nota à página 337: "Será necessário entrar em detalhes? O papel quase político desempenhado durante toda essa época (século XVII) pela cadeira-retrete permite-nos falar dela sem falsa vergonha e dizer que pessoas usavam esse utensílio e a *passarès* provençal. Uma das amantes de Henrique IV, Madame de Verneuil, queria o seu urinol no quarto, o que seria uma falta de decoro em nossos dias, mas que naquela época pouco mais era do que uma liberdade, ligeiramente banal."

    A importante informação contida nessas notas necessita também de exame cuidadoso, se queremos ganhar perspectiva dos padrões observados pelas várias classes. Uma das maneiras de chegar às origens desses padrões consistiria em um estudo preciso de bens deixados em testamento. A respeito do trecho sobre o hábito de assoar-se, poderíamos mencionar aqui, por exemplo, que Erasmo deixou — tanto quanto se pode saber hoje — o número espantosamente alto de 39 lenços, mas apenas um garfo de ouro e outro de prata. Ver *Inventarium über die-Hinterlassenschaft des Erasmus,* ed. L. Sieber (Basileia, 1889), reproduzido no *Zeitschrift für Kulturgeschichte* (Weimar, 1897), vol.4, p.434 e segs.

    Uma grande riqueza de informações interessantes consta do *Gargantua e Pantagruel,* de Rabelais. No tocante ao assunto "funções corporais", por exemplo, ver o livro 1, cap.13.

    69. George Brandes transcreve esse trecho das memórias em seu livro *Voltaire* (Berlim, s.d.), vol.1, p.340 e segs., e o comenta da seguinte maneira: "Não a embaraça ser vista nua pelo criado; não o considerava como um homem em relação a ela como mulher."

    70. *The Babees Book,* pte.2, p.32.

    71. Ibid., pte.2, p.7.

    72. Ibid., p.301 e segs.

    73. Cf. Rudeck, *Geschichte der öffentlichen Sittlichkeit* (Jena, 1887), p.397.

    74. T. Wright, *The Home of Other Days* (Londres, 1871), p.269.

    75. Otto Zockler, *Askee und Monchstum* (Fraankfurt, 1897), p.364.

    76. T. Wright, *Home,* p.269; também Cabanès, *Moeurs intimes,* 2ª série, p.166. Ver também G. Zappert, *Über das Badewesen in mittelalterlicher und späterer Zeit,* in *Archiv fur Kund österr. Geschichtsquellen* (Viena, 1859, vol.21). Sobre a função da cama na casa, ver G.G. Coulton, *Social Life in Britain* (Cambridge, 1919), p.386, onde a escassez de camas e o uso inquestionável delas por várias pessoas é sucinta e claramente demonstrado.

    77. Citado em M. Bauer, *Das Liebesleben in der deutschen Vergangenheit* (Berlim, 1924), p.208.

    78. Rudeck, *Geschichte der öffentlichen Sittlichkeit,* p.399.

    79. Dr. Hopton e A. Balliol, *Bed Manners* (Londres, 1936), p.93.

    80. Certamente não houve falta de reação aos pijamas. Um exemplo americano disto, particularmente interessante para esta argumentação, é o seguinte (extraído de *The People,* 26 de julho de 1936):

    "Homens másculos não usam pijamas. Usam camisolões e desprezam homens que usam essas coisas efeminadas que são os pijamas. Theodore Roosevelt usava camisolão. Bem como Washington, Lincoln, Napoleão, Nero e muitos outros homens famosos.

"Esses argumentos em favor dos camisolões e contra os pijamas são apresentados pelo dr. Davis, de Ottawa, que fundou um clube de usuários de camisolões. O clube tem uma filial em Montreal e um forte grupo em Nova York. Seu objetivo é voltar a popularizar o camisolão como um sinal de autêntica masculinidade".

Essas palavras indicam a disseminação do uso dos pijamas no período relativamente curto transcorrido desde a guerra.

É ainda mais claro que o uso de pijamas pelas mulheres vem diminuindo também há algum tempo. O que os substitui é claramente um derivado do vestido de noite longo e uma expressão das mesmas tendências sociais, incluindo a reação contra a "masculinização" das mulheres e uma tendência a maior diferenciação social, bem como a simples necessidade de certa harmonia entre costumes de noite e costumes de dormir. Exatamente por essa razão, uma comparação entre essas novas camisolas e as do passado mostra com especial clareza o que tem sido chamado de estado subdesenvolvido da esfera íntima. Esta camisola de hoje parece-se muito mais com um vestido e tem linhas muito mais elegantes que as antigas.

81. M. Ginsberg, *Sociology* (Londres, 1934), p.118: "Se tendências inatas são ou não são reprimidas, sublimadas ou recebem plena liberdade para se expressarem depende em grande parte do *tipo de vida familiar e das tradições da sociedade mais ampla...* Considere-se, por exemplo, a dificuldade de determinar se a aversão a relações incestuosas tem uma base instintiva, ou o desemaranhamento dos fatores genéticos subjacentes às várias formas de ciúme sexual. As tendências inatas, em suma, possuem certa *plasticidade* e seu modo de expressão, repressão ou sublimação é, em graus variáveis, socialmente condicionado."

O presente estudo dá origem a ideias muito semelhantes. Tenta, acima de tudo na conclusão do segundo volume, demonstrar que o controle da vida instintiva, incluindo seus aspectos compulsivos, é função de interdependências sociais que persistem durante toda a vida. Essas dependências do indivíduo variam em estrutura segundo a estrutura da sociedade. As variações nessa estrutura correspondem as diferenças em estrutura de personalidade que podem ser observadas na história.

Caberia recordar, a esta altura, que observações semelhantes são consignadas de forma inequívoca nos *Ensaios,* de Montaigne (livro 1, cap.23):

> As leis da consciência que dizemos nascerem da natureza nascem do costume; quem quer que considere com veneração íntima as opiniões e costumes aprovados e aceitos à sua volta não pode ignorá-los sem remorso ou observá-los sem aplauso. Parece-me que a força do costume foi bem-compreendida pelo criador da fábula da mulher aldeã que, tendo ao nascer o hábito de acariciar e carregar de um lado para outro um novilho, e continuando a fazer isso desde então, continuou a carregá-lo, em virtude do costume, quando o animal já estava inteiramente crescido... *Usus efficacissimus rerum omnium magister...* Com tanta frequência pelo costume como pela doença, diz Aristóteles, mulheres puxam os cabelos, roem as unhas, comem brasas e terra, e tanto por costume como por natureza homens têm relações com homens.

Particularmente consonante com os achados do presente estudo é a ideia de que o "remorso", e também a estrutura psíquica aqui estudada segundo princípios freudianos, ainda que com um significado ligeiramente diferente, com o nome de superego, é gravada no indivíduo pela sociedade em que ele cresce — em uma palavra, que seu superego é sociogenético.

Neste particular, dificilmente precisa ser dito, mas talvez valha a pena enfatizar explicitamente, o quanto este estudo deve às descobertas de Freud e da escola psicanalítica. As ligações são óbvias a todos os familiarizados com os escritos psicanalíticos, e não nos pareceu necessário mencioná-los em determinados exemplos, especialmente porque isto não poderia ter sido feito sem longas ressalvas. Tampouco as diferenças, que não são pequenas, entre todo o enfoque de Freud e o adotado neste estudo foram explicitamente enfatizadas, sobretudo porque os dois poderiam, talvez, após alguma discussão, ser conciliados sem excessiva dificuldade. Pareceu-nos mais importante construir uma perspectiva intelectual especial com toda clareza possível, sem nos desviar para discussões a cada volta da estrada.

82. Von Raumer, *Geschichte der Pädagogik* (Stutgart, 1857), pte.1, p.100.

83. Sobre todas essas questões, cf. Huizinga, *Erasmus* (Nova York e Londres, 1924), p.200: "O que Erasmo realmente exigia do mundo e da humanidade, a maneira como imaginava aquela sociedade apaixonadamente desejada, purificada, cristã de boa moral, fé ardente, simplicidade, moderação, bondade, tolerância e paz — isto em nenhuma parte podemos encontrar de maneira tão clara e bem-expressa do que nos *Colóquios.*"

84. "Museion", diz a edição de 1665, é a palavra referente a um cômodo privativo.

85. A confusão do observador de uma época posterior não é menor quando se vê confrontado com a moral e os costumes de uma fase anterior que traduzem um diferente padrão de vergonha. Isto se aplica em

especial aos costumes medievais no banho. No século XIX, de início parece incompreensível que as pessoas na Idade Média não tivessem vergonha de se banharem juntas em grande número e, com frequência, os dois sexos juntos.

Alwin Schultz, *Deutsches Leben in XIV und XV Jahrhundert* (Viena, 1892), p.68 e segs., comenta essa questão da seguinte maneira:

> Temos dois interessantes desenhos de uma dessas casas de banho. *Eu gostaria de dizer logo no início que considero os desenhos exagerados e que, na minha opinião, a predileção medieval por brincadeiras rudes, terra a terra, interferiu neles.*
> A miniatura de Breslau nos mostra uma fila de banheiras, dentro de cada uma das quais há um homem e uma mulher sentados, um de frente para o outro. Uma tábua passada de um lado a outro da banheira serve como mesa, que é forrada por um pano bonito e em cima há frutas, bebidas etc. Os homens têm faixas em volta da cabeça e usam tangas; as mulheres usam penteados, colares etc., mas afora isso estão inteiramente nuas. A miniatura de Leipzig é parecida, exceto que as banheiras estão separadas; sobre cada uma delas há uma espécie de toldo, com cortinas que podem ser puxadas. O comportamento nessas casas de banho não é excessivamente decoroso, e as mulheres decentes sem dúvida se mantinham afastadas delas. De modo geral, contudo, os sexos viviam certamente segregados; as autoridades da cidade com certeza não teriam tolerado que se escarnecesse abertamente de todo pudor.

Não deixa de ter interesse notar como a condição afetiva e o padrão de repugnância de seu próprio tempo pôs na boca do autor a suposição que "de modo geral... os sexos eram certamente segregados", muito embora a prova histórica que ele mesmo produz aponte para uma conclusão contrária. Compare-se a informação factual e a atitude simplesmente descritiva no tocante a essas diferenças de padrão em P.S. Allen, *The Age of Erasmus* (Oxford, 1914), p.204 e segs.

86. Ver A. Bömer, *Aus dem Kampf gegen die Colloquia familiara des Erasmus*, em *Archiv für Kulturgeschichte* (Leipzig e Berlim, 1911), vol.9, pte.1, p.32.

87. A. Bömer escreve, neste particular: "Nos nossos últimos livros, que se destinavam a homens maduros e idosos." Todo o livro, porém, é dedicado por Morisot ao seu jovem filho e todo ele foi concebido como manual escolar. Nele Morisot discute os diferentes estágios da vida. Apresenta à criança indivíduos crescidos, homens e mulheres, jovens e velhos, de modo que ela possa conhecê-los e compreendê-los, e ver o que são boa e má conduta neste mundo. A ideia de que certas partes do livro destinavam-se a ser lidas apenas por mulheres ou apenas por velhos foi claramente posta na mente do autor por sua compreensível perplexidade diante da ideia de que tudo isto tivesse sido concebido como material de leitura para crianças.

88. É importante para compreender toda esta questão saber que a idade de casamento nessa sociedade era menor do que em épocas posteriores.

"Nesse período", escreve R. Köbner referindo-se à Idade Média, "homens e mulheres casavam-se frequentemente muito cedo. A Igreja dava-lhes o direito de casar logo que atingissem a maturidade sexual. Os rapazes casavam entre os 15 e os 19 anos, e as moças entre 13 e 15. Este costume sempre foi considerado como uma peculiaridade característica da sociedade daquela época." Ver R. Köbner, *Die Eheauffassung des ausgehenden Mittelalters,* em *Archiv für Kulturgeschichte* (Leipzig e Berlim, 1911), vol.9, nº 2. O leitor interessado em informações e abundante documentação a esse respeito deve consultar a Early English Text Society, Orig. Series, nº 108, ed. F. J. Furnivall (Londres, 1897), incluindo *Child-Marriage, Divorces and Ratifications* etc. Nesses textos o casamento possível é mencionado como de 14 anos para rapazes e 12 para as moças (p.xix).

89. F. Zarncke, *Die deutsche Universität im Mittelalter* (Leipzig, 1857), Beitrag I, p.49 e segs.

90. Bauer, *Das Liebesleben*, p.136.

91. W. Rudeck, *Geschichte der öffentlichen Sittlichkeit in Deutschland* (Jena, 1897), p.33.

92. Ibid., p.33.

93. K. Schafer, "Wie man früher heiratete", *Zeitschrift für deutsche Kulturgeschichte* (Berlim, 1891), vol.2, nº 1, p.31.

94. W. Rudeck, p.319.

95. Brienne, *Mémoires*, vol.2, p.11, citado em Laborde, *Palais Mazarin*, nota 522.

96. F. von Bezold, "Ein Kölner Gedenkbuch des XVI Jahrhunderts", em *Aus Mittelalter und Renaissance* (Munique e Berlim, 1918), p.159.

97. W. Rudeck, p.171. Allen, *Age of Erasmus,* p.205; A. Hyma, *The Youth of Erasmus* (University of Michigan Press, 1930), p.56 e segs. Ver também Regnault, *La Condition juridique du bâtard au moyen âge* (Pont Audemer, 1922), onde, contudo, é estudada a situação legal, e não real, do bastardo. O direito consuetu-

dinário inglês assume com frequência uma atitude pouco benevolente para com o bastardo. Resta a investigar se o direito costumeiro expressa, nesses casos, a opinião real de diferentes estratos da sociedade ou apenas a de um deles.

É fato conhecido que, até o século XVII, na corte real francesa, os filhos legítimos e bastardos eram criados juntos. Luís XIII, por exemplo, odiava sua meia-irmã. Mesmo em criança ele dizia o seguinte do meio-irmão: "Gosto mais de minha irmã pequena do que dele porque ele não esteve comigo na barriga de minha mãe, como ela."

98. D. Parodie, "L'honnête homme et l'idéal moral du XVIIe et du XVIIIe siècle", *Revue Pédagogique* (1921), vol.78, nº 2, p.94 e segs.

99. Cf., por exemplo, Peters, "The Institutionalised Sex-Taboo", em Knight, Peters, e Blanchard, *Taboo and Genetics*, p.181.

Um estudo de 150 moças feito pelo autor em 1916/17 apurou a existência de tabus em pensamento e conversas, entre moças bem-educadas, dos seguintes assuntos, que elas caracterizaram como "indelicado", "poluidor" e "uma coisa inteiramente fora dos conhecimentos de uma senhora".

1. Coisas contrárias aos costumes, frequentemente classificadas como "más" e "imorais".
2. Coisas "nojentas", como funções corporais, tanto normais como patológicas e todas as implicações de falta de higiene.
3. Coisas sobrenaturais, que "dão arrepios na gente", e coisas suspeitas.
4. Muitas formas de vida animal, que moças geralmente temem ou consideram sujas.
5. Diferenças de sexos.
6. Diferenças de idade.
7. Todos os assuntos referentes a um duplo padrão de moralidade.
8. Todos os assuntos ligados a casamento, gravidez, e parto.
9. Alusões a qualquer parte do corpo, exceto à cabeça e às mãos.
10. Política.
11. Religião.

100. A. Luchaire, *La Société française au temps de Philippe-Auguste* (Paris, 1909), p.273.
101. Ibid., p.275.
102. Ibid., p.272.
103. Ibid., p.278.
104. J. Huizinga, *Herbst des Mittelalters, Studien über Lebens und Geitesform des 14 und 15 Jahrhunderts in Frankreich und in den Niederlanden* (Munique, 1924), p.32.
105. Extraído de *"Le Jouvencel" Lebensgeschichte des Ritters Jean de Bueil*, ed. Kervyn de Lettenhove, in Chastellain, *Oeuvres*, vol.8, citado em Huizinga, *Herbst*, p.94.
106. Ver p.xxx.
107. H. Dupin, *La Courtoisie au moyen âge* (Paris, 1931), p.79.
108. Ibid., p.77.
109. Zarncke, *Der deutsche Cato*, p.36 e segs., v.167 e segs., 178 e segs.
110. Ibid., p.48, v.395 e segs.
111. Huizinga, *Herbst*, p.32 e segs.
112. L. Mirot, *Les d'Orgemont, leur origine, leur fortune* etc. (Paris, 1913); p.Champion, *François Villon. Sa vie et son temps* (Paris, 1913), vol.2, p.230 e segs., citado em Huizinga, *Herbst*, p.32.
113. p.Durrieu, *Les très belles heures de Notre Dame du Duc Jean de Berry* (Paris, 1922), p.68.
114. Ch. Petit-Dutaillis, *Documents nouveaux sur les moeurs populaires et le droit de vengeance dans les Pays-Bas au XV siècle* (Paris, 1908), p.47.
115. Ibid., p.162.
116. Ibid., p.5.
117. Luchaire, *La Societé française*, p.278 e segs.
118. Para maiores detalhes sobre este assunto, ver A. Franklin, *Paris et le Parisiens au seizième siècle* (Paris, 1921), p.508 e segs.
119. Th. Bossert menciona, na introdução que escreveu para o *Hausbuch* (p.20), uma gravura do mesmo artista, na qual ele "ridiculariza a nobreza recente a ânsia do burguês por brasões e costumes cavaleirosos". Isto pode apontar na mesma direção.

120. Introdução a *Das Mittelalterliche Hausbuch*, ed. H.T. Bossert e W. Storck (Leipzig, 1912), p.27 e segs.
121. Berthold von Regensburg, *Deutsche Predigten*, ed. Pfeiffer e Strobl, (Viena, 1862-1880), p.27 e segs.
122. Ibid., vol.1, cento e quarenta e um, p.24 e segs.
123. Max Lehrs, *Der Meister mit den Bandrollen* (Dresden, 1886), p.26 e segs.
124. Estudaremos agora, usando uma nota de rodapé, um problema especial, decorrente de um material sobre a civilização do comportamento que não foi incluído no texto, parcialmente por razões de espaço e até certo ponto porque não parecia contribuir com nada essencialmente novo para a compreensão dos contornos principais de civilização. Ainda assim, este problema merece alguma atenção. A relação dos povos ocidentais com a *limpeza*, a *lavagem* e o *banho* mostra, durante longo período de tempo, a mesma curva de transformação examinada no texto de vários ângulos diferentes. O impulso para a limpeza regular e limpeza corporal constante, para começar, não deriva de uma noção claramente definida de higiene, de uma compreensão clara ou, como dizemos habitualmente, "racional" do perigo da sujeira para a saúde. A relação com a lavagem, também, muda em conjunto com a transformação nos relacionamentos humanos mencionada no texto e que será estudada em maiores detalhes no segundo volume.

No início, era considerado natural que as pessoas se lavassem regularmente apenas como sinal de respeito aos demais, especialmente aos superiores sociais, isto é; por razões sociais, sob a pressão de compulsões. externas mais ou menos perceptíveis. A lavagem regular é omitida, ou limitada ao mínimo exigido pelo bem-estar pessoal imediato, quando estão ausentes essas compulsões externas, quando a posição social não a exige. Hoje o banho e a limpeza do corpo são instilados no indivíduo desde tenra idade como uma espécie de hábito automático, de modo que gradualmente desaparece de sua consciência a ideia de que toma banho e se disciplina a manter uma higiene constante por respeito aos outros e, pelo menos originalmente, por instigação de outras pessoas, isto é, por razões de compulsão externa. Ele se lava por compulsão interna, mesmo que não esteja presente alguém que possa censurá-lo ou puni-lo se não agir assim. Se não faz isso, achamos hoje — o que não acontecia antes — que ele não foi inteiramente bem-condicionado ao padrão social vigente. A mesma mudança no comportamento e na vida afetiva que surgiu no estudo de outras curvas de civilização é também vista aqui. As relações sociais são transformadas de tal modo que as compulsões que as pessoas exercem umas sobre as outras são convertidas em formas mais ou menos pronunciadas de autocompulsão no indivíduo. A formação do superego é consolidada. É, em suma, aquele setor do indivíduo que representa o código social, seu próprio superego, que hoje constrange o indivíduo a se lavar e limpar regularmente. O mecanismo torna-se talvez ainda mais claro se lembrarmos que hoje os homens se barbeiam mesmo que não haja obrigação social de fazê-lo, e mesmo que essa omissão certamente não seja prejudicial à saúde. A lavagem regular com sabão e água é outro desses "atos compulsivos" cultivados em nossa sociedade pela natureza de nosso condicionamento e consolidados em nossa consciência por explicações de higiene, "racionais". Talvez seja suficiente, neste particular, documentar essa mudança com evidência recolhida no trabalho de outro observador. I.E. Spingarn comenta, na introdução a uma tradução inglesa do *Galateo*, de Della Casa (The Humanist Library, org. de L. Einstein, Londres, 1914, vol.8, p.xxv): "Nosso interesse é apenas pela sociedade secular, e nela descobrimos que a limpeza era levada em conta somente na medida em que fosse uma necessidade social, se é que isso realmente acontecia; como necessidade individual ou hábito, ela mal aparece. O padrão de maneiras sociais de Della Casa aplica-se também aqui: a limpeza era ditada pela necessidade de agradar aos outros, e não por causa de qualquer exigência *interior* do instinto individual… Tudo isso mudou. A limpeza pessoal, devido à sua completa aceitação como necessidade individual, deixou virtualmente de interessar em qualquer ponto ao problema das maneiras na sociedade." A curva de mudança delineia-se aqui com clareza ainda maior porque o observador toma o padrão de sua própria sociedade — o desejo *interno* de limpeza — como dado, sem perguntar como e por que ele emergiu do outro padrão no curso da história. Hoje, na verdade, de modo geral são apenas as crianças que tomam banho e se limpam apenas sob pressão externa e compulsão direta de fora, por consideração àqueles de quem dependem. Nos adultos, conforme dissemos, esse comportamento está se tornando gradualmente uma autocompulsão. Reencontramos aqui o que foi antes chamado de *lei fundamental* da sociogênese. A história da sociedade reflete-se na história dos indivíduos que a compõem. O indivíduo tem que passar novamente, em forma abreviada, pelo processo civilizador que a sociedade como um todo percorreu durante muitos séculos, porquanto ele não chega "civilizado" ao mundo.

Mas há outro ponto nessa curva de civilização que merece estudo. Para ele, a julgar por relatos de numerosos observadores, parece que as pessoas nos séculos XVI e XVII fossem, para usar de um eufemismo, menos "limpas" do que nos séculos precedentes. Quando essas observações são submetidas a teste, descobrimos que são corretas pelo menos em um ponto: parece que o uso da água como meio de banho e limpeza declinou um pouco na transição para os tempos modernos, pelo menos no tocante à vida das classes altas. Se a mudança é considerada desta maneira, uma explicação simples se sugere por si mesma, mas que certamente precisa de confirmação mais exata. Era fato muito conhecido ao fim da Idade Média que as pessoas podiam contrair doenças, mesmo de natureza fatal, nas casas de banho. A fim de compreender o efeito de tal descoberta, temos que nos colocar na consciência daquela sociedade, na qual as conexões causais, neste caso a natureza da transmissão de doenças e infecções, eram ainda um tanto vagas. O que podia ser gravado na consciência era o fato simples: os banhos de água eram perigosos, a pessoa podia envenenar-se neles. Isto porque era dessa maneira, como uma espécie de envenenamento, que a razão humana naquela época assimilava as infecções de massa, as pestes que varriam a sociedade em numerosas ondas. Sabemos da existência e compreendemos o pavor que tomava conta das pessoas quando surgiam essas pestes. Não era um medo que pudesse, como em nosso estágio de experiência social, ser limitado e orientado para certos canais por conhecimentos exatos da conexão causal e, por conseguinte, dos limites do perigo. E é muito possível que naquela época o uso de água, especialmente de água quente, para o banho estivesse ligado a um medo relativamente vago desse tipo, que exagerava grandemente o perigo real.

Mas se numa sociedade nesse estado de experiência um objeto ou forma de comportamento é associado dessa maneira ao medo, pode demorar muito tempo antes que esse medo e seus símbolos, e as correspondentes proibições e resistências, novamente desapareçam. No curso de gerações, a recordação da causa original do medo pode muito bem desaparecer. O que permanece vivo na consciência do povo é, talvez, apenas um sentimento transmitido de uma geração a outra, de que o perigo está ligado ao uso de água, e um desconforto geral, um sentimento de antipatia por esse costume, que é socialmente reforçado com frequência. Assim, encontramos no século XVI, por exemplo, pronunciamentos como o seguinte:

> Estuves et bains, je vous en prie
> Fuyès-les, ou vous en mourrés.

"Fuja de suadouros e de banhos, imploro-lhe, ou você morre."

Isto é dito por um médico, Guillaume Bunel, em 1513, entre outros conselhos contra a peste (*Oeuvre excellente et a chascun désirant soy de peste préserver,* reimpressa por Ch. J. Richelet, Le Mans, 1836). Precisamos apenas observar, de nosso ponto de vista, como conselhos certos e ideias fantasticamente erradas se misturam, a fim de compreender os efeitos de um conselho menos limitado que o nosso. No século XVII e mesmo no XVIII, encontramos ainda numerosas advertências contra o uso de água uma vez que, entre outras "razões", era prejudicial à pele e poderia causar resfriados. Isto parece realmente uma maré de medo em lenta progressão, mas, no estado atual da pesquisa, não passa de uma hipótese.

De qualquer modo, a hipótese demonstra claramente uma coisa: como esses fenômenos *poderiam* ser explicados. E dessa forma demonstra um fato altamente característico de todo processo civilizador. Este processo ocorre em conjunto com uma limitação progressiva de perigos externos e, assim, com uma limitação e canalização do medo que eles provocam. Os perigos tornam-se mais calculáveis, e mais regulados os caminhos e abrangência dos medos. A vida nos parece hoje ainda bastante incerta, mas isto não pode nem mesmo se comparar à insegurança do indivíduo na sociedade medieval. O maior controle das fontes do medo, lentamente estabelecido na transição para nossa estrutura social, é sem dúvida uma das precondições mais elementares para o padrão de conduta que expressamos com o conceito "civilização". A armadura da conduta civilizada poderia desmoronar com grande rapidez se, através de uma mudança na sociedade, o grau de insegurança que antes existiu voltasse a nos atingir, e se o perigo se tornasse tão incalculável como outrora. Medos correspondentes logo depois arrebentariam os limites que hoje lhes são impostos.

Não obstante, uma forma específica de medo de fato cresce com o aumento da civilização: o medo "interno" semi-inconsciente de uma quebra das restrições impostas ao homem civilizado.

Algumas ideias finais sobre esse assunto serão encontradas no segundo volume, na seção "Esboço de uma Teoria de Civilização".

Apêndice

1. Talcott Parsons, *Essays in Sociological Theory* (Glencoe, 1963), p.359 e segs.
2. Ibid., 359.
3. T. Parsons, *Social Structure and Personality* (Glencoe, 1963), p.82, 258 e segs.
4. A ideia de que a mudança social deve ser entendida em termos de uma mudança de estrutura provocada por uma disfunção de um estado normalmente estável é encontrada em numerosos lugares na obra de Parsons.

C.F., por exemplo, T. Parsons e N.J. Smelser, *Economy and Society* (Londres, 1957), p.247 e segs. Analogamente, em Robert K. Merton, *Social Theory and Social Structure* (Glencoe, 1959), p.122, um estado social ideal (embora aparentemente entendido como real) no qual não há contradições nem tensões é comparado com outro no qual esses fenômenos sociais, considerados como "disfuncionais" exercem pressão no sentido da "mudança" sobre uma estrutura social normalmente livre de tensões e imutável.

O problema posto aqui em discussão, como se pode ver, não é idêntico ao tradicionalmente discutido em termos dos conceitos "estático" e "dinâmico". A discussão tradicional frequentemente envolve a questão de qual método é preferível no exame de fenômenos sociais, se o que limita a indagação a um segmento particular do tempo ou se o que implica o estudo de processos mais extensos. Aqui, em contraste, não são o método sociológico ou mesmo a seleção de problemas sociológicos, como tais, o que está em discussão, mas as concepções de sociedades, de configurações humanas, subjacentes ao emprego de vários métodos e tipos de seleção de problemas. O que se diz aqui não é contra a possibilidade de se investigarem sociologicamente condições sociais de curto prazo, sendo este tipo de problema inteiramente legítimo e indispensável à indagação sociológica. O que se contesta é certo tipo de concepção teórica, frequente mas não em absoluto necessariamente associada às investigações, ou estudos, sociológicos-empíricos de estados. É de certo inteiramente possível empreender pesquisas empíricas de estados enquanto se usam modelos de mudanças, processos e fenômenos sociais de um tipo ou de outro como marcos de referência teóricos. O debate sobre a relação entre "estática social" e "dinâmica social" sofre com a diferenciação pouco clara entre a pesquisa empírica de problemas sociológicos de curto prazo e os métodos de indagação apropriados a eles, por um lado, e os modelos teóricos pelos quais — explicitamente ou não — o estudioso se orienta no equacionamento dos problemas e na apresentação dos resultados da pesquisa, por outro. O emprego que Merton faz dos termos "estático" e "dinâmico" no trecho acima citado demonstra, com grande clareza, essa falta de capacidade para diferenciar, como quando ele diz que, dentro da teoria de função sociológica, a brecha entre estática e dinâmica pode ser transposta considerando-se que discrepâncias, tensões e antíteses são "disfuncionais" em termos do "sistema social" existente e, por conseguinte, significam "disfunção", mas são "úteis" do ponto de vista da mudança.

5. As tendências das nações europeias para maior unificação podem certamente derivar boa parte de sua força propulsora da consolidação e ampliação das cadeias de interdependências, acima de tudo nas esferas econômica e militar. Mas foi o choque sofrido pelas autoimagens tradicionais dos países europeus que deu origem, em todas essas nações, à disposição de adaptar suas atitudes — hesitante e experimentalmente, pelo menos no começo — na direção de maior interdependência funcional, a despeito da tradição centrada na nação. A dificuldade desse empreendimento reside precisamente no fato de que, como resultado de uma socialização de crianças e adultos centrada na nação, todas elas ocupam a posição emocional dominante em seu povo, ao passo que a formação transnacional mais vasta que está evoluindo possui, no início, para eles, apenas uma significação "racional", mas dificilmente emocional.

6. Esta diferença mereceria um estudo comparativo mais extenso do que é possível aqui. Mas, de modo geral, ela pode ser explicada em poucas palavras. Tem a ver com o tipo e amplidão dos valores das elites de poder pré-industriais que passam para os valores dos estratos industriais e seus representantes quando estes sobem ao poder.

Na Alemanha (mas também em outros países do continente europeu) pode-se observar um tipo de conservantismo burguês, que é determinado em grau muito alto pelos valores das elites de poder dinásticas-agrárias-militares pré-industriais. Esses valores incluem um menosprezo muito forte por tudo o que é referido como "o mundo do comércio" (isto é, comércio e indústria) e um valor inequivocamente mais alto atribuído ao Estado, ao "todo social", em contraste com o indivíduo. Em todos os casos em que esses valores desempenham um papel importante no conservantismo das classes industriais, eles compreensivelmente contêm uma visível tendência antiliberal. Nesta tradição, sentimentos negativos são atribuídos à alta estima da personalidade individual, da iniciativa individual e da avaliação correspondentemente mais baixa da totalidade chamada "estatal", ou, em outras palavras, aos valores do mundo comercial que pleiteiam uma livre concorrência.

Nos países em que membros da elite agrária pré-industrial mantiveram-se menos rigorosamente distanciados, na sua vida prática e em seus valores, das operações comerciais e de todos os que ganham a vida com essas operações, e onde o poder dos príncipes e dos círculos de corte como centro do Estado se viu limitado, como na Inglaterra, ou inexistente, como na América, os grupos burgueses, em sua ascensão gradual para se tornarem a classe dominante, criaram um tipo de conservantismo que — visivelmente — foi altamente compatível com os ideais de não intervenção do Estado, de liberdade do indivíduo e, por conseguinte, com valores especificamente liberais. Mas serão ditas no texto algumas das dificuldades específicas desse nacionalismo liberal-conservador, desta defesa simultânea, que aparentemente não cria problemas, do "indivíduo" e da nação como os mais altos valores.

7. A substituição de uma ideologia orientada para o futuro por outra orientada para o presente é, às vezes, ocultada por um passe de mágica intelectual, que pode ser recomendada a qualquer sociólogo interessado no

estudo das ideologias como um excelente exemplo do tipo mais sutil de formação de ideologias. A orientação das várias ideologias centradas na ordem existente como o mais alto ideal produz, às vezes, o resultado de que os expoentes desses valores — em particular, mas não exclusivamente, os expoentes de suas nuances conservadoras-liberais — apresentam suas posições como simples declarações não ideológicas de fatos, e restringem o conceito de ideologia àqueles tipos que se propõem a mudar a ordem vigente, especialmente dentro do Estado. Um exemplo do disfarce de ideologia no desenvolvimento da sociedade alemã é a bem conhecida *Realpolitik*. Este argumento parte da ideia, concebida como uma declaração puramente de fato, de que, na política internacional, todas as nações realmente exploram seu poder potencial com vistas ao interesse nacional, de maneira implacável e ilimitada. Esta aparente declaração "de fato" serviu para justificar um ideal centralizado na nação, uma versão moderna do ideal maquiavélico, que afirma que a política nacional deve ser aplicada no campo internacional sem consideração pelas demais, mas exclusivamente no interesse nacional. Este ideal da *Realpolitik* é, de fato, irreal porque na verdade todas as nações dependem umas das outras.

Uma corrente semelhante de pensamento é encontrada em tempos mais recentes e, de conformidade com a tradição americana, em forma mais moderada — num livro de um sociólogo americano, Daniel Bell, que tem o revelador título *The End of Ideology* (Nova York, 1961). Bell, também, parte da suposição de que a luta pelo poder entre grupos organizados, em busca de suas próprias vantagens, é um fato. Conclui deste fato, de forma muito parecida com os defensores alemães da *Realpolitik*, que o político, na perseguição das metas de poder de seu grupo, deve intervir sem compromissos éticos nas lutas de poder de diferentes grupos. Ao mesmo tempo, alega Bell que este programa não é uma profissão de fé política, um sistema de valores preconcebido, isto é, uma ideologia (ibid., p.279). Faz um esforço para limitar esse conceito exclusivamente às doutrinas políticas que visam mudar a ordem existente. Esquece que é possível tratar a ordem existente não apenas como um simples fato, mas como um valor lastreado em emoções, como um ideal, como algo que, por razões morais, deve existir. Não distingue a investigação científica do que é e a defesa ideológica do que é (como materialização de um ideal altamente valorado). Torna-se muito claro que o ideal de Bell é o Estado, que ele descreve como um fato.

"A democracia", escreve outro sociólogo americano, Seymour Martin Lipset, "não é apenas, ou sequer principalmente, um meio através do qual diferentes grupos possam alcançar seus fins ou buscar uma boa sociedade. Ela é a boa sociedade mesma, em operação" (*Political Man*, Nova York, 1960, p.403). Mais tarde, Lipset modificou até certo ponto essa declaração. Mas este e outros pronunciamentos de importantes sociólogos americanos são exemplos de como até mesmo os representantes mais inteligentes da sociologia americana têm poucas condições para resistir à pressão extraordinariamente forte de sua sociedade para implantar a conformidade intelectual, e como esta situação lhes debilita as faculdades críticas. Enquanto isto acontecer, enquanto os valores e ideais centrados na nação dominarem a teorização dos principais sociólogos americanos em tal grau, enquanto eles não puderem compreender que a sociologia não pode ser conduzida de um ponto de vista primariamente nacional (tanto como a física), a influência predominante dos mesmos representará um perigo muito grande para o desenvolvimento mundial da sociologia. Como se pode ver, "o fim da ideologia" ainda não está à vista entre os sociólogos.

Incidentalmente, algo semelhante provavelmente teria que ser dito a respeito da sociologia russa, se a mesma exercesse análoga influência dominante. Mas, tanto quanto sei, embora esteja sendo feito na URSS um número crescente de pesquisas sociológicas, dificilmente há nesse país ainda uma sociologia teórica. Isto é compreensível, porquanto seu lugar é ocupado na União Soviética não tanto pelo sistema de Marx e Engels mas por um edifício intelectual marxista elevado ao status de um credo. Tal como a teoria americana dominante de sociedade, a russa é um construto teórico baseado na nação. Deste lado, também o fim da ideologia certamente não está à vista na teorização sociológica. Mas isto não é razão para que os estudiosos não se esforcem ao máximo para pôr fim a essa autoilusão contínua, a esse mascaramento constante de ideais sociais de curto prazo como se fossem teorias sociológicas eternamente válidas.

8. Talcott Parsons, *Societies: Evolutionary and Comparative Perspectives* (Englewood Cliffs, N.J., 1966), p.20: "Este processo ocorre dentro da 'caixa-preta', que é a personalidade do ator."

9. Gilbert Ryle, *The Concept of Mind* (Londres, 1949).

Índice remissivo

absolutismo, 15-6, 35, 49, 148, 176-7
agressividade, atitudes em relação à, 89, 182-92; sadismo, 183-5, 191-3; guerra, 183, 191
alemã, língua, 27, 29-35; e a burguesia, 27, 34-5, 60-1
alemã, literatura, 29-36, 38-41. *Ver também* Alemanha
Alemanha, 23-5, 26-8, 29-30, 32-44, 50-1; burguesia, 27, 29, 32, 33-7, 42, 43-4, 49-51, 60; nobreza de corte, 27-9, 33-7, 38-41; *intelligentsia*, 27-8, 32-3, 35, 37-9, 42-4, 47; caráter nacional, 23-5, 26-8, 37-8, 47, 48; fragmentação política, 29-30, 37-8. *Ver também Kultur*; *Zivilisation*
Alembert, Jean, 58
alienação, 233, 239
Alphonsi, Petrus, 71
  Disciplina clericalis, 71
Ampère, André, 42-3
ansiedade, 134-5, 163. *Ver também* vergonha
aristocracia, 27-8, 29, 34-5, 37, 39-40, 42, 44, 49-52, 55, 60-1, 72, 82-4, 87-8, 105-7, 113-4, 117, 122, 148-9, 172, 177, 195, 202. *Ver também* burguesia; classes, distinção entre; corte, nobreza de

Babees Book, 71, 93-4
Barth, Johann Christian, 133
  A ética galante, 133
Baudeau, 58
Berry, duque de, 189
Bildung, 33, 42-4, 49, 82. *Ver também Kultur*
Boileau, 30
Breughel, 197
Broë, Pierre, 158, 162
Bürger, 36
  Des bonnes moeurs et honnestes contentances, 158, 162

burguesia (classe média), 27-9, 32, 33-8, 41-2, 43-4, 49-53, 54-6, 57-60, 83-4, 106-7, 137, 149, 177-8. *Ver também* aristocracia; classes, distinção entre; *intelligentsia*

Cabanès, A., 142, 143, 153, 154
  Moeurs intimes du temps passé, 142, 143, 153
Callières, François de, 108, 113, 114, 118
  De la science du monde et des connoissances utiles à la conduite de la vie, 99
  Du bon et du mauvais usage dans les manières de s'exprimer: Des façons de parler bourgeoise, 108, 114, 118
  Mots à la mode, 113
Calviac, C., 97, 111, 125
  Civilité, 97
camponeses, 194-5, 197, 198-202. *Ver também* classes, distinção entre
Carlos, o Temerário, 194-5
casamento, 175-9
Castiglione, Giovanni, 87
  Cortesão/Courtier, 87
católica, Igreja, 65, 165-6. *Ver também* cristianismo
cavalaria, 187-8, 193-203. *Ver também* Idade Média
Caxton, 89, 124
  Book of Curtesye, 88-9, 94, 124
Châtelet, marquesa de, 138
China, 123, 126-7
  civilisation, 13, 49, 51-2, 56, 58-60, 66, 108; *homme civilisé*, 52, 53, 56. *Ver também Civilité*; França
civilité, 52, 59, 61, 65-6, 69, 79, 83, 86, 90, 97, 99-101, 103-4, 107-8, 118, 203. *Ver também civilisation*; cortesia; França
civilização, definição de, 13-5, 23; processo de, 13-5, 16, 17-8, 23-6, 59-61, 89-91, 156-7, 175-6, 178-81, 190-2

259

classes, distinção entre, 33-4, 35-8, 46-8, 82-5, 105-7, 197. *Ver também* aristocracia; burguesia; corte, nobreza de; camponeses
comer e beber, 71, 73-8, 85-6, 87-8, 90-5, 100-4, 109-13, 123-9. *Ver também* comer, utensílios para; mesa, maneiras à
comer, utensílios para, 76-8, 97-9, 109-13, 123-30; garfos, 77-8, 104-5, 127-9; facas, 123-7; colheres, 77. *Ver também* mesa, maneiras à
Comte, Auguste, 216, 219
Condorcet, 59
Cordier, Mathurin, 66, 136
Corneille, Pierre, 34
corporais, atitudes em relação às funções, 68-70, 123-33, 134-8, 179-82. *Ver também* modéstia; vergonha
corte, nobreza de, 27-9, 33-7, 38-41, 52-3, 137, 197-9. *Ver também* aristocracia; burguesia
cortesia (*courtoisie*; *Höflichkeit*), 28, 41, 46-7, 71-3, 79-80, 83, 86-7, 107-8. *Ver também* Civilité
Cosson, abade, 104
Coulanges, marquês de, 98
Courtin, Antoine de, 99, 102, 105, 111, 118, 121-2, 128-9, 136, 144, 151, 154
   Nouveau traité de civilité, 99, 102, 144, 151, 154
crianças, 65-6, 82, 134-41, 162-3, 164-70, 180, 192; educação, 65-6, 82-3, 163; sexualidade, 164-70, 179-82, 192-3; vergonha, 138-40
cristianismo, 65, 107, 165-6, 187, 195-7. *Ver também* católica, Igreja

Da Riva, Bonvicino, 71, 76, 91-2, 141, 148
   Courtesies, 74, 76, 92, 141
De Berry. *Ver* Berry, duque de
Declaração de independência (EUA), 57-8
Dedekind, 83
   Grobianus, 83
De la Roche, Sophie, 31, 38
delicadeza (*délicatesse*), 69-70, 118-9, 122, 125-7, 134-7, 154-5. *Ver também* modéstia; vergonha
Della Casa, Giovanni, 84, 87, 89, 97, 131, 137, 141, 143, 151, 154, 202
   Galateo, 84, 87-8, 97, 131, 137-8, 141, 143, 151, 202-3
Descartes, Réné, 230-1, 233
D'Escouchy, Mathieu, 188
Diderot, Denis, 36, 43

Disticha Catonis, 73
Dryden, John, 33
   Conquest of Granada, 33
Durkheim, Emile, 213

Eckermann, Johann Peter, 41-2, 45-8
eleatas, 217
embaraço (*délicatesse*). *Ver* delicadeza; vergonha
emoções, controle das, 79-80, 138-41, 180-1, 182-3, 190-2. *Ver também* psicogênese
Engels, Friedrich, 219
Erasmo, Desidério, 65-70, 79-89, 96-7, 100, 105, 111, 121, 130, 133-6, 143, 147, 151, 154-5, 158, 162, 164-70, 172-4, 180
   Colóquios, 80, 164-6, 168-9, 172
   De civilitate morum puerilium, 65-6, 70, 79-80, 82, 96, 100, 130, 143, 151, 158, 164-5
   Diversoria, 80
escarrar, 150-6
Estado nacional. *Ver* Inglaterra; França, Alemanha

fala e seu uso, 112-6, 117-8; diferenças entre classes, 112-34
família, como regulador social, 137, 139
feudalismo. *Ver* Idade Média
Fichte, 36
fisiocratas, 52-7
Flachsland, Caroline, 38
Fontane, Theodor, 47-8
   Ein Sommer in London, 47
Forbonnais, 54-5
França, 24-5, 36-7, 40-61; aristocracia, 36-7, 40-1, 49-50, 53-6; burguesia, 49-52, 53-61. *Ver também* civilização; *civilité*; francesa, língua
Francesa, língua, na Alemanha, 27, 29-33
Francesa, Revolução, 30
Frederico, o Grande, 30-4
   De la littérature allemande, 30-3
Freud, Sigmund. *Ver* psicanálise

Garland, Johannes von, 71
   Morale scolarium, 71
Gedoyn, abade, 108
   De l'urbanité romaine, 108
Goethe, Johann Wolfgang von, 31, 34, 36, 41-3, 45-8, 238
   Correspondência com Eckermann, 41-6
   Dichtung und Wahrheit, 34
   Götz von Berlichingen, 31-3, 34

Iphigenie, 31
Werther, 31, 35-6, 39
Gottsched, 29
Göttinger Hain, 35

Habits of Good Society, The, 105, 123, 126-7, 153
Henrique III, 78
Henrique IV, 144, 147, 203
Herder, Johann Gottfried, 31, 34, 36, 38
Höflichkeit. *Ver* cortesia
Hobhouse, 216, 219
Holbach, 58
    Système de la Nature, 58
    Système sociale, 58
Hugo de São Vítor, 71
    De institutione novitiarum, 71
Huizinga, 165, 186
    Erasmus, 165
Humboldt, Alexander von, 43

Idade Média, 65, 70-9, 193-203
ilegitimidade, 175-9. *Ver também* casamento
Inglaterra, 30, 33, 42, 46-7, 58, 78, 83, 84, 122
instintos, repressão dos, 136-41, 146-9, 174-6, 179, 189-92
intelligentsia, 27-8, 32-3, 35, 37-9, 42-4, 47

Kant, Immanuel, 27-8, 31, 35-6, 41, 51-2, 233
    Crítica da razão pura, 31
    Ideias sobre uma história universal, do ponto de vista de um cidadão do mundo, 27
Klopstock, Friedrich Gottlieb, 31, 34
    Messias, 31
Knigge, 41
Kultur, 13, 23-6, 28, 30, 33, 36-7, 41-4, 48, 49, 51, 60, 82, 84; e a identidade alemã, 23-6; e *Zivilisation*, 23-4, 28, 44-8. *Ver também* Alemanha; *Zivilisation*

La Fayette, Madame de, 176
    La Princesse de Clèves, 176
La Mésangère, 146
    Le voyageur de Paris, 146
La Salle, 100-1, 103, 107, 118, 125, 128-9, 132-3, 135-6, 145, 147, 152, 154-5, 158-9, 162, 192
    Les règles de la bienséance et de la civilité chrétienne, 100, 101-3, 128, 132-4, 145-6, 152-3, 154, 158-9, 192

lavagem, 68, 74-6. *Ver também* limpeza
Leibniz, Gottfried, 29, 231-2, 233
Lessing, Gotthold, 31, 34
    Cartas sobre a literatura mais recente, 34
    Hamburgische Dramaturgie, Die, 31
    Laokoon, 31
limpeza, 68, 74-6, 153-5
Luchaire, 184, 186, 190
Luís XIII, 180
Luís XIV, 29, 54, 59, 147, 149
Luís XV, 57-8

maneiras, na Idade Média, 70-9; na Renascença, 79-91. *Ver também* mesa, maneiras à
Marx, Karl, 216, 219
Mauvillon, E. de, 29-30, 37
    Lettres Françoises et Germaniques, 29
Maximiliano, 194-5
média, classe. *Ver* burguesia
Mérimée, Prosper, 43
mesa, maneiras à, 67-9, 74-8, 81-2, 87-8, 91-5, 96-105; França *vs.* Alemanha, 80-3; Idade Média, 90-6; Renascença, 95-101. *Ver também* comer e beber; comer, utensílios para
Milton, John, 30
Mirabeau, Victor, 51-2, 54, 56-8
    Ami des hommes, 56
    Théorie de l'Impôt, 57
Mittelalterliches Hausbuch, 194-200
modéstia, 82, 134-40, 155-56, 160-64, 180-1. *Ver também* vergonha
Molière, Jean-Baptiste, 30, 43
monástica, vida, 159
moralidade, 27-8, 148
Morisot, Jean, 168-70
    Johannis Morisoti medici colloquiorum libri quatuor; ad Constanti num filium, 168
mulheres, papel das, 176-9

Napoleão I, 60
nariz, hábito de assoar o, 67, 74-5, 142-6. *Ver também* corporais, funções
natureza, 35, 156-7, 195
Nietzsche, Friedrich, 47, 50, 115
    Além do bem e do mal, 47, 50
nudez, 137-9, 159-61. *Ver também* modéstia; vergonha

Paris, 43
Parsons, Talcott, 211-4, 224, 227-8, 230
Peyrat, Jean du, 202-3
politesse, 52, 59, 61, 108. *Ver também civilité*
Pope, Alexander, 30, 33
psicanálise, 140, 148
psicogênese, 14-5, 18, 46, 129. *Ver também* sociogênese

quarto, comportamento no, 157-64
Quesnay, François, 55-6
 Tableau économique, 55

Racine, Jean, 30, 34
Raynal, 58
 Histoire philosophique et politique des établissements et du commerce des Européens dans les deux Indes, 58
Reforma, 35, 53-9
Renascença, 79-91. *Ver também* Idade Média
Roman de la rose, 71
Rousseau, Jean-Jacques, 52-3
Russel, John, 72
 Book of Nurture, 72

sadismo, 183-5, 191-3. *Ver também* agressividade
São Boaventura, 78
Scheidt, Kaspar, 83
Schiller, Friedrich, 31, 34, 36, 40, 161, 165
 Die Räuber, 31
 Don Carlos, 31
Schubart, 36
sexualidade, atitudes em relação à, 162-82; e crianças, 163-75, 179-80; e vergonha, 171-4
Shakespeare, William, 31-2, 33, 34, 198
 Júlio César, 32
sociogênese, 14-5, 18-9, 129, 181. *Ver também* sociologia
sociologia, 210-32
Spencer, 216
Sturm und Drang, 31, 34
Sulpicius, Johannes, 66, 162

Tannhäuser, 71, 72-3, 75, 76, 91, 117, 140
 Hofzucht, 71, 72-3, 75, 76, 117, 140
Tasso, 30
tecnologia, 23, 109-10
Tischzuchten, 71-2, 75, 80, 90
trabalho, 149
Trinta Anos, Guerra dos, 29, 37, 83
Turgot, 54, 58

ventosidades (flatulência), 89, 130-1, 135
vergonha, 14, 17, 79, 89, 97, 106, 121, 127-31, 134-40, 148, 155-6, 160-4, 167, 169, 171-4, 176, 180-1, 183-4, 193
Voltaire, François Marie, 32-3, 36, 43, 50, 58-9, 108, 115
 Brutus, 32
 Discours sur la tragédie, 32
 Zaire, 108
Von Raumer, 164, 167, 172-5
 A educação das meninas, 172-3, 174-5
 Geschichte der Pädagogik, 164

Weber, Max, 17, 227, 230, 233
Weste, Richard, 132
 The Booke of Demeanor and the Allowance and Disallowance of Certaine Misdemeanors in Companie, 132
Winkelmann, 36
Wolff, 36
Wolzgen, Caroline von, 40
 Agnes von Lilien, 40
Woolf, Virginia, 233

Zarncke, 150
 Der deutsche Cato, 150
Zedler Universal Lexikon, 28
Zirklaria, Thomasin von, 71, 76
 O convidado italiano, 71, 76
 Höflichkeit, 28, 71
Zivilisation, 23, 25-6, 28, 44-6, 48-9.
 Ver também Kultur

1ª EDIÇÃO [1990]
2ª EDIÇÃO [2011] 10 reimpressões

ESTA OBRA FOI COMPOSTA POR ILUSTRARTE DESIGN
EM TIMES NEW ROMAN E IMPRESSA EM OFSETE PELA
GRÁFICA BARTIRA SOBRE ALTA ALVURA DA SUZANO S.A.
PARA A EDITORA SCHWARCZ EM JUNHO DE 2024

A marca FSC® é a garantia de que a madeira utilizada na fabricação do papel deste livro provém de florestas que foram gerenciadas de maneira ambientalmente correta, socialmente justa e economicamente viável, além de outras fontes de origem controlada.